Matthias Franz / André Karger (Hg.)

Scheiden tut weh

Elterliche Trennu
und Jungen

Mit 8 Abbildungen und 13 Tabellen

Vandenhoeck & Ruprecht

Bibliografische Information der Deutschen Nationalbibliothek

Die Deutsche Nationalbibliothek verzeichnet diese Publikation in der Deutschen Nationalbibliografie; detaillierte bibliografische Daten sind im Internet über http://dnb.d-nb.de abrufbar.

ISBN 978-3-525-45377-3
ISBN 978-3-647-45377-4 (E-Book)

Umschlagabbildung: Sibylle Pietrek

Satz: SchwabScantechnik, Göttingen
Druck und Bindung: ⊕ Hubert & Co., Göttingen

Gedruckt auf alterungsbeständigem Papier.

Inhalt

Vorwort

Beziehungen sind für alle Menschen von grundlegender Bedeutung. Der Qualität des Miteinanders von Männern und Frauen wie auch von Eltern und ihren Kindern kommt eine herausragende Bedeutung zu. Sie beeinflusst die persönliche Gesundheit und Lebensqualität sowie auch das gesellschaftliche Klima. Trennungen und Abschiede sind dabei einerseits unvermeidliche biografische Wendepunkte, andererseits können sie insofern auch notwendige Reifungsschritte markieren.

Werden Elternbeziehungen jedoch unter hochkonflikthaften oder sogar traumatischen Bedingungen getrennt, führt das für alle Beteiligten fast immer zu leidvollen Belastungen. Das konflikthafte Ende einer Liebesbeziehung ist für alle Betroffenen deshalb meist ein sehr schmerzliches Ereignis. Nicht selten rührt es an den Kern der eigenen Identität und führt zu heftigsten emotionalen Erschütterungen. Die Äußerung von Leid und Verzweiflung gerade auch in Trennungssituationen fällt Männern und Jungen aber immer noch besonders schwer. Der männliche Rollenkäfig, der von früh an zu emotionaler Kontrolle und schweigsamer Härte sozialisiert, ist immer noch recht stabil. *Big boys don't cry.* Wer wagt es denn als »richtiger Mann«, sich dem Risiko des Vorwurfs von Schwäche selbstbewusst auszusetzen und offen um Hilfe zu bitten?

Zu häufig verfehlen aber auch die diagnostischen Routinen unseres medizinischen und psychotherapeutischen Versorgungssystems die rollenverzerrt kodierten – also oft kleingeredeten – Belastungssignale vieler trennungsbeeinträchtigter Männer. Dementsprechend existieren trotz hohen Leidensdrucks vieler Trennungsväter im Gegensatz zu vielfältigen Möglichkeiten für hilfesuchende Frauen kaum eine wertschätzende Wahrnehmungsbereitschaft Männern gegenüber oder gar breit aufgestellte Unterstützungsangebote.

Auch für die Kinder – besonders für die Jungen – ist die konflikthafte elterliche Trennung mit tief greifenden Verunsicherungen und erheblichen Entwicklungsrisiken verbunden. Wenn sie hochstrittig abläuft, kommt das im Erleben vieler – besonders noch kleiner – Kinder einem Weltuntergang gleich. Wir alle – auch Ärzte und Psychotherapeuten – brauchen deshalb mehr Sensibilität für das Erleben dieser Kinder. Denn die Folgen können schwerwiegend und langfristig sein, besonders wenn keine präventiven oder anderen professionellen Hilfen zur Verfügung stehen. Das klaglose Hinnehmen von Leid und Gesundheitsrisiken scheint dabei nach wie vor als Kernelement männlichen Rollenverhaltens auf breite Akzeptanz zu stoßen und dazu noch kommerziell interessant zu sein. Nicht selten werden jedenfalls kindliche Belastungszeichen gerade von Jungen als sogenannte Verhaltensstörungen dekontextualisiert und zum Beispiel als »ADHS« medikalisiert und medikamentös behandelt – oft ohne Berücksichtigung familiärer Hintergrundkonflikte.

Die überwiegende Anzahl der Trennungskinder nimmt im Langzeitverlauf zwar eine unauffällige Entwicklung. Das gruppenstatistische Risiko, körperlich oder seelisch zu erkranken oder verhaltensauffällig zu werden, ist in dieser Gruppe jedoch bis ins Erwachsenenalter erhöht. Das betrifft die größere Instabilität eigener Beziehungen, einen verringerten sozialen Erfolg und eine im Mittel schlechtere Lebensqualität oder auch ein erhöhtes Depressionsrisiko. Wichtige Risikofaktoren für die Entwicklung von Trennungskindern sind ein hochstrittiger Paarkonflikt auch noch nach einer Trennung, psychische Erkrankungen der Eltern, Armut, familiäre Gewalt oder der Beziehungsabbruch des Kindes zu einem oder beiden Elternteilen.

Renommierte Wissenschaftler und Fachleute beleuchten das Thema der Elterntrennung mit seinen vielfältigen Facetten und Folgen aus historischer, psychoanalytischer, psychologischer, soziologischer, medizinischer und juristischer Sicht und geben Hinweise auf konstruktive Möglichkeiten der Verständigung und Bewältigung. Dieses Buch will die Folgen von Trennung und Scheidung insbesondere aus Sicht der betroffenen Väter und Jungen in den Vordergrund rücken. Einfache oder gar einseitige Täter-Opfer-Zuschreibungen verstellen dabei den Blick auf die komplexen emotionalen und gesellschaftlichen Problemlagen, mit denen auch Väter und Jungen umgehen müssen.

Verantwortliche Wissenschaft muss sich dabei auch in den gesellschaftlichen Raum hinein vermitteln. Sie muss sich einmischen, wenn Erkenntnisse über Gesundheitsrisiken oder strukturelle Benachteiligungen ganzer Bevölkerungsgruppen vorliegen. Wenn es um die Bedarfslagen und Interessen von Männern und Jungen geht, werden notwendigerweise auch unterschiedliche Sichtweisen deutlich und gesellschaftliche Kontroversen spürbar. Das ist erwünscht, notwendig und bewusstseinserweiternd, weil die ernsthafte Beschäftigung mit dem hochkonflikthaften Thema elterlicher Trennungen auch immer den toleranten Blick auf das Anderssein des oder der anderen einschließen muss.

Martin Dinges widmet sich in seinem Beitrag zunächst der Kulturgeschichte der Trennung. Mit der Funktionsentlastung bzw. dem Funktionsverlust der Ehe als Versorgungsinstitution nahm insbesondere seit den 1970er Jahren die Zahl der Eheschließungen stark ab, diejenige anderer Lebensformen, Trennungen und Scheidungen nahm massiv zu. Dies ist das Resultat einer gesellschaftlichen Entwicklung, die unter anderem auf größerer ökonomischer Selbständigkeit der Frauen beruht. Trennung wird als problematisch bewertet, weil sie einem historisch gewachsenen Idealbild von Kindheit und Familie widerspricht: Die Idee der Kindheit als Schonraum jenseits von Arbeitspflichten, außerhalb der Erwachsenenwelt und geprägt durch besondere Bildungseinrichtungen, entstand um 1800 im Bürgertum. Das Konzept der Familie als Ort intensiver emotionaler Beziehungen, besonders zwischen Mutter und Kind, sowie als Hauptinstitution der Kindererziehung stammt ebenfalls aus dieser Zeit. Allerdings muss man Idealbilder, tatsächliches Funktionieren der Institution Familie sowie die Erfahrungen der Kinder in ihnen unterscheiden. So war der Versorgungscharakter der Familie bis in die 1960er Jahre dominant. Die Scheidung war seit dem Mittelalter bis in die Nachkriegszeit weitgehend tabuisiert. Allerdings war die Trennung der Kinder von den Eltern in Agrar- und auch Industriegesellschaften eine verbreitete Praxis. Emotionale Trennungsfolgen wurden demgegenüber selten thematisiert, da die Versorgungsfunktion der Familie für alle Beteiligten bis in die Nachkriegszeit im Vordergrund stand. Seit circa 1980 betrachtet man nun Kinder immer ausschließlicher als Personen mit eigenen Rechten. Damit wurden auch Trennungsfolgen zu einem wichtigen Thema der öffentlichen Debatte. Erst seit Kurzem werden die unterschiedlichen Belastungen von Jungen und Mädchen thematisiert. Mittlerweile werden Trennungsfolgen verstärkt von Trennungsvätern mit ihren spezifischen Belangen aufgegriffen. Neben Trennungsverlusten könnten dabei auch Trennungsgewinne in den Blick kommen. Dabei müssen die Erfahrungen der Kinder stärker beachtet werden als normative Konzepte oder Erwachsenenwünsche. Dinges plädiert dafür, in Anbetracht einer dauerhaft neuen familiären Konstellation nicht nur Defizite der einen oder der anderen Lebensform herauszustellen.

Für *André Karger* sind Liebe und Trennung nach psychoanalytischem Verständnis aufeinander bezogen, denn ohne Trennungserfahrung und deren psychische Verarbeitung ist keine Selbstwerdung möglich und keine Liebe, die die Differenz und den vorgängigen Bezug zum Anderen anerkennt. Trennungen sind dabei immer potenziell traumatisch, stellen einen längeren Prozess dar und gehen mit intensiven Gefühlen von Angst, Traurigkeit, Wut und Verzweiflung einher. Damit Trennungen bewältigt werden können, brauchen sie den Rahmen einer schützenden Beziehung. Fehlt dieser Rahmen oder die Möglichkeit bzw. Bereitschaft zu einer prozesshaften inneren wie dialogischen Auseinandersetzung, so kommt es zu destruktiv narzisstischen Phänomenen, die für alle Beteiligten, im Besonderen die Kinder, großes Leid bedeuten. Gesellschaftlich wird das Risiko von Liebe und Beziehungen verleugnet; eine entsprechende »Kultur der Trennung« fehlt weitgehend.

Gerhard Amendt macht in seinem Beitrag auf einen erheblichen Forschungsbedarf aufmerksam: die Belastungen und Bedarfslagen der Trennungsväter. Nicht nur in den Medien, sondern auch in Forschung und Lehre sind Trennungsväter weitgehend nicht existent. Das betrifft nicht nur die Probleme von Trennungsvätern, sondern auch deren Beziehungen zu ihren Kindern. Darüber hinaus geraten die gesellschaftlichen Folgen von Trennungen und Scheidungen weitgehend aus dem Blick. Einer hilfreichen Diskussion über Trennungsproblematiken, die sowohl die individuellen Dimensionen wie die gesellschaftlichen Auswirkungen im Blick hat, steht allerdings eine verfestigte Ideologie entgegen. Sie wertet Männer gesellschaftlich ab und schafft ein polarisiertes Weltbild, in dem Männer die bösen

Täter und Frauen die guten Opfer sind. Das hat erheblich dazu beigetragen, dass gerade auch der gesellschaftliche Diskurs über Scheidung von Ressentiments gegen Männer und Väterlichkeit geprägt ist. Entwertung und sogar Infragestellung von Väterlichkeit sind eine Folge davon. Zur Lösung von Beziehungskonflikten kann deshalb nur beitragen, wer jenseits von psychologischen und beraterischen Hilfen zugleich auch die politische Dimension der Vaterentwertung thematisiert. Es schadet der Gesellschaft, wenn Trennung als eine Frage von moralischer Schuld wie in der Vergangenheit oder als Täter-Opfer-Dichotomie wie in der Gegenwart behandelt wird. Lösungen können nur auf der Ebene des Beziehungsverständnisses erreicht werden. Diese Ebene zu verfehlen trägt zur kumulativen Weitergabe ungelöster Konflikte in die nachfolgenden Generationen bei und verfestigt eine Atmosphäre rigider Unversöhnlichkeit. Es schwächt schon kurzfristig den Wunsch nach Familiengründungen. Der Umgang mit Trennung und Scheidungen muss gesellschaftlich von größerer Professionalität und lösungsorientierter Forschung und Lehre begleitet werden. Als Konsequenz plädiert Amendt für familienzentrierte Beratungszentren, welche die geschlechterübergreifende Dynamik von Trennungsprozessen berücksichtigen.

Die Beiträge von *Matthias Franz* und *Robert Schlack* beschäftigen sich anhand neuester Studienergebnisse mit den Folgen elterlicher Trennung für die mit betroffenen Kinder. In den letzten zehn Jahren waren in Deutschland jedes Jahr etwa 150.000 minderjährige Kinder und Jugendliche von der Scheidung ihrer Eltern betroffen. Etwas mehr als die Hälfte der knapp 190.000 jährlichen Ehescheidungen betrafen Ehen mit Kindern. Zusammen mit circa 50.000 Kindern, die von der Trennung nicht ehelicher Lebensgemeinschaften jedes Jahr betroffen sind, erleben in Deutschland also etwa 200.000 Kinder die Trennung ihrer Eltern. Insgesamt etwa 20 % aller Kinder leben in Deutschland in einer Einelternfamilie, in 90 % der Fälle bei der Mutter. 8–10 % aller Trennungen verlaufen hochstrittig. Das bedeutet zum Teil jahrelange Auseinandersetzungen auch nach der Scheidung oder Trennung um Unterhalt, Umgangs- oder Sorgerechtsregelungen. Ein Drittel der Kinder verliert den Kontakt zum Vater. Diese Konstellation – das Fehlen des einen und die strukturelle Überforderung des anderen Elternteils – wirkt sich in vielerlei Hinsicht risikoerhöhend auf die psychosoziale Entwicklung der betroffenen Kinder aus. Ihnen vermittelt sich die oft tief empfundene Verunsicherung, die mit konflikthafter elterlicher Trennung verknüpft sein kann. Beispielsweise rauchen Kinder aus Einelternfamilien doppelt so häufig wie Kinder aus Zweielternfamilien oder weisen ebenfalls doppelt so häufig Anzeichen von Hyperaktivität auf. Gehäuft finden sich bei ihnen Verhaltensauffälligkeiten, Leistungsprobleme, Drogenmissbrauch, Delinquenz und sogar suizidales Verhalten.

Mit der inneren Welt von Kindern Alleinerziehender und ihrem Erleben der elterlichen Trennung sowie mit den Folgen für ihre psychosexuelle Entwicklung und speziell für die Identitätsentwicklung des Jungen beschäftigt sich *Frank Dammasch*. Aus seiner dezidiert psychoanalytischen Sicht beleuchtet er die Dynamik zwischen bedürftiger alleinerziehender Mutter, die ihren Sohn zum selbst erschaffenen ambivalent besetzten Partnerersatz nimmt. Die Folgen für den Jungen können in grenzenlosen Größenvorstellungen und einer verheimlichten, dyadisch geprägten Verfolgungsangst sowie einer entwerteten Vaterrepräsentanz mit einer beeinträchtigten männlichen Identitätsbildung bestehen.

Rainer Böhm stellt die Auswirkungen früher Trennungen aus bindungstheoretischer und neurowissenschaftlicher Sicht dar. Frühe elterliche Trennung hat neben psychosozialen auch erhebliche ökonomische Konsequenzen für die Familienmitglieder. Neue gesetzliche Regelungen erhöhen den Druck auf alleinerziehende Eltern, möglichst früh wieder eine Vollzeiterwerbstätigkeit aufzunehmen. Dies bedeutet auch, dass Kinder in immer jüngerem Alter und größerem zeitlichem Umfang außerfamiliärer Betreuung überantwortet werden müssen. Aus entwicklungsmedizinischer Sicht ist dieser Trend als bedenklich einzustufen. Neue Studien zeigen, dass sich frühe und umfangreiche Krippenbetreuung negativ auf die sozialen Kompetenzen von Kindern auswirkt. Ferner ist Krippenbetreuung, im Gegensatz zu familiärer Erziehung, für viele Kinder mit einer erheblichen chronischen Stressbelastung verbunden. Deutlich erhöhte Werte des Stresshormons Cortisol zeigen eine Überforderung an und können bei diesen Kindern zu akuten und chronischen Gesundheitsstörungen führen. Gerade unter der Bedingung einer Elterntrennung, die Kindern ohnehin erhebliche emotionale Anpassungsleistungen abverlangt, sollte die vertraute und haltgebende Präsenz einer primären Bindungsperson, des Vaters oder der Mutter, erhalten bleiben. Das grundgesetzlich festgelegte Recht und die vorrangige Pflicht elterlicher Erziehung sollten daher auch getrennt lebende Eltern für sich und ihre Kinder einfordern. Insbesondere bei unter dreijährigen Kindern sieht Böhm die Politik aufgefordert, die diesbezügliche Wahlfreiheit für alle Eltern faktisch sicherzustellen.

Mit den Möglichkeiten und Grenzen der Beratung bei hochstrittigen Elternkonflikten beschäftigt sich *Matthias Weber.* Spätestens seit der Kindschaftsrechtsreform von 1998 sind Beratungsdienste der Jugendhilfe zunehmend mit Eltern befasst, die nach Trennung/Scheidung lang anhaltende und emotional hochbesetzte Konflikte austragen. Für betroffene Kinder entstehen daraus regelmäßig Belastungen. Hochstrittige Eltern stellen die Beratungsdienste vor große Herausforderungen. Es ging zunächst darum, das Phänomen Hochstrittigkeit zu verstehen, angemessene Haltungen und Interventionsformen für die Beratung der Eltern, für die Beteiligung und Unterstützung der Kinder und für die Kooperation mit den anderen beteiligten Professionen zu entwickeln. Mittlerweile lassen empirische Forschung und Praxiserfahrungen Konturen geeigneter Beratungskonzepte im Kontext hochstrittiger Elternschaft erkennen. Ein wichtiger Aspekt dabei ist laut Weber, hochstrittige Eltern nicht mit zu hoch gesteckten Zielen im Sinne elterlicher Kooperation zu konfrontieren, sondern mit ihnen Formen der Gestaltung einer »parallelen Elternschaft« zu entwickeln.

Uwe Jopt schildert in seinem Beitrag zur Bewältigung der Trennungsfolgen die vor dem Hintergrund des Familienrechts entstehenden Probleme aus gutachterlicher Sicht. Die Rechtsstellung der Väter wurde seit der Kindschaftsrechtsreform von 1998 zwar gestärkt. Auch hat sich rechtlich in Richtung Gleichstellung von Eltern und hinsichtlich einer Psychologisierung des Trennungsprozesses in den letzten dreißig Jahren einiges bewegt. Trennungsfamilien funktionieren jedoch nicht rational und rechtslogisch, sondern psychologisch und das macht alles so schwer. Eltern wissen immer noch viel zu wenig, oft gar nichts, über die massiven kindlichen Bemühungen, sich von den psychischen Belastungen zu befreien, die Trennung für sie mit sich bringt. Insofern sind sie durchaus aktive

Mitspieler auf dem Weg des Zerfalls ihrer Familie. Dabei spielt der Elternkonflikt zulasten von Kindern eine entscheidende Rolle. Wenn es um Konfliktminderung als oberstes Ziel psychischer Schadensbegrenzung für Trennungskinder geht, dann kommt die Verantwortung hierfür beiden Eltern zu. Im Alleingang sind viele Elternpaare jedoch überfordert. Jopt fordert daher eine Psychologie im Familienrecht, die den Kindern über den Dialog mit ihren Eltern aufzeigt, dass sich zwar die äußere Hülle ihrer Familie verändert hat, nicht jedoch ihr psychosozialer Kern. Mit herkömmlicher Begutachtung wie bisher hat das allerdings nichts mehr zu tun, umso mehr mit der Gestaltung eines emotionalen Beziehungsnetzes. Jopt stellt als eine Handlungsalternative sein Konzept der »lösungsorientierten Begutachtung« vor.

Hans-Christian Prestien schreibt zu den juristischen Möglichkeiten und Problemen der Konfliktregulation. Grundsätzlich notwendig ist aber aus Sicht Prestiens eine eindeutige Positionierung des Gesetzgebers und der Familiengerichte zur Bedeutung der kindlichen Beziehung zum nicht betreuenden Elternteil. Die Eckdaten einer seelisch, geistig und körperlich gesunden Entwicklung finden sich in internationalen Vereinbarungen, die in Deutschland den Rang eines Gesetzes haben, und auch in den Vorschriften der deutschen Gesetze. Behörden wie Gerichte sind deshalb in den sie betreffenden Vorschriften und Verfahrensordnungen mit Möglichkeiten ausgestattet, im vorgerichtlichen Bereich ebenso wie im gerichtlichen Verfahren Mittel einzusetzen, die im Interesse der betroffenen Kinder geeignet sind, Eltern zur Befriedung zu führen. In der Rechtspraxis aber stehen Väter und Mütter im Verhältnis zueinander häufig nicht auf einer Stufe. Die Kooperationsbeziehungen zwischen juristischen und psychosozialen Professionen sind derzeit regional sehr unterschiedlich entwickelt, sodass Kinder oder Jugendliche häufig Objekt bleiben und von den beteiligten Fachleuten nicht wirklich gesehen werden – insbesondere, wenn der zuständige Familienrichter aufgrund fehlerhafter Diagnose eine ungeeignete Vorschrift zur Intervention heranzieht, das Prinzip der Verhältnismäßigkeit nicht beachtet oder psychologisch verfehlt moderiert. Von den Folgen einer verweigerten oder falschen Konfliktlösung sind heute vordergründig weitaus überwiegend die Väter betroffen. Sie wirken sich jedoch mittel- und langfristig ebenso nachteilig auf die Mütter aus. In jedem Fall treffen sie mit generationsübergreifenden Folgen die betroffenen Kinder und Jugendlichen.

Bertram von der Stein verdeutlicht anhand von Fallbeispielen aus einer psychoanalytischen Praxis am Stadtrand einer deutschen Großstadt den schwierigen therapeutischen Umgang mit aggressiven und dissozialen Tendenzen von Männern, die als Kinder erleben mussten, wie der Vater infolge einer Scheidung aus ihrem Leben verschwand. Nach Ansicht des Autors besteht ein Zusammenhang zwischen Vaterverlust und präödipalen Störungen, narzisstischen und dissozialen Tendenzen, die betroffene Männer selbst bei guter sozialer Kompensation auf ihrem weiteren Lebensweg verfolgen. Therapeutische Konsequenzen werden aufgezeigt.

In seinem Beitrag stellt *Heinz Hilgers,* Präsident des Kinderschutzbundes, das NeFF (Netzwerk frühe Förderungen) Dormagen als Beispiel eines »Best-Practice«-Modells vor, bei dem auf kommunaler Ebene familiäre Präventions- und Hilfsangebote und die entsprechenden Akteure gut miteinander organisiert und vernetzt sind. Dabei zeigt sich, dass die Investition in kommunale Präventionsketten langfristig sogar kostensenkend wirkt. Flächendeckende, bindungsorientierte Präventionsangebote für Familien in Trennungssituationen fehlen bisher und sollten konsequent in die kommunale Versorgung integriert werden.

Zusammenfassend konvergieren die Aussagen und Inhalte der Beiträge dieses Buches in ein Bündel verschiedener Forderungen und Konsequenzen:

- Um den Bedürfnissen aller Betroffenen eines Trennungskonfliktes gerecht zu werden, sind ideologiefreie Hilfen in staatlich finanzierten Konfliktberatungsstellen für Kinder, Männer und Frauen notwendig. Dabei sollte die politische Dimension der derzeitigen »Vaterentwertung« in den Blick genommen werden.
- Die deutlich erhöhten gesundheitlichen Risiken von Trennungskindern – besonders von Jungen – müssen thematisiert und wirkungsvolle Instrumente für ihre Behandlung entwickelt werden. Hierbei sind bei der Behandlung von Verhaltensauffälligkeiten psychotherapeutische und psychosoziale Unterstützungsangebote einer medikamentösen Behandlung vorzuziehen.

- In Schulen und Kindertageseinrichtungen sollten mehr Männer eingestellt werden. Da Jungen besonders unter der Diskontinuitätserfahrung in der Primärfamilie leiden, sollten sie in Schule und Kindergarten intensive Wertschätzung und Unterstützung in ihren männlichen Entwicklungsbedürfnissen erfahren und es sollten ihnen Beziehungs- und Identifikationserfahrungen mit »sozialen Vätern« möglich sein.
- Um Trennungsfolgen angemessen zu bewerten, sollte man Vater-Mutter-Kind(er)-Familien, Einelternfamilien und Patchworkfamilien unvoreingenommen daraufhin untersuchen, was sie jeweils sowohl zur Entstehung der Trennungsproblematik wie als auch ihrer Lösung beitragen. Dabei müssen die Erfahrungen und Bedürfnisse der Kinder und vor allem die Unterstützung elterlicher Kompetenzen und Ressourcen stärker beachtet werden als normative Konzepte.
- Eltern sollten vom Staat mehr Zeit und Geld für die Erziehung ihrer Kinder einfordern. Gerade unter den verunsichernden Bedingungen einer Trennung sollte die haltgebende Präsenz der primären Bindungspersonen – Mutter und Vater – erhalten bleiben.
- Die Gesetzgebung hat im Bereich Trennung/Scheidung für die beteiligten Professionen einen veränderten Auftrag formuliert: Es geht nicht mehr darum, den besser geeigneten Elternteil zu finden, sondern darum, die kindliche Beziehung zu beiden Eltern zu erhalten. Diese Umorientierung wird vom Gesetzgeber in Bezug auf die Rechte nichtehelicher Väter und von vielen Familiengerichten bei Konflikten in der Beziehungsgestaltung des Kindes zum nicht betreuenden Elternteil noch nicht konsequent eingelöst. Dadurch entsteht bei hochstrittigen Eltern ein Spielraum für lang anhaltende Auseinandersetzungen mit jeweils offenem Ausgang.
- In behördlichen und gerichtlichen Verfahren muss eine geeignete unabhängige Vertretung des betroffenen Kindes oder Jugendlichen ermöglicht werden.
- Im Kontext von Trennung und Scheidung besteht häufig eine Benachteiligung von Vätern. Das führt immer wieder zu einem Zustand »psychologischer Ungleichheit« im Rahmen »rechtlicher

Gleichheit«, den verstärkt Männer aushalten müssen. Der daraus resultierende Elternstreit ist der mit Abstand größte Belastungsfaktor für Trennungskinder.

- Hochstrittige Eltern stellen deshalb die Beratungsdienste vor neue Herausforderungen. Dieses Phänomen gilt es zu verstehen, angemessene Haltungen und Interventionsformen müssen weiterentwickelt werden. Paare in hochstrittigen Trennungssituationen sollten intensiv auf ihre gemeinsame elterliche Verantwortung aufmerksam gemacht und nachdrücklich zur Annahme von Mediations-, Beratungs- und Therapieangeboten motiviert werden.
- Das »Wechselmodell« bietet den besten Rahmen im Interesse einer spannungsarmen Nachtrennungsfamilie. Deshalb muss frühestmögliche (psychologische) Parität zwischen Müttern und Vätern hergestellt werden. Das betrifft Betreuung, Versorgung und Lebensmittelpunkt der Kinder. Dahin zu gelangen verlangt ein lösungsorientiertes Vorgehen auf allen professionellen Ebenen, Begutachtung eingeschlossen.
- Angesichts der demografischen Trends muss die Trennungsfolgenforschung in Deutschland intensiver betrieben und existierende praxistaugliche Unterstützungsprogramme und Elterntrainings wie PALME müssen für alle Betroffenen breitenwirksam angeboten werden. Dabei ist jede frühe Hilfe wirksamer und kostengünstiger als jede späte Hilfe.

Der zunehmende familiäre Bindungsverlust – auch das Verschwinden und die (Selbst-)Entwertung der Väter – ist ein gesellschaftlicher Trend. Dieser hat leidvolle Auswirkungen in Form von Gesundheitsrisiken und selektiv beeinträchtigten Bildungschancen für die betroffenen Kinder und sogar auch auf volkswirtschaftlich bedeutsame Zusammenhänge. Die nachlassende Verbindlichkeit transgenerationaler familiärer Bindungen ist letztlich auch im Hinblick auf generationsübergreifende Versorgungszusagen von Bedeutung. Deshalb ist das Thema familiärer Trennung auch bedeutsam für die zukünftige Entwicklung unserer normativ basierten Sozialsysteme. Sozial-, Gesundheits- und Familienpolitik sind daher aufgerufen, Antworten auf die in diesem Buch dargestellten Befunde und Bedarfslagen zu entwickeln. Ein umfassendes Präventionsgesetz, das besonders auch die frühkindlichen Entwicklungsräume berücksichtigt und alle diesbezüglich relevanten gesellschaftlichen Gruppen und Organisationen verantwortlich mit einbezieht, steht schon viel zu lange aus.

Die Herausgeber danken dem Verlag Vandenhoeck & Ruprecht für die wohlwollende Entwicklung des Gegenstandes und für die Begleitung bei der Erstellung dieses Buches. Herrn Dirk Rampoldt danken wir für seine wie immer sehr kundige, hilfreiche und zuverlässige Unterstützung.

Matthias Franz und André Karger

Martin Dinges

Kulturgeschichte der Trennung

Die Ausgangslage: Trennungskinder als konstantes Dauerphänomen

Lassen Sie uns zum Einstieg versuchen, die aktuelle Lage historisch einzuordnen. Mit der Entlastung der Ehe von ihrer ganz dominanten Funktion als Versorgungsinstitution nahm insbesondere seit den 1970er Jahren die Zahl der Eheschließungen stark ab, diejenige weniger bindender Lebensformen nahm massiv zu. Auch stieg die Anzahl der Scheidungen von 15 % (1970) über 30 % (1986–1993) aller geschlossenen Ehen am Ende der 1980er Jahre auf mittlerweile 50 % seit dem Jahr 2000 (Geißler, 2006, S. 337 f.). Die Hälfte dieser Ehen ist übrigens kinderlos. Jedenfalls nahm auch die Anzahl der Alleinerziehenden, meistens Frauen, von 660.000 (1970) über 1,4 Millionen (2000) auf 2,6 Millionen (2007) zu. 1,6 Millionen haben Kinder unter 18 Jahren. Mittlerweile sind knapp 15 % der Alleinerziehenden Väter (Geißler, 2006, S. 344; die Angabe für 2007 aus BMFSFJ, 2008, S. 3). All dies ist das Resultat einer gesellschaftlichen Entwicklung, die unter anderem auf größerer ökonomischer Selbständigkeit der Frauen beruht. Außerdem setzten Männer wie Frauen mehr auf Selbstverwirklichung und wollten sich weniger auf Bindungen einlassen. Schon seit 1871 sanken die Geburtenzahlen – und das bis in das erste Jahrzehnt des neuen Jahrtausends. Seither sind all diese Werte – also geringe Zahl der Eheschließungen, hohe Zahl der Ehetrennungen und geringe Kinderzahl – relativ stabil. Ein säkularer Trend scheint also zum Stillstand gekommen zu sein. Demnach ist anscheinend ein historischer Sockel erreicht, der dauerhaft zu einer hohen Zahl von Trennungskindern führen wird. Auch in naher Zukunft wird voraussichtlich jedes sechste bis siebte Kind (zeitweise) ein Trennungskind sein (Dinges, 2013).

Allerdings wachsen in Westdeutschland immer noch 85 % der minderjährigen Kinder bei beiden Eltern auf, in »Ostdeutschland«

sind es nur 76 % (BMFSFJ, 2012, S. 23). Der Anteil Alleinerziehender lag 2011 in den »neuen« Bundesländern deutlich höher, nämlich bei 26 %, als in den »alten« mit 18 % der Familien (BMFSFJ, 2012, S. 23).[1] Es handelt sich zu zwei Dritteln um Einkindfamilien.[2] Es gibt also dort auch keine Geschwister mehr, die im günstigeren Fall die Trennungssituation abpuffern könnten (dazu Petri, 2006, S. 98 ff.).

Die mit Trennungen einhergehenden Erfahrungen dürften sich besonders auf Jungen negativ auswirken, weil sie generell später reifen und selbständig werden als Mädchen; diese reagieren auf Trennungen sogar häufig mit einem früheren Reifungsschub. Für die Ausbildung einer Geschlechtsidentität von Jungen kann die Mutter hingegen kein Vorbild von vergleichbar hoher Bedeutung sein wie für die Töchter (Hollstein, 2008, S. 131; Franz, 2011, S. 133, S. 140–149; Hagen u. Kurth, 2007; Erhard u. Janig, 2003, S. 187; zu den Leistungen der »Trennungskinder« Sieder, 2008, S. 286 ff.). Für die nachwachsende Generation von Jungen muss man deshalb annehmen, dass insbesondere die größere Ferne der Väter zu den Kindern problematisch bleibt – wachsen diese Jungen und Mädchen doch meist bei alleinerziehenden Müttern auf: Ihnen fehlt oft ein ausreichend präsentes Mannsbild in ihrem Umfeld (Petri, 2006, S. 116).[3] Das fördert längerfristig Ambivalenzen zwischen Sehnsucht, Verlusterfahrung, Verachtung oder Idealisierung des Vaters und ersatzweise die Orientierung an Medienbildern (vgl. dazu Hollstein, 2008, S. 131; Erhard u. Janig, 2003, S. 187; Franz, 2011, S. 133, S. 140–149; Hagen u. Kurth, 2007).

Außerdem stieg in den letzten Jahrzehnten die Bedeutung des

1 Die Steigerung selbst für den kurzen Zeitraum seit 2008 ist rasant: Die Zahlen für 2008 waren in den »neuen« Bundesländern 18,2 % zu 10,4 % der Familien in den »alten« Ländern (Dorbritz, 2012, S. 142).

2 Kritisch zur Forschung zu Einelternfamilien, die die Defizite überbetonen: Sieder (2008, S. 61 f).

3 Der Begriff »alleinerziehend« ist nicht ganz korrekt: Väter, die das Sorgerecht teilweise mit ausüben, erziehen auch mit. Allerdings geschieht das oft am Wochenende, also in einer Situation, die weniger durch die alltäglichen Routinen und Schulaufgaben geprägt ist. Sie kann dadurch weniger konfliktträchtig sein. Um nun aber nicht – entsprechend der Vielfalt der Konstellationen – jeweils »fast ausschließlich alleinerziehend« oder »überwiegend alleinerziehend« oder Ähnliches zu schreiben, belasse ich es vorerst bei diesem in der Tat nicht ganz befriedigenden Begriffsgebrauch.

Konsums für die Konstruktion von Männlichkeit bei Schülern (Phoenix u. Frosh, 2005). Jungen sind dabei viel markenbewusster als Mädchen; das gilt sogar mehr für jüngere Jungen als für die 16- bis 18-Jährigen. Es macht sie für ihr Selbstwertgefühl noch abhängiger vom Erwerb überteuerter Produkte. Gerade in den finanzschwachen Haushalten der Alleinerziehenden kann das zu zusätzlichen Spannungen führen (Phoenix, Pattman, Croghan, Griffin u. Hunter, 2009, S. 152).

Versorgungsfunktion der Ehe

Sehen wir uns nun genauer an, warum wir heutzutage die Trennung der Kinder von Eltern als problematisch bewerten. Sie widerspricht einer ganzen Reihe von historisch gewachsenen Idealbildern von Kindheit und Familie: Die Idee der Kindheit als Schonraum, jenseits von Arbeitspflichten, außerhalb der Erwachsenenwelt – damit auch jenseits von Sexualität und Tod – und geprägt durch besondere Bildungseinrichtungen, entstand erst um 1800 im Bürgertum – also einer kleinen Oberschicht. Wichtig ist mir hier, dass wir uns klarmachen, dass Kindheit keine konstante Konstellation, sondern immer wieder Objekt historischen Wandels war.

Das Konzept der Familie als Ort intensiver emotionaler Beziehungen, die besonders zwischen Mutter und Kind imaginiert wurden, stammt ebenfalls aus dieser Zeit. Auch die Vorstellung von der Familie als wichtigstem und fast ausschließlichem Ort der Kindererziehung entstand erst damals. Die Liebesehe hat historisch und sozial ebenfalls hier ihre Wurzeln. Dieses Modell hat sich seit dem 19. Jahrhundert langsam auch in anderen Schichten verbreitet.

Allerdings muss man Idealbilder, tatsächliches Funktionieren der Institution Familie sowie die Erfahrungen der Kinder unterscheiden. Am wenigstens bekommt man leider über Kindheitserfahrungen mit Scheidungen heraus. Sie sind leider auch im autobiografischen Schrifttum praktisch nicht dokumentiert.[4] Es ist die jedenfalls manchmal

4 Das ist jedenfalls das Ergebnis einer Recherche in der elektronisch verfügbaren Sammlung von immerhin 130 deutschen Autobiografien bei Simons (2004). Als Kind erlebte Scheidungsfolgen fehlen gänzlich – bis auf die dann

für die Zeitgenossen etwas schmerzhafte Aufgabe des Historikers, auf die Unterschiede zwischen diesen drei Wirklichkeiten (deutlich) hinzuweisen. Beim Blick in die Vergangenheit werden leider zu oft Wunschbilder der Gegenwart als vergangene Realitäten ausgegeben.

Unbeschadet emotionaler Bindungen war tatsächlich der Versorgungscharakter der Familie noch bis in die 1960er Jahre dominant. Und das ist bereits eine erste Erklärung, warum das Kindeswohl dabei nur sehr eingeschränkt in den Blick kam. Bei Eheschließung und Partnerschaft in Agrargesellschaften stand die Versorgung absolut im Vordergrund. Angemessene Partner waren solche mit vergleichbarem Besitz: Treffend hieß es »Sach' zu Sach'«. In diesem Konzept soll der besitzmäßig ebenbürtige Partner die gelingende Beziehung garantieren, Individuen haben sich da anzupassen. Man nahm nämlich an, dass sich das Zusammenleben dann von selbst ergeben werde. Wegen des Versorgungscharakters der Ehe wird die Hochzeit im Brauchtum massiv herausgestellt. Damit war alles Weitere geklärt und hatte zu funktionieren. Dieses Grundmuster erhält sich bis in die kleinbürgerliche Familie der Industriegesellschaften. Die konsumgesellschaftliche Aufrüstung des Heiratsbrauchtums auf entsprechenden Brautmessen zelebriert das nostalgisch. Auch in Industriegesellschaften stand in weiten Teilen der Bevölkerung die Versorgungsfunktion der Ehe weiterhin im Vordergrund. Insbesondere in der weitgehend vermögenslosen Arbeiterschaft ging es allerdings nicht mehr um die Erhaltung von Besitz, sondern um die Leistungsfähigkeit der Partner für die Erwirtschaftung des Haushaltseinkommens und beim Aufziehen der Kinder.

Eheverständnis als Trennungshindernis

Passend zu diesem statischen Verständnis der Ehe wurde sie bereits in der christlichen Antike religiös zum Sakrament überhöht und mit einem Anspruch lebenslänglicher Treue verbunden. Daran hält die

nicht vollzogene Scheidung der Eltern von Fontane (siehe Anmerkung 7). Trennungen vom Elternhaus zu Beginn der Gymnasialzeit oder des Studiums oder Ähnliches gibt es eher. Aber auch unter den 574 Stellen für das Lemma »Trennung« findet sich keine Trennungserfahrung aus Kindersicht.

katholische Kirche bis heute fest.[5] Bezeichnenderweise tauchen Kinder nur als Grund für eine Trennung auf: Wenn der Partner sie nicht katholisch erziehen will, dann ist der Katholik berechtigt, (zunächst vorübergehend) die Trennung von Tisch, Bett und Wohnung zu vollziehen! Im katholischen Kirchenrecht ist also die Verbreitung des für richtig gehaltenen Glaubens das Maß des Kindeswohls, nicht die Präsenz beider Elternteile!

Erst die Reformatoren entkleideten die Ehe ihres sakramentalen Charakters und ermöglichten bekanntlich die Scheidung der Ehe, die Luther ein »weltlich Ding« nannte.[6] Sieht man sich zu diesen Themen die kirchlichen Traktate, allgemeine Lexika sowie Katechismen bis in die jüngste Vergangenheit an, so erfährt man ziemlich viel über biblische oder kirchenrechtliche Begründungen für den Sakramentscharakter oder die Unauflöslichkeit der Ehe, aber nichts über die Folgen der Trennung für die Kinder. Sie tauchen überhaupt als zu beachtender Aspekt erst in der evangelischen Praktischen Theologie der 1980er Jahre auf; vorher sind sie lediglich Gegenstand von Ausführungen zu Unterhaltsregelungen (TRE, 1982, S. 359). Das Kindeswohl ist im Kern auf die Frage der »Nahrung« – wie man das früher nannte – reduziert.

Man kann wegen der eindrucksvollen kirchlichen Ehebegründungen zwar vermuten, dass manche, die eine Ehe auflösen wollten, Schuldgefühle hatten. Sieht man sich die Akten an, stellt man schnell fest, dass die Antragsteller bei den Kirchengerichten bereits während der Frühen Neuzeit sehr nachvollziehbare, konkrete Scheidungsgründe anführten, die auch wir kennen: Ehebruch, eheliche Gewalt, Nichtzahlung von Mitgift oder unzureichende »Versorgung« durch den Ehemann. Es wäre also ahistorisch, das tatsächliche Scheidungsgeschehen früherer Zeiten vorrangig im Licht der theologischen Bewertung der Ehetrennung bzw. Scheidung zu betrachten.[7]

---

5 Stichwort »Ehetrennung« im Lexikon für Theologie und Kirche (LThK) (1959/1986, Sp. 710). Sie enthält Geschiedenen die Kommunion vor.

6 Und – wie traditionell – ein Heilmittel gegen die Unkeuschheit, also ein »spital der siechen«, eine »ertzney« (TRE, 1982, S. 338).

7 Die Mutter des Dichters Fontane fasste dies gegenüber dem von ihr durchaus verehrten Pastor Schultz in folgende Worte: »Lieber Schultz, Sie verstehen diese Frage gründlich; aber ob ich ein Recht darauf habe, mich scheiden zu

Erotisches Begehren und Partnerschaft sowie Kinderaufzucht sollten jedenfalls auch nach der Reformation in einer einzigen Institution, der Ehe, ge- und verbunden werden: Das war oft eine strukturelle Überforderung. Wohl gerade deshalb wurde die Trennung von Theologen und Juristen so sehr tabuisiert. Manche Paare fühlten (und fühlen) sich (bis in die Gegenwart) deshalb gezwungen, trotz dauernder Konflikte zusammenzubleiben. Frauen waren eher Opfer dieser Konstellation, denn sie konnten sich weniger leicht selbständig machen, weil sie oft materiell abhängig waren. Sie nahmen deshalb oder um der Kinder willen von der Option einer Scheidung Abstand. Die Kinder hingegen mussten jahrelang die Streitereien ihrer Eltern aushalten. Das sind psychosoziale Kosten dieser traditionellen Verhältnisse, die wir nicht vergessen sollten.

Die historische Scheidungsforschung bietet leider keine lang laufenden Datenreihen dazu an, wer häufiger Scheidungen beantragte.[8] Jedenfalls wurden seit dem Ersten Weltkrieg langsam immer mehr Frauen durch eigenes Einkommen materiell unabhängiger. Das erleichterte Scheidungen. Es ist nachvollziehbar, dass dies von ihnen als Verbesserung und Emanzipationschance begriffen wurde. Bei den rechtlichen Debatten zur Scheidung spielten die Bedürfnisse der Kinder jenseits des Unterhalts keine Rolle.

Man muss sich diese historische Ausgangslage in Erinnerung rufen, bevor man das Klagelied über die problematischen Folgen in der Gegenwart allzu ungehemmt anstimmt. Man sollte die Betrachtung der Gegenwart nicht mit der Trennung beginnen, sondern muss sich auch fragen, wie die Verhältnisse früher tatsächlich waren und welche Alternativen bestanden.

---

lassen oder nicht, diese Frage kann in der ganzen Welt kein Mensch so gut beantworten wie ich selber« (Fontane, 1961b, S. 127). Es ist eine der ganz wenigen Belegstellen, in denen die elterliche Scheidung in der deutschen Autobiografik aufscheint.

8 Es finden sich allenfalls Angaben zu Schuldurteilen: »Männer allein schuldig« etwa doppelt so häufig wie »Frauen allein schuldig« (meist wg. Ehebruch) während der 1920er Jahre – mit steigender Tendenz bei den Frauen (siehe Blasius, 1992, S. 160). In Preußen wurden um 1900 um die 100 von 100.000 Ehen, 1910 bereits circa 130 geschieden, in Württemberg oder Bayern um 1900 nicht die Hälfte davon: 40 bis 50 (S. 153).

Kindheitsbilder

Schließlich sind gerade für ein geschlechtersensibles Verständnis von Trennung die Idealbilder von Kindheit von Belang. Im Biedermeier (also während der ersten Hälfte des 19. Jahrhunderts) wurde das Bild der geschützten bürgerlichen Kindheit besonders stilisiert und mit einer strikten Zuweisung von getrennten Geschlechterrollen verbunden: Die Männer sollten in die Welt hinaus und das Geld verdienen, die Frauen das Heim kultivieren sowie die Kinder versorgen und erziehen. Dabei wurde die Mutter-Kind-Beziehung gefühlsmäßig stark aufgeladen (Sager, 2008, S. 20). Die bürgerliche Familie wurde als Idealfamilie imaginiert, in der Versorgung, Erziehung und emotionale Entwicklung umfassend und konzentriert geleistet werden sollten. Allerdings sind das nur normative Vorstellungen, die lediglich in einem kleinen Teil der bürgerlichen Familien, außerdem erst im letzten Drittel des 19. Jahrhunderts umgesetzt wurden (Martschukat u. Stieglitz, 2008, S. 90 zum Forschungsstand).

Die weitere historische Entwicklung ist durch eine umfassende Tendenz zur Pädagogisierung aller Lebensbereiche des Kindes geprägt. Das beginnt mit der Verschulung. Was als Pflicht der Eltern begann, Kinder in die Schule zu schicken, wurde in der Weimarer Verfassung 1919 zur Pflicht, die Schule – mindestens acht Jahre – zu besuchen (Herrmann, 1986, S. 667 f.). Damit wurden neben der Familie als Sozialisationsagenturen Kindergarten, Vorschule, Schule, Lehrer und Mitschüler für die Entwicklung des Kindes wichtig. Die Schule ist während der letzten Jahrzehnte wegen der immer geringeren Zahl von Kindern in der Nachbarschaft und der verringerten Spielmöglichkeiten auf der Straße zur wichtigsten Institution geworden, in der Mädchenfreundschaften gestiftet werden. Für Jungen ist die Schule nach dem Sport die zweitwichtigste Quelle von Freundschaften.[9] Weiterhin meint Pädagogisierung auch die immer stärker fremdbestimmte Freizeitgestaltung von Kindern durch Erwachsene, die sie in »pädagogisch wertvolle« Aktivitäten, Kurse und Vereine schicken. All das ist hier wichtig, weil die Trennungsdiskussion

9 35 % der Mädchenfreundschaften, 22 % bei Jungen nach dem Sport mit 32 % (Zinnecker, 2003, S. 62).

manchmal den Eindruck erweckt, als finde Familie im luftleeren sozialen Raum statt. Vielmehr gibt es seit vier Generationen eine Reihe weiterer signifikanter Anderer, an die sich ein Kind wenden kann – und die in der Diskussion um Trennungskinder mit beachtet werden sollten.

Schließlich muss ich auch als Fachfremder noch auf die Psychologisierung der Kindheit verweisen, die in letzter Konsequenz Tendenzen zur heutigen Überbehütung befördert: Die immer noch gern als nicht berufstätig imaginierte Idealmutter soll das Kind vor Dreck und Mikroben im Sandkasten ebenso schützen wie vor problematischen Medieneinflüssen oder den unkultivierten Mitschülern und das Kind möglichst direkt nach der Schule zu kulturell förderlichen Veranstaltungen chauffieren, damit es nicht auf den öffentlichen Verkehr angewiesen ist. Demgegenüber werden öffentliche Einrichtungen wie Kindergärten oder Horte, insbesondere aber Krippen, nach wie vor von einem beachtlichen Teil der Öffentlichkeit grundsätzlich als sehr problematisch eingeschätzt.[10] Im deutschen Diskurs wird das Wohl insbesondere des kleinen Kindes immer noch hauptsächlich in der unmittelbaren körperlichen Nähe der Mutter imaginiert. Die (Rezeption insbesondere der britischen und amerikanischen) Psychoanalyse der Nachkriegszeit hat sehr zu dieser massiven Aufwertung des Mutterbildes beigetragen (Zaretsky, 2006, bes. S. 380, S. 384–389).

Diese Akzentuierung hatte nicht zuletzt eine weitere erhebliche Abwertung des Vaters zur Folge, der schon im bürgerlichen Zeitalter wenig zur direkten Erziehung und Entwicklung des Kindes beitragen sollte. Man stellte sich ihn eher im Hintergrund als Ratgeber und Aufseher der Mutter vor. Zwar wurde ihm die Rolle als zentraler Vermittler der gesellschaftlichen Werte zugeschrieben und in dieser Funktion wurde er bis zum Ende der 1960er Jahre hoch geschätzt, aber das sollte offenbar eher ohne allzu viel direktes Engagement im Alltag geschehen. Zumindest bis zum Beginn der Jugendphase sollten die Väter sich also eher im Hintergrund halten. Das passte gut zur

10 Zu problematischen Folgen besonders für kleine Kinder siehe die Beiträge von Franz und Böhm in diesem Band, die den aktuellen Forschungsstand darstellen.

Tendenz mancher Mütter, den Vater bei der täglichen Erziehung als Drohpotenzial zu stilisieren (z. B. Mitscherlich, 2003, S. 189; Fontane, 1961a, S. 142 ff.). Anschließend wurde er deshalb unter anderem durch die Feministinnen weiter abgewertet (Sieder, 2008, S. 319).

Trennung der Kinder von den Eltern als häufige Praxis bis in das 20. Jahrhundert

Trotz dieser Idealbilder von Kindheit war die Trennung der Kinder von den Eltern in Agrar- und auch Industriegesellschaften eine durchaus verbreitete Praxis. Sie sollte zumeist der Versorgung in familiären oder ökonomischen Notlagen dienen. So mussten aus vielen europäischen Alpenregionen schon sechsjährige Kinder Jahr für Jahr saisonweise in die wohlhabenderen Regionen des Tieflandes ziehen, um dort ihren Lebensunterhalt zu verdienen. Dass diese sechs- bis 14-jährigen Schwabenkinder auf den Höfen oft ziemlich ausgebeutet wurden, ist bekannt. Seit dem 17. Jahrhundert und hauptsächlich ab 1820 bis circa 1914 belegt, geht man für die Spitzenzeit in der ersten Hälfte des 19. Jahrhunderts von jährlich über 4000 Kindern aus.[11] Für problematisch hielt man bis in das 19. Jahrhundert vor allem die Gefährdungen für den katholischen Glauben dieser Kinder, die teilweise in protestantischen Gebieten arbeiten mussten (Uhlig, 1983, S. 22 ff., S. 61 ff.). Kinder aus den Städten wurden überall schon als Zehnjährige in fremde Haushalte gesteckt, um dort als Laufburschen oder Hausmädchen zu arbeiten und vielleicht später eine Ausbildung zu erhalten. Gelegentlich wurden bei einer Neuverheiratung die Kinder aus der vorherigen Ehe in recht jungen Jahren zu Verwandten oder gleich in Internate oder Ähnliches weggeschickt. So musste der spätere Dichter Clemens von Brentano als sechsjähriger Junge ab 1784 drei Jahre lang, weitab von den Eltern, in Frankfurt bei einer Tante in Koblenz leben, deren Mann ein prügelnder Säufer war. Als Neunjähri-

---

11 Grundlegend dazu Uhlig (1983, S. 365). Im 19. Jahrhundert waren es selten neunjährige, meist zehn- bis zwölfjährige Kinder (vgl. Chronologie der Schwabengängerei, 2012). Zugriff am 22.08.2012 unter http://www.schwabenkinder.eu/de/schwabenkinder/das-schwabengehen/das-schwabengehen/ Mündliche Überlieferungen Betroffener bietet Netter (2012).

ger wurde er in ein Pensionat zu einem alten Jesuiten nach Heidelberg gebracht, aus dem er aber bald zur Tante zurückkehrte; als 13-Jähriger kam er für drei weitere Jahre in ein Mannheimer Erziehungsinstitut, seine vierte Station (Schultz, 2004, S. 459). Bei den Brentanos, immerhin wohlhabende Großkaufleute mit italienischem Hintergrund, traf dieses Schicksal auch die jungen Mädchen: So wurden die sieben, neun und 14 Jahre alten Töchter – immerhin gemeinsam – 1794 in eine 160 Kilometer entfernte höhere Mädchenschule gesteckt. Nur der vierjährigen Schwester wollte man das doch noch nicht zumuten (Bäumer u. Schultz, 1995, S. 3). Frühere Gesellschaften hielten also solche Trennungen, selbst für (kleine) Kinder, für zumutbar. Emotionale Trennungsfolgen wurden demgegenüber nicht thematisiert.

Im Folgenden werde ich die in dieser Diskussion verwendeten Konzepte »Trennungskind« sowie »Vaterbild und Väterlichkeit« und abschließend »Familienbilder und Familienwirklichkeiten« in zeithistorischer Perspektive kritisch hinterfragen.

Konzept »Trennungskind«

Die Beispiele zu »Trennungskindern« in der Geschichte sollten nicht als die übliche Historikerbanalität missverstanden werden, dass es nichts Neues unter der Sonne gebe. Leider wissen wir auch zahlenmäßig nicht genau genug, wie verbreitet die Praktiken, Kinder früh aus dem Haus zu schicken, waren. Immerhin zeigt sich aber, dass Trennungskinder kein völlig neues Phänomen sind. Entscheidend ist, dass sich unsere Wahrnehmung des Phänomens durch ein neues Kindheitsverständnis völlig geändert hat.

Außerdem wollte ich darauf hinweisen, dass entgegen den Idealbildern in früheren Gesellschaften Trennungen gängig waren. Allerdings hatte man dabei einen Nutzen – Versorgung, eigenständige Erwirtschaftung des Lebensunterhalts oder Ausbildung – im Sinn. Das sollte uns veranlassen, Trennung nicht nur als Problem wahrzunehmen, sondern auch die Frage nach dem Trennungsnutzen zu stellen. Jedenfalls ist es sicher zu einseitig, ausschließlich Frauen als Gewinnerinnen von Trennungen zu thematisieren.

Wichtig ist, dass in den genannten historischen Konstellationen zwar die Möglichkeit eines Kontaktes zu den Eltern fortbestand, doch war das wegen der technischen Gegebenheiten bis zum Ersten Weltkrieg oft erst am Ende der Saison – da die meisten Kinder nicht schreiben konnten – oder durch Korrespondenz möglich. Demgegenüber könnten heutige Trennungskinder und -väter mit den derzeitigen Kommunikationsmedien (Smartphone, E-Mail etc.) fast jederzeit miteinander Kontakt aufnehmen (vgl. Petri, 2006, S. 81). Trennung hat dadurch einen anderen Charakter bekommen.

Deshalb ist es meines Erachtens nicht gerechtfertigt, von »Scheidungs- oder Trennungswaisen« zu reden, wie das bei einem Teil der Männerrechtler geschieht.[12] Bekanntlich hat ein Waisenkind nie mehr die Möglichkeit, wirklich mit dem gestorbenen Elternteil zu sprechen. Das ist gegenüber einer Trennung als Folge einer Scheidung ein erheblicher Unterschied. Die gezielte Verwechslung von Waisen mit Kindern, die von den Vätern getrennt leben, ist eine politische Skandalisierung, die dem berechtigten Anliegen dieser Tagung meines Erachtens eher schadet. Sie ist außerdem im Hinblick auf die historischen Vergleichsfälle unangemessen und leicht durchschaubar.

Während der letzten Jahrzehnte hat sich offenbar ein neues Verständnis der Kindheit als selbständige Lebensphase – weniger als Durchgangsphase zum Erwachsenwerden – durchgesetzt. Man fragt also weniger nach den Folgen der Trennung für den Sozialisationsprozess, sondern stellt das Erleben des Kindes in dieser Lebensphase in den Vordergrund (Butterwegge, 2004, S. 63). Damit wurden die Trennungsfolgen, zunächst für die Kinder, zu einem wichtigen Thema der öffentlichen Besorgnis. Das wurde auch von den Trennungsvätern mit ihren spezifischen Belangen aufgegriffen. Die

12 »6 Mio. Scheidungs- und Trennungswaisen« (vgl. Papatour). Zugriff am 15.02.2013 unter http://papatour.eu/de/die-tour-2/zahlen-und-fakten-2012. Definition nach Wikipedia: »Scheidungswaise (auch Scheidungskind, Trennungskind) bezeichnet ein Kind, das der Problematik des Entzugs des Sorgerechts bei einer Scheidung ausgesetzt ist«. Zugriff am 15.02.2013 unter http://de.wikipedia.org/wiki/Scheidungswaise. Der Begriff sickert schon seit Jahren in die Blogs juristischen Inhalts und war schon 2003 in der österreichischen Tagespresse zu lesen. Zugriff am 15.02.2013 unter http://www.wienerzeitung.at/nachrichten/panorama/chronik/167949_Feriencamps-fuer-Scheidungskinder.html. Zum Gegenstand einer kleinen Monografie machte ihn Linke-Rothenberg (2006).

neuere Forschung plädiert nun allerdings dafür, die Kinder nicht dekontextualisiert, also ohne ihre Interaktionen mit Erwachsenen zu imaginieren, sondern als »produktiv realitätsverarbeitende Subjekte« (Hurrelmann, 1983, S. 91). Selbstbildung und Selbstsozialisation seien konzeptuelle Angebote, die diesen Prozess analysieren hülfen. Dazu kann man als Historiker ergänzen, dass auch die verschiedenen Einrichtungen wie Kindergärten, Schulen, Horte etc. bei der Diskussion zu beachten sind, die im Prozess der Pädagogisierung von Kindheit entstanden und wirkmächtig geworden sind.

Vaterbild und Väterlichkeit

Ein zweites in der aktuellen Diskussion mobilisiertes Konzept ist die Rolle des Vaters. Dabei wird gern ein Vaterbild für vergangene Zeiten unterstellt, das sich vor allem dadurch auszeichnet, dass es viele Projektionen der Gegenwart enthält. Die Defizite unserer Gegenwart werden kontrastiv zu einem Idealbild früherer Zeiten zusammengebastelt. Da sollen die Väter

- treue Familienversorger gewesen sein,
- Präsenz im Haus gezeigt haben,
- aktiv an der Kindererziehung beteiligt gewesen sein und so
- ihren Kindern Orientierung gegeben haben.

Kein Historiker würde bestreiten, dass es solche Väter gab, aber auch kein Psychologe oder Soziologe würde infrage stellen, dass es sie weiterhin gibt. Außerdem könnten wir uns hier wahrscheinlich schnell einigen, dass sie ein wünschenswertes Modell sind. Allerdings muss man als Historiker darauf hinweisen, dass dieses Bild vom Vater der Vergangenheit ebenso wenig realistisch ist wie das Gegenbild aus der frühfeministischen Patriarchatskritik der 1960er Jahre. Da waren Väter angeblich

- autoritär,
- arbeitsversessen,
- familienfern,
- mit ihren Freunden oder Kumpanen männerbündisch aushäusig,
- besuchten gern das Bordell und
- züchtigten Frau und ggf. Kinder.

Beide Zerrbilder verraten viel mehr über Ängste oder Defizite der jeweiligen Gegenwart als über die Realitäten der Vergangenheit.

Gesellschaftliche Diskussionen über wünschenswerte Väterlichkeit tendierten leider immer wieder dazu, sich mehr am Vaterbild als an den empirischen Realitäten von Vatersein zu orientieren: Ein Blick auf die übrigens sehr spezifische deutsche Debatte der zweiten Hälfte des 20. Jahrhunderts muss zunächst an die physische und psychische Zerstörung der Väter erinnern, die einen oder gar zwei Weltkriege mitgemacht hatten. In der Zwischenkriegszeit hatte die Massenarbeitslosigkeit zur massiven Aushöhlung der Versorgerfunktion der Väter beigetragen, die oft sogar erleben mussten, dass ihre Frauen mehr zum Familieneinkommen beisteuerten als sie selbst. Am Ende des Zweiten Weltkriegs hatten die Frauen erneut im Haus, in der Familie und sogar in der Produktion – trotz aller NS-Ideologie – »ihren Mann« gestanden, während die Kriegsheimkehrer oft von den eigenen Erlebnissen und dem neuen Geschlechterarrangement überfordert waren. Dies und die vielen gefallenen Väter, die in der direkten Nachkriegszeit jedes vierte Kind zum Halbwaisen machten, waren sozialhistorisch der Hintergrund für die Debatte um Vaterlosigkeit.[13]

Unmittelbar nach dem Weltkrieg, als Millionen von Kindern tatsächlich ohne Vater aufwachsen mussten, gab es praktisch keine Diskussion um die emotionalen Folgen dieser Situation – weder für die Frauen noch für die Kinder (Dinges, 2011, S. 109). Stattdessen thematisierten die Mediziner detailliert alle möglichen Probleme der physischen Gesundheit von Kindern. Große Unruhe lösten in der Jugendschutzliteratur der Fünfzigerjahre dann die Gefährdungen durch »Schmutz- und Schundliteratur« und andere Reize der Konsumkultur aus, die angeblich zu geschlechtlicher Frühreife führen sollten. Die Jugend sei diesen Einflüssen schutzlos ausgeliefert, weil ein »Mangel an Väterlichkeit und Mütterlichkeit« herrsche (Heinritz, 1985, S. 301 f.). Die Familie habe »weitgehend ihre Schutz- und Erziehungsfunktion verloren«.

Erst 1958 wird dann doch die Vaterlosigkeit als Notlage thematisiert: Jedes zwölfte Kind wachse ohne Vater auf. Das Problem sei aber

13 Vergleiche zur Debatte der Nachkriegszeit Aigner (2001, S. 47 ff.).

viel größer. Es wird nämlich auf das »(weitgehende) Verschwinden der Väter aus dem Alltag der Kinder […] infolge ihrer außerhäuslichen Erwerbsarbeit und des Verlusts der väterlichen Autorität« verwiesen (Heinritz, 1985, S. 303 ff.); das lasse »die Sehnsucht nach väterlichen Leitbildern und Autorität unbeantwortet«. Eine innere Erosion wird 1957 für vier Fünftel der Familien beklagt. Die Eltern stellten angeblich bereits 1950 ihre Konsumziele vor den Erziehungsauftrag. Insgesamt ist das eine hoch normative Zivilisationskritik, die die schwierigen materiellen Bedingungen der Jugendlichen, die beengten Wohnverhältnisse, die Probleme im Bildungsbereich, die Jugendarbeitslosigkeit bis Mitte der 1950er Jahre oder den fehlenden Jugendarbeitsschutz ausklammert. Stattdessen zielt dieser Diskurs vor allem auf die Kontrolle des Freizeitbereichs.

Der Soziologe Schelsky (1957) setzte die Akzente anders. Er beschrieb wenig alarmistisch eine »skeptische Generation«, die sich nach dem Zusammenbruch von Wirtschaft, Gesellschaft und den Idealen der Väter (und Mütter) selbständig orientieren und besonders früh Verantwortung übernehmen musste. Demgegenüber warnte Mitscherlich (1963) in seinem sechs Jahre später publizierten, stark rezipierten Buch über den »Weg zur vaterlosen Gesellschaft« wieder vor der Schwächung der Vaterrolle, die er beobachtet hatte.[14] Mitscherlich kritisierte bekanntlich den Zerfall der symbolischen Bedeutung des Vater(bild)s. Er meinte, eine produktive Subjektivierung durch Auseinandersetzung mit dem Vater bleibe deshalb aus. Dies befördere neurotische Verhaltensweisen wie Indifferenz dem Mitmenschen gegenüber, Aggressivität, Destruktivität und Angst. Es führe zu dem ambivalenten Ergebnis, dass die Zeitgenossen einerseits mehr Autonomie forderten, andererseits aber eher bereit seien, sich den Vorgaben einer bürokratischen Gesellschaft zu unterwerfen, um leichter konsumieren zu können. Diese sozialpsychologische Deutung enthält also gleichzeitig eine Kritik der Massengesellschaft, die als Zerstörerin gelingender Subjektivierung erscheint. Mitscherlich bot noch eine differenzierte Analyse der Voraussetzungen gesell-

14 Zur Herkunft der Formulierung aus dem Jahre 1919 siehe Matussek (1998/2006, S. 56); die positive Imagination einer Gesellschaft ohne bedrückende Vaterautorität betont Aigner (2001, S. 167 f.).

schaftlichen Wandels und ein anspruchsvolles Konzept von Subjektivität an.[15]

Demgegenüber hielt Matussek (1998/2006) »die vaterlose Gesellschaft« für einen nunmehr gegebenen Gesellschaftszustand. Die gesellschaftliche Entwicklung seit den 1970er Jahren beschreibt er ausschließlich als Verlustgeschichte der Männer. Die Frauenemanzipation wird als Verschwörung gegen die Männer gedeutet, die in letzter Konsequenz darauf hinauslaufe, den Kindern den Vater zu nehmen. Manchmal kommt es einem so vor, als wollte er einen als wohlwollend imaginierten Patriarchen der 1950er Jahre wieder in alte Rechte einsetzen. Die weiter oben dargestellten Ursachen des gesellschaftlichen Wandels und die dabei offenbar gewordenen Defizite der Ehe- und Männlichkeitskonzepte, denen offenbar zu viele Väter und Partner nachlebten, fallen unter den Tisch.

Ich denke, es ist aufschlussreich, sich diese beiden Texte über die Bedeutung des Vaters aus der bundesrepublikanischen Debatte der 1960er Jahre und von der Jahrtausendwende in Erinnerung zu rufen, um die erhebliche Bandbreite dessen auszuloten, was mit der Diskussion um die symbolische und praktische Bedeutung des Vaters und der Vaterlosigkeit gemeint sei kann.

Jedenfalls wird man für die Väterdebatte der 1950er Jahre und Matussek feststellen müssen, dass die gesellschaftliche Diskussion die tatsächlichen Probleme jeweils recht einseitig wahrnahm. Die Kinder und Jugendlichen selbst wurden für die Gesellschaftskritik von interessierten Erwachsenen in Anspruch genommen. Man redete schon damals mehr über die Kinder und Jugendlichen als mit ihnen; ihre Stimme ist in diesen Debatten nirgends hörbar.

Bezogen auf unsere heutige Frage nach der Situation von Trennungskindern möchte ich deshalb genauer betrachten, was sich über Vaterpräsenz und Vaterabwesenheit sowie über die Weitergabe von

---

15 Als die 1968er Generation kritische Fragen an die Generation der Väter zu stellen begann – und dabei zugegebenermaßen nicht selten auch etwas grobschlächtig zur Sache ging –, entflammte bald eine Debatte um deren Lust am symbolischen »Vatermord«. Da seien undankbare Söhne (und Töchter) dabei, die verdienten Väter des Wiederaufbaus auseinanderzunehmen.

Werten konkret in der Bundesrepublik herausfinden lässt.[16] Konfrontieren wir also die in der öffentlichen Debatte aufgerufenen Vaterbilder mit der familiären Praxis. Leider gibt es dazu nicht sehr viele verallgemeinerbare Informationen. Sie stammen hauptsächlich aus Jugendstudien, betreffen also nur teilweise Kinder.

Nachdem das Thema Vaterlosigkeit erstmals in einer Jugendstudie 1985 auftauchte, wurden 1992 interessante Vergleichsdaten über die aktuelle Rolle der Mütter und Väter als Ratgeber ihrer Kinder publiziert (Jugendwerk der Deutschen Shell, 1992, S. 292 f.). Dabei zeigte sich, dass Jugendliche in den meisten Bereichen die Mutter als Ratgeberin gegenüber dem Vater bevorzugten: bei Schul- und Berufsfragen mit 49 % zu 43 %, bei einer Urlaubsreise mit 44 % zu 33 % und, wenn man sich glücklich fühlte, mit 49 % zu 25 %, bei Liebe und Freundschaft mit 33 % zu 8 %, wenn es um ein persönliches Geheimnis ging, mit 23 % zu 8 %. Der Rückstand der Väter wurde also umso größer, je persönlicher und emotionaler die Erfahrungen und Mitteilungsbedürfnisse der Jugendlichen waren.

Demgegenüber hatten die Väter einen einzigen Vorsprung von 46 % zu 28 %, nämlich wenn Auskunft in politischen Fragen gesucht wurde. Ansonsten wird ihr Rat noch relativ häufig gesucht, wenn es um die sachlichen Probleme in der Schule und allenfalls um eine Urlaubsreise ging. Offenbar wurde die Sachkompetenz der Väter gezielt abgefragt, während sie als emotionales Gegenüber stark zurücktraten.

Geschlechtsspezifische Angaben liegen nur für die Frage vor, wen 13- bis 19-jährige Jugendliche »immer« in das einweihen, was sie persönlich »besonders beschäftigt«: Jungen sprachen mit ihrer Mutter nur halb so häufig wie Mädchen (30 % zu 15 %); mit dem Vater sprachen darüber nur noch 9 % der Jungen, immerhin aber noch 10 % der Mädchen. Auch bei Informationen darüber, wo sie ihre Freizeit verbrachten, waren die Jungen den Vätern (13 %) gegenüber viel schweigsamer als gegenüber den Müttern (29 %) – die Mädchen waren außerdem den Müttern gegenüber noch viel aufgeschlossener. Jungen hatten also zu Müttern und zu Vätern wesentlich weniger

16 Psychologische Befunde aus dem In- und Ausland dazu bei Aigner (2001, S. 153–158).

Vertrauen als die Mädchen. Am wenigsten Vertrauen hatten sie zu ihren Vätern.

Das deckt sich mit den nicht repräsentativen Ergebnissen der Umfrage bei 712 Männern von Hollstein (1990). Er konstatierte damals »die Abwesenheit des Vaters« und – wie gern bei ihm etwas zugespitzt formuliert – »die ›Kontrolle‹ der Söhne durch die Mutter« (Hollstein, 1990, S. 144). Jungen verbrachten sehr viel weniger Zeit mit ihrem Vater. Nur bei Sport und Spiel, Reparaturen und Gartenarbeit dominierte der Vater; überall sonst – so zum Beispiel bei Diskussionen und Hausaufgaben – lagen die Mütter vorn. Zärtlichkeiten wurden praktisch nur mit der Mutter ausgetauscht. Hollstein deutet das als »schlimmste« Veranschaulichung der »Distanz zwischen Vätern und Söhnen« (Hollstein, 1990, S. 147). Jedenfalls könne so kein »sinnvolles Vaterbild entstehen und damit auch keine fruchtbare Auseinandersetzung mit dem Vater«; das Vaterbild der heranwachsenden Männer sei »blass und konturenlos, häufig negativ besetzt« (S. 147). Auch fanden drei Viertel der Befragten, der Vater habe keine Botschaft oder Lebensphilosophie gehabt bzw. nicht zur Sinnstiftung beigetragen (Hollstein, 1990, S. 140). Im Ergebnis entsprechen die Väter nicht den normativen Ansprüchen, die vom Autor Hollstein an sie gestellt werden. In einer solchen Situation blieben zwei mögliche Konsequenzen: Man kann den Vätern oder den Verhältnissen, in denen sie handeln müssen, Vorwürfe machen – oder man kann die Ansprüche überdenken.

Hollsteins Befunde zur unzureichenden Orientierung der Söhne durch die Väter ist insofern aktuell bedeutungsvoll, als die Jugendlichen seit Mitte der 1990er Jahre wieder offen angeben, Vorbilder zu haben. Damit kehrt sich ein seit 1950 bestehender Trend um, Vorbilder immer stärker abzulehnen (Zinnecker, 2003, S. 52). Zumindest aus der Perspektive der Kinder und Jugendlichen gäbe es mental also einen Platz für vorbildliche Väter. Allerdings ziehen Jungen dann doch einen Sportler mit 34 % vor den Vätern mit 23 % vor (Zinnecker, 2003, S. 53). Immerhin wissen wir aus der gleichen Untersuchung von 2003, dass die Mütter auch als Vorbilder vor den Vätern liegen (Zinnecker, 2003, S. 54 f.). Das gilt keineswegs nur für die Mädchen, sondern auch für die Jungen. Diese ziehen die Mütter mit 42 % den Vätern mit nur 23 % als Vorbild vor. Die Väter der Zehn- bis Zwölfjährigen mag es trösten, dass sie noch für ein knappes Drittel dieser Jungen (31 %) als Vorbild infrage kommen, auch wenn die Mütter mit zwei Fünfteln wieder vorn liegen.

Die Trennungsproblematik wird erstmals in der Jugendstudie 2006 ausführlicher thematisiert. Allerdings kommt dabei nicht die spezifische Vaterabwesenheit zur Sprache. Es wird lediglich darauf verwiesen, dass Kinder, die wegen Trennung oder Scheidung der Eltern mit nur einem Elternteil zusammenleben, mehr Konflikte austragen müssen – nicht zuletzt wegen der schlechteren finanziellen Situation dieser Haushalte. Zweielternfamilien werden von den Kindern als harmonischer wahrgenommen. Allerdings bezeichnen »Jugendliche aus Trennungsfamilien das Verhältnis zu ihren Eltern vorrangig als gut mit gelegentlichen Meinungsverschiedenheiten« (Shell Deutschland Holding, 2006, S. 61). Demnach scheinen die Betroffenen selbst die Trennung – und damit auch die größere Vaterabwesenheit – weniger problematisch einzuschätzen, als es eine Betrachtung von außen nahelegen könnte. Ansonsten liegen auch diese Jugendlichen im Trend der letzten Jahrzehnte: Seit 1985 äußern immer mehr Jugendliche, sie würden ihre Kinder »genau so« oder »ungefähr so« erziehen, wie sie selbst erzogen wurden (Shell Deutschland Holding, 2006, S. 58; repliziert als konstanter Trend durch die Deutsche Shell Holding GmbH, 2010, S. 65).

Insgesamt scheint die Vaterverlustdebatte manches Problem zu sehr zuzuspitzen. Jedenfalls scheinen die Väter auch in den Zweielternfamilien nicht so präsent zu sein und so großartig als Vorbilder zu wirken, wie das die Trennungsdebatte manchmal mit ihrem idealisierten Vaterbild suggeriert. Außerdem sieht die Mehrzahl der Kinder die Trennungssituation anscheinend etwas weniger dramatisch, als es das Bild vom vaterenteigneten Trennungskind suggeriert. Und schließlich werden Rahmenbedingungen wie die ökonomische Situation der Familien und das Angebot an Betreuungseinrichtungen unzureichend beachtet (so auch Aigner, 2001, S. 160 f.).

Das alles sei unter dem zusätzlichen Vorbehalt des fachfremden Historikers gesagt, der aus der neueren psychologische Diskussion zur Kenntnis nehmen muss, dass es anscheinend gar nicht mehr so sicher ist, dass nur der leibliche Vater die bekannten Aufgaben der Triangulation und der Entwicklung der Geschlechtsrollenidentität erfüllen kann. Ja es scheint sogar, dass die Mutter-Kind-Symbiose nicht mehr so hoch bewertet wird wie früher. Außerdem sollen als triangulierende Dritte andere, wie Stiefväter und selbst Großmütter, gute Dienste leisten können. Aber diese Frage der relativen Bedeutung des leiblichen Vaters werden die Fachleute im weiteren Verlauf dieser Tagung klären können.

Familienbilder und Familienwirklichkeiten

Erlauben Sie mir abschließend eine kurze Bemerkung zum *Familienbild*, das in der aktuellen Debatte vertreten wird. Damit verhält es sich ganz ähnlich wie mit dem Vaterbild. Es werden normativ Familienbilder als Bezugspunkt der Diskussion gewählt, die mich als Sozial- und Kulturhistoriker immer an die Bilderwelt des Biedermeier erinnern, die in den Neuruppiner Bilderbögen verbreitet wurde: Da gibt es nur Harmonie, reizende Väter und zumindest funktionierende Partnerschaften, in der sich alle liebevoll für die Erziehung der Kinder engagieren. Dieses Bild ist wieder ebenso einseitig wie das Horrorszenario der autoritären Familie aus den 1960er Jahren.

Natürlich waren weder Friede, Freude, Eierkuchen normal, noch die autoritären Dressurpraktiken der Familie als wichtigste Sozialisationsagentur der Disziplinargesellschaft. Demgegenüber wird mir wahrscheinlich jeder der hier sitzenden erfahreneren Psychologen zustimmen, dass die traditionelle Erziehung im Stil der 1950er und 1960er Jahre ihm eine Vielzahl von Klienten beschert hat, deren Probleme genau in den familiären Strukturen wurzeln, die heutzutage manchmal etwas unbedacht als Modell im Hintergrund auftauchen. Gerade weil man sich nicht trennen konnte oder wollte, mussten Partner und Kinder Verhältnisse aushalten, die sie ein Leben lang traumatisieren konnten.

Ich kann das hier nicht mehr im Einzelnen darstellen und schlage stattdessen vor, die tatsächlichen Leistungen von Familien im gängigen Sinn – mit Vater und Mutter – nüchtern zu vergleichen mit den Leistungen von Patchworkfamilien: Dabei kann es eben nicht mehr um die rückwärts erträumte Leistungsfähigkeit der imaginierten Familie gehen, die man mit den vielleicht realen Fehlleistungen der Patchworkfamilie konfrontiert. Vielmehr sind die tatsächlichen Leistungen und Wirkungen beider praktisch existierender Modelle anzusehen.

Der Familienhistoriker Sieder hat dazu vor einigen Jahren eine Fallstudie vorgelegt, in der er die Familienmitglieder von Patchworkfamilien befragt hat, wie sie die Trennung und die neue Situation verarbeitet haben.[17] Dabei kommen dann recht unterschiedliche Frustrationen und Erfolge zum Vorschein, wie man sie auch aus der psychologischen Literatur kennt. Um Trennungsfolgen angemessen zu bewerten, sollte man Vater-Mutter-Kind(er)-Familien und Patchworkfamilien unvoreingenommen daraufhin untersuchen, was sie jeweils zur Entstehung der Trennungsproblematik bzw. zu ihrer Lösung beitragen. Neben Trennungsverlusten könnten dann auch Trennungsgewinne in den Blick kommen.[18] Dabei müssen die Erfahrungen der Kinder stärker beachtet werden als normative Konzepte oder Erwachsenenwünsche.

Auf jeden Fall wird man sehr genau unterscheiden müssen, welche Probleme diese Kinder mit der allgemein als Vaterabwesenheit bezeichneten Situation haben: Handelt es sich um Vaterlosigkeit, Vaterverlust oder Vaterentbehrung (dazu differenziert Petri, 2006, S. 71 ff., S. 82); geht es um familienbedingte im Unterschied zur scheidungsbedingten Vaterabwesenheit?

Fazit

Der historische Rückblick auf Trennung, Familie, Kindheit und Vaterschaft hat deutlich gemacht, wie sehr sich Familienverhältnisse auch schon früher immer wieder gewandelt haben und wie sich die Positionen der Väter, Mütter und Kinder darin veränderten. Besonders neuere Kindheitskonzepte haben die Bewertung von Trennung erheblich verändert.

Da wir aber einen Stand der gesellschaftlichen Entwicklung erreicht haben, auf dem wir dauerhaft von einer etwa gleichblei-

17 Siehe Sieder (2008, S. 316 ff.) zur veränderbaren Vaterposition in der Nachtrennungszeit; vgl. allgemeiner auch Niejahr (2011).

18 Peuckert (2005, S. 239) verweist auf die Chancen von Stieffamilien (bewusstere Pflege von Partnerschaften, ausgedehnteres Netzwerk).

bend hohen Zahl von Trennungskindern ausgehen müssen, sollten wir die Diskussion nicht nur über die Verletzbarkeit der Kinder, sondern auch über ihre Ressourcen führen. Für die Kinder selbst und die Väter scheint es mir am wichtigsten, eine verkürzte und einseitige Sicht auf die Verluste zu vermeiden und stattdessen nach Handlungsoptionen in der neuen, sicher für viele sehr unerfreulichen Situation zu suchen.[19]

Am wenigsten führt das Beklagen der Verluste weiter, wenn es mit einseitigen Zuschreibungen des Opferstatus verbunden wird: Wollen wir etwa Männer- und Männlichkeitsforschung als Wiederholung des frühen Feminismus betreiben, der die Rolle der Frauen recht einseitig als Opfer beschrieb?

Wir werden stattdessen die Ambivalenz der Moderne aushalten müssen, die Trennung ohne Schuldgefühle erleichterte, aber noch zu wenig Hilfen für die Bearbeitung der Trennungsfolgen entwickelt hat.

Literatur

Aigner, J. C. (2001). Der ferne Vater. Zur Psychoanalyse von Vatererfahrung, männlicher Entwicklung und negativem Ödipuskomplex. Gießen: Psychosozial Verlag.

Bäumer, K., Schultz, H. (1995). Bettina von Arnim. Stuttgart u. Weimar: Metzler.

Blasius, D. (1992). Ehescheidung in Deutschland im 19. und 20. Jahrhundert. Frankfurt a. M.: Fischer.

Bundesministerium für Familie, Senioren, Frauen und Jugend (BMFSFJ) (2008). Alleinerziehende: Lebens- und Arbeitssituation sowie Lebenspläne, Berlin. Zugriff am 15.02.2013 unter http://www.bmfsfj.de/BMFSFJ/familie,did=31498.html

Bundesministerium für Familie, Senioren, Frauen und Jugend (BMFSFJ) (2012). Familienreport 2011, Berlin.

Butterwegge, C., Holm, K. (2004). Armut und Kindheit. Ein regionaler, nationaler und internationaler Vergleich (2. Aufl.). Wiesbaden: Leske + Budrich.

Deutsche Shell Holding GmbH (Hrsg.) (2010). Jugend 2010: Eine pragmatische Generation behauptet sich. 16. Shell Jugendstudie. Unter Mitarbeit von M. Albert, K. Hurrelmann, G. Quenzel und U. Schneekloth. Frankfurt a. M.: Fischer Taschenbuch Verlag.

Dinges, M. (2011). Die Gesundheit von Jungen und männlichen Jugendlichen

19 Zu Kindern, die aufgrund politischer Verhältnisse von ihren Eltern getrennt wurden, siehe Hartl (2007).

in historischer Perspektive (1780–2010). In R. Jütte (Hrsg.), Medizin, Gesellschaft und Geschichte, 29, (S. 97–121). Stuttgart: Franz Steiner Verlag.

Dinges, M. (2013). Wandel der Herausforderungen an Männer und Männlichkeit in Deutschland seit 1930. In L. Weissbach, M. Stiehler (Hrsg.), Männergesundheit 2013. Im Fokus: Psychische Gesundheit (S. 31–62). Bern: Hans Huber.

Dorbritz, J. (2012). Familie, demographischer Wandel und Fertilität. In S. Keil (Hrsg.), Familie, Wissenschaft, Politik. Ein Kompendium der Familienpolitik (S. 139–146). Würzburg : Ergon.

Erhard, R., Janig, H. (2003). Folgen von Vaterentbehrung. Eine Literaturstudie. Wien u. Klagenfurt: Bundesministerium für Soziale Sicherheit, Generationen und Konsumentenschutz.

Fontane, T. (1961a). Meine Kinderjahre. München: Nymphenburger.

Fontane, T. (1961b). Meine Kinderjahre. In O. Simons (Hrsg.) (2004), Deutsche Autobiographien 1690–1930. Berlin: Digitale Bibliothek.

Franz, M. (2011). Der vaterlose Mann. Die Folgen kriegsbedingter und heutiger Vaterlosigkeit. In M. Franz, A. Karger (Hrsg.), Neue Männer – muss das sein? (S. 113–171). Göttingen: Vandenhoeck & Ruprecht.

Geißler, R. (2006). Die Sozialstruktur Deutschlands (4. Aufl.). Wiesbaden: VS Verlag für Sozialwissenschaften.

Hagen, C., Kurth, B. M. (2007). Gesundheit von Kindern alleinerziehender Mütter. Aus Politik und Zeitgeschichte, 42, 25–31.

Hartl, P. (2007). Belogen, betrogen und umerzogen. Kinderschicksale im 20. Jahrhundert. München: Deutscher Taschenbuch Verlag.

Heinritz, C. (1985). »Bedrohte Jugend – drohende Jugend«? Jugend der fünfziger Jahre im Blick des Jugendschutzes. In Jugendwerk der Deutschen Shell (Hrsg.), Jugendliche und Erwachsene ’85. Generationen im Vergleich. 10. Jugendstudie der Deutschen Shell (Bd. 3, S. 293–319). Unter Mitarbeit von A. Fischer, W. Fuchs und J. Zinnecker. Opladen: Leske + Budrich.

Herrmann, U. (1986). Die Pädagogisierung des Kinder- und Jugendlebens in Deutschland seit dem ausgehenden 18. Jahrhundert. In J. Martin, A. Nitschke (Hrsg.), Zur Sozialgeschichte der Kindheit (S. 661–683). Freiburg u. München: Alber.

Hollstein, W. (1990). Die Männer – Vorwärts oder zurück? Stuttgart: Deutsche Verlagsanstalt.

Hollstein, W. (2008). Was vom Manne übrig blieb. Krise und Zukunft des »starken« Geschlechts. Berlin: Aufbau.

Hurrelmann, K. (1983). Das Modell des produktiv realitätsverarbeitenden Subjekts in der Sozialisationsforschung. Zeitschrift für Sozialisationsforschung und Erziehungssoziologie, 1983 (3), 91–103.

Jugendwerk der Deutschen Shell (Hrsg.) (1992). Jugend ’92. Lebenslagen, Orientierungen und Entwicklungsperspektiven im vereinigten Deutschland. Bd. 1. Gesamtdarstellung und biographische Porträts. Unter Mitarbeit von I. Behnken und A. Fischer. Opladen: Leske + Budrich.

Lexikon für Theologie und Kirche (LThK) (1959/1986). Bd. 3: Colet – Faistenberger. Herausgegeben von Josef Höfer und Karl Rahner (2. Aufl.). Freiburg: Herder.
Linke-Rothenberg, R. (2006). Scheidungs- und Trennungswaisen. Forschungslücke mit gesellschaftlichen Folgen. Essen: Verlag Die blaue Eule.
Martschukat, J., Stieglitz, O. (2008). Geschichte der Männlichkeiten. Frankfurt a. M.: Campus.
Matussek, M. (1998/2006). Die vaterlose Gesellschaft: Eine Polemik gegen die Abschaffung der Familie. Frankfurt a. M.: Fischer.
Mitscherlich, A. (1963). Auf dem Weg zur vaterlosen Gesellschaft. Ideen zur Sozialpsychologie. Weinheim: Beltz.
Netter, K. (2012). Will se höad gau müssa. Die Biographien zweier Schwabenkinder aus Riefensberg im österreichischen Bregenzerwald. In Bauernhaus Museum Wolfegg (Hrsg.), Die Schwabenkinder. Arbeit in der Fremde vom 17. bis 20. Jahrhundert (S. 120–127). Ulm: Süddeutsche Verlagsgesellschaft.
Niejahr, E., Thiede, R. (2011). Alles auf Anfang. Die Wahrheit über Patchwork. Berlin: Aufbau.
o. N. (2012). Chronologie der Schwabengängerei. Zugriff am 22.08.2012 unter http://www.schwabenkinder.eu/de/schwabenkinder/das-schwabengehen/das-schwabengehen/
o. N. (2013). Feriencamps für Scheidungskinder. Wiener Zeitung (2003). Zugriff am 15.02.2013 unter http://www.wienerzeitung.at/nachrichten/panorama/chronik/167949_Feriencamps-fuer Scheidungskinder.html
Papatour (2012). Zahlen und Fakten. Zugriff am 15.02.2013 unter http://papatour.eu/de/die-tour-2/zahlen-und-fakten-2012
Petri, H. (2006). Das Drama der Vaterentbehrung. Freiburg: Herder.
Peuckert, R. (2005). Familienformen im sozialen Wandel (6. Aufl.). Wiesbaden: VS Verlag für Sozialwissenschaften.
Phoenix, A., Frosh, S. (2005). »Hegemoniale Männlichkeit«, Männlichkeitsvorstellungen und -ideale in der Adoleszenz. Londoner Schüler zum Thema Identität. In V. King, K. Flaake (Hrsg.), Männliche Adoleszenz. Sozialisation und Bildungsprozesse zwischen Kindheit und Erwachsensein (S. 19–36). Frankfurt a. M.: Campus.
Phoenix, A., Pattman, R., Croghan, R., Griffin, C., Hunter, J. (2009). Consuming Masculinities: Intersections of Gender and Peer Culture in Everyday School Practices. In J. Budde, I. Mammes (Hrsg.), Jungenforschung empirisch. Zwischen Schule, männlichem Habitus und Peerkultur (S. 149–161). Wiesbaden: VS Verlag für Sozialwissenschaften.
Sager, C. (2008). »Kindheit« als Erfindung der Moderne oder als anthropologische Konstante? In S. Hering, W. Schröer (Hrsg.), Sorge um Kinder. Beiträge zur Geschichte von Kindheit, Kindergarten und Kinderfürsorge (S. 11–23). Weinheim u. München: Juventa.
Schelsky, H. (1957). Die skeptische Generation. Eine Soziologie der deutschen Jugend. Düsseldorf: Diederichs.

Schultz, H. (2004). »Unsere Lieb aber ist außerkohren«. Die Geschichte der Geschwister Clemens und Bettine Brentano. Frankfurt a. M.: Insel.

Shell Deutschland Holding (Hrsg.) (2006). Jugend 2006. Eine pragmatische Generation unter Druck. 15. Shell Jugendstudie. Unter Mitarbeit von M. Albert und K. Hurrelmann. Frankfurt a. M.: Fischer Taschenbuch Verlag.

Sieder, R. (2008). Patchworks – das Familienleben getrennter Eltern und ihrer Kinder. Stuttgart: Klett-Cotta.

Simons, O. (Hrsg.) (2004). Deutsche Autobiographien 1690–1930. Berlin: Digitale Bibliothek.

Theologische Realenzyklopädie (TRE) (1982). Bd. 9: Dionysius Exiguus – Episkopalismus. Herausgegeben von G. Müller und G. Krause. Berlin: de Gruyter.

Uhlig, O. (1983). Die Schwabenkinder aus Tirol und Vorarlberg. Innsbruck: Universitätsverlag Wagner.

Wikipedia (2013). Scheidungswaise. Zugriff am 15.02.2013 unter http://de.wikipedia.org/wiki/Scheidungswaise

Zaretsky, E. (2006). Freuds Jahrhundert. Die Geschichte der Psychoanalyse. Wien: Zsolnay.

Zinnecker, J. (2003). null zoff & voll busy: Die erste Jugendgeneration des neuen Jahrhunderts. Ein Selbstbild (2. Aufl.). Opladen: Leske + Budrich.

André Karger

Psychoanalytische Gedanken zu Trennung

Der abgerissene Strick

Der abgerissene Strick
kann wieder geknotet werden
er hält wieder, aber
er ist zerrissen.

Vielleicht begegnen
wir uns wieder,
aber da,
wo du mich verlassen hast
triffst du mich
nicht wieder.

Bertolt Brecht

Bei den Überlegungen, etwas Einführendes aus psychoanalytischer Perspektive zum Thema Trennung zu formulieren, fiel mir ein altes Gedicht bruchstückhaft wieder ein, was ich zu Schulzeiten gelesen hatte. Es sind vier Zeilen aus dem Gedicht »Der abgerissene Strick« von Bertolt Brecht, das ich wohl auch bestimmt seit der Schulzeit nicht mehr gelesen habe: »Der abgerissene Strick / kann wieder geknotet werden / er hält wieder, aber / er ist zerrissen.« Das Gedicht drückt gleichsam eine Hauptthese meines Beitrags aus. Trennungen sind immer Risse und damit unumkehrbar, aber sie gehören gleichsam zum Leben mit dazu, bedeuten das Risiko von Abrissen und die Hoffnung auf sichernde Knoten und das Risiko von sichernden Knoten und die Hoffnung auf Abrisse. Trennung ist beides: die gerissenen Enden und der Knoten.

Da der Beitrag als Hinführung zum Thema, dem Phänomen der Scheidung, zudem bevorzugt aus männlicher Perspektive, gedacht ist, mache ich von der Möglichkeit der Hinführung insofern Gebrauch, als dass ich ein paar Gedanken zu dem formuliere, was der Trennung vorausgeht, diese gleichsam voraussetzt, die Einheit und den Bezug des dann später Getrennten: die Liebe.

Meine Betrachtungsperspektiven sind 1.) klinisch: die eines Psychotherapeuten, der in seiner Praxis mit Klienten in Trennungs- und Scheidungssituationen arbeitet, 2.) theoretisch: die der Psychoanalyse. Ich bitte Sie, von den psychoanalytischen Theorien nicht im Sinne empirisch wissenschaftlicher Wahrheit, sondern im Sinne von konzeptuellen Metaphern (vgl. Buchholz, 1993) Gebrauch zu machen. Was Sie von einer solchen Hinführung für die weitere Diskussion des Themas der Trennung haben können? Vielleicht weniger Anregungen für den konkreten Umgang mit dem Phänomen der hochkonflikthaften Trennung als vielmehr für eine Reflexion, welche die manchmal pathogene Beziehungsdynamik zwischen den Eltern und deren Folgen für die Kinder besser verstehen hilft und auch zum Nachdenken anregen soll – über gesellschaftliche Normen und die damit zusammenhängenden individuellen Leit- und Idealvorstellungen, die mit Liebe, Familie und deren institutionalisierter Form der Ehe einhergehen.

Die Folgen von Trennung und Scheidung

Die Diskussion um die prototypische Verfasstheit der Familie ist ungebrochen dynamisch und von starken Emotionen geprägt. Dies ist an den Debatten um Betreuungsgeld, homosexuelle Ehe, die Förderung der Berufstätigkeit von Müttern, aber auch um das Scheidungsrecht zu merken. Zumeist unreflektiert werden dabei Grundannahmen mit verhandelt, die die Vorstellung, wie idealerweise eine Familie heute sein sollte, betreffen.

Beginnen wir empirisch: Das Scheidungsrisiko beträgt heute gut 50 % bei seit den 1960er Jahren ansteigenden Scheidungsraten (Statistisches Bundesamt, 2012). Die Scheidung wird heutzutage häufiger von Frauen eingereicht. Auch die Gewaltforschung hat erbracht, dass Jungen und Mädchen am häufigsten im sozialen Nahraum und damit innerhalb ihrer Familien Opfer von sexuellen Übergriffen werden. Dies markiert gleichsam die Gefahrendimension familiärer Beziehungen. Dem steht entgegen, dass die meisten Männer (sogar in überwiegendem Maße im Vergleich zu den Frauen) und Frauen nach wie vor eine feste Beziehung – am liebsten institutionalisiert als Ehe – mit Kind für die ideale Lebensform halten, welche für das Gelingen des eigenen Lebens notwendig ist. Die Erwartungen an die ideale Partnerschaft sind von Männern und Frauen hoch und von romantischen Vorstellungen wie Liebe, Treue, Vertrauen und Ehrlichkeit und auch von den traditionellen Geschlechterrollennormen geprägt (vgl. Volz u. Zulehner, 2009).

Rein faktisch werden häufiger Liebesbeziehungen von Trennungen bedroht oder aber real getrennt, trotzdem stellen sie das Ideal dar, an dem der eigene Lebensentwurf ausgerichtet wird.

Das verwundert psychologisch betrachtet nicht, denn die Fähigkeit, zu lieben, und die Fähigkeit, allein zu sein, bedingen einander: Anders formuliert, die Fähigkeit, allein zu sein und ein zufriedenes, ausgeglichenes Verhältnis zu sich selbst zu haben, setzt die Beziehungsfähigkeit voraus. Woher kommt aber das Wechselverhältnis von Liebe zu sich und zum anderen und was hat es mit den polaren Kräften von Beziehung und Trennung zu tun? Inwieweit hat sich in so etwas wie Liebe das Verhältnis von Beziehung und Trennung immer schon eingeschrieben? Das möchte ich mit Ihnen im Folgenden betrachten.

Was ist Liebe?

Zumindest in der Verliebtheit geht es um einen Seelenzustand mit der Fantasie, den selbst fehlenden Teil mithilfe des anderen gefunden zu haben. Von der Verliebtheit ist die Liebe zu unterscheiden, die meist mit der Erkenntnis einhergeht, dass der fehlende Teil nicht vollständig zu haben ist.

Freud unterscheidet in den »Drei Abhandlungen zur Sexualtheorie« (1905) zwei Arten, nach denen der Partner in Liebesbeziehungen gewählt wird. Er spricht dabei von *Objektwahl*, ein insofern für mich passender Begriff, weil es bei dieser Wahl zumeist nicht um den anderen in seiner Subjektivität geht, sondern eine verdinglichende, instrumentelle Umgangsweise bezeichnet ist. »Vor allem der Mann sucht nach dem Erinnerungsbild der Mutter, wie es ihn seit den Anfängen beherrscht« (Freud, 1905, S. 129). Bei der Partnerwahl, im Sichverlieben, geht es um die Figur des Wiederfindens des primär verlorenen Objekts, das ist Freuds zentrale These: »Die Objektfindung ist eigentlich eine Wiederfindung [...] mit dem Ziel, das verlorene Glück wiederherzustellen« (Freud, 1905, S. 123). Mit dem verlorenen Glück ist der phantasmatische Zustand einer ursprünglichen Einheit gemeint. Diese ist mit der Fantasie einer Mutter-Kind-Beziehung verbunden, in der die Mutter nicht als getrennte Person erlebt wird, sondern vollständig zum psychischen Erlebensraum des Kindes gehört und ebenso für die vollständige Befriedigung aller Bedürfnisse steht. Die Annahme eines vorgängigen paradiesischen Zustandes, der verloren ist und in einem mühsamen und gefahrvollen Prozess wiedergefunden oder wiederhergestellt werden muss, zieht sich nicht nur quer durch das Werk von Freud, sondern ist ein Grundmotiv unserer Kultur, eine ihrer »großen Erzählungen« (vgl. Lyotard, 2006). Die »Odyssee« von Homer handelt von ihr ebenso wie die Geschichte Jesu.

In Platons Rede des Aristophanes im »Symposium«, den Freud zitiert, heißt es zur ursprünglichen Einheit von Mann und Frau: »Unser Leib war nämlich zuerst gar nicht ebenso gebildet wie jetzt; er war ganz anders. Erstens gab es drei Geschlechter, nicht bloß männlich und weiblich, sondern ein drittes, das die beiden vereinigte ... das Mannweibliche ...«. Da das dritte Geschlecht alles doppelt hat, lässt Zeus sich bewegen, dieses in zwei Teile zu teilen, »wie man die zwei Quitten zum Einmachen durchschneidet ... Weil nun das ganze Wesen aber entzweigeschnitten war, trieb die Sehnsucht die beiden Hälften zusammen: sie umschlangen sich mit den Händen, verflochten sich ineinander, im Verlangen, wieder zusammenzuwachsen ...« (zit. nach Freud, 1920, S. 62). Dieses *Verlangen, zusammenzuwachsen,* ist das Wesen der Erotik und Sexualität und bei Freud selbst wird es zum Bestimmungselement des Triebs (mit den Elementen Trauma, Wiederholungszwang, Nachträglichkeit und Objektsuche) und, wie es andere Autoren – beispielsweise Lacan – nach ihm formuliert haben, zum Grundzug des menschlichen *Begehrens.*

Das Wiederfinden des verlorenen Objekts, welches phantasmatisch den eigenen Mangel zu schließen vermag, muss dabei keine allein rückwärtsgewandte Bewegung sein. Das Wiederfinden realisiert sich genauso in der Utopie, dem Aufbruch zu etwas gänzlich Neuem.

binden hilft, anderseits die Unmittelbarkeit durch sprachliche Vermittlung zerstört, oder, wie Foucault es pathetisch ausgedrückt hat: »Das Wort ist der Tod der Sache.« Sprache, Symbolisierung macht Trennung erträglich, indem sie die starken Affekte wie beispielsweise Todesangst, die mit dem fantasierten Verlust der Mutter verbunden sein kann, den Zustand der Objektlosigkeit gleichsam umhüllt; aber diese schützende Hülle, das Pallium, ist zugleich mit dem Verlust der Unmittelbarkeit verbunden.

Und noch etwas anderes passiert: Die Spule wird zum magischen Behälter, der die Anwesenheit der Mutter *be-hält*. Diese konkrete Ersetzung ist auch der erste Schritt zur Verinnerlichung der Mutter: Statt der real anwesenden Mutter, die das Kind beschützt, sind es der magische Gegenstand der Spule und dann die innere Vorstellung von einer beschützenden Mutter, die angstbindend wirken. Wir haben also zwei Mechanismen, die dem Kind helfen, mit der Angst, allein zu sein – im Extrem ist es Todesangst –, umzugehen: Symbolisierung von inneren Zuständen und Verinnerlichung von guten Objekten und den damit einhergehenden guten Beziehungserfahrungen. Beides gehört zusammen. Trennungen führen also auch dazu, dass psychische Strukturen entstehen, in dem Äußeres *ver-innerlicht* wird und zu einer inneren Struktur sich verfestigt.

Welche Rolle spielt die Erfahrung von Trennung in der psychischen Entwicklung der Geschlechtlichkeit von Männern (und Frauen)?

Von daher, und das ist die andere wichtige Bedeutung von Trennung, ist der entwicklungspsychologische Prozess der Selbstwerdung nur durch Trennung möglich. Auch eine paradoxe Denkfigur: Man muss erst ein Objekt verlieren, um im anderen sich als Selbst zu erfinden.

»In allen bisherigen Theorien«, schreibt Jessica Benjamin, »führt der Weg in die Außenwelt über den Vater. In manchen Geburtskliniken wird der Vater sogar buchstäblich aufgefordert, die Nabelschnur durchzuschneiden. Er ist also der Befreier, der sprichwörtliche Ritter in schimmernder Rüstung. Die Abwertung der Mutter, die mit einer solchen Idealisierung des Vaters unvermeidlich verbunden ist, macht die Befreierrolle des Vaters allerdings besonders problematisch für die Frauen und Männer: Die Folge ist nämlich, dass ihre notwendige Identifizierung mit der Mutter, mit Weiblichkeit, ihren Kampf um Unabhängigkeit unterlaufen muss« (Benjamin, 1993, S. 102). In Ergänzung zu Benjamin ist die Differenzierungsleistung natürlich eine Anforderung an beide Geschlechter: Sowohl der Junge als auch das Mädchen müssen sich von der narzisstischen Allmachtsfantasie, alles zu sein oder zu besitzen, verabschieden und im zweiten Lebensjahr den Geschlechtsunterschied mit dem dazugehörigen Neid auf das andere Geschlecht (Penisneid versus Gebärneid) erleiden und durcharbeiten. Beide Geschlechter müssen sich – wenn auch auf unterschiedliche Weise – mit der Erfahrung des Mangels auseinandersetzen.

Das entwicklungspsychologische Modell der Männlichkeit lautet verkürzt so: von der primären Einheit mit der Mutter über den Individuations-Separations-Konflikt in der Wiederannäherungsphase und der darin stattfindenden frühen Triangulierung zur Teil-Desidentifizierung mit der Mutter und Identifizierung mit dem Vater. Dabei gibt es für den Jungen »zwei Stolperstellen« in der Entwicklung. Und Pardon – jetzt folgt doch etwas gröberer psychoanalytischer Jargon –, da der Phallus strukturell und phantasmatisch im Begehren der Mutter für das fehlende Objekt steht, das den Mangel schließt, besteht beim Jungen die narzisstische Fantasie, vollständig zu sein, hartnäckiger als beim Mädchen, das sich in der primären Identifizierung mit der Mutter und damit auch mit der Identifizierung des Mangels beständiger mit diesem auseinandersetzen muss. Die mit der Differenzerfahrung, dass das Geschlecht nicht eines ist, einhergehende narzisstische Kränkung fällt damit für den Jungen stärker aus. Zum anderen muss der Junge in der Loslösung von der Mutter sein primäres Liebesobjekt – eben die Mutter – aufgeben und sich zur Erlangung seiner Geschlechtsidentität mit dem Vater identifizieren, was bedeutet, das Liebesobjekt zu wechseln (vgl. Greenson, 2009).

Die Konsequenzen hieraus sind eine stärkere narzisstische Kränkbarkeit des Mannes und eine größere Not des Mannes, seine männliche Identität in Abgrenzung von Weiblichkeit aufrechtzuerhalten, man möchte sagen, zu verteidigen. Einige Autorinnen und Autoren, beispielsweise Ilka Quindeau (2008) und Michael Diamond (2004), betonten daher die Notwendigkeit der Identifizierung und

Integration der gegengeschlechtlichen Anteile, sozusagen einer reifen, unbewussten Bisexualität, die reflexiv die konflikthafte leibliche Fundierung des eigenen Geschlechts offenhält und in der die eigene Identität, nicht nur in der aggressiven Abgrenzung und Abwertung des anderen gewonnen wird, sondern auch das Betrauern der eigenen Unvollständigkeit und Grenzen, der Trennung, beinhaltet. Der Begriff der »Geschlechterspannung« (Reiche, 2000) erscheint mir hierfür sehr passend, denn mit ihm ist nicht die Spannung zwischen Mann und Frau, sondern *im* Mann und *in* der Frau gemeint, die sich aus der Differenz von Mann und Frau ergibt.

Damit wir – auch als Geschlecht – wissen, wer wir sind, müssen wir uns unterscheiden. Differenz ermöglicht den Selbstbezug, auf Grundlage des vorgängigen anderen, von dem wir aber unrettbar getrennt sind: Das ist eine Erfahrung, die die Geschlechter eher verbindet als trennt. (Andererseits konstituieren sich gesellschaftlich über Differenzen, wie Geschlecht, Rasse und Klasse, nicht nur Identitäten, sondern auch Macht- und Gewaltverhältnisse.)

Was ermöglicht so etwas wie gelingende Trennung?

Ich komme zurück zu den Trennungserfahrungen und der Frage, wie diese *konstruktiv* verarbeitet werden können? Damit Trennungen verarbeitet werden können, »brauchen sie einen Rahmen, in dem sie erlebt – und das heißt v. a. durchlitten – werden können. Trennung ist daher immer an ihren Gegenpol, an Bindung und Beziehung, gebunden« (Küchenhoff, 1999, S. 41). Das Verhältnis von Trennung und Beziehung ist wechselseitig: Nur wo Beziehung ist, ist Trennung möglich; es gilt aber auch: ohne Trennung keine (neue) Beziehung.

Freud hat den psychologischen Prozess der Trennung sehr anschaulich am Beispiel der radikalen Trennung von einem geliebten Menschen, dessen Tod, beschrieben (vgl. Freud, 1917). Der Grundmechanismus, der die Bindung an den realen, durch den Tod nicht mehr anwesenden Menschen in der Mitwelt lösen hilft, ist die Identifizierung. Indem ich Anteile des geliebten Menschen als meine eigenen Anteile übernehme, mich mit ihnen identifiziere, wird die Bindung an das verlorene reale Objekt durch einen intensiven sich wiederholenden Prozess von stückweisem Wiedererinnern, affektivem Besetzen und Trennen gelöst. Das bedeutet *Trennungsarbeit* im übertragenen Sinne; sich intensiv mit dem anderen Menschen, der Bedeutung, die er im eigenen Leben gehabt hat, der Beziehung zu ihm auseinanderzusetzen und dabei die guten und schlechten Seiten in den Blick zu nehmen. Dagegen bleibt im pathologischen Fall einer nicht gelingenden Trennung – bei Freud ist dies im Unterschied zur Trauer die Melancholie – die Bindung an das verlorene Objekt vollständig erhalten. Das Objekt wird gleichfalls, aber als Objekt, in den psychischen Innenraum übernommen: Es wird als psychischer Fremdkörper introjiziert. In Freuds Worten: Der »Schatten des Objekts fällt auf das Ich« (Freud, 1917, S. 435) und verdunkelt es. Der Tote, als real verstorbener Mensch, kann psychisch nicht sterben und bleibt als Wiedergänger, als Geist, erhalten. Das kennen Sie als Literatur- und Filmsujet: Geister leben in einem Zwischenreich, jedenfalls die bösen Geister, sie verbreiten Angst und Schrecken. *Normale Trennung* bedeutet, ein geliebtes, aber auch gehasstes Objekt aufgeben zu müssen. *Pathologische Trennung* bedeutet, das geliebte und gehasste Objekt nicht aufgeben zu können, gegen es kämpfen zu müssen, von ihm verfolgt oder von ihm erdrückt zu werden.

Dass Trennungserfahrungen eine schützende Beziehung benötigen, hat mit der Stärke der mit dem Trennungsprozess einhergehenden Affekte zu tun. Denn wenn man etwas verliert, was man zum Leben braucht, dann ist dies potenziell immer *traumatisch* in dem Sinne, dass es das eigene Leben gefährdet. Damit die starken Gefühle von Angst, Schmerz, aber auch Wut aushaltbar werden, brauchen sie einen Rahmen. Dieser Rahmen wird durch die Qualität einer schützenden Beziehung gegeben und dient dazu, die starken Affekte zu *entgiften*. In der Entwicklungspsychologie und Psychoanalyse gibt es viele Namen für dieses Grundkonzept. Ob Bions Modell »Container/Contained« aus den 1950er Jahren (vgl. Bion, 1990) oder das neuere bindungs- und affekttheoretische Konzept der Mentalisierung (Fonagy, Gergely, Jurist u. Target, 2005), immer geht es um eine doppelte Funktion desjenigen, der die schützende Beziehung gibt. Beispielsweise besteht in der Beziehung zwischen einem Elternteil und dem Kind die Doppelung gerade darin, dass das intrapsychisch bestimmende Erleben von einer zweiten Beziehungsebene aufgefangen wird, die primär nicht mit den Fantasien und den sie begleitenden Affekten des Kindes zu tun hat, sondern diese buchstäblich aushält und rahmt (Küchenhoff, 1999, S. 43). Das Aushalten und Rahmen wird vom Kind mit verinnerlicht und ist die Voraussetzung, dass Affekte symbolisiert und damit integriert werden können.

Warum sind Trennungen immer konflikthaft und manchmal hochkonflikthaft?

Nach dem bisher Gesagten müssen wir eigentlich einräumen, dass Trennungen immer konflikthaft sind und mit einem breiten Spektrum von Gefühlen einhergehen. Trennung ist kein Ereignis, sondern ein längerer zeitlicher und psychologisch komplexer, in jedem Fall aber schmerzlicher Prozess. Das, was wir leicht weggeben können, damit sind wir eigentlich nicht verbunden; Trennung bedeutet aber, etwas, womit wir verbunden sind, zu durchschneiden oder durchschnitten zu bekommen und es zu verlieren. Es gibt belastende und schützende Faktoren, die den Trennungsprozess moderieren, in jedem Fall aber ist er schmerzhaft. In den meisten Fällen gelingt die Bewältigung; in den Fällen, in denen eine Trennung nicht gelingt, kommt es zu hochkonflikthaften Streitszenarien, die ein enormes Maß an Destruktivität freisetzen und in der Regel bei allen Beteiligten zu erheblichen Verletzungen führen.

Dazu ein Fallbeispiel:

Als Herr M. zu mir kam, war er 47 Jahre alt und ein gut aussehender, sportlicher Mann, der im Kontakt sehr charmant und gewinnend war. Beruflich war er erfolgreich bei einem großen Konzern als Ingenieur tätig. Seit einigen Jahren gab es eheliche Spannungen. Herr M. fühlte sich von seiner Frau zunehmend kontrolliert und bevormundet, ständig mache er etwas für die Familie, habe das gemeinsame Haus aufwendig ausgebaut und sich immer intensiv um seine Kinder gekümmert. Trotzdem werde er von seiner Frau nur kritisiert. Er wolle sich in der Beziehung auch einmal fallen lassen und nicht der Starke sein müssen, der nur für andere da ist und sich um alles sorgt. Vor einigen Monaten hatte er eine Affäre mit Mira, der Mutter eines Schulkameraden seines Sohnes, begonnen. Er habe sich verliebt, es sei ernst. Seine Ehefrau wisse von der Affäre. Vor zwei Wochen hatte Mira allerdings von ihrer Diagnose Brustkrebs erfahren. Herr M. dachte über die Möglichkeit der Trennung und Scheidung ernsthaft nach, hatte aber große Schuldgefühle, vor allem seinen Kindern gegenüber. Er liebte seine Kinder, Franka (11) und Ben (16), über alles und wollte nicht deren Familienleben *zerstören*. Er hatte die Fantasie, dass im Falle seiner Trennung der Kontakt zu seinen Kindern irreversibel geschädigt werde. Für alle sei es schließlich ausgemacht, dass er der Schuldige sei. Für die Kinder war die Familienwelt bisher auch in Ordnung, da sich die beiden Eheleute eher aus dem Weg gingen und offenen Streit vermieden. Genau genommen war es Herr M., der den offenen Streit vermied. Während des ersten halben Jahres in der Therapie kam es zu einer steigenden Ambivalenz, der Hoffnung auf *seine Befreiung* und ein selbstbestimmtes Leben mit der neuen Partnerin und der Angst, sein Leben zu ruinieren, *alles* zu verlieren, was für ihn im Wesentlichen bedeutete, keinen Kontakt mehr mit seinen Kindern zu haben.

Herr M. wuchs in kleinbürgerlichen Verhältnissen auf. Der Vater war Postbeamter, die Mutter Hausfrau. Zur vier Jahre jüngeren Schwester bestand ein distanziertes Verhältnis. Er sei ein Mutterkind, seine Schwester ein Vaterkind gewesen. Zwischen den Eltern gab es einen oberflächlich routinierten, aber emotional distanzierten formellen Umgang. Die Mutter war dominant und launisch, eigentlich unzufrieden mit ihrem Leben. Er konnte sich an körperliche Züchtigungen erinnern. Den heimlichen Stolz der Mutter auf ihn und die Abwertung des Vaters habe er aber auch gespürt. Den Vater habe er nicht wirklich akzeptiert, zumal er den Verdacht hatte, dass zwischen dem Bruder seines Vaters und der Mutter ein Verhältnis bestand. Seit der Pubertät hatte er die Fantasie, sein eigentlicher Vater sei sein Onkel. Der Tod des Vaters vor einigen Jahren habe für ihn einen Einschnitt bedeutet, da der Vater ihm auf dem Sterbebett mitgeteilt habe, dass er, der Vater, über einige Jahre mit seiner Schwester in deren Alter von 16 bis 19 Jahren ein inzestuöses Verhältnis gehabt habe. Seine Mutter wollte über all das nicht reden, zumal nicht nach dem Tod des Vaters.

Herr M. entschloss sich schließlich zur Trennung von seiner Frau, nahm sich eine eigene Wohnung und zog aus. Zunächst wollte er erst einmal allein für sich klarkommen, zumal es auch in der Beziehung zu Mira, die inzwischen die Brustkrebstherapie erfolgreich abgeschlossen hatte, zunehmend Spannungen gab. Herr M. sah, dass sich ein Beziehungsmuster wiederholte, das er mit seiner Ehefrau bereits kannte. Er konnte sich auf Beziehungen anfangs gut einlassen, wenn er in der aktiven Rolle als Retter und Versorger war und dafür auch von den Frauen (und Kindern) bewundert wurde. Andererseits bekam er bald das Gefühl, selbst zu kurz zu kommen und ausgenutzt zu werden. Aus Angst, die Beziehung zu gefährden, behielt er seine aggressiven und negativen Gedanken und Gefühle jedoch für sich und holte sich Bestätigung in Nebenbeziehungen mit anderen Frauen. Nach dem Auszug gestaltete sich der Kontakt zur Ehefrau und den Kindern in Folge schwierig. Die Ehefrau machte ihm heftige Vorwürfe und sparte auch nicht damit, von seiner Affäre und Treulosigkeit im Nachbar- und Freundeskreis zu erzählen. Auch seine Kinder waren voller Vorwürfe ihm gegenüber. Ben grenzte sich massiv ab und genoss es, in seiner Fantasie bei seiner Frau seinen Platz eingenommen zu haben. Franka war sehr schwankend in den Kontakten, einerseits wollte sie immer wieder zu ihm ziehen und möglichst viel Zeit mit ihm verbringen, anderseits kam es auch von ihrer Seite zu häufigen Kontaktabbrüchen. Herr M. litt unter massiven Schuldgefühlen und depressiven Zuständen, auch in der Vorstellung, sich egoistisch durchgesetzt und das Wohl und die Gesundheit seiner Kinder beeinträchtigt zu haben. Es war für ihn der Preis seines Autonomieschrittes, seiner Befreiung, bei der er sich schuldig gemacht hatte und für die er nun schwer bestraft wurde und büßen musste.

Ich selbst sah Herrn M. einerseits als jemanden, der seine Frau betrog und seine Kinder im Stich ließ; dann sah ich Herrn M. aber auch als jemanden, der verzweifelt um seine Selbständigkeit ringt. Herr M. war auch der kleine Junge, der mit dem missbrauchenden Vater identifiziert ist, der nicht mal weiß, wer sein Vater ist, und von einer inzestuösen Mutter manipuliert und im Stich gelassen wird, der nun genau diese Geschichte in seinem Leben wiederholt. Die Trennung gelang Herrn M. nur um den Preis einer Phase der erheblichen Selbst- und Fremddestruktivität. Es war ein langer therapeutischer

Prozess, in dem es Herrn M. gelang, diese Täter- und Opferaspekte in sich anzuerkennen und durchzuarbeiten und in den Konsequenzen für seine Kinder zu verstehen und auszuhalten und zu so etwas zu gelangen wie »verantworteter Schuld«, wie Helmuth Figdor diese so treffend mit Bezug auf Scheidungseltern nennt (Figdor, 2012). Dann erst eröffnete sich für Herrn M. so etwas wie eine innere *Befreiung*.

Ich komme noch einmal zum Anfang meines Beitrags und der Frage zurück, inwieweit sich in so etwas wie Liebe das Verhältnis von Beziehung und Trennung eingeschrieben hat. »Liebe ist das Aushalten, das immer neue innere Aushandeln der paradoxen Gegensätze von Beziehung und Vereinnahmung des anderen und des Bewusstseins der Trennung« (Küchenhoff, 1999, S. 202). Dies ist eben oft, zumal wenn die Vereinnahmung des anderen überhandnimmt, ein sehr gewaltsamer Prozess: die Unmöglichkeit der Liebe.

Fazit

- Trennung und Beziehung bedingen einander.
- Trennung ist zeitlich betrachtet ein längerer Prozess, bedeutet strukturell immer einen dramatischen Verlust und ist bei nahen Beziehungen der Verlust eines Teiles des Selbst mit entsprechenden starken Gefühlen von Angst, Schmerz, Sehnsucht, Hass und Traurigkeit.
- Bei pathologischen Trennungsdynamiken ist die Trennung misslungen. Die Vereinnahmung des anderen kann nicht aufgegeben werden, was sich in destruktiv narzisstischen Phänomenen äußert.
- Für einen konstruktiven Umgang mit Trennungserfahrung ist eine rahmende, schützende Beziehung notwendig.
- Dass Trennung aber ein zentrales Element von Liebe ist, wird (zu) wenig bedacht. Dies gilt auch für den gesellschaftlichen Umgang mit Liebe, Familie und Trennung. Während kulturell das romantisch idealisierte Bild der Verliebtheit, mit der Fantasie, etwas Verlorenes im Partner wiederzufinden, vermittelt wird, fehlt es an einer entsprechenden Trennungskultur. Analog zur gesellschaftlichen Todesverleugnung (vgl. Becker, 1976) möchte ich von einer Trennungsverleugnung sprechen, mit den nachhaltig negativen Folgen einer potenzierten Destruktivität.

Literatur

Becker, E. (1973/1976). Die Überwindung der Todesfurcht. Die Dynamik des Todes. München: Goldmann.
Benjamin, J. (1993). Die Fesseln der Liebe. Psychoanalyse, Feminismus und das Problem der Macht. Frankfurt a. M.: Fischer.
Bion, W. R. (1990). Lernen durch Erfahrung. Frankfurt a. M.: Suhrkamp.
Brecht, B. (1966). Liebesgedichte. Ausgewählt von Elisabeth Hauptmann. Frankfurt a. M.: Insel.
Buchholz, M. (Hrsg.) (1993). Metaphernanalyse. Göttingen: Vandenhoeck & Ruprecht.
Diamond, M. J. (2004). The shaping of masculinity. Revisioning boys turning away from their mothers to construct male gender identity. International Journal of Psychoanalysis, 85, 359–380.
Figdor, H. (2012). Kinder aus geschiedenen Ehen: Zwischen Trauma und Hoffnung. Wie Kinder und Eltern die Trennung erleben. Gießen: Psychosozial Verlag.
Fonagy, P., Gergely, G., Jurist, E., Target, M. (2005). Affektregulierung, Mentalisierung und die Entwicklung des Selbst. Stuttgart: Klett-Cotta.
Freud, S. (1905). Drei Abhandlungen zur Sexualtheorie. GW Bd. V. Frankfurt a. M.: Fischer.
Freud, S. (1917). Trauer und Melancholie. GW Bd. X. Frankfurt a. M.: Fischer.
Freud, S. (1920). Jenseits des Lustprinzips. GW Bd. XIII. Frankfurt a. M.: Fischer.
Greenson, R. (1968/2009). Die Beendigung der Identifizierung mit der Mutter und ihre besondere Bedeutung für den Jungen. In F. Dammasch, H.-G. Metzger, M. Teising (Hrsg.), Männliche Identität. Psychoanalytische Erkundungen (S. 151–159). Frankfurt a. M.: Brandes & Apsel.
Küchenhoff, J. (1999). Verlorenes Objekt, Trennung und Anerkennung. Forum der Psychoanalyse, 15, 189–203.
Lyotard, J. F. (1979/2006). Das postmoderne Wissen. Wien: Passagen Verlag.
Quindeau, I. (2008). Verführung und Begehren. Die psychoanalytische Sexualtheorie nach Freud. Stuttgart: Klett-Cotta.
Reiche, R. (1990/2000). Geschlechterspannung. Gießen: Psychosozial Verlag.
Statistisches Bundesamt (Hrsg.) (2012). Statistisches Jahrbuch 2012. Wiesbaden.
Volz, R., Zulehner, P. M. (2009). Männer in Bewegung. Zehn Jahre Männerentwicklung in Deutschland. Baden-Baden: Nomos.

Gerhard Amendt

Dem Leid der Männer die Anerkennung verweigern

Die Häufung von Berichten über Mord, Totschlag und Suizidalität im Zusammenhang von Trennungen von Ehen und Partnerschaften signalisiert nicht nur eine große mediale Aufmerksamkeit für episodische Fälle, die gewalttätig enden. Sie macht auch ein Konfliktpotenzial sichtbar, das bislang durch die sensationslüsterne Neugierde an solchen Ereignissen aus den Kreisen der »Reichen und Schönen« verdeckt wurde. Das wiederum dient vielen zur Externalisierung ihrer eigenen Ängste, dass sie nämlich selbst von ähnlichen, wenn auch minder schweren Verläufen im Fall durch die eigene Trennung und Beziehungsauflösung eingeholt werden könnten. Interessanterweise werden anders als in der Vergangenheit entsprechende Gewalt- und Tötungsakte heute auch von Frauen öffentlich erörtert und nicht mehr nur reflexartig mit psychiatrischen Diagnosen als Pathologie abgetan und damit ihres Beziehungsaspektes beraubt und der öffentlichen Aufmerksamkeit entzogen. Es setzt sich die Erkenntnis durch, dass Frauen wie Männer im Verlauf der komplexen Psychodynamik von Beziehungsauflösungen sowohl auf zivilisatorisch wie psychisch unangemessene Reaktionen regredieren können. Diese gefährden nicht nur die Personen selbst wie deren Kinder, sondern sie können in gravierenden Verlaufsformen zu einer lebenslangen Fixierung auf ein regressives Lebensmodell führen. Das betrifft Männer wie Frauen gleichermaßen. Allerdings sind die Erscheinungen geschlechtsspezifisch ausgeprägt.

Gleich nach dem Tod von Familienangehörigen zählen Trennung und Scheidung zu den zweitschwersten Lebensbelastungen. Für den Tod haben wir kulturell eingeschliffene Formen der Anteilnahme und rituellen Bewältigung entwickelt. Für die Scheidung haben wir das allerdings nicht. Eher trifft das Gegenteil zu, nämlich eine gesamtgesellschaftliche Verleugnung, zumindest aber eine teilweise Verharmlosung, die das Schmerzliche durch eine hypothetische bessere Zukunft glaubt, zudecken zu können. Trennung und Scheidung sind schwer zu bewältigen, und vieles deutet darauf hin, dass Menschen mit dem Tod einer Person nach einer Phase der Trauer letztlich leichter zurechtkommen als mit der selbst gewollten oder vom anderen erzwungenen Trennung der Beziehung. Der dominante Charakter der narzisstischen Kränkung scheint für Trauer und Abschied weniger offen zu sein als der Todesfall. Die Möglichkeit, sich scheiden zu lassen, ist andererseits ein Indikator für praktizierte Freiheitsrechte und für autonome Lebensgestaltung. Allerdings hinkt dem Gefühl der Freiheit oft das Verständnis für die damit möglichen Konflikte hinterher. Verschärft wird die Situation durch die Gegenwart von Kindern, deren Lebensperspektiven von den Getrennten nicht nur materiell ausverhandelt werden müssen, sondern die die kindlichen Beziehungen zu beiden Scheidungseltern förderlich gestalten sollen. Ebenso kommt es in circa 30 % aller Trennungen und Scheidungen in unterschiedlichen Schwergraden zu prekären Pseudotriangulierungen, die vielfältige Psychodynamiken auslösen und vorgegebene präpathologische Konditionen zum »Blühen« bringen oder im Fall einer gewalttätigen Beziehungshistorie diese erheblich intensivieren.

Erschwert werden Bewältigung und Abschied durch Trauer durch die narzisstische Komponente, die dabei eine erhebliche Rolle spielt. Darüber hinaus, und das wird in psychotherapeutischen wie politischen Diskursen weitgehend vernachlässigt, spielt jede Trennung sich vor einem gesellschaftlichen Hintergrund ab, der den individuellen Verlauf auf vielfältig vermittelte Weise beeinträchtigt. Das ist der Fall, wenn die familienrechtliche Gesetzgebung dem einen der beiden Eltern, in der Regel der Mutter, den Zwang zur Konsensbildung, etwa mit dem Rückgriff auf eine »überlegene naturhafte Mütterlichkeit« im Gegensatz einer »bloß sozialen Funktion des Väterlichen«, nicht abverlangt. Obwohl Scheidung als Ausdruck liberaler Befürwortung von Lebensplanung gesetzlich ohne Erschwernisse handhabbar ist, fehlt eine darüber hinausgehende kulturell bedeutsame Sensibilität für die damit einhergehenden Konflikte sowohl der Erwachsenen wie der beteiligten Kinder. Eine unterstützende Kultur wird sich auch so lange nicht entwickeln, wie das Geschehen durch Celebrity-Berichterstattung externalisiert oder durch binäres Denken in Opfer- und

Täterkategorien die Trauer durch entlastende Gefühle wie Hass und Verachtung vermieden wird.

Trennungsbewältigung im gesellschaftlichen und individuellen Kontext

Misandrische Mythen

Hier wird die These vertreten und empirisches Material vorgestellt, die zeigen sollen, dass die Trennung von Scheidungsvätern und Männern im Allgemeinen schwerer zu bewältigen ist als von Frauen. Deshalb wird zum einen dargestellt werden, wie Männer größere gesundheitliche Probleme als Frauen entwickeln und dass darüber hinaus ein nicht unerheblicher Teil der Mehrbelastung in einem bislang ungeklärten Verweisungszusammenhang zu misandrischen Tendenzen der Gesellschaft steht. Diese sind auf die ideologische Spaltung des Geschlechterdiskurses während der letzten drei Jahrzehnte zurückzuführen (Nathanson u. Young, 2001, 2006). Sie lassen Ähnlichkeit mit psychischen Spaltungsprozessen erkennen, wie wir sie aus mittelalterlichen Hexenprozessen, totalitären Bewegungen, Teilen des zeitgenössischen Feminismus, dem amerikanischen McCarthyismus der Fünfzigerjahre oder dem Antisemitismus des Nationalsozialismus (Amendt, 2013) kennen. Obwohl Trennungskonflikte nur von den Betroffenen selbst gelöst werden können, sind für die Einschätzung der individuellen Möglichkeiten politische Auseinandersetzungen und wissenschaftliche Forschung erforderlich.

Die misandrischen Mythen über Männer üben nicht nur einen erschwerenden Druck auf Scheidungsväter aus, sondern als prekäre Nebenfolge lassen sie Männer davor zurückschrecken, die Psychodynamik des eigenen Leidens in Betracht zu ziehen. Deshalb fällt es vielen schwer, sich auf den eigenen Beitrag am Trennungskonflikt zu fokussieren. Sie neigen dann eher dazu, die gesellschaftlichen Zwänge als die eigentlich maßgeblichen Ursachen ihres Unglücks zu sehen. So kann es in besonders strittigen Fällen dazu kommen, dass sie Familiengerichte, Exfrau, Gutachter, Jugendämter und Anwälte zu einem persekutorischen Gebilde verschmelzen, das sie ihrer Rechte und vor allem der Kinder berauben will.

Die Entwicklung solcher Deutungen, die dazu verleitet, sich als »Opfer der Scheidungsindustrie« zu erleben, wird durch das Zusammenwirken der genannten Institutionen tatsächlich in nicht wenigen Fällen gefördert. Die Art und Weise, wie manche Scheidungsväter reagieren, trifft durchaus gesellschaftliche Ursachen ihres Zorns. Sie sind von zwei Eigenarten geprägt. Die eine gibt Vorbehalte gegen Männer entlang der Ideologie von den »bösen Mächten« wieder, wie wir sie zum Teil in Curricula der Sozialpädagogik und Sozialwissenschaften an Fachhochschulen und manchen Universitäten finden.

Die andere Eigenart beruht auf der eigentümlichen Nachsicht, mit der manche Richter Falschaussagen von Frauen in Scheidungsverfahren behandeln. Obwohl strafbar, wird der Missbrauch nur selten geahndet. Die Nachsicht kommt ebenfalls zum Zug, wenn Frauen gerichtlich nicht für Behauptungen zur Verantwortung gezogen werden, dass die gemeinsamen Kinder vom Ehemann oder Partner sexuell missbraucht worden seien.

Obwohl es keine zuverlässigen Untersuchungen dazu gibt, weisen Braver, Cookston und Cohen (2002) in einem unveröffentlichten Essay darauf hin, dass Rechtsanwälte in einer Befragung nur 25 % der Beschuldigungen ihrer Klientinnen für zutreffend halten. Auch Jörg Kachelmann (2012) hat in seinem Verfahren einen ähnlichen Vorwurf erhoben, von dem Ulrich Vultejus (2003, 2008, S. 232–237) in einem Aufsatz meint, dass er als »Frauenrabatt« durchaus unter Richtern Geltung habe: »Ich bin in Strafverfahren gegen Frauen immer wieder in Schwierigkeiten geraten und habe mich deshalb jeweils gefragt, welche Strafe würde ich gegen einen Mann bei derselben Anklage verhängen und auf diese Strafe alsdann abzüglich eines ›Frauenrabatts‹ erkannt. Ähnlich scheinen es auch meine Kollegen zu handhaben, wie die eben wiedergegebene rechtssoziologische Untersuchung ergibt. Ein Frauenrabatt ist gerechtfertigt, weil es Frauen im Leben schwerer haben und Strafen deshalb bei ihnen härter wirken.«

Gerade im Hinblick auf Scheidungen und die Lebenserwartung wird die Vermutung, dass Männer nach der Scheidung ein leichteres Leben als Frauen führen, durch das Gegenteil widerlegt. Trennung und Scheidung stellen für Männer wie Frauen einen erheblichen Konflikt dar. Allerdings zeigen eine Reihe von Studien, dass geschiedene Mütter besser als geschiedene Väter fahren. Viele Männer geraten in einen ausweglosen Zustand, für den eine gesellschaftlich präformierte Aufmerksamkeit und Hilfe fehlt. Sie geraten durch Nichtachtsamkeit aufgrund quasi-anthropologischer Annahmen über das Wesen von Männern auch in Isolation. Dem steht das Vorurteil gegenüber, dass Männer nach der Scheidung ein beschwingteres Leben als früher führen und sich von allen Sorgen frei machen können. Unterstellt wird, dass sie von den Pflichten des erwachsenen Mannes entlastet sind und entsprechend wohlgemut, wie kleine Jungen, sich einem unregulierten Leben abermals hingeben können.

Trennung, Scheidung und Gesundheit

Während Mütter nach der Scheidung eine vierfache Steigerung an Symptomen wie Depression, Krankenhauseinweisung, Arbeitsplatzproblemen erleben, beträgt die Steigerung unter Männern das Neunfache. Ebenso sind deren psychiatrisch begründeten Einweisungen um ein Vielfaches höher als unter geschiedenen Müttern. Diese unterschiedlichen Verarbeitungsmöglichkeiten können bis zu zehn Jahren dauern (Bloom, Asher u. White, 1978). Wie sehr die Beschränkung von Väterlichkeit die Gesundheit belastet und das Leben von Männern verkürzen kann, zeigt eine Studie, nach der die Selbstmordrate für geschiedene Männer fünfmal so hoch ist wie für verheiratete Männer und signifikant höher für geschiedene Männer als für geschiedene Frauen ist (Price u. McKenry, 1988). In unserer Studie (Amendt, 2006) gaben nur 22,5 % (siehe Tabelle 1) der Scheidungsväter an, nicht an gesundheitlichen Problemen zu leiden.

Tabelle 1: Scheidung und Gesundheit (n = 3601)

Scheidung und Gesundheit	
keine Beschwerden	22,5 %
vorübergehende körperliche Beschwerden	8,4 %
vorübergehende seelische Beschwerden	29,0 %
ständige körperliche Beschwerden	6,2 %
ständige seelische Beschwerden	24,8 %
Probleme mit Alkohol und Drogen	4,1 %
insgesamt (n = 3601)	95,0 %

Geht die Trennung von der Ehefrau oder Partnerin aus, so ist das eine wesentliche Variable, die gesundheitlich relevant ist (siehe Tabelle 2). Ebenso steht das Einkommen in einem Verhältnis zur Fähigkeit, die anstehenden Konflikte zu bewältigen (siehe Tabelle 3).

Tabelle 2: Dynamik von Trennungswunsch und Gesundheit

Dynamik von Trennungswunsch und Gesundheit		Auswirkungen auf die Gesundheit			
		körperliche und seelische Beschwerden			
		keine	vorübergehend	ständige	mit Alkohol und Drogen
Trennungswunsch ging aus	von beiden	16,1 %	12,9 %	9,3 %	13,8 %
	von mir	37,1 %	28,7 %	22,5 %	22,1 %
	von Frau	46,7 %	58,4 %	68,2 %	64,1 %

Tabelle 3: Dynamik von Einkommen und Gesundheit

Dynamik von Einkommen und Gesundheit		Auswirkungen auf die Gesundheit			
		körperliche und seelische Beschwerden			
		keine	vorübergehend	ständige	mit Alkohol und Drogen
Einkommen	niedriges	31,9 %	34,6 %	44,4 %	50,3 %
	mittleres	37,7 %	37,1 %	31,9 %	27,7 %
	hohes	30,4 %	28,3 %	23,7 %	22,0 %

»Vergleicht man allein lebende Väter mit verheirateten oder zusammenlebenden Vätern, so haben allein lebende Väter eine höhere Rate an schweren Depressionen, Drogenmissbrauch und allgemeinen Stimmungsschwankungen aller Art und Angst« (Wade, Veldhuizen u. Cairney, 2011, S. 567–573). Die davon ausgehenden Probleme ziehen erhebliche Kosten für das Gesundheitssystem, den Arbeitsmarkt und die Unternehmen nach sich.

Zum individuellen Verhalten der meisten Männer zählt ein annähernd kollektiv wirksames Ergebnis ihrer Sozialisation. Es besagt, dass vom Indianer, der nicht weint, bis hin zum erwachsenen Mann, dessen Lebenssinn zu einem erheblichen Teil in der Funktionalisierung für andere besteht, eine lebensgeschichtliche Neigung mit sich bringt, dass sie sich selbst vernachlässigen. Eine Erscheinungsweise ist das traditionelle Brotverdienersyndrom, das in den mittleren und oberen Sozialschichten sich zwar ausdünnt, aber ebenso die Bereitschaft, in den Krieg zu ziehen, gefährlichen Berufen nachzugehen, die Frauen meiden, weil sie sie nicht erstrebenswert und hinreichend anerkennend erleben. Die monomane Berufsorientierung und die gleichzeitige Vernachlässigung der eigenen Gesundheit bei ausgeprägter Sorge um die der anderen beschreiben eine habituelle Indifferenz von Männern gegen sich selbst. Diese Gewohnheiten müssen Männer jeweils für sich selbst ändern. Allerdings wird das wesentlich davon beeinflusst, ob die Gesellschaft diese Haltung ermutigt oder ob sie verbietend auf Wünsche nach Veränderung einwirkt; indem sie zum Beispiel darauf besteht, dass die Fremdinstrumentalisierung fortgesetzt wird. Indizien dafür sind das Fehlen und die politische Vereitelung von Männergesundheitsberichten.

Zu intensiverer Gesundheitswahrnehmung würde Männer auch ermutigen, wenn Frauen in größerer Zahl sich bereit erklären würden, Männer von der Zwanghaftigkeit der Brotverdienerfunktion zu entbinden, indem sie die lebenslange Verpflichtung dazu sich zu eigen machten. Dabei geht es nicht darum, dass Frauen wie Männer Geld verdienen, was bei einer 62 %-Erwerbsquote von Frauen ohnehin der Fall ist, sondern dass sie die quasi schicksalhafte Festlegung der Zuständigkeit für das Familieneinkommen letztverantwortlich – wie bislang Männer – übernehmen. Das würde – beispielhaft – den Einstieg in die technischen Berufe einschließen und den Verzicht nach sich ziehen, hauptsächlich familienaffinen Berufstätigkeiten – wie denen von Lehrer, Psychologe, Theologe, Erzieher, Richter etc. – nachzugehen. Da diese Entwicklung am Arbeitsmarkt nicht nur sehr langsam verläuft, sondern trotz Förderung von Frauen seit mehr als zwanzig Jahren stagniert (Hakim, 1995, S. 429), sendet die Berufsstatistik nur geringe Zeichen der Ermutigung für Männer aus, die Sorge um sich selbst durch den Wechsel in leichtere Berufe zu fördern. Angesichts der fehlenden Ermutigungen in den Berufsfeldern ist es dringend erforderlich, dass aktive und mobilisierende Gesundheitspolitik betrieben wird, die trotz schicksalhafter männlicher Letztzuständigkeit zu einer expandierenden Mentalität der gesundheitlichen Selbstachtung unter Männern beiträgt.

Ganz besonders im Hinblick auf die Bewältigung von Scheidungsfolgen fehlt nicht nur – wie angemerkt – die gesellschaftliche Aufmerksamkeit für Männer. Wenn solche Aufmerksamkeit wie in meiner Scheidungsväterstudie (Amendt, 2006) punktuell erkennbar wird, dann sind Männer willens, öffentlich über ihre Probleme zu sprechen. Es wäre deshalb wegweisend, wenn gesundheitspolitische Kampagnen das Leid von Männern benennen und gesellschaftliche Beachtung signalisieren würden – vergleichbar der Aufmerksamkeit, die in den Siebzigerjahren den Auswirkungen erzwungener Austragung von ungeplanten Schwangerschaften (Amendt, 1992) und beginnend in den Achtzigerjahren dem Leid von Frauen durch häusliche Gewalt in Partnerschaften geschenkt wurde. Eine solche Entwicklung hin zur Anerkennung von Aspekten von Männlichkeit (Honneth, 1992, S. 212), die sich jenseits des idealisierenden Alltagsheroismus bewegen, würde dazu beitragen, dass deren individuelle Befindlichkeiten jenseits der beruflichen Performance wahrgenommen werden. Vor allem könnten Männer gegen die frühkindlichen Introjekte des Heldenhaften und Selbstaufopfernden schrittweise altruistische Bedürfnisse setzen.

Gerade die Art und Weise, wie in den letzten 25 Jahren Scheidungsväter in der Forschung vernachlässigt und in den Medien als die zweifachen Nutznießer der sexuellen Liberalisierung (Illouz, 2011) dargestellt wurden, können wir als einen fortschreitenden Prozess verweigerter Anerkennung deuten. Die individuelle Anerkennung wurde dadurch torpediert, dass Männlichkeiten einem dichotomisierten Weltbild zugeordnet wurden, in dem gerade die maßgebliche Beziehungsdimension, in der allein Anerkennung entstehen kann, verleugnet und durch archaische Bilder vom bösen Mann ersetzt wurde. Dieser Vorgang wird von Nathanson und Young (2001, 2006) als Misandrie benannt.

Anhand von zwei Mythen, dem der alleinigen Gewalt von Männern in Partnerschaften und dem der Bereicherung durch Scheidung, sollen hier Hindernisse beschrieben werden, die der gesellschaftlichen Anerkennung von psychischen Belastungen und emotionalem Leid von Scheidungsvätern entgegenstehen und ihnen den Zugang zu ihren inneren Konflikten erschweren. Das steht nicht im Widerspruch dazu, dass 62,1 % der Trennungsväter sich professionelle Unterstützung für die Bewältigung trennungsbezogener Konflikte suchen (siehe Tabelle 4). In der Vielfalt der aufgesuchten Institutionen deutet sich allerdings an, dass es für Väter keine eindeutige gesundheitspolitische Orientierung bei der Suche gibt (siehe Tabelle 5).

Tabelle 4: Professionelle Hilfe (ja/nein)

Haben Sie professionelle Hilfe in Anspruch genommen?	
nein	37,9%
ja	62,1%

Tabelle 5: Arten der professionellen Hilfe

professionelle Hilfen	Rechtsanwalt	56,4%
	Jugendamt	47,2%
	Psychotherapeut	33,6%
	Arzt/Psychiater	21,9%
	Psychologischer Berater	18,6%
	Mediator	10,6%
	Familienberatung	36,3%
	Väterverein	22,1%
	Geistlicher	10,8%
	andere	6,8%

Der erste Mythos: Männer bereichern sich durch die Scheidung

Dieser Mythos setzte sich in den meisten westlichen Gesellschaften in den Achtzigerjahren durch. Gegen die Liberalisierung des Scheidungsrechts wurde bald vorgebracht, dass sie Männer begünstige und Frauen und Kinder in die Verarmung treibe. So sei die Sexualität für Männer wie Frauen zwar eine Möglichkeit, an soziale Macht anzuschließen (Hakim, 2011). Aber vor dem Hintergrund »noch immer bestehender patriarchaler Familien- und Wirtschaftsorganisation spaltete die deregulierte Sexualität die Wege zur sexuellen

Begegnung in serielle Sexualität und emotionale Exklusivität« (Illouz, 2011, S. 195). Weil Frauen auf emotionaler Exklusivität bestehen, seien sie die Opfer der Liberalisierung und Männer die Täter, weil sie die serielle Sexualitätsoption bevorzugen.

Grundlage für den Mythos, nach dem die Abschaffung des Schuldprinzips im Familienrecht die Bereicherung der Männer eingeleitet habe, bildetet die zehnjährige Studie der amerikanischen Wissenschaftlerin, Leonora Weitzman (1985) von der Harvard University. Sie hatte 1985 den Verelendungsmythos von Frauen und Kindern mit ihren Forschungsergebnissen begründet. Demnach würden 73 % der Frauen und Kinder einen erheblichen Abfall ihres Lebensstandards erleiden. Dahingegen würde der Lebensstandard von Männern durchschnittlich um 42 % steigen (Braver, 1998, S. 55 ff.). Ursache sei das reformierte Scheidungsrecht. Die in den Achtzigerjahren sich entfaltende Neigung, Frauen trotz ökonomischem Wohlstand, Bildungsreformen und Berufsintegration als schützenswerte Opfer wahrzunehmen, wurde von Weitzmans These unterstützt. Ihre Ergebnisse spielten in europäischen Parlamenten eine Rolle, wenn scheidungsväterliche Rechte begrenzt und das Umgangsrecht von Vätern erschwert werden sollten. So habe das liberalisierte Scheidungsrecht Frauen nur eingeschränkte Chancen der individuellen Lebensgestaltung eröffnet. Männer könnten sich hingegen sogar aus den Fesseln ihrer Klassenzugehörigkeit befreien. Und die Wahlmöglichkeit an Sexualpartnern habe sich für alle erheblich vergrößert (Illouz, 2011). Die mentalitätsgeschichtlichen Voraussetzungen, die die Tendenz begünstigten, Frauen trotz ihrer Erfolge als Opfer zu sehen, sollen hier nicht vertieft werden (Amendt, 2013). Da Weitzmans Forschung auf dem zwischenzeitlich empirisch widerlegten Mythos vom Dominanzstreben der Männer über Frauen geprägt war (Medeiros u. Straus, 2007, S. 59–85), wurde versucht, zugunsten der Mütter die gemeinsame Sorge für die Kinder zu erschweren. Da die Bereicherung der Männer eine Folge verweigerter Unterhaltszahlungen für Frau und Kind sei, baute darauf das Bild vom bösen Scheidungsvater auf, der Exfrau und Kinder in die Armut treibe und den Wohlfahrtsstaat mit deren Versorgung belaste (Amendt, 2011). In den Massenmedien wie in der Politik förderte das eine Mentalität, dass »solche« Männer keine guten Väter seien und dass geschädigte

Frauen, die deshalb die Begrenzung von Besuchsrechten fordern, zu unterstützen seien.

Weitzmans Studie (Hoffman u. Duncan, 1988) wurde in den westlichen Demokratien zum Standardargument, um Frauen als Opfer von Scheidungen auszuweisen und vor allem alleinerziehenden Müttern den Status einer besonderen Opfergruppe mit erhöhtem Anspruch auf Mitgefühl und staatliche Unterstützung zuzusprechen. Weitzmans Studie ist eine der am häufigsten zitierten Studien nach den Zählungen des *Science Citation Index.* »Wenn irgendjemand nach einem Beweis suchte, um seinen Zorn gegen geschiedene Väter auszudrücken oder deren Ruf zu schädigen oder um die Fehlerhaftigkeit des Scheidungssystems zu benennen und warum so viele Männer ihre Familien nach der Scheidung im Stich ließen, so war es diese Studie, auf die sie gewartet hatten« (Braver, 1998, S. 55). Allerdings hatte die Studie einen grundlegenden Mangel. Die Zahlen entsprachen nicht der Wirklichkeit. Obwohl auf die Fehlerhaftigkeit der Studie von Wissenschaftlern schon in den ausgehenden Achtzigerjahren hingewiesen wurde, ließ sich die Korrektur weder gesundheitspolitisch noch in den Massenmedien durchsetzen. Der Fehler von Weitzman wurde dadurch nachgewiesen, dass ihre Ergebnisse in zwei replizierenden Studien mit ihren eigenen Methoden und Fragen sich nicht bestätigen ließen. Die Ergebnisse ihrer Studie trafen nicht zu. Die Ergebnisse von Peterson (1996) stellen hingegen eine 27 %-Minderung des Lebensstandards von Frauen und eine 10 %-Steigerung für Männer im ersten Jahr nach der Scheidung fest – allerdings ohne die Mehrbelastungen für geschiedene Männer zu berücksichtigen. Der Mythos von der Frauen- und Kinderverarmung als Folge von Scheidungen war damit zwar unhaltbar geworden, allerdings war die dahinter sich verbergende »advocacy research« von Erfolg gekrönt, da sie nicht mit der Absicht durchgeführt wurde, die Wahrheit herauszufinden, sondern um feministischer Scheidungspolitik den Schein wissenschaftlicher Begründung zu verleihen. Deshalb räumte Leonora Weitzman erst 15 Jahre später unter dem Druck von Geldgebern für neue Forschungsprojekte ein, dass ihren Assistentinnen ein Statistikfehler unterlaufen sei.

Allerdings hat der unhaltbare Mythos in der Gesellschaftspolitik, in den Medien bis in die Wissenschaft hinein zwischenzeitlich zu einer Entsolidarisierung mit scheidungsbezogenen Konflikten von Männern geführt. Es ist nachvollziehbar, dass dieser Mythos, wie viele andere über »das böse Geschlecht«, eine Atmosphäre hervorbrachte, die Männer kein offenes Ohr und keine gesundheitspolitische Unterstützung für eigene Konflikte finden ließ. Trotzdem hat sich solidarische Hilfe organisiert, aber sie beruht, im Gegensatz zu den staatlichen Hilfen für Frauen, auf Eigeninitiativen und Selbstorganisation. Sie sind NGOs vergleichbar, die Interessen thematisieren, die gesellschaftspolitisch im System der etablierten Parteien und staatlich finanzierter Satellitenorganisationen nicht aufgenommen werden. Zu diesen Organisationen zählen in Deutschland papa.com, vaeteraufbruch.de und in den USA Coalition for fathers, National Fatherhood Initiative, Fatherhood Coalition, Agens e. V., MANDAT e. V. und andere.

Der zweite Mythos: Gewalt ist männlich

Auch der Mythos von der Einzigartigkeit der Männergewalt ist grundlegend für die misandrische »Entehrung von Männern« (Bönt, 2012). Er unterstellt, dass Gewalt in Partnerschaften nur von Männern ausgeübt werde (BMFSFJ, 2008). Über die Jahre wurde der Vorwurf dahin erweitert, dass auch Gewalt an Kindern innerhalb von Familien ausschließlich von Vätern ausgeübt werde. Vergleichbare Gewalt von Frauen an Männern gäbe es hingegen so wenig wie Gewalt an ihren Kindern (Smith Slep u. O'Leary, 2005). Schlimmstenfalls würden Frauen zur Gewalt gegen Partner greifen, um sich zu verteidigen. Daraus wurde abgeleitet, dass nur den Opfern männlicher Gewalt der besondere Schutz durch den Gesetzgeber und die Allgemeinheit gebühre. Das hat ganz wesentlich zur Vernachlässigung von Gewalt aus männlicher und kindlicher Perspektive und zur Gründung von Hilfen geführt, die ausdrücklich nur für Frauen gedacht sind und die ideologisch aus dem Gewaltmythos abgeleitet werden. Die fiktionale Opfergemeinschaft von Frauen und Kindern behandelt Kinder wie narzisstische Erweiterungen ihrer Mütter, die kein Eigenleben führen und die wie ihre Mütter vom Vater nichts wissen wollen.

Wenn hingegen Scheidungsväter oder Wissenschaftler dem Mythos von der »männlichen Alleingewalt« widersprachen und auf die symmetrische Verteilung von Gewalt und Dominanzstreben in Partnerschaften anhand der umfangreichen Forschungsliteratur vorwiegend aus den USA verweisen (Straus, 2006, 2009), dann wird in einem eigentümlichen Umkehrschluss ihnen vorgehalten, dass die Kritik an den falschen Statistiken einem Aufruf zur Gewalt an Frauen gleichkomme. Die Logik ist zwar schwer nachvollziehbar, aber sie ist einschüchternd genug, um gerade auch viele Wissenschaftler davon abzuhalten, sich dem Konflikt forschend zu nähern. Sei es, dass sie darauf verzichten, ihre gegenläufigen Erfahrungen als Zweifel am Mythos anzumelden, oder darauf, als Wissenschaftler Methodenkritik zu üben. So haben Männer auch dazu geschwiegen, dass sie »alle potenzielle Gewalttäter« seien, obwohl ihre Erfahrungen mit Frauen besonders bis zum Alter von 35 Jahren dem Mythos entgegenstehen. Weil die meisten Männer dazu schweigen, konnte sich auch kein öffentliches Interesse herausbilden, das andere Männer ermutigt hätte, über ihre Erfahrungen öffentlich zu reden. In privaten Gesprächen wie im Schutz unserer Scheidungsväterforschung haben Männer hingegen über solche Erfahrungen berichtet. Straus (2007) konnte zum wiederholten Male zeigen, »dass unter Beziehungspartnern während der zurückliegenden zwölf Monate die häufigsten Gewaltepisoden beidseitig verliefen, das heißt, dass beide gewalttätig waren, und dann erst folgt Gewalt, die nur vom Mann ausgeht. Gewalt vom männlichen Partner war das am wenigsten häufig auftretende Muster. Sowohl die männlichen wie weiblichen Befragten nannten das *male only violent* Muster als das am wenigsten auftretende. [...] Das Ergebnis zeigte, dass Herrschaftsansprüche sowohl vom Mann über die Frau und umgekehrt von einer erhöhten Wahrscheinlichkeit von Gewalt begleitet werden« (Straus, 2007).

Die Debatte über Gewalt an Kindern hat in den Sechzigerjahren und schon früher Mütter in der biografischen und Romanliteratur als Schlagende dargestellt (Weiss, 1996; Cardella, 1990; Lenz 1968). Die Ideologisierung der Gewaltdebatte hat es allerdings erreicht, dass mütterliche Gewalt an Kindern bis zum heutigen Tag aus der Gesundheitspolitik, der professionellen Hilfe und Forschung ausgeblendet wurde. Als aktuelles Beispiel dafür kann die Schrift gelten, die der Ärzteschaft und anderen helfenden Berufen vom BMFSFJ (Zeitbild Medical, 2012) in überarbeiteter Fassung zur Verfügung gestellt wird, die die Perspektive männlicher Gewalterfahrungen in Partnerschaften weiterhin ausschließt. Bis zum heutigen Tag kann der wissenschaftlich seit Jahren vorliegende Nachweis, dass Gewalt in Familien und Partnerschaften symmetrisch verteilt ist, in Deutschland kaum, hingegen in den USA und Kanada immer zügiger in die Öffentlichkeit getragen werden. Es besteht hier allerdings eine geradezu hermetisch anmutende Weigerung, diese Wissensbestände in die Medien oder gar in die Wissenschaften zu tragen. Neue psychotherapeutische Ansätze für die Arbeit mit gewalttätigen Familien können deshalb nicht vermittelt werden, weil die Rezidivität von Gewalt begünstigenden feministischen Ansätze nicht publiziert werden kann. So wird das meiste der amerikanischen, kanadischen und englischen Literatur für eine gesundheitspolitisch bedeutsame Organisation von Hilfen für Männer, Frauen und Familien nicht rezipiert (Lamnek u. Luedtke, 2005; Dutton u. Corvo, 2006; Hamel, 2008). Neue Interventionen basieren auf der alten Erkenntnis, dass Gewalt ein Beziehungsgeschehen ist, an dem alle Familienmitglieder passiv oder aktiv teilnehmen. Lösungen für Gewaltepisoden können deshalb nur mit beiden Beteiligten erarbeitet und durch die Bearbeitung der unbewussten Psychodynamik herbeigeführt werden. Die Widerstände in den Bundesministerien, feministischen Organisationen und an den Genderlehrstühlen der Universitäten reichen bis in die großen Verlage, die eine Veröffentlichung der Literatur nach dem »State of Knowledge« (Hamel, 2013) offensiv verhindern.

So kann Gewalttätigkeit von Frauen noch immer verleugnet, aber ebenso kann – und das fördert die Entsolidarisierung mit dem Leid der Männer – eine offensive Verbreitung des Gewaltmythos mit manipulierten Zahlen propagiert werden. Diese politisch gewollte Verblendung wird in Deutschland, Österreich und den USA von feministischen Gruppierungen, Wissenschaftlerinnen, Genderlehrstühlen, bundesministeriellen Sympathieträgern, Bischöfinnen, Frauenzeitschriften und Redaktionen, Fernsehsendern und Frauenhäusern geleistet. Wenn man verstehen möchte, wie die von außen auf Männer einwirkenden Kampagnen zu deren depressivem und verzweifeltem Schweigen betragen, dann bedarf es der Kenntnis der Dehumanisierung von Männlichkeit, wie sie von Werbeagenturen im Auftrag von Bundesministerien erzeugt wurden.

Dazu zählt die Kampagne »Gewalt kommt nicht in die Tüte«, mit der Bischöfin Jepsen nach einer Mitteilung des Evangelischen Pressedienstes (cpd) von 2008 gemeinsam mit dem Bäckergewerbe eine Aktion gegen familiäre Gewalt startete. Brötchentüten wurden mit dem Aufdruck versehen: »Gewalt kommt nicht in die Tüte.« Diese Aktion wäre aufklärerisch gewesen und hätte der Ethik der evangelischen Kirche entsprochen, wäre sie an beide Eltern gerichtet gewesen, die Gewalt ausüben oder peinlich berührt von der Gewalt des anderen Elternteils wegsehen. Diese Aktion ist in Bundesländern wie Hessen durchgeführt worden und hat erstmals zu erheblichen Protesten von Männern geführt. Was diese Aktionen von anderen, weiter zurückliegenden unterschied, war der erwachende Widerstand von Männern gegen ihre kollektive Diskriminierung. Solche kollektiven Urteile werden in den USA als »hate crime« eingestuft, weil sie aufgrund des Geschlechts, in diesem Fall des männlichen, Personen herabmindern. Sie verstoßen aber nicht minder gegen das deutsche Antidiskriminierungsgesetz und das Grundgesetz. Dem Gewaltmythos steht entgegen, dass 25 % der Gewalttätigkeiten in Beziehungen von Frauen ausgehen, 25 % von Männern und 50 % werden von beiden gemeinsam ausgelöst. Die Angaben beruhen auf Aussagen, die die Befragten über ihre eigenen Gewalthandlungen machten, und nicht darauf, was der eine dem anderen an Gewalt zuschrieb.

Dazu gehören Differenzierungen. Etwa die, dass auf Frauen zwei Drittel und auf Männer ein Drittel der schweren Verletzungen entfallen (Straus, 2007). Und ebenso schlagen Mütter ihre Kinder so häufig und heftig nach Schweregraden wie Väter. Wobei Frauen es sogar häufiger tun, weil sie die Kinder häufiger um sich haben, als das bei Vätern der Fall ist. Kinder müssen demnach vor mütterlichen wie väterlichen Schlägen gleichermaßen bewahrt werden. Eine vergleichbare Kampagne der Senatsverwaltung für Wirtschaft, Technologie und Frauen von »Hinter deutschen Wänden« (2010), wie die österreichische Weihnachtskampagne der Frauenministerin Doris Bures »Verliebt – verlobt – verprügelt« von 2008, die in unterschiedlichen Versionen zu jeder Weihnachtszeit vor der Gewalt der Männer warnt, setzt sich über diese Erkenntnisse hinweg. Männer werden als unberechenbare Störer des familiären Friedens dargestellt. Der Mythos vom Mann als Gewalttäter liegt ebenso dem bereits erwähnten, in Hunderttausender-Auflagen verbreiteten Informationsblatt Zeitbild Medical »Häusliche Gewalt erkennen und helfen« (2012) zugrunde.

Das begünstigt bis zum heutigen Tag die Ausbreitung von Fantasien, wonach Gewalt Teil einer gattungsgeschichtlichen Verabredung von Männern sei, Frauen zu unterdrücken, um die eigene Herrschaft zu sichern. Deshalb sei auch »Vergewaltigung [...] das politische Konzept des Mannes, um die Frau zu beherrschen« (Janssen-Jurreit, 1984). An dieser bereits 1984 getroffenen Festlegung hat sich bis zum heutigen Tag nichts Wesentliches geändert. Das hat nicht nur Empathie für Männer zerstört, sondern auch diejenigen unter ihnen, die Gewalterfahrungen machen, entmutigt, offen darüber zu sprechen und professionelle Hilfe zu suchen. So konnte der Gewaltmythos zu einem strategischen Element auch in vielen Scheidungskonflikten avancieren, in denen Gewaltvorwürfe und solche des sexuellen Missbrauchs der Kinder zum Mittel der Auseinandersetzungen wurden.

Allerdings haben beide Mythen, der von der Männergewalt und von der Bereicherung, auch Frauen erheblich gesundheitspolitisch benachteiligt. Es hat sich nämlich auch für sie eine gesellschaftliche Atmosphäre ausgebreitet, die es ihnen erschwert, über eigene Gewalt und eigene Aggressivität im Kontext von Trennungen und Kindererziehung zu sprechen. Die ihnen unterstellte Friedfertigkeit (Mitscherlich, 1985, 1987) sowie die kollektive Ausstattung mit einem »Opfer-Abo« belegen sie mit dem Verbot, sich über eigene Gewalt zu äußern, da das der Weiblichkeit fremd sei (Amendt, 2009, S. 210–222). Folglich erschwert es ebenso ihren Gang zu professionellen Hilfen und zur partnerschaftlichen Klärung der Ursachen, die zur Gewalt geführt haben. Sie werden vielmehr als Opfer wahrgenommen, denen zu helfen ist, ohne dass deren eigene Beteiligung an Gewaltdynamiken geklärt werden darf.

Während Frauen nicht über sich reden dürfen, weil es den Mythos zerstört, schweigen Männer zumeist aus Scham über das, was ihnen nachgesagt wird. Diese Scham entsteht nicht zuletzt daraus, dass der kollektive Gewaltvorwurf eine unterschwellige Idealisierung von Männern als Allmächtige enthält, die sich »alles leisten« können. Das mindert den Mut, sich sowohl körperlich als angreifbar als auch narzisstisch als verletzbar zu erkennen zu geben.

Da die Debatte über partnerschaftliche Gewalt vorwiegend an quantitativen Aussagen interessiert ist, die sich für Anklagen gegen Täter und Hilfen für Opfer verwenden lassen, liegen nur wenige Untersuchungen vor, die sich auf soziale und psychische Kontexte beziehen, unter denen Scheidungskonflikte entstehen. Diese Einseitigkeit enthält den Professionen wichtige Einsichten vor, die das Diagnostizieren, die Ausbildung und Therapie begünstigen könnten. Alles, was dem Beziehungsaspekt zu nahe kommt, und das sind qualitative Studien und empathisches Interesse, wurde bislang vorsorglich unterlassen, weil es die Weltenteilung in »Gute und Böse« infrage stellen und die Dichotomie von Tätern und Opfern ad absurdum führen würde. Die massenpsychologisch stattfindenden Abspaltungen rücken den Beziehungsaspekt, das Miteinander in guten wie in schlechten Zeiten, in den Hintergrund. Einige der wenigen kontextbezogenen großen Studien zu den Erfahrungen von Scheidungsvätern liegen seit 2004 vor (Amendt, 2004). Einzelfallstudien sind aus den USA bekannt (Mills, 2003; Hamel u. Nicholls, 2007). Während die durchschnittliche Häufigkeit von partnerschaftlichen Gewaltepisoden für Deutschland bei 8,6 % liegt (Straus, 2004), ist sie erwartungsgemäß für den zweitschwersten Lebenskonflikt, eben Trennung, Scheidung und möglichen Verlust der Kinder, vielfach höher. Sie liegt bei 31,8 % (Amendt, 2004, 2006; siehe Tabelle 6) in unserer Studie. Demnach kommt es bei jeder dritten Trennung zu Gewalttätigkeiten, allerdings von unterschiedlicher Ausprägung und Häufigkeit (siehe Tabelle 7).

Tabelle 6: Kam es zu Handgreiflichkeiten und von wem gingen sie aus?

Kam es mit Ihrer Partnerin zu Handgreiflichkeiten?	nein	68,2 %
	ja	31,8 %
Von wem sind die Handgreiflichkeiten ausgegangen?	von meiner Partnerin	64,4 %
	von mir	14,8 %
	von uns beiden	20,8 %
Wie oft kam es dazu?	einmal	29,5 %
	zweimal	25,5 %
	öfter	45,0 %

Tabelle 7: Wie oft kam es zu Handgreiflichkeiten?

Wie oft kam es zu Handgreiflichkeiten?					
		einmal	zweimal	öfter	gesamt
Wer hat begonnen?	meine Partnerin	60,6%	65,8%	68,0%	65,3%
	ich	22,8%	16,2%	7,5%	14,2%
	wir beide	16,5%	18,0%	24,5%	20,5%

Dabei fällt ins Auge, dass es signifikante Unterschiede zwischen verheirateten und ledigen Paaren in der Verarbeitung des Trennungskonfliktes gibt (siehe Tabellen 8 und 9). Was diese begründet, wäre erst noch zu erforschen.

Tabelle 8: Frau boykottiert den Umgang mit den Kindern (verheiratet vs. eheähnlich; n = 1936)?

		Wie lebten Sie mit Ihrer Partnerin?	
		verheiratet	eheähnliche Partnerschaft
Frau boykottiert Umgang mit den Kindern	nein	60,4%	44,8%
	ja	39,6%	55,2%

Tabelle 9: Kontaktabbruch (n = 896)

		Wie lebten Sie mit Ihrer Partnerin?		gesamt
		verheiratet	eheähnliche Partnerschaft	
Wann Kontakt abgebrochen?	gleich bei der Trennung	28,8%	44,1%	33,2%
	ein paar Monate danach	26,3%	25,0%	25,9%
	nach einem Jahr	10,6%	9,4%	10,3%
	nach zwei Jahren	12,1%	6,6%	10,5%
	nach drei Jahren und später	22,2%	14,8%	20,1%
Wer hat den Kontakt abgebrochen?	Mann	15,7%	12,0%	14,6%
	Frau	67,7%	78,7%	7,1%
	Kinder	16,5%	9,4%	14,4%

Allerdings gibt es erkennbare schichtspezifische Fähigkeiten zur Konfliktverarbeitung (Amendt, 2011). So ist Gewalt von Männern kein unspezifisches Schichtphänomen, das alle Männer charakterisiert. Vielmehr weist es auf schichtabhängige Fähigkeiten der Konfliktverarbeitung hin. Das gilt ebenso für die psychosomatische Verarbeitung von Konflikten. Es ist davon auszugehen, dass die größere Verbalisierungsfähigkeit – als Niederschlag kindlicher Sozialisation – die Wahrscheinlichkeit mindert, dass ein Trennungskonflikt in Gewalt gipfelt und eine Flucht in die Sprache der Fäuste einsetzt. Das gilt für Männer wie für Frauen gleichermaßen.

Zusammenfassung

So ist die Unfähigkeit vieler Männer, zu leiden, mehrfach bestimmt. Sie ist einerseits von den misandrischen Mythen im öffentlichen Leben beeinflusst, aber andererseits ebenso von der individuellen Lebenslage, die seinem Leben einen spezifischen Sinn verleiht. Es lassen sich grob zwei Väterlichkeitsarrangements in Partnerschaften benennen, die markant auseinanderweisen.

Traditionelle Väterlichkeit ist von der Vorstellung geprägt, dass der Mann die Familie versorgt und die Berufstätigkeit der Ehefrau nie familienerhaltende Bedeutung annehmen muss. Mit der Trennung verändert sich am Verständnis dessen, was es bedeutet, ein Vater zu sein, Wesentliches. Am trefflichsten hat das eine geschiedene Frau formuliert: »Wer für seine Kinder nicht mehr richtig sorgt, der ist kein Vater mehr und die Kinder brauchen ihn nicht mehr.« Das hat zur Folge, dass der Vater seine Kinder nicht mehr sehen darf. Diese Väterlichkeitserschütterung wird von Scheidungsvätern teilweise anerkannt. Wenn Neuverheiratungen keine neue Verantwortung entstehen lässt, dann entwickeln diese Männer Gesundheitsprobleme, Probleme am Arbeitsplatz, ebenso mit Drogen, und zeigen regressive Tendenzen wie den Wiedereinzug in die elterliche Wohnung.

Bei der liberal gestalteten Vaterschaft überlappt sich das Drinnen mit dem Draußen beider Eltern. Die Frau arbeitet beruflich, verfolgt Karriereperspektiven und trägt entsprechend steigernd zum Familieneinkommen bei. Allerdings ist damit zumeist nicht die Absicht verbunden, die männliche Unentrinnbarkeit der Berufstätigkeit infrage zu stellen. Die Alleinzuständigkeit der Frau für die familiäre Versorgung ist nicht vorgesehen. Vieles deutet darauf hin, dass auch unter erfolgreichen Frauen eine Reservatio mentalis vorliegt, nach eigenen Wünschen den erfolgreich ausgeübten Beruf gegebenenfalls auch wieder zu verlassen (Amendt, 2013; Hakim, 1995). Beider Verhalten ist aber von Flexibilität geprägt und die männliche Identität wird zu einem großen Teil auch über die Erziehung der Kinder unmittelbar hergestellt. Gleichzeitig ist die Bereitschaft des Mannes ungeschmälert, der Ehefrau familiäre Letztentscheidungen zu überlassen. So trägt auch das Verhalten im liberalen Modell dazu bei, dass erfolgreiche Frauen am Modell der zweierlei Identitätssäulen – Beruf und Familie – festhalten können. Die Scheidung ist unter diesen Bedingungen weniger leidvoll und weniger von regressiven Tendenzen beherrscht. Das liberale Partnerschaftsarrangement tendiert deshalb zu weniger Zweifel an der Sinnfälligkeit männlicher Identität in der Scheidungskrise.

Trotzdem wird Väterlichkeit durch die Scheidung labilisiert. Ganz allgemein trifft zu, dass die Trennung nicht nur die Väterlichkeit, sondern auch die Männlichkeit infrage stellt.

Von den vielfältigen Konstellationen, die die Väterlichkeit infrage stellen, spielt der Vorwurf des sexuellen Missbrauchs der Kinder eine wesentliche Rolle. Die Ideologie von den bösen Männern will es, dass diese Vorwürfe nur erhoben, aber nicht wissenschaftlich untersucht wurden. Die Bremer Scheidungsväterstudie enthielt jedoch starke Hinweise darauf, dass die Beschuldigungen von Besonderheiten des Beziehungsarrangements geprägt sind. Auch der Vorwurf des sexuellen Missbrauchs wird unter nicht Verheirateten öfters erhoben als unter geschiedenen Eheleuten (siehe Tabelle 10). Das weist auf besondere Psychodynamiken hin, die ebenfalls bislang unerforscht geblieben sind.

Tabelle 10: Beschuldigung des Vaters des sexuellen Missbrauchs (n = 1936)

		Wie lebten Sie mit Ihrer Partnerin?		gesamt
		verheiratet	eheähnliche Partnerschaft	
Vater des sexuellen Missbrauchs beschuldigt?	nein	93,6 %	89,0 %	92,5 %
	ja	6,4 %	11,0 %	7,5 %

So wurde der Missbrauchsvorwurf zweimal so häufig in nichtehelichen Partnerschaften wie in geschiedenen Ehen erhoben. Da bislang nur episodische Evidenzen vorliegen, kann allenfalls hypothetisch angenommen werden, dass Expartnerinnen damit nachträglich auf die ausgebliebene Verbindlichkeit einer Verheiratung reagieren und die Kinder wie »zurückgewiesene Geschenke« wahrnehmen. Für einen Teil von Expartnerinnen scheint die Auflösung der »nur partnerschaftlichen« Beziehung eine besondere narzisstische Kränkung zu sein, die mit einer erhöhten kränkungsbedingten Aggression verbunden ist. Die Kinder werden deshalb wie »kontrollierte Satelliten« behandelt, die sich aus dem Bann der mütterlichen Gravitation nicht lösen dürfen. Die damit einhergehende Ungeschiedenheit lässt Scheidungsmütter die Folgen übersehen, die damit verbunden sind. Sie erklären die Kinder zu Mitwirkenden an inzestuösen Handlungen, die nicht stattgefunden haben.

Angesichts der gewandelten hochkonflikthaften Verhältnisse müssen wir uns fragen, ob es überhaupt noch eine kindliche Normalbiografie im psychosexuellen und bindungspsychologischen Sinne gibt oder ob die Theoriebildung wie die abgeleitete Beratungspraxis und Psychotherapie nicht eine erhebliche Weltfremdheit (Devereux, 1984/1998) aufweisen, die den angstbesetzten Erfahrungen der Scheidung auszuweichen versucht.

Literatur

Amendt, G. (1992). Das Leben unerwünschter Kinder. Frankfurt a. M.: Fischer.

Amendt, G. (2004). Scheidungsväter. Schriftenreihe des Instituts für Geschlechter und Generationenforschung, Universität Bremen, Bd. 8.

Amendt, G. (2006). Scheidungsväter. Frankfurt a. M.: Campus.

Amendt, G. (2009). Vaterlose Gesellschaft als gewaltfreie Welt. In K.-H. Bohrer, K. Scheel (Hrsg.), Merkur, Deutsche Zeitschrift für europäisches Denken (S. 210–221). Stuttgart: Klett-Cotta.

Amendt, G. (2011). Der verlassene Mann oder: Ich habe mich nicht von meinen Kindern scheiden lassen. In M. Franz, A. Karger (Hrsg.), Neue Männer – muss das sein? (S. 55–112) Göttingen: Vandenhoeck & Ruprecht.

Amendt, G. (2013). Das Titanic-Prinzip. Das vielsagende Schweigen der Männer (in Vorb.).

Berliner Senatsverwaltung für Wirtschaft, Technologie und Frauen (2010). Hinter

deutschen Wänden. Zugriff am 01.03.2013 unter http://www.hinter-deutschen-waenden.de/pages/kampagne.html
Bloom, B. L., Asher, S. J., White, S. W. (1978). Marital disruption as a stressor: A review and analysis. Psychological Bulletin, 85, 867–893.
BMFSFJ (2008). Gewalt gegen Frauen in Paarbeziehungen. Eine sekundäranalytische Auswertung zur Differenzierung von Schweregraden, Mustern, Risikofaktoren und Unterstützung nach erlebter Gewalt. Unter Mitarbeit von M. Schröttle und N. Ansorge. Berlin.
Bönt, R. (2012). Das entehrte Geschlecht. München: Pantheon.
Braver, S. (1998). Divorced Dads. New York: Tarcher.
Braver, S. L., Cookston, J. T. Jeffrey T. Cookston (2002). Experiences of family law attorneys regarding current issues in family law: Results of a survey conducted at a Bar Association Conference, Arizona State University & Bruce R. Cohen. Unveröffentlichtes Manuskript.
Cardella, L. (1990). Ich wollte Hosen. Frankfurt a. M.: Fischer.
Devereux, G. (1984/1998). Angst und Methode in den Verhaltenswissenschaften (4. Aufl.). Frankfurt a. M.: Suhrkamp.
Dutton, D. G., Corvo, K. (2006). Transforming a flawed policy: A call to revive psychology and science in domestic violence research and Practice. Aggression and Violent Behavior, 11, 457–483.
Hakim, C. (1995). Five feminist myths about women's employment. British Journal of Sociology, 46 (3), 429–455.
Hakim, C. (2011). Erotisches Kapital. Frankfurt a. M.: Campus.
Hamel J., Nicholls, T. L. (Eds.) (2007). Family interventions in domestic violence – A Handbook of gender-inclusive theory and treatment. New York: Springer
Hamel, J. (2008). Beyond ideology. Alternative therapies for domestic violence. In J. Hamel (Hrsg.), Intimate partner and family abuse. New York: Springer.
Hamel, J. (2013). Partner Abuse State of Knowledge Project (PASK). Zugriff am 26.0.2013 unter http://www.springerpub.com/pa.
Hoffman, S. D., Duncan, G. (1988). What are the economic consequences of divorce? Demography, 25 (4), 641–645.
Honneth, A. (1992). Kampf um Anerkennung. Zur moralischen Grammatik sozialer Anerkennung. Frankfurt a. M.: Suhrkamp.
Illouz, E. (2011). Warum Liebe weh tut. Eine soziologische Erklärung. Berlin: Suhrkamp.
Janssen-Jurreit, M. (1984). Sexismus. Über die Abtreibung der Frauenfrage (3. Aufl.). Frankfurt a. M.: Fischer.
Kachelmann, J., Kachelmann, M. (2012). Recht und Gerechtigkeit. München: Heyne.
Lamnek, S., Luedtke, J. (2005). Gewalt in der Partnerschaft: Wer ist Täter, wer ist Opfer? In H. Kury, J. Obergfell-Fuchs (Hrsg.), Gewalt in der Familie. Für und wider den Platzverweis. Freiburg: Lambertus.
Lenz, S. (1968). Deutschstunde. Hamburg: Hoffmann und Campe.
Medeiros, R. A., Straus, M. A. (2007). Risk factors for physical violence between

dating partners. In J. Hamel, T. L. Nicholls (Hrsg.), Family intervention in domestic violence (S. 59–85). New York: Springer.
Mills, L. G. (2003). Insult to injury: Rethinking our responses to intimate abuse. New Jersey: Princeton.
Mitscherlich, M. (1985). Die friedfertige Frau. Frankfurt a. M.: Fischer.
Mitscherlich, M. (1987). Die Zukunft ist weiblich. Zürich: Pendo.
Nathanson, P., Young, K. (2001). Spreading misandry. The teaching of contempt for men in popular culture. Montreal: McGill-Queen's University Press.
Nathanson, P., Young, K. (2006). Legalizing misandry: From public shame to systemic discrimination against men. Montreal: McGill-Queen's University Press.
Peterson, R. R. (1996). A re-evaluation of the economic consequences of divorce. American Sociological Review, 61, 528–536.
Price, S. J., McKenry, P. C. (1988). Divorce. London: Sage Publishers.
Smith Slep, A. M., O'Leary, S. G. (2005). Parent and partner violence in families with young children: rates, patterns, and connections. Journal of Consulting and Clinical Psychology, 73 (3), 435–444.
Straus, M. A. (2004). Prevalence of violence against dating partners by male and female university students worldwide. Violence Against Women, 10 (7), 790–811.
Straus, M. A. (2007). Why, despite overwhelming evidence, partner violence by women has not been perceived and often denied. Durham, NH: Family Research Laboratory, University of New Hampshire.
Straus, M. A. (2008). Dominance and symmetry in partner violence by male and female university students in 32 nations. Children and Youth Services Review, 30, 252–275.
Straus, M. A. (2009). Why the overwhelming evidence on partner physical violence by women has not been perceived and is often denied. Journal of Aggression, Maltreatment & Trauma, 18, 1–19.
Vultejus, U. (2003). Der Beruf des Richters und das Gerechtigkeitspostulat. Deutsche Richterzeitung, 81 (7), 232–237.
Vultejus, U., Gerhard, R. (2008). ZRP-Rechtsgespräch. »Kein Gesetzgeber kann einen Richter zu einem Urteil zwingen«. Zeitschrift für Rechtspolitik, 41 (3), 101–102.
Wade, P., Veldhuizen, S., Cairney, J. (2011). Prevalence of psychiatric disorder in lone fathers and mothers: Examining the intersection of gender and family structure on mental health. Canadian Journal of Psychiatry, 56 (9), 567–573.
Weiss, P. (1996). Abschied von den Eltern. Frankfurt a. M.: Suhrkamp.
Weitzman, L. (1985). The divorce revolution: The unexpected social and economic consequences for women and children in America. New York: The Free Press.
Zeitbild Medical (2012). Häusliche Gewalt: erkennen und helfen. Unterstützt von Prof. Dr. Rolf Kreienberg, Ärztlicher Direktor Universitätsfrauenklinik Ulm und Unterstützer des Modellprojekts »Medizinische Intervention gegen Gewalt an Frauen«. Gefördert vom BMFSFJ.

Matthias Franz

Elterliche Trennung und Scheidung – Folgen und Risiken für die Kinder

In den letzten zehn Jahren waren in Deutschland jedes Jahr etwa 150.000 minderjährige Kinder und Jugendliche von der Scheidung ihrer Eltern betroffen. Etwas mehr als die Hälfte der knapp 190.000 jährlichen Ehescheidungen betrafen Ehen mit Kindern. Zusammen mit circa 50.000 Kindern, die von der Trennung nicht ehelicher Lebensgemeinschaften jedes Jahr betroffen sind, erleben in Deutschland also etwa 200.000 Kinder die Trennung ihrer Eltern. Das entspricht ungefähr 500 Trennungskindern pro Tag. 8 bis 10 % aller Trennungen verlaufen hochstrittig. Das bedeutet zum Teil jahrelange Auseinandersetzungen auch nach der Scheidung oder Trennung um Unterhalt, Umgangs- oder Sorgerechtsregelungen. Insgesamt etwa 20 % aller Kinder leben in Deutschland in einer Einelternfamilie, in 90 % der Fälle bei der Mutter. Ein Drittel der Kinder verliert den Kontakt zum Vater. Diese Konstellation – das Fehlen des einen und die strukturelle Überforderung des anderen Elternteiles – wirkt sich in vielerlei Hinsicht risikoerhöhend auf die psychosoziale Entwicklung der betroffenen Kinder aus.

Neben der traditionellen ehelichen Familie (heute in Deutschland 72 % aller Familien, siehe Statistisches Bundesamt, 2010) haben sich in den letzten Jahrzehnten auch andere Familienformen etabliert. Hierzu zählen die unverheiratet mit ihren Kindern zusammenlebenden Elternpaare (9 %) sowie die Alleinerziehenden. Die Zahl der Familien mit Kindern unter 18 Jahren in Deutschland nimmt seit Jahren kontinuierlich ab, derzeit liegt sie in Deutschland bei etwa acht Millionen. Der prozentuale Anteil von Einelternfamilien bezogen auf alle Familienformen steigt entgegen diesem allgemeinen Trend seit über vier Jahrzehnten ebenso kontinuierlich an (BMFSFJ, 2010; MASFS, 2009). Aktuell beträgt der Anteil der Einelternfamilien an allen Familien mit minderjährigen Kindern in Deutschland 19 % (entsprechend ca. 1,6 Millionen Einelternfamilien). In urbanen

Zentren und in den neuen Bundesländern liegt der Anteil erheblich höher. Insgesamt 2,4 Millionen minderjährige Kinder leben heute in Einelternfamilien, zu 90 % bei ihren Müttern (BMFSFJ, 2010; Statistisches Bundesamt, 2010). Benachteiligungen bestimmter Familienformen sind bei schwindendem sozialem Zusammenhalt mit Risiken auch für die Kinder verbunden. Die Gruppe der Alleinerziehenden ist in besonderer Weise von psychosozialen Risiken mit langfristig wirksamen Folgen für die körperliche und seelische Gesundheit auch der Kinder und damit auch von transgenerationalen Risikoverkettungen betroffen (Franz, 2005; Amato, 2005).

Das deutlich erhöhte Armutsrisiko und ein relativ niedriger sozioökonomischer Status alleinerziehender Mütter sind vielfach belegt (Franz, 2005; Helfferich, Hendel-Kramer u. Klindworth, 2003; Statistisches Bundesamt, 2010). Der Sozialhilfestatistik zufolge (zit. in Helfferich et al., 2003) bezogen 27,1 % aller alleinerziehenden Frauen bereits 1999 Sozialhilfe, wobei dieser Anteil mit steigender Anzahl der Kinder noch deutlich höher lag. In einer vor einem Jahrzehnt an über 5000 Schulneulingen durchgeführten eigenen Untersuchung (Düsseldorfer Alleinerziehendenstudie siehe Franz u. Lensche, 2003; Franz, Lensche u. Schmitz, 2003) war der sozioökonomische Status der alleinerziehenden Mütter im Vergleich zur Kontrollgruppe verheirateter Mütter signifikant geringer. Erstere verfügten über niedrigere Bildungsabschlüsse, arbeiteten doppelt so häufig in Vollzeit wie verheiratete Mütter und gaben trotzdem ein wesentlich geringeres monatliches Haushaltsnettoeinkommen an. Die Sozialhilferate der alleinerziehenden Mütter war gegenüber der Kontrollgruppe um das Zehnfache erhöht. Aktuell sind in Deutschland 31 % der alleinerziehenden Mütter von Transferzahlungen wie Sozialhilfe oder Arbeitslosengeld II abhängig, bei den Müttern in Paarfamilien sind es lediglich 6 % (Statistisches Bundesamt, 2010).

Alleinerziehende Mütter leiden zudem häufiger unter sozialer Randständigkeit, biografischen Brüchen oder einer beeinträchtigten Bildungs- und Berufsentwicklung. Dies in Verbindung mit den oft erheblichen alltäglichen organisatorischen Belastungen, dem emotionalen Stress durch den Paarkonflikt und nicht selten auch durch die latente Konfrontation mit eigenen Konfliktbeiträgen, Schuldgefühlen und Selbstzweifeln stellt in vielen Fällen eine komplexe Überlastung dar, die erhöhte Morbiditätsrisiken nach sich zieht. Natürlich sind nicht alle alleinerziehenden Mütter in dieser Weise beeinträchtigt. Nach Brand und Hammer (2002) sind allerdings lediglich 35,3 % der Alleinerziehenden mit ihrer Lebenssituation zufrieden. Etwa zwei Drittel leiden unter verschiedenen Problemlagen wie Unzufriedenheit mit der beruflichen Situation, belasteter Familiensituation, Schwierigkeiten in der Kleinkindbetreuung oder sozialer Isolation.

Wenngleich die Gruppe der alleinerziehenden Mütter soziologisch heterogen ist und der Familienstatus »alleinerziehend« häufig eine relativ kurze Phase innerhalb der Gesamtbiografie der Mütter (allerdings nicht unbedingt in der ihrer Kinder) darstellt, bedeuten das Erleben des konflikthaften Scheiterns einer primär auf Dauer angelegten Liebespartnerschaft und der Verlust der Paarbeziehung einen spezifischen und starken Stressor, der nicht selten aus tiefen seelischen Verletzungen heraus in andauernde, emotional hochaversive Konflikte um narzisstische Restitutionen, Macht, Geld, die Kinder und das Sorgerecht mündet. Armut, niedrige Bildung, drohender sozialer Abstieg, Rollenbrüche, unterbrochene Berufskarrieren, die durch die Trennung gegebene Alleinverantwortlichkeit und der Zeitdruck im Alltag, ein anhaltender Paarkonflikt, das häufig mit unausgesprochenen Schuldgefühlen belastete Wissen um eigene Konfliktbeiträge, der Verlust von Freunden und die damit einhergehende zunehmende Einsamkeit stellen multiple Belastungen für viele alleinerziehende Mütter dar, mit deren Bewältigung eine große Teilgruppe überfordert ist und entsprechend mit körperlichen oder psychosomatischen Beschwerden sowie selbstschädigenden Verhaltensweisen reagiert.

Diese Zusammenhänge wurden in zahlreichen Untersuchungen als gruppenstatistisch fassbare Mittelwertverschiebung für wichtige Gesundheitsparameter beschrieben (Ringbäck Weitoft, Haglund u. Rosén, 2000; Whitehead, Burstroem u. Diderichsen, 2000; Franz, 2005; Helfferich et al., 2003). Von besonderer Bedeutung, gerade auch für die Entwicklung der hiervon mit betroffenen Kinder, ist das in der Gruppe der alleinerziehenden Mütter deutlich erhöhte Depressionsrisiko (Cairney, Boyle, Offord u. Racine, 2003; Franz et al., 2003; Atkins, 2010; Wade, Veldhuizen u. Cairney, 2011). Für die Entwicklung depressiver Beschwerden stellen gerade alleinerziehende Mütter eine besonders vulnerable Bevölkerungsgruppe dar. Ihr Depressionsrisiko ist im Vergleich zu in Partnerschaft lebenden oder verheirateten Müttern auf mindestens das Doppelte erhöht. Dies liegt zumindest teilweise an einer Akkumulation depressionsassoziierter Risikofaktoren. Hierzu zählen bei alleinerziehenden Müttern gehäuft auftretende belastende Lebensereignisse, eine relativ schlechtere soziale Unterstützung, Armut, ein niedriger sozioökonomischer Status, niedrigere Bildungsabschlüsse sowie eine beeinträchtigte Selbstwertregulation (Atkins, 2010).

Eine anhaltende depressive Beeinträchtigung geht zudem häufig mit einem Verlust von Fähigkeiten einher, die wichtig für ein selbstfürsorgliches Gesundheitsverhalten sind. Ein beeinträchtigter Antrieb und Niedergeschlagenheit, Motivationsverlust, Hoffnungslosigkeit, depressionstypische Gefühle von Hilflosigkeit, Schuldgefühle und Selbstzweifel bis hin zur Demoralisierung stellen insofern auch Risikofaktoren für die körperliche Gesundheit, das Wohlbefinden und die Lebensqualität dar. Wahrscheinlich auch mit bedingt durch ihre depressive Beeinträchtigung nehmen alleinerziehende Mütter seltener an Präventionsprogrammen teil, obwohl sie häufiger an erhöhtem Blutdruck, Übergewicht oder an einem erhöhten Cholesterinspiegel leiden (Atkins, 2010). Darüber hinaus greifen alleinerziehende Mütter häufiger zu Zigaretten oder Alkohol (Ringbäck Weitoft et al., 2000) als in Partnerschaft lebende Mütter.

Suchtverhalten kann in belastend erlebten Lebenssituationen auch als Ausdruck eines selbstschädigenden Bewältigungsverhaltens verstanden werden. In der Untersuchung von Helfferich et al. (2003) war der Anteil rauchender Mütter bei den Alleinerziehenden mit 45,6 % doppelt so hoch wie bei den verheirateten Müttern (23,6 %). Ähnliche Ergebnisse liegen aus internationalen Studien vor (Rahkonen, Laaksonen u. Karvonen, 2005; Siahpush, 2004). Die starke Assoziation von Depressivität und Alleinerziehendenstatus besteht auch noch nach Berücksichtigung von psychosozialen Ressourcen und Sozialstatus (Ringbäck Weitoft, Haglund u. Rosén, 2000; Cairney et al., 2003). Insgesamt verdichten sich also in der Gruppe der alleinerziehenden Mütter zahlreiche Gesundheitsrisiken im Sinne eines sozialen Morbiditätsgradienten (Marmot, 2003). Die unzureichende Verfügbarkeit spezifischer Unterstützungsangebote, der deutlich geringere Sozialstatus alleinerziehender Mütter, eine verringerte Situationskontrolle und soziale Partizipation, das erhöhte Risiko für Depression und narzisstische Demoralisierung tragen zu einem dysfunktionalen oder selbstschädigenden Gesundheitsverhalten, Suchtproblemen und letztlich zur erhöhten Morbidität alleinerziehender Mütter bei.

Was bedeutet das für die mit betroffenen Kinder?

Generell gilt, dass Kinder aus stabilen Zweielternfamilien in vielerlei Hinsicht von dieser Konstellation profitieren. Hierzu zählen ein relativ höherer Lebensstandard, effektivere elterliche Kompetenzen, eine stärkere elterliche Kooperation und gemeinsame Verantwortlichkeit und Entscheidungsfindung. Die Kinder sind in der Regel emotional eher mit beiden Eltern verbunden und erleben weniger häufig konflikthafte Stressbelastungen. Kinder aus Trennungsfamilien sind generell erhöhten Risiken hinsichtlich ihrer kognitiven und emotionalen Entwicklung ausgesetzt, dies gilt auch für langfristige Entwicklungsrisiken wie zum Beispiel das erhöhte Trennungsrisiko in eigenen späteren Liebesbeziehungen oder ein lebenslang erhöhtes Depressionsrisiko bei hochkonflikthaft verlaufener elterlicher Trennung. Diese Einflusseffekte werden jedoch geringer, wenn wichtige Einflussvariablen kontrolliert werden.

Drei mit elterlicher konflikthafter Trennung verbundene Risikofaktoren sind für die Entwicklung der betroffenen Kinder von besonderer Bedeutung: Armut, Hochstrittigkeit der Eltern, mütterliche Depressivität. Diese Risikofaktoren gehen sehr häufig mit einer Beeinträchtigung elterlicher Kompetenzen einher. In großen Bevölkerungsstudien wurden diese Zusammenhänge generell bestätigt. Troxel und Matthews (2004) charakterisierten einen anhaltenden trennungsassoziierten Disstress des Kindes, verursacht durch einen chronifizierten elterlichen Konflikt als stärksten Prädiktor für ein beeinträchtigtes kindliches Wohlbefinden, verbunden mit lebenslang erhöhten Gesundheitsrisiken.

Bis vor etwa zehn Jahren wurden in entsprechenden Studien jedoch in relativ undifferenzierter Weise korrelative Zusammenhänge zwischen Familienstatus und kindlichen Entwicklungsrisiken und Belastungen nachgewiesen. So untersuchten Bramlett und Blumberg (2007) in den Jahren 2003 und 2004 fast 100.000 etwa neun Jahre alte Kinder einer Zufallsstichprobe. Es wurden Telefoninterviews mit erwachsenen Bezugspersonen hinsichtlich des Gesund heitsstatus, der Inanspruchnahme medizinischer Leistungen und des kindlichen Wohlbefindens geführt. Insgesamt wurden etwa 64.000 Zweielternfamilien und 20.000 Alleinerziehende interviewt. Es zeigte sich ein statistisch signifikant schlechterer allgemeiner Gesundheitszustand bei den Kindern alleinerziehender Mütter gegenüber denen aus Zweielternfamilien.

Gleiches galt für emotionale Probleme der Kinder, Schulprobleme, Asthma, ADHS, Problemverhalten und auch Depressivität. In unserer Düsseldorfer Alleinerziehendenstudie, in der Schulneulinge im Alter von fünf bis sechs Jahren untersucht wurden, zeigten sich ebenfalls verstärkt Verhaltensauffälligkeiten bei den Kindern alleinerziehender Mütter, die in dieser Altersgruppe jedoch nur bei den Söhnen alleinerziehender Mütter statistisch signifikant stärker ausgeprägt waren als bei denen aus Zweielternfamilien. Es zeigte sich in dieser Studie auch ein statistisch bedeutsamer starker Zusammenhang zwischen der Ausprägung mütterlicher Depressivität und dem Ausmaß kindlichen Problemverhaltens (Franz u. Lensche, 2003; Franz et al., 2003). Es liegt eine Fülle von Studien vor, die immer wieder generell erhöhte gesundheitliche Risiken für Kinder aus Einelternfamilien im Vergleich zu Kindern aus Zweielternfamilien belegen.

In den letzten Jahren erfolgte darauf aufbauend eine zunehmend differenzierte Betrachtung des Familienstatus »alleinerziehend«, in dem der biografisch-dynamische Prozesscharakter des Konfliktgeschehens vor und nach der elterlichen Trennung Berücksichtigung fand. Neuere Arbeiten zu den trennungsassoziierten Entwicklungsrisiken berücksichtigen beispielsweise eigene kindheitliche Entwicklungsbelastungen, erbgenetische Parameter oder auch den sozioökonomischen Status der betroffenen Eltern. Darüber hinaus werden auch Persönlichkeitsmerkmale, die den Paarkonflikt moderieren und schließlich zur elterlichen Trennung und zu eingeschränkten elterlichen Kompetenzen beitragen können, in entsprechend komplexen statistischen Modellen berücksichtigt. Dies gilt auch für den Ausprägungsgrad des Konfliktgeschehens nach elterlicher Trennung, der Verfügbarkeit des Vaters oder von Unterstützungsangeboten und mütterlichen Belastungen durch Armut oder Depressivität. Entsprechend berücksichtigen neuere Studien zu trennungsassoziierten Entwicklungsrisiken der Kinder eine durch die genannten Einflussfaktoren mehr oder weniger beeinträchtigte Funktionalität elterlicher Kompetenzen. Hierzu zählen eine mehr oder weniger kompetente Wahrnehmungsfähigkeit gegenüber kindlichen Affektsignalen, Feinfühligkeit, emotionale Erreichbarkeit, Empathie, Bindungssicherheit, Schutzbereitschaft, elterliche Aufsichtsausübung, Vorbildverhalten und Durchsetzung von Regeln. Die möglichen Ursachen der vielfältigen trennungsassoziierten kindlichen Beeinträchtigungen wie Problemverhalten, ADHS, geringerer Schulerfolg, Delinquenz, Drogenabusus oder andere Gesundheitsrisiken bis hin zu suizidalem Verhalten werden aufgrund der Berücksichtigung der Determinanten und der Dynamik des elterlichen Trennungskonfliktes in neueren Studien differenzierter analysiert.

Die Entwicklung von Jungen unter den Bedingungen der Kleinstfamilie stellt sich per se schon komplexer und störungsanfälliger dar als die der Mädchen. Einige biologisch und sozialisationsvermittelte Einflussfaktoren tragen mit hoher Wahrscheinlichkeit zu den erhöhten Entwicklungsrisiken von Jungen bei. Zum einen ist als eine biologische Disposition eine motorisch impulsivere Dynamik im Explorations- und Spielverhalten zu nennen, die günstigenfalls mit entsprechenden familiären oder außerfamiliären Bewegungsangeboten anleitend aufgefangen und sozial konstruktiv integriert wird. In der heutigen Kleinstfamilie ist die frühkindliche Entwicklung und Konsolidierung der psychosexuellen Identität des Jungen darüber hinaus komplizierter und störungsanfälliger als die des Mädchens.

Beim Mädchen sind die primäre Bindungsperson und das sexuelle Rollenvorbild in der Regel identisch, es empfängt Urvertrauen, Bindungssicherheit und sexuelle Identität gewissermaßen »aus einer Hand« über die Mutter. Kleine Jungen sind schon aufgrund des anatomischen Unterschiedes zum einen einer früheren Demarkation innerhalb der frühen Mutter-Kind-Beziehung und auch heute noch einer forcierteren Separation unterworfen. Zum anderen werden sie beim Fehlen männlicher und väterlicher Vorbilder relativ schlechter auf die Festigung ihrer männlichen Identität im Laufe der weiteren Entwicklung vorbereitet. Es fehlen den Jungen vielfach die Väter, die ihnen den männlichen Weg nach außen in die Welt, aber auch nach innen in die Welt ihrer Gefühle und den konstruktiven, sozialverträglichen Umgang mit ihren aggressiven Impulsen zeigen können. Viele Jungen sind sich daher ihrer Geschätztheit und ihrer sexuellen Identität nicht so sicher wie Mädchen. Dies gilt besonders für Jungen, denen nicht nur der Vater fehlt, sondern denen von der konflikthaft getrennt lebenden Mutter entwertend signalisiert wird, dass sie ja eigentlich auch schon ganz ähnlich wie ihr »Erzeuger« seien. Hierzu reicht in der Wahrnehmung des Jungen schon ein in Sekundenbruchteilen aus dem mütterlichen Gesicht abgestrahlter Ekelanflug, wenn vom Vater die Rede ist. In solchen durch massive Loyalitätskonflikte gekennzeichneten Konstellationen wird dem Jungen die Separation von einem depressiv konsumierenden, den Dritten ausschließenden Mutterbild erschwert, ohne dass er sich in der Dyade wertgeschätzt gespiegelt erleben kann. Abhängigkeit wird so als etwas potenziell Bedrohliches verinnerlicht.

Hirsch (2012) und Dammasch (2012) sehen in der hierdurch beeinträchtigten Triangulierung eine wesentliche Ursache einer instabilen männlichen Identität und daraus folgender späterer Idealisierungen, die auf Männer bezogen der Abwehr von Kastrations- und Beschämungsängsten und auf Frauen bezogen der Abwehr dyadischer Fusionsängste dienen. Diese Sichtweise ermöglicht ein vertieftes Verständnis der Unfähigkeit vieler Jungen und Männer, Schwäche und Passivität in Beziehungen angstfrei zulassen und Abhängigkeit als hilfreich erleben und nutzen zu können.

Diese unbewältigten Abhängigkeitsängste aufgrund einer relativ früheren Separation und einer scheinautonomen Ablösung von der Mutter – im schlimmsten Falle im Sinne einer Notreifung – werden weiter kompliziert durch die komplexere Identitätsentwicklung des Jungen und seine Angewiesenheit auf einen männlichen Identifikationspartner. Bei konfliktbedingtem Fehlen oder einer eingeschränkten Verfügbarkeit des Vaters kann es dann entweder zu einer pseudomaskulinen Überkompensation (»kleiner Macho«) oder zu einer Überangepasstheit des durch eine depressiv bedürftige Mutter parentifizierten Jungen (»kleiner Therapeut«) kommen.

Die Konstellation einer strukturell häufig überforderten alleinerziehenden Mutter, verbunden mit dem Fehlen eines männlichen Identifikationspartners bei gleichzeitig häufiger, mehr oder weniger latenter oder gar manifester Entwertung des Vaters führt bei vielen Jungen zu einer weitergehenden Verunsicherung in der Identitätsentwicklung. Eingebettet in die seit 200 Jahren wirksame westliche Abhärtungs- und Zurichtungskultur in der männlichen Sozialisation durch Militarisierung, Industrialisierung und obligatorische frühe Gewalt- und Entwertungserfahrungen, werden die Identitätskerne vieler Jungen und Männer so von hochproblematischen Früherfahrungen mitbestimmt, die letztlich die emotionale Isolation des männlichen Rollenkäfigs und die allseits beklagte schweigsame Härte nach sich ziehen können. Von daher erscheint die Frage nach erhöhten, trennungsbedingten Risiken für Jungen plausibel.

Die skizzierten Entwicklungsrisiken speziell für Jungen werden in neueren Verlaufsstudien zu den trennungsassoziierten Entwicklungsrisiken zunehmend berücksichtigt. Diese Studien bilden mithilfe komplexerer Modelle die Entwicklungsrisiken der betroffenen Kinder ab.

In den letzten 25 Jahren sind auch mehrere groß angelegte Metaanalysen zu diesem Thema erschienen. Die Befundlage ist insgesamt trotzdem heterogen, auch wenn in neueren Arbeiten die Prozessdynamik des elterlichen Konflikts sowie elterliche Kompetenzen und die elterliche Beziehungsqualität zunehmend Berücksichtigung gefunden haben. In der Metaanalyse von Zaslow (1988) waren in 16 von 27 Studien Jungen von Scheidungsfolgen stärker negativ betroffen als Mädchen (fünf Studien). Dies betraf besonders Schul-, Verhaltens- und emotionale Probleme.

Amato und Keith (1991) fanden ebenfalls eine stärkere Beeinträchtigung der Jungen hinsichtlich ihrer sozialen Anpassung. Keine Unterschiede fanden sich in dieser Metaanalyse hinsichtlich des akademischen Erfolges und psychischer Beeinträchtigung. Zehn Jahre später beschrieb Amato (2001) in einer weiteren Metaanalyse jedoch deutlich ausgeprägtere Verhaltensstörungen bei Jungen. Die Metaanalyse von Lansford (2009) berücksichtigte trotz ihres relativ neueren Datums vorwiegend ältere Studien und resümierte eine insgesamt unklare Befundlage mit großer Abhängigkeit von den gewählten Outcome-Variablen. Zusammenfassend geben die genannten Metaanalysen bei einer heterogenen Befundlage doch einige Hinweise auf eine stärkere psychosoziale und psychoemotionale Beeinträchtigung von Jungen bezogen auf die konflikthafte elterliche Trennung.

Erhöhte Gesundheitsrisiken auch bei den Kindern – besonders bei den Jungen

Die geschilderte Mehrfachbelastung alleinerziehender Mütter führt häufig zu einer komplexen und andauernden Überforderung. Viele alleinerziehende Mütter sind hierdurch in ihrer emotionalen Zuwendungsfähigkeit beeinträchtigt und selbst unterstützungsbedürftig. Dies kann sich – zusammen mit dem Fehlen des anderen Elternteils oder mit einem anhaltenden Konflikt der Eltern – zahlreichen Studien zufolge negativ auf das gesundheitliche Wohlbefinden, das Verhalten und die Entwicklung der betroffenen Kinder bis in das Erwachsenenalter hinein auswirken (vgl. Franz, 2005).

So sind zum Beispiel eine beeinträchtigte soziale Entwicklung, eine deutliche Häufung von ADHS-Symptomen und anderen Verhaltensauffälligkeiten (relativ stärker betroffen sind die Jungen) bis hin zu einer erhöhten Delinquenzrate oder auch geringeren Schulleistungen bei Kindern aus Einelternfamilien anhand gruppenstatistischer Unterschiede belegt. Ringbäck Weitoft, Hjern, Haglund und Rosén (2003) konnten erhöhte Risiken für psychische Erkrankungen bis hin zu suizidalem Verhalten oder Drogen- und Alkoholmissbrauch bei Kindern und Jugendlichen aus Einelternfamilien – auch noch nach Kontrolle des elterlichen Sozialstatus – nachweisen.

In Bevölkerungsstudien aus Deutschland (Hagen u. Kurth, 2007; Scharte u. Bolte, 2011) wurde bei Kindern alleinerziehender Mütter darüber hinaus ein wesentlich schlechterer körperlicher Gesundheitszustand (z. B. aufgrund von Übergewicht, Adipositas, verringerter körperlicher Aktivität) beschrieben. Korrespondierend mit der häufigeren Tabakabhängigkeit alleinerziehender Mütter sind diesen Untersuchungen zufolge auch Atemwegserkrankungen der betroffenen Kinder etwa doppelt so häufig wie bei Kindern aus Zweielternfamilien. Es erscheint jedenfalls plausibel, dass sich die gesundheitsgefährdenden Einwirkungen mütterlichen Rauchens auch den mit im Haushalt lebenden Kindern vermitteln.

Generell können depressive Beschwerden der Mutter deren emotionale Wahrnehmung der Bedürftigkeitssignale des Kindes und dadurch auch dessen Entwicklung mit beeinträchtigen (Luoma et al., 2001; McLearn, Minkovitz, Strobino, Marks u. Hou, 2006). Von Bedeutung erscheint ein solcher Zusammenhang auch aus bindungstheoretischer Sicht. Eine andauernde mütterliche Depression kann wichtige elterliche Bindungskompetenzen schwächen – zum Beispiel die Qualität der intuitiven elterlichen Einfühlung und Zuwendung herabsetzen – mit Folgen für die betroffenen Kinder. Eine länger andauernde Depressivität der Mutter bewirkt zum Beispiel eine mimische Verarmung ihres Gesichtes, das dem Kind dann nicht mehr in seiner affektmodulierenden Funktion als interaktiver teilnehmender Spiegel zur Verfügung steht. Depressive Störungen gehen oft auch mit einem verringerten Interesse an sozialer Interaktion einher.

Elterliche Präsenz, Empathie und Feinfühligkeit sind jedoch essenziell wichtig für die Stressmodulation, die emotionale Entwicklung und letztlich auch für die Gehirnentwicklung des Kleinkindes.

Zugespitzt könnte man aus entwicklungspsychologischer Sicht formulieren, dass sich das Kind an einer anhaltenden Depression der Mutter »anstecken« kann. Das Fehlen oder auch die eingeschränkte emotionale Verfügbarkeit der Bindungsperson stellt auf Dauer einen erheblichen Stressor insbesondere für Babys oder Kleinkinder dar, da diese auf eine feinfühlige externe Stressregulation angewiesen sind. Weitere Entwicklungsrisiken können entstehen, wenn das Kind die Depressivität der Mutter schuldhaft verinnerlicht und in einer Rollenumkehr versucht, die Mutter zu unterstützen, dabei aber auf die Entwicklung seiner eigenen Emotionalität, Identität und Autonomie verzichten muss.

Aus diesem Grund kann die bei alleinerziehenden Müttern unter dem Druck sozialer Benachteiligungen und konflikthafter Lebensverhältnisse stärker ausgeprägte Depressivität, besonders beim Fehlen kompensierender Einflüsse, einen Risikofaktor für die kindliche Entwicklung darstellen. In der Düsseldorfer Alleinerziehendenstudie (Franz u. Lensche, 2003; Franz et al., 2003) war die Depressivität der

Mütter signifikant mit Verhaltensauffälligkeiten ihrer Kinder korreliert ($r = .47$; $p < .001$). Langzeituntersuchungen zeigen zudem eine beeindruckende biografische Reichweite einer kindheitlich erlebten hochkonflikthaften elterlichen Trennung (Gilman, Kawachi, Fitzmaurice u. Buka, 2003). Die Häufigkeit depressiver Erkrankungen (auch das Erleben einer Scheidung der eigenen Ehe) ist bei ehemaligen Kindern aus solchen familialen Konstellationen im Erwachsenenalter zwei- bis dreifach gegenüber der Häufigkeit depressiver Erkrankungen in der Allgemeinbevölkerung erhöht.

Diese transgenerationalen Risikoverkettungen könnten unser Verständnis depressiver Erkrankungen im Sinne des biopsychosozialen Krankheitsmodells der Psychosomatischen Medizin ergänzen und erweitern – mit entsprechenden Konsequenzen in Richtung einer intensivierten präventiven Förderung und Stärkung besonders belasteter junger Familien. Angesichts der Häufung gesundheitlicher und depressiver Einschränkungen bei alleinerziehenden Müttern und ihren Kindern und der hierdurch verursachten hohen ökonomischen und sozialen Kosten erscheint es angebracht, die verfügbaren, aber zumeist spät ansetzenden Behandlungsangebote durch primärpräventive Interventionen zu ergänzen (Amato, 2005).

In verschiedenen neueren Untersuchungen zu den Folgen elterlicher Trennung finden sich nun Hinweise auf differenzielle Entwicklungsrisiken für Mädchen und Jungen. Robbers et al. (2011) untersuchten 480 Kinder einer größeren Stichprobe, die im Verlauf zwischen zwei Messzeitpunkten im Alter von drei und zwölf Jahren die Scheidung ihrer Eltern erlebt hatten. Die leitende Frage war, welchen Einfluss die Trennung der Eltern auf das Ausmaß kindlicher Verhaltensstörungen hatte. Externalisierende und internalisierende Störungen wurden mithilfe der Child Behavior Checklist (ausgefüllt durch die Mutter) quantifiziert. Im Alter von drei Jahren bereits zeigten nicht die Jungen, sondern die Mädchen, die die Trennung ihrer Eltern zwischen drei und zwölf Jahren erlebt hatten, statistisch signifikant stärker ausgeprägte externalisierende Verhaltensstörungen im Vergleich zu den Mädchen, die im Untersuchungszeitraum zwischen drei und zwölf Jahren keine Trennung der Eltern erlebt hatten.

Bei den Jungen zeigte sich eine derartige Differenz nicht. Hier war das Ausmaß der externalisierenden Störungen unabhängig von einer möglichen elterlichen Trennung gleich hoch ausgeprägt. Bezüglich des internalisierenden Problemverhaltens zeigten sich im Alter von drei Jahren weder bei den Jungen noch bei den Mädchen Unterschiede zwischen Kindern, welche die Trennung ihrer Eltern in der Zeitspanne zwischen dem dritten und zwölften Lebensjahr erlebten, und solchen, bei denen dies nicht der Fall war. Möglicherweise könnte das spezifisch bei den Mädchen in späteren Trennungsfamilien verstärkte externalisierende Problemverhalten einen Frühindikator elterlicher Trennung darstellen und hier Ansatzpunkte zu möglichen Präventionsangeboten eröffnen.

Im Alter von zwölf Jahren – nach nunmehr erfolgter elterlicher Trennung – stellte sich die Situation bezüglich der Verhaltensauffälligkeiten anders dar. Nun zeigten sowohl die Jungen als auch die Mädchen aus Trennungsfamilien statistisch hoch signifikant stärker ausgeprägtes internalisierendes und externalisierendes Problemverhalten im Vergleich zu den Jungen und Mädchen, welche keine Trennung der Eltern miterleben mussten.

Besonders die Jungen zeigten ein externalisierendes Problemverhalten nach elterlicher Trennung, das um mehr als zwei Standardabweichungen über dem der Mädchen lag, die ebenfalls die Trennung ihrer Eltern erlebt hatten. Die Väter schätzten die bestehenden Verhaltensauffälligkeiten auf einem insgesamt etwas niedrigeren Niveau, vom Grundmuster her aber weitgehend entsprechend der Einschätzung der Mütter ein. Das heißt, auch aus Sicht der Väter zeigten die Jungen, die die Trennung ihrer Eltern zwischen drei und zwölf Jahren erlebt hatten, ein deutlich stärker ausgeprägteres externalisierendes Problemverhalten als solche, die dies nicht erlebt hatten, und ebenso zeigten diese Jungen ein deutlich stärker ausgeprägtes externalisierendes Problemverhalten als die Mädchen aus Trennungsfamilien.

Stadelmann, Perren, Groeben und von Klitzing (2010) untersuchten eine nicht repräsentative Stichprobe von Kindergartenkindern (N = 154), deren Daten zu zwei Messzeitpunkten im Alter von fünf und sechs Jahren erhoben worden waren. Wichtige Zielmaße dieser Baseler Kindergartenstudie waren das kindliche Problemverhalten, emotionale Probleme, der familiäre Konfliktdruck und – was diese Studie besonders auszeichnet – die Elternbilder der Kinder, erfasst über kindliche Narrative. 18 % der Kinder erlebten die Scheidung ihrer Eltern vor dem fünften Lebensjahr. Im Alter von fünf Jahren bestanden bei diesen Kindern ein erhöhter familiärer Konfliktdruck und ein negativeres Elternbild. Dieses war im Alter von sechs Jahren nicht mehr nachweisbar. Im Alter von sechs Jahren bestand jedoch ein tendenziell stärkeres Problemverhalten bei den Scheidungskindern. Speziell die Jungen wiesen allerdings ein stärker ausgeprägtes Problemverhalten und stärker ausgeprägte Hyperaktivität sowie negativere Elternbilder sowohl mit fünf als auch mit sechs Jahren auf.

Die relativ kleinste Teilgruppe der Scheidungskinder, die zum ersten Untersuchungszeitpunkt besonders negative Elternbilder in ihren Narrativen präsentierte, war im späteren Verlauf in besonderer Weise von Verhaltensauffälligkeiten belastet. Dies galt bemerkenswerterweise nicht für die Scheidungskinder, die zum ersten Untersuchungszeitpunkt über positiv verinnerlichte Elternbilder verfügten.

Dieser sicherlich noch durch größere Stichproben und Verlaufsstudien abzusichernde Befund einer nicht repräsentativen, qualitativen Studie ist deshalb bemerkenswert, weil sich funktional kompetente Eltern plausiblerweise über die entsprechend verinnerlichten positiven Elternbilder als bedeutsam für die kindliche Verhaltensregulation erweisen könnten. Die verhaltensprädiktive Bedeutung negativer Elternbilder, fassbar über kindliche Narrative, könnte ebenfalls einen wichtigen Anknüpfungspunkt für spezifische Präventionsangebote darstellen. Auch gibt die Basler Kindergartenstudie Hinweise auf eine mögliche erhöhte Vulnerabilität durch konfliktbedingte elterliche Trennung bei Jungen.

Scharte und Bolte (2011) publizierten vor Kurzem auf der Grundlage einer großen bayerischen Bevölkerungsstichprobe Befunde zu den Gesundheitsrisiken von Kindern alleinerziehender Mütter. Insgesamt fanden sie wiederum einen signifikant schlechteren Gesundheitszustand der Kinder Alleinerziehender sowie allgemein schlechtere Lebens- und Wohnbedingungen. Bezogen auf die Fragestellung einer geschlechtspräferenziellen Erhöhung bestimmter Gesundheitsrisiken von Kindern Alleinerziehender zeigten sich differenziertere Effekte.

So war das Risiko für Übergewicht und Adipositas besonders bei den Jungen (gegenüber von Jungen aus Zweielternfamilien) erhöht. Atemwegserkrankungen wie zum Beispiel Asthma oder Bronchitis waren demgegenüber statistisch häufiger bei Mädchen aus Einelternfamilien verglichen mit Mädchen aus Paarfamilien. Möglicherweise vermittelt sich die bei alleinerziehenden Müttern im Vergleich zu Müttern aus Paarfamilien deutlich häufiger bestehende Nikotinabhängigkeit über das obligatorische Passivrauchen der mit betroffenen Kinder am ehesten den hiervon mit betroffenen Mädchen in seinen negativen gesundheitlichen Konsequenzen. Hinsichtlich der Verhaltensauffälligkeiten zeigten die Jungen aus Einelternfamilien einen insgesamt erhöhten Gesamtproblemwert. Bei den Mädchen war dieser Unterschied statistisch nicht signifikant. Dies entspricht weitestgehend den Befunden aus der Düsseldorfer Alleinerziehendenstudie (Franz u. Lensche, 2003; Franz et al., 2003), bei der ebenfalls, wie in der Studie von Scharte und Bolte (2011), Kinder im Vorschulalter untersucht worden waren.

Bezogen auf die Subskalen emotionale Probleme und Hyperaktivität waren wiederum die Jungen aus Einelternfamilien stärker betroffen als die Jungen aus Paarfamilien, wohingegen bei den Mädchen in diesen Subskalen keine Gruppenunterschiede nachgewiesen werden konnten. Lediglich auf der Subskala »Verhaltensprobleme« bestand bei den Mädchen ein relativ geringfügig erhöhtes Risiko für auffällige Belastungswerte im Vergleich zu den Mädchen aus Paarfamilien. Bezogen auf unterschiedliche Aspekte des Problemverhaltens beschreiben Scharte und Bolte (2011) für die zugrunde liegende große bayerische Stichprobe von Schulneulingen insgesamt erhöhte Risiken für Verhaltensauffälligkeiten besonders bei Jungen aus Trennungsfamilien.

Einen entsprechenden Befund teilen Hagen und Kurth (2007) für drei- bis zehnjährige Jungen und Mädchen auf der Datengrundlage des Kinder-und-Jugend-Gesundheitssurveys des Robert-Koch-Instituts mit. Auch hier waren besonders die Jungen aus Einelternfamilien von Übergewicht betroffen. Wertvoll ist diese Untersuchung auch dadurch, dass die Kinder selbst hinsichtlich ihrer Einschätzung in Bezug auf Gesundheit, Selbstbild, Familiensituation, Freunde etc. befragt wurden.

Es zeigte sich generell, dass sowohl Jungen als auch Mädchen aus Einelternfamilien ihren Gesundheitszustand deutlich schlechter schilderten, sich häufiger allein fühlten, über ein negativeres Selbstbild verfügten, sich weniger gut mit ihren Eltern und Freunden verstanden und über mehr Probleme in Kita und Schule berichteten als Mädchen und Jungen aus Zweielternfamilien. Besonders die Jungen aus Einelternfamilien gaben aber ein deutlich schlechteres Selbstbild, häufigere Probleme mit den Eltern und Freunden sowie vermehrt Probleme in Kita und Schule an als die Mädchen aus Einelternfamilien. Auch die mithilfe quantitativer Untersuchungsverfahren erhobenen Verhaltensmaße zeigten einen entsprechenden Befund.

Ein auffälliger Gesamtproblemwert im Sinne eines Problemverhaltens bestand bei 18,9 % der Jungen aus Einelternfamilien gegenüber nur 7,5 % der Jungen aus Paarfamilien. Der entsprechende Anteil lag bei den Mädchen lediglich bei 12,5 % (Einelternfamilien) bzw. 3,8 % (Paarfamilien). Auf sämtlichen Subskalen des verwendeten Untersuchungsinstrumentes (»emotionale Probleme«, »Verhaltensprobleme«, »Hyperaktivität«, »Peerprobleme«) fand sich ein entsprechendes Muster. Beispielsweise waren von Hyperaktivitätssymptomen 20,7 % der Jungen aus Einelternfamilien und lediglich 10,5 % der Jungen aus Paarfamilien betroffen. Die entsprechenden Werte bei den Mädchen lagen absolut gesehen deutlich darunter (12,2 % vs. 5,0 %), der relative Effekt, der mit dem Familienstatus »Einelternfamilie« verknüpft war, war bei den Mädchen jedoch noch stärker ausgeprägt als bei den Jungen.

Insgesamt zeigt auch diese Studie des Robert-Koch-Instituts einen deutlichen präferenziellen Geschlechtseffekt in Richtung einer stärkeren Trennungsbeeinträchtigung bei den betroffenen Jungen im Vergleich zu den Mädchen. Die erhöhte Prävalenz von ADHS-assoziierten Symptomen bei durch elterliche Trennung betroffenen Jungen spiegelt sich auch in der erhöhten Verschreibung entsprechender Medikation wider.

In einer schwedischen Bevölkerungsstichprobe von Hjern, Weitoft und Lindblad (2010) konnten die Autoren zeigen, dass neben einer niedrigen mütterlichen Bildung und dem Bezug von Sozialhilfe, der Familienstatus »alleinerziehend« mit einem deutlich erhöhten Risiko für eine medikamentöse Behandlung von ADHS-assoziierten Symptomen einherging. Dieser Zusammenhang scheint nicht auf einer einfachen Korrelation zu beruhen, sondern baut sich in Abhängigkeit von der Dynamik des Trennungsgeschehens auf.

Dies legen die längsschnittlichen Untersuchungen von Strohschein (2007) nahe. Strohschein beobachtete das Verschreibungsverhalten bezüglich Methylphenidat in einer Stichprobe von etwa 5000 Kindern zwischen 1994 und 2000. Männliches Geschlecht des Kindes und elterliche Scheidung im Untersuchungsintervall waren statistisch signifikant mit der Verschreibung von Methylphenidat verknüpft. 633 Kinder (13,2 %) erlebten im Untersuchungsintervall die Trennung ihrer Eltern mit. In dieser Gruppe betrug das relative Risiko für Methylphenidat-Medikation 6,1 % (95 % Konfidenzintervall 4,2–7,9), wohingegen in der Gruppe der 4151 (86,8 %) nicht von der Scheidung ihrer Eltern betroffenen Kinder das entsprechende Risiko lediglich 3,3 % (95 % Konfidenzintervall 2,7–3,8) betrug. Diese Daten sprechen dafür, dass das Risiko der Diagnose von ADHS und das Risiko einer Methylphenidat-Medikation mit dem Erleben der elterlichen Scheidung ganz besonders bei den mit betroffenen Jungen erhöht wird.

In einer aktuellen niederländischen Studie an 1134 Kindern, welche die Scheidung ihrer Eltern vor dem elften Lebensjahr erlebten, untersuchten Nederhof, Belsky, Ormel und Oldehinkel (2012) den Einfluss erbgenetisch vermittelter Dispositionen (Allelausprägung des Dopaminrezeptors D4) auf das scheidungsabhängige Risiko von Kindern, ein verstärktes Problemverhalten zu entwickeln. In dieser Untersuchung zeigte sich, dass nicht bei Mädchen, sondern bei Jungen ein bestimmter Genotyp des Dopaminrezeptors D4 (DRD4 7+) mit dem Risiko für verstärkt ausgeprägtes externalisierendes Problemverhalten nach elterlicher Trennung verbunden war.

Die Jungen mit diesem Genotyp zeigten allerdings bemerkenswerterweise im Vergleich zu den Jungen mit dem Genotyp DRD4 7- eine verringerte Ausprägung externalisierenden Problemverhaltens, solange die Eltern nicht geschieden waren. Nach elterlicher Trennung kam es bei den zuvor geringer verhaltensauffälligen Jungen jedoch zu gravierenden Verhaltensauffälligkeiten im Sinne externalisierenden Problemverhaltens, das sogar die Ausprägung des Problemverhaltens nach elterlicher Trennung der Jungen mit dem Genotyp DRD4 7- übertraf.

Dies stellt deshalb einen sehr interessanten Befund dar, weil hier ein bestimmter Genotyp (DRD4 7+) in Paarfamilien zu einem relativ geringeren, nach einer elterlichen Trennung jedoch zu einem relativ höher ausgeprägten kindlichen Problemverhalten beizutragen scheint. Diese Zusammenhänge waren lediglich für die betroffenen Jungen nachweisbar und führten die Autoren zu der Vermutung, dass Jungen mit einer bestimmten genotypischen Ausprägung des Dopaminrezeptors D4 besonders stark mit Problemverhalten auf die Scheidung ihrer Eltern reagieren könnten.

Auch in der schon etwas älteren Untersuchung von Ringbäck Weitoft et al. (2003), durchgeführt an etwa einer Million schwedischer Kinder im Alter zwischen fünf und 17 Jahren, zeigten sich besonders bei den von elterlicher Trennung betroffenen Jungen erhöhte Risiken für psychische Erkrankungen, suizidales Verhalten und Drogenprobleme. Insgesamt zeigte sich auch eine erhöhte Mortalität bei Jungen aus Einelternfamilien. Diese Zusammenhänge sind auch deshalb von Bedeutung, weil die Autoren in dieser Studie den Einfluss des sozioökonomischen Status und psychischer Erkrankung der Eltern statistisch kontrollierten.

Hawton, Saunders und O'Connor (2012) stellten Risikofaktoren zum selbstschädigenden und suizidalen Verhalten von Jugendlichen aus den Bereichen Soziodemografie, kritische Lebensereignisse und psychologische Faktoren zusammen. Neben zahlreichen Einflussfaktoren wie Geschlecht, niedrigem sozioökonomischem Status, niedriger Bildung, psychischen Erkrankungen, Drogen- oder Alkoholmissbrauch waren auch elterliche Trennung oder Scheidung mit einem erhöhten Suizidrisiko bei Kindern und Jugendlichen assoziiert. Dieser Zusammenhang erscheint angesichts der bereits im frühen Jugendalter um das Dreifache erhöhten Suizidalität von Jungen im Vergleich zu Mädchen als bedeutsam. Bislang erfährt die dramatisch erhöhte Suizidrate bereits bei Jungen und männlichen Jugendlichen in keiner Weise öffentliche bzw. gesundheitspolitische Aufmerksamkeit.

Als Zwischenfazit kann angesichts der bis hierher referierten Studien und Befundlagen festgehalten werden, dass verbunden mit dem Erleben elterlicher konflikthafter Trennung bei Jungen besonders das Risiko für Übergewicht, Adipositas, ADHS, emotionale Probleme, externalisierendes Problemverhalten, psychische Erkrankungen und Drogenprobleme erhöht zu sein scheint. Bei Mädchen hingegen finden sich Hinweise auf erhöhte Morbiditätsrisiken in

Richtung Atemwegserkrankungen, Verhaltensprobleme und hier insbesondere internalisierendes Problemverhalten.

Verschiedene psychosozial vermittelte Stressoren, wie zum Beispiel ein andauernder elterlicher Trennungskonflikt, sind mit einem ineffektiven elterlichen Bindungs- und Erziehungsverhalten und kindlichem Problemverhalten oder psychischen Beeinträchtigungen assoziiert. Die Entwicklung hin zu einem delinquenten Verhalten wird durch eine dissoziale Peer-Sozialisation gefördert. Jungen sind von dissozialem oder delinquentem Verhalten deutlich häufiger betroffen als Mädchen. Ob das Risiko für delinquentes Verhalten von Jungen aus konflikthaften Trennungsfamilien darüber hinaus noch einmal spezifisch erhöht ist, ist nicht eindeutig gesichert.

In einer großen Erhebung an einer Stichprobe von über 5000 Schweizer Jugendlichen konnten Walser und Kilias (2009) nachweisen, dass in den untersuchten Deliktkategorien (Ladendiebstahl, Vandalismus, Gruppenschlägerei, Körperverletzung, Drogenverkauf) die mit Abstand höchsten Prävalenzraten bei Kindern bzw. Jugendlichen (zum Untersuchungszeitpunkt 15–16 Jahre alt) aus sogenannten Patchworkfamilien bestand, gefolgt von Kindern aus Einelternfamilien. Kinder aus Paarfamilien zeigten in allen Deliktkategorien die niedrigsten Prävalenzraten.

Apel und Kaukinen (2008) untersuchten an 8330 Jugendlichen zwischen 13 und 18 Jahren ebenfalls den Zusammenhang zwischen Familienstatus und antisozialem bzw. delinquentem Verhalten. Wiederum war bei den Kindern aus Paarfamilien mit zwei biologischen Eltern die Häufigkeit antisozialen Verhaltens am niedrigsten. Die Kinder aus Einelternfamilien zeigten deutlich häufiger entsprechende Verhaltensauffälligkeiten. Bei Berücksichtigung zusätzlicher Einflussfaktoren wie sozioökonomischer Status, Schulbildung oder Peerkontakte nahm der Einfluss des Familienstatus zwar deutlich ab, blieb jedoch noch statistisch signifikant.

Den Einfluss der Anwesenheit des Vaters auf die Wahrscheinlichkeit delinquenten Verhaltens von jugendlichen Kindern alleinerziehender Mütter untersuchten Antecol und Bedard (2007). Sie beschrieben sowohl für Jungen als auch für Mädchen bei den Familien mit durchgehend präsentem Vater die niedrigsten Verhaltensauffälligkeiten für Alkoholprobleme, frühe Aufnahme des Geschlechtsverkehrs, Marihuana-Gebrauch und Kriminalität. Die entsprechenden Prävalenzraten stiegen in der untersuchten Stichprobe (Jugendliche bis 15 Jahre) umso stärker an, je früher der Vater in der Kindheit der betreffenden Jugendlichen abwesend war.

Das heißt, je länger der Vater in den ersten 15 Lebensjahren der betroffenen Jugendlichen präsent war, umso stärker war die Risikominderung für die untersuchten Kategorien jugendlichen Problemverhaltens. Dies bedeutet, dass nicht nur die konflikthafte Trennungserfahrung an sich, sondern auch der Zeitpunkt der Trennung vom Vater mit unterschiedlichen Risiken für delinquentes Verhalten verbunden zu sein scheint.

Demuth und Brown (2004) beschrieben an einer repräsentativen Stichprobe von 16.304 Jugendlichen ebenfalls eine deutlich erhöhte Prävalenz delinquenten Verhaltens bei Kindern aus Einelternfamilien im Vergleich zu Jugendlichen aus Paarfamilien mit zwei biologischen Eltern. In binomialen Regressionsmodellen zeigte sich wiederum bei Berücksichtigung zusätzlicher Einflussfaktoren (Alter und Geschlecht des Kindes, Schulbildung der Eltern und Familieneinkommen) und insbesondere bei Berücksichtigung elterlicher Kompetenzen, dass der erklärende Anteil des Merkmals Familienstatus bezogen auf das delinquente Verhalten der – zumeist männlichen – Jugendlichen kontinuierlich geringer wurde.

Bemerkenswerterweise konnte sich das Familieneinkommen nicht generell als signifikanter Prädiktor delinquenten Verhaltens qualifizieren. Die Autoren fanden die höheren Delinquenzraten bei Jugendlichen aus Einelternfamilien mit alleinerziehenden Vätern im Vergleich zu Jugendlichen aus Einelternfamilien mit alleinerziehenden Müttern. Diese Differenz wurde jedoch vollständig durch intervenierende Variablen wie elterliche Aufsicht und Präsenz, die in Familien mit alleinerziehenden Vätern geringer ausgeprägt war, erklärt.

Kierkus und Hewitt (2009) untersuchten 3499 Jugendliche im Alter zwischen elf und 18 Jahren und fanden ebenfalls eine deutlich erhöhte Delinquenzrate bei Kindern Alleinerziehender sowie bei Kindern aus Patchworkfamilien, allerdings unabhängig vom familiären Sozialstatus und auch vom Geschlecht der Kinder.

In einer Verlaufsstudie untersuchten Burt, Barnes, McGue und Iacono (2008) den möglichen Einfluss erbgenetischer Faktoren auf die Manifestation delinquenten Verhaltens bei Kindern aus Trennungsfamilien. Es zeigte sich, dass das Miterleben der konflikthaften elterlichen Trennung entscheidend zu einem deutlichen Anstieg delinquenter Verhaltensstörungen bei den mit betroffenen Kindern führte. Dies war bei den Jugendlichen, bei denen die Scheidung der Eltern ihrer Geburt vorausging, nicht der Fall.

Insgesamt belegen die vorliegenden Studien delinquenten Verhaltens Jugendlicher aus konflikthaften Trennungsfamilien eine erhöhte Prävalenzrate bei Jungen aus Einelternfamilien, wobei per se delinquente Verhaltensstörungen generell mit dem männlichen Geschlecht assoziiert sind. Besonders hoch scheint das Risiko für Jungen aus chronisch konflikthaften Trennungsfamilien, verbunden mit einer dissozialen Peersozialisation, zu sein, wenn die elterliche Aufsicht und Kontrolle sowie die elterliche Zuwendung im Alltag infrage gestellt sind.

Eine differenziertere Aufklärung kindlichen Problemverhaltens in Trennungsfamilien ist in den letzten Jahren durch Verlaufsstudien und komplexere methodische Designs unter Berücksichtigung potenzieller Einflussvariablen möglich geworden. Beyer, Postert, Müller und Furniss (2012) konnten in einer Verlaufsstudie über vier Jahre hinweg 814 Kinder im Alter von sechs (T_1) bzw. zehn Jahren (T_t) auf die Entwicklung psychischer Probleme und Verhaltensauffälligkeiten hin untersuchen. Es zeigten sich generell ein Anstieg der Prävalenz entsprechender Beeinträchtigung von 15,8 auf 20,3 % bei einer insgesamt hohen und konstanten Beeinträchtigung durch Internalisierungsstörungen und ein Trend zu komplexeren Störungen. Besondere Risiken für die Entwicklung von Problemverhalten bestanden bei den Jungen, bei vorbestehenden Auffälligkeiten und bei elterlicher Trennung.

Turner, Finkelhor und Ormrod (2006) untersuchten das Vorkommen und den Einfluss unterschiedlicher familiärer Gewalterfahrungen von Kindern in unterschiedlichen Familienformen und deren Auswirkung auf kindliche Depressivität und aggressives Problemverhalten. Sie befragten insgesamt 2030 Kinder bzw. deren Bezugspersonen im Alter von zwei bis neun und zehn bis 17 Jahren im Hinblick auf entsprechende belastende Kindheitserfahrungen und Verhaltensauffälligkeiten. Sexuelle Übergriffe, Missbrauchshandlungen, familiäre Gewaltzeugenschaft und andere familiäre Gewalterfahrungen waren in Einelternfamilien und insbesondere in Stiefelternfamilien deutlich häufiger als in Paarfamilien mit zwei biologischen Eltern. Dies galt im Übrigen auch für die Erfahrung nicht viktimisierender, extrafamiliärer Gewalt.

Diese Zusammenhänge bestanden sowohl bei den Kindern im Alter von zwei bis neun sowie bei den Jugendlichen im Alter von zehn bis 14 Jahren. Das elterliche Einkommen hatte keinen Einfluss auf die Häufigkeit sexueller Übergriffe auf die Kinder. Eine Häufung bestimmter familiärer Gewalterfahrungen fand sich jedoch sowohl bei den zwei- bis neunjährigen Kindern als auch bei den zehn- bis 17-jährigen Jugendlichen in Familien mit einem niedrigen Einkommen. Es bestand in beiden Alterskategorien ein deutlicher Zusammenhang zwischen der Anzahl erlebter familiärer Gewalthandlungen und der Ausprägung depressionstypischer bzw. aggressiver kindlicher Verhaltensauffälligkeiten. Die Prädiktion dieser Verhaltensstörungen innerhalb von statistischen Regressionsmodellen zeigte nun wiederum, dass der verhaltensprädiktive Einfluss des Statusmerkmals »alleinerziehend« oder »Stieffamilie« nur so lange statistisch signifikant bestand, wie nicht weitere Variablen, die mit der Erfahrung familiärer Gewalt assoziiert waren, innerhalb des Regressionsmodells berücksichtigt wurden.

Dies bedeutet, dass nicht so sehr die Familienform an sich, sondern das Ausmaß der Konflikte und der erfahrenen Gewalt die betroffenen Kinder belasten und bei ihnen die Wahrscheinlichkeit für die Ausprägung depressionstypischer (vorwiegend die Mädchen) bzw. aggressiver (am ehesten bei den Jungen) Verhaltensweisen begünstigen. Dies bedeutet aber auch, dass die Wahrscheinlichkeit für die Erfahrung sexueller Übergriffe oder familiärer Gewalt bei Kindern in Einelternfamilien oder auch in Stieffamilien erhöht ist. Dies bietet wiederum Ansätze für präventiv wirksame Unterstützungsangebote.

Den Einfluss wechselnder Partnerschaften auf das Verhalten ihrer sechs- bis neunjährigen Söhne untersuchten Martinez und Forgatch (2002) an einer Stichprobe von 238 geschiedenen, zum Untersuchungszeitpunkt allein lebenden Müttern. Sie fanden einen deutlichen Zusammenhang zwischen dem Erleben wechselnder Partnerschaften der Mutter und bestehenden Schulleistungsstörungen, externalisierenden Verhaltensstörungen und emotionalen Auffälligkeiten bei den untersuchten Jungen. Kompensiert werden konnte dieser Einfluss durch effektive Elternkompetenzen der betreffenden Mütter in Form empathischer Fürsorglichkeit oder ermutigender Unterstützung bei Problemen oder elterlicher Aufsicht.

Untersuchungen zum Einfluss des Vaters auf das kindliche Wohlbefinden in Trennungsfamilien

Aus entwicklungspsychologischer Sicht ist die emotional und funktional kompetente Präsenz des Vaters für die psychische, emotionale und soziale Entwicklung seiner Kinder von großer Bedeutung (Franz, 2011). Dies gilt für die Entwicklung einer sicheren Bindung, die Förderung der Autonomieentwicklung und der sexuellen Identität, insbesondere des Jungen, sowie für die Verinnerlichung normativer Standards und den konstruktiven Umgang mit Impulsivität.

Sarkadi, Kristiansson, Oberklaid und Bremberg (2008) konnten in einer Metaanalyse von insgesamt 24 Studien die substanziellen positiven Effekte väterlichen Engagements nachdrücklich belegen. Dabei berücksichtigten sie in ihrem systematischen Review von Langzeitverlaufsstudien auch potenziell konfundierende Variablen wie zum Beispiel den sozioökonomischen Status. Zusammenfassend kommen die Autorinnen und Autoren zu dem Schluss, dass aktives, regelmäßiges väterliches Engagement mit einem verringerten externalisierenden Problemverhalten bei Jungen verbunden ist. Darüber hinaus fanden sie eine Verringerung psychischer Probleme bei Mädchen und jungen Frauen, eine generelle Förderung kognitiver Fähigkeiten und eine Verringerung der Delinquenz und Armutsrate in Familien mit einem niedrigen sozioökonomischen Status.

Vor diesem Hintergrund und nicht zuletzt auch angesichts zahlreicher sorgerechtlicher Auseinandersetzungen im Zusammenhang mit konflikthafter elterlicher Trennung erscheint es von großem Interesse, ob und inwieweit sich väterliche Präsenz und Zuwendung auch unter den Bedingungen einer elterlichen Konfliktgeschichte vorteilhaft oder nachteilig auf die Entwicklung der mit betroffenen Kinder und insbesondere der Jungen auswirken könnten. Geschlechtsdifferenzielle Effekte sind beispielsweise für Mädchen hinsichtlich eines erhöhten Risikos für Frühschwangerschaften bei abwesendem Vater bekannt.

So beschrieben Ellis et al. (2003) an zwei unterschiedlichen Stichproben von Mädchen aus den USA (N = 242) und Neuseeland (N = 520) im Rahmen einer prospektiven, über fünf Jahre hinweg laufenden Studie bis zum Alter der Mädchen von 18 Jahren die Effekte eines abwesenden Vaters auf den Zeitpunkt der ersten sexuellen Aktivität und das Risiko von Frühschwangerschaften. Die Autoren fanden übereinstimmend – auch nach Berücksichtigung anderer möglicher Einflussfaktoren – für beide untersuchten Stichproben einen deutlichen Zusammenhang zwischen einer frühzeitigen Aufnahme des Geschlechtsverkehrs sowie von Frühschwangerschaften und einer Abwesenheit des Vaters. Betrug die Rate der Frühschwangerschaften in beiden Stichproben bei anwesendem Vater etwa 5 %, so stieg sie bei biografisch relativ späterer Abwesenheit des Vaters auf Werte von 10 bis 15 % und erreichte bei biografisch früher Abwesenheit des Vaters Spitzenwerte zwischen 15 % und 30 % der betroffenen Mädchen. Entsprechende Zusammenhänge bestanden bei einer frühen Aufnahme des Geschlechtsverkehrs (etwa 25 % der Mädchen mit anwesendem Vater vs. 45–60 % der Mädchen mit biografisch früher Vaterabwesenheit).

Wie schon erwähnt, stellten auch Antecol und Bedart (2007) in ihrer Untersuchung einen Zusammenhang zwischen dem Zeitpunkt der beginnenden Vaterabwesenheit und dem Ausprägungsgrad kindlicher Verhaltensstörungen fest. Je früher der Vater in der Kindheit der trennungsbetroffenen Kinder abwesend war (0–5 Jahre, 5–10 Jahre, 10–15 Jahre), umso stärker ausgeprägt waren die bestehenden kindlichen Verhaltensauffälligkeiten.

Die Autoren fanden sogar einen entsprechenden Dosis-Wirkungs-Zusammenhang einer längeren Vaterpräsenz im Hinblick auf die Verringerung von Rauchen, Alkoholmissbrauch, früher sexueller Aktivität, Haschischkonsum und Delinquenz bei den betroffenen Kindern.

Amato (1993) resümierte in seiner Metaanalyse von 32 Studien insgesamt allerdings widersprüchliche Befunde hinsichtlich der Bedeutung des Kontaktes zu dem getrennt lebenden Vater in Bezug auf die Entwicklung von kindlichen Verhaltensstörungen. In 15 Studien konnte er einen günstigen Effekt väterlicher Präsenz, zum Beispiel auf Schulleistungen oder psychosoziale Kompetenzen, nachweisen, in zehn Studien bestand kein Zusammenhang und in sieben Studien sogar ein ungünstiger Einfluss des Kontaktes zum Vater.

Amato und Gilbraith (1999) wiesen in einer weiteren Arbeit auf die Bedeutung qualitativer Aspekte von Väterlichkeit (z. B. autoritatives Engagement und emotionale Nähe) hin. Diese zum Teil auch widersprüchlichen Befunde verdeutlichen die Wichtigkeit, aber auch die Schwierigkeit der Frage, ob der Kontakt zu dem in einem konkreten belastenden Trennungskonflikt mit der Mutter stehenden Vater für die mit betroffenen Kinder eher einen günstigen oder entwicklungsprognostisch ungünstigen Einfluss haben könnte.

Blazei, Iacono und McGue (2008) konnten an einer großen Stichprobe zeigen, dass die Präsenz eines persönlichkeitsgestörten Vaters mit stark ausgeprägten antisozialen Verhaltenstendenzen sich langfristig negativ auf die Entwicklung und Verhaltensregulation der mit betroffenen Kinder auswirken kann. Andererseits zeigte sich in dieser Studie auch, dass die Anwesenheit eines Vaters, dessen Elternkompetenzen nicht aufgrund von antisozialen Zügen beeinträchtigt waren, anders als bei Kindern, deren Väter seit Geburt abwesend waren, einen protektiven Einfluss auf die Ausbildung externalisierender Verhaltensstörungen der jeweiligen Kinder ausübt.

Das heißt, im Vergleich zu Kindern, die primär ohne Vater aufwuchsen, üben antisozial persönlichkeitsgestörte Väter einen aggravierenden Einfluss auf die Entwicklung von externalisierenden Verhaltensstörungen aus. Die Präsenz funktional agierender Väter führt jedoch bei den betreffenden Kindern zu einer relativ verringerten Ausprägung externalisierender Verhaltensstörungen im Vergleich zu den Kindern, denen von Geburt an der Vater fehlte. Einfach ausgedrückt, zur Vorbeugung externalisierender kindlicher Verhaltensstörungen ist der beste Vater der emotional präsente und funktional kompetent agierende Vater. Kinder, die primär ohne Vater aufwachsen, zeigen relativ stärker ausgeprägte externalisierende Verhaltensstörungen. Der »schlechteste Vater« ist der präsente, aber persönlichkeitsgestört antisozial agierende Vater.

Baxter, Weston und Qu (2011) untersuchten den Einfluss väterlicher Präsenz anhand quantitativer Kontaktmerkmale des abwesenden Vaters auf das kindliche Wohlbefinden. Die Untersuchung basierte auf Einschätzungen der Mütter, Lehrer und der Kinder selbst, die zum Untersuchungszeitpunkt 2006 zwischen sechs und sieben Jahre alt waren. Seitens der Mütter erfolgte darüber hinaus noch eine Einschätzung des feindseligen Konfliktpotenzials innerhalb der elterlichen Beziehung. Der Anteil der feindselig eingeschätzten elterlichen Beziehung betrug in den Trennungsfamilien 37,3 %, bei den zusammenlebenden Elternpaaren 27,1 %. Bei den getrennt lebenden Elternpaaren bestand bei der überwiegenden Mehrzahl der Väter wöchentlicher oder häufigerer Kontakt zu dem Kind, eine deutliche Minderheit von 15,1 % hatte überhaupt keinen Kontakt zu dem Kind.

Insgesamt berichteten die Jungen von einem geringeren Wohlbefinden als die Mädchen, wobei dieser Befund von den Müttern und den Lehrerinnen und Lehrern nicht bestätigt wurde. Aus Sicht der Mütter zeigten die Kinder, die keinerlei Kontakt mehr zum Vater hatten, die größten Verhaltensauffälligkeiten, wohingegen die Kinder aus Paarfamilien mit niedrigem Feindseligkeitspotenzial die geringsten Verhaltensauffälligkeiten zeigten. Das Ausmaß kindlicher emotionaler Schwierigkeiten war in Paarfamilien mit hohem Konfliktpotenzial signifikant stärker ausgeprägt, wohingegen das Ausmaß der partnerschaftlichen Feindseligkeit in Trennungsfamilien aus Sicht der Mütter keinen signifikanten Einfluss auf das Ausmaß emotionaler Schwierigkeiten der Kinder hatte.

Die Einschätzung der befragten Lehrer differenzierte in keiner Weise zwischen dem jeweiligen Konfliktpotenzial der Elternpaare, sondern zwischen den unterschiedlichen Familienformen. Die Kinder aus Trennungsfamilien wiesen im Urteil der Lehrerinnen und Lehrer erhöhte Belastungswerte auf, unabhängig davon, ob Kontakt zum Vater bestand oder nicht. Die Einschätzungen der Kinder selbst unterschieden sich vom Niveau her deutlich von den Einschätzungen der Mütter und Lehrer. Die angegebenen emotionalen Schwierigkeiten lagen im Erleben der Kinder selbst wesentlich höher. Am relativ geringsten ausgeprägt waren die Beschwerden im Eigenurteil der Kinder in den Paarfamilien mit fehlender zwischenelterlicher Feindseligkeit. Am höchsten war der Problemdruck bei den Kindern, die in Trennungsfamilien mit hohem zwischenelterlichem Feindseligkeitspotenzial lebten.

Zusammengefasst scheint weder den Müttern noch den betreuenden Lehrerinnen und Lehrern das Ausmaß des kindlichen Belastungserlebens wirklich deutlich zu sein, wobei die befragten Lehrerinnen und Lehrer in dieser Studie auch nicht in der Lage waren, die Kinder anhand ihrer emotionalen Probleme hinsichtlich des zwischenelterlichen Feindseligkeitspotenzials zu differenzieren.

Dieser Befund ist deshalb bedenklich, weil die in den Schulen mit den Kindern intensiv befassten Lehrer gerade bei dysfunktionalen Familienverhältnissen eine wichtige Anlaufstelle für die betroffenen Kinder sein und Hilfe anbieten oder vermitteln könnten. Die Sensibilisierung und Professionalisierung des schulischen Lehrpersonals mit dem Ziel der Vermittlung einer frühzeitigen präventiven Unterstützung für emotional belastete Kinder aus dysfunktionalen Familien wäre jedenfalls wünschenswert. Die sechs bis sieben Jahre alten Kinder selbst waren bei der Befragung jedenfalls offensichtlich in der Lage, ihre emotionalen Belastungen und ihre Familiensituation differenziert darzustellen.

Bezogen auf die Kontakthäufigkeit zum Vater und deren Auswirkung auf emotionale Schwierigkeiten der Kinder in Trennungsfamilien differenzierten die Antworten der Mütter nicht signifikant nach Kontakthäufigkeit oder zwischenelterlicher Feindseligkeit. Offenbar berichteten die Mütter über die relativ am höchsten ausgeprägten emotionalen kindlichen Schwierigkeiten bei völlig fehlendem Kontakt zum Vater. Auch die Einschätzungen kindlicher emotionaler Probleme durch die befragten Lehrerinnen und Lehrer differenzierten nicht nach väterlicher Kontakthäufigkeit und zwischenelterlicher Feindseligkeit.

Das heißt, dass auch bezüglich dieser Fragestellung eine wenig differenzierte Wahrnehmung der kindlichen familiären Situation in der Schule erfolgte. Lediglich die Antworten der befragten Kinder differenzierten teilweise im Hinblick auf Kontakthäufigkeit und zwischenelterlicher Feindseligkeit. Die Kinder, die mindestens einmal wöchentlichen Kontakt zum Vater hatten und deren Eltern nicht feindselig zerstritten waren, gaben die geringsten emotionalen Schwierigkeiten an, die Kinder mit ebenfalls wöchentlichem Kontakt zum Vater, die jedoch zwischenelterliche Hochstrittigkeit und Feindseligkeit erlebten, berichteten über die am stärksten ausgeprägten emotionalen Schwierigkeiten.

Dieser Unterschied war statistisch signifikant. Die übrigen Antwortkategorien (seltener oder gar kein Kontakt zum Vater bei gegebener oder fehlender zwischenelterlicher Hochstrittigkeit/Feindseligkeit) differenzierten nicht hinsichtlich des von den Kindern berichteten emotionalen Problemdrucks. Diese Befunde passen zu den von Blazei et al. (2008) berichteten Zusammenhängen sowie zu der Untersuchung von Stadelmann et al. (2010), die in ihrer Kindergartenstudie die verhaltensprädiktive Bedeutung negativ verinnerlichter dysfunktionaler Elternbilder herausgearbeitet hatten und diese Aussagen auch auf die Befragung der Kinder selbst gründen konnten.

Fabricius und Luecken (2007) untersuchten ebenfalls den Einfluss väterlicher Kontaktmerkmale und der Intensität des Paarkonflikts nach erlebter Scheidung der Eltern vor dem 16. Lebensjahr auf den aktuellen Gesundheitszustand von 1154 Studentinnen und Studenten. 23 % der untersuchten Studierenden hatten vor dem 16. Lebensjahr die Scheidung ihrer Eltern erlebt. 53 % dieser 266 Studierenden waren weiblich. Als potenzielle Prädiktoren untersucht wurden die Zeit, die nach der Scheidung mit dem Vater verbracht wurde, die Qualität der väterlichen Zuwendung, das Ausmaß des elterlichen Konfliktes und belastende Gefühle in Bezug auf die elterliche Trennung. Als Outcome-Maße dienten Kennwerte des körperlichen Symptomdrucks und des globalen Gesundheitsstatus.

Es zeigte sich, dass das Ausmaß der mit dem Vater nach der Trennung verbrachten Zeit positiv mit einer besseren Beziehung zum Vater korreliert war. Ein bestehender zwischenelterlicher Konflikt führte jedoch nicht nur zu einem anwachsenden kindlichen trennungsbezogenen Disstress, sondern auch zu einer Verschlechterung der Beziehung zum Vater. Eine qualitativ gute Vaterbeziehung stand in einem positiven korrelativen Zusammenhang mit dem subjektiven Gesundheitsempfinden, trennungsvermittelter Disstress führte zu einer Verringerung des allgemeinen Gesundheitsstatus.

Diese hinsichtlich der interessierenden Fragestellungen immer noch nicht aussagekräftigen Studien werden durch eine aktuelle schwedische Studie möglicherweise doch noch substanziell ergänzt. Carlsund, Eriksson, Löftstedt und Sellström (2012) gingen anhand einer epidemiologischen Kohorte von 3699 15-jährigen Schulkindern (Response 75 %) der Frage nach, ob kindliches Risikoverhalten durch eine geteilte elterliche Sorge nach einer Scheidung eher begünstigt oder vermindert wird. 29 % der untersuchten Jugendlichen lebten in Trennungsfamilien, von diesen 29 % lebten 75 % konstant mit einem Elternteil zusammen in einem Haushalt und 25 % lebten wechselnd in den Haushalten beider Eltern.

Interessierende Zielmaße waren die Prävalenz von Rauchen, Alkoholgebrauch, frühzeitigem Geschlechtsverkehr (vor 15 Jahren) und Problemverhalten. Bezogen auf das Rauchverhalten waren relevante Prädiktoren weibliches Geschlecht, wirtschaftliche Probleme und Schwierigkeiten im Kontakt zur Mutter. Bezogen auf die familiäre Struktur und die sorgerechtliche Regelung war das Risiko zu rauchen bei Kindern, die konstant in einem elterlichen Haushalt lebten, am höchsten (OR = 1.8, CI [95 %] = 1.40–2.32), das Risiko von Kindern, die wechselnd in beiden Haushalten der getrennten Eltern lebten, etwas niedriger (OR = 1.6, CI [95 %] = 1.13–2.27). Alkoholabusus stand in prädiktivem Zusammenhang mit Migrationsstatus (protektiv; OR = 0.63, CI [95 %] = 0.49–0.80), mit Schwierigkeiten in der Beziehung zum Vater (OR = 1.23, CI [95 %] = 1.02–1.48) und mit Schwierigkeiten in der Mutterbeziehung (OR = 1.47, CI [95 %] = 1.20–1.81). Wiederum war das Risiko für Alkoholmissbrauch bei Kindern, die konstant in einem Haushalt lebten relativ am höchsten (OR = 1.79, CI [95 %] = 1.47–2.19) gegenüber dem Risiko von Kindern, die wechselnd in beiden Haushalten beider Eltern lebten (OR = 1.5, CI [95 %] = 1.15–1.96). Im Prinzip ähnliche Muster zeigten sich sowohl für die frühe Aufnahme des Geschlechtsverkehrs als auch für Verhaltensauffälligkeiten. Insgesamt legen die Befunde dieser Studie nahe, dass das sogenannte Wechselmodell elterlicher Sorge mit Aufenthalt des Kindes in beiden elterlichen Haushalten mit geringeren Entwicklungsrisiken für die mit betroffenen Kinder verbunden ist als das konstante Aufwachsen bei nur einem Elternteil.

Allerdings fließen in die Ausprägung der unterschiedlichen Kategorien kindlicher Verhaltensprobleme nicht nur die formale Strukturierung der elterlichen Sorge, sondern auch qualitative Kontaktmerkmale prädiktiv bedeutsam ein. Insofern spricht auch diese Studie dafür, bei der Entscheidung für oder gegen ein gemeinsames Sorgerecht oder eine Aufenthaltsregelung im Sinne des sogenannten Wechselmodells neben formalen Kriterien unbedingt auch die Qualität und das Vorhandensein von zwischenelterlicher Hochstrittigkeit und Feindseligkeit sowie die qualitativen Merkmale des Kontakts der Kinder zu den jeweiligen Elternteilen mit zu berücksichtigen. Hierzu bedarf es sicherlich differenzierter, professioneller Fähigkeiten nicht nur aufseiten hinzugezogener Gutachter oder entwicklungspsychologischer oder psychodiagnostischer Fachkräfte, sondern auch aufseiten der beteiligten Juristen, insbesondere der Familienrichter. Hierzu macht Hans-Christian Prestien in diesem Buch noch weitergehende und differenziertere Vorschläge.

Als Zwischenfazit lässt sich sicherlich noch mit einigem methodischem Vorbehalt resümieren, dass Jungen im Vergleich zu Mädchen per se schon zu häufigeren und stärker ausgeprägten, insbesondere externalisierenden, Verhaltensauffälligkeiten neigen. Diese Probleme nehmen nach konflikthaften elterlichen Trennungen, insbesondere unter Hochstrittigkeit und anhaltender Feindseligkeit zwischen den Eltern sowie bei Bestehen mütterlicher Depressivität, noch deutlich zu, woraus absolut gesehen eine insgesamt noch höhere Symptombelastung von Jungen aus Trennungsfamilien zu resultieren scheint. Relativ gesehen ist hinsichtlich bestimmter Symptome (z. B. Hyperaktivität) der Effekt einer konfliktbedingten elterlichen Trennung bei Mädchen aber möglicherweise sogar noch stärker ausgeprägt, wobei die Gesamtbelastung durch Verhaltensauffälligkeiten bis hin zu delinquentem Verhalten bei Mädchen generell aber unterhalb der Symptombelastung von Jungen liegt. Aufgrund der vorliegenden Studien lässt sich derzeit mit der gebotenen Zurückhaltung formulieren, dass bei Jungen nach konflikthafter elterlicher Trennung besonders häufig folgende Symptome und Verhaltensauffälligkeiten bestehen: kindliches Übergewicht, Adipositas, ADHS, emotionale Probleme, externalisierendes Problemverhalten, psychische Erkrankungen, Drogenprobleme, delinquentes Verhalten. Bei Mädchen kommt es nach konflikthafter elterlicher Trennung hingegen häufiger zu körperlichen Beschwerden in Sinne von chronischen Atemwegserkrankungen (Asthma, Bronchitis), Verhaltensproblemen (insbesondere internalisierendes Problemverhalten), Frühschwangerschaften und Rauchen.

Wichtige Risikofaktoren für die Ausbildung und Ausprägung dieser Beeinträchtigungen sind ein andauernder elterlicher Paarkonflikt, ein schon früh abwesender Vater, ein dysfunktionaler oder psychisch beeinträchtigter Vater, eine dysfunktionale oder psychisch beeinträchtigte Mutter, zwischenelterliche Feindseligkeit und anhaltende Hochstrittigkeit, mütterliche Depressivität, familiäre Gewalterfahrungen, beeinträchtigte Elternkompetenzen, ein niedriger sozioökonomischer Status und fehlende präventive Unterstützungsangebote.

Präventive Interventionsmöglichkeiten

Vorliegende Studien zeigen also eine überdurchschnittliche psychosoziale und gesundheitliche Belastung alleinerziehender Mütter und ihrer Kinder. Aufgrund der Häufigkeit elterlicher Trennung sind diese Zusammenhänge gesellschaftlich bedeutsam. Insofern bieten die bekannten Einflussfaktoren (wie z. B. niedriger sozioökonomischer Status, niedrigere Bildungsabschlüsse, geringe soziale Unterstützung, schlechterer Gesundheitszustand der Mutter, vermehrte psychische Beeinträchtigung der Mutter durch Depressivität und Suchterkrankungen, anhaltend konflikthafte Beziehung der Mutter zum Vater des Kindes, abwesender Vater, fehlende alternative Bezugspersonen für das Kind, kindliche Verhaltensauffälligkeiten) auch sozial- und gesundheitspolitische Ansatzpunkte zu einer langfristig wirksamen Prävention der möglichen Folgen konflikthafter elterlicher Trennung.

Primärpräventive Interventionen können systemisch-verhältnispräventiv oder an der Stärkung elterlicher Kompetenzen sowie direkt bei psychosozial besonders belasteten Kindern ansetzen (Waldfogel, Craigie u. Brooks-Gunn, 2010). Ein eindrucksvolles Beispiel für die Effektivität einer qualitativ hochwertigen kindlichen Frühförderung stellt das Perry Preschool Project dar, das Anfang der Sechzigerjahre des letzten Jahrhunderts in der US-amerikanischen Stadt Ypsilanti begonnen wurde. 123 drei- bis vierjährige Kinder aus sozial benachteiligten Verhältnissen (niedriger sozioökonomischer Status, hoher Anteil Alleinerziehender) wurden randomisiert einer Kontrollgruppe und einer Interventionsgruppe zugeteilt. Die Intervention umfasste eine intensive Gruppenarbeit, angeleitet durch akademisch qualifizierte Erzieherinnen auf der Basis eines anspruchsvollen entwicklungspsychologischen Konzepts verbunden mit Hausbesuchen. Der zeitliche Umfang betrug zweieinhalb Stunden an fünf Tagen pro Woche über zwei Jahre hinweg.

Im Alter von vierzig Jahren zeigten die ehemaligen Kinder der Kontrollgruppe eine deutlich schlechtere Entwicklung als die der Interventionsgruppe. Diese hatten bereits im Grundschulalter ein motivierteres und sorgfältigeres Lernverhalten gezeigt. Ihr Schulerfolg im Alter von 14 Jahren war besser, als Erwachsene waren sie deutlich seltener delinquent oder drogenabhängig, sie verfügten über die höheren Schulabschlüsse, ein höheres Einkommen, die Frauen waren häufiger verheiratet und seltener alleinerziehend (Schweinhart et al., 2005). Diese Langzeitstudie konnte im Übrigen auch einen hohen ökonomischen »return of investment« der Interventionskosten belegen. Sekundärauswertungen der Daten dieser Studie ergaben Hinweise darauf, dass insbesondere die Mädchen von der Intervention profitierten.

Als denkbare präventive Maßnahmen innerhalb des öffentlichen Bildungs- und Gesundheitssystems erscheinen vor diesem Hintergrund beispielsweise:

- die Förderung des kognitiven und emotionalen Lernens bereits im Vor- und Grundschulalter,
- eine qualifiziertere theoretische Ausbildung und bessere Bezahlung der Erzieherinnen und Erzieher,
- eine stärkere Präsenz männlicher Erzieher und Lehrer,
- entwicklungspsychologisch und bindungstheoretisch fundierte Elterntrainings,
- eine bessere materielle Unterstützung junger Familien,
- routinemäßige Screenings zur Identifikation besonders belasteter Mütter bereits während der Schwangerschaft, in Geburtskliniken, bei kinderärztlichen Routineuntersuchungen, in Kindergärten und bei der Einschulung,
- die Einübung eines erwachsenen Interessenausgleiches und konstruktiven Konfliktverhaltens sowie die Thematisierung kindlicher Entwicklungsbedürfnisse und der Langzeitverantwortung der Elternschaft bereits in der Schule (»Beziehungslehre«),
- eine stärkere gesellschaftliche Wertschätzung von Männern auch in ihrer väterlichen Rolle sowie
- eine verbesserte Wahrnehmung und Förderung der spezifischen Entwicklungsbedürfnisse von Jungen.

Aufgrund des engen Zusammenhangs zwischen elterlicher Beeinträchtigung und kindlichen Verhaltensauffälligkeiten erscheinen auch spezielle niedrigschwellige, gegebenenfalls auch psychotherapeutische Beratungs- und Hilfsangebote für stark belastete alleinerziehende Mütter (und Väter) sinnvoll. Präventive Unterstützungsprogramme für besonders belastete Alleinerziehende sollten nicht nur auf finanzielle oder infrastrukturelle Aspekte, sondern auch auf die Besserung gesundheitlicher Risiken und einer bestehenden Depression sowie besonders auch auf die Stärkung ihrer Elternkompetenzen abzielen. In diesem Bereich sollten sich Jugendämter wesentlich stärker engagieren. Ermutigende Beispiele – wie zum Beispiel das »Dormagener Modell« – existieren und sind auch ökonomisch erfolgreich (Trzeszkowski, 2008; Hilgers, Sandvoss u. Jasper, 2012; vgl. auch den Beitrag von Heinz Hilgers in diesem Band).

PALME – ein präventives Elterntraining für alleinerziehende Mütter

Angesichts der demografischen Trends sowie der hiermit verbundenen problematischen Langzeiteffekte erscheint eine möglichst frühe, spezifische Unterstützung besonders belasteter alleinerziehender Mütter als sinnvolle Maßnahme. Fast 40 % der alleinerziehenden Mütter der Düsseldorfer Alleinerziehendenstudie äußerten Wünsche nach Unterstützung und Hilfe. Diese reichten von Erziehungsberatung über finanzielle und rechtliche Unterstützung bis hin zu Psychotherapie. Die allermeisten dieser Mütter waren jedoch nicht in Unterstützungsangebote eingebunden. Neben fehlenden Angeboten ist ein häufiger Hintergrund, dass viele alleinerziehende Mütter überlastet oder demoralisiert und deshalb zur aktiven Suche und Inanspruchnahme von Hilfsangeboten nicht in der Lage sind. Deshalb sollten Hilfsangebote, die auf diese Bevölkerungsgruppe abzielen, im Sozialraum – am besten in der Kita oder Krippe – aktiv aufsuchend und für die Mütter kostenfrei angeboten werden. Die Anzahl vorliegender Studien zu therapeutischen Hilfen und Präventionsprogrammen in diesem Bereich ist jedoch gering (vgl. Franz, 2011, S. 154 f.).

Gängige pädagogische oder verhaltensnahe Konzepte reichen heute häufig nicht mehr aus, um den nachgewiesenen und spürbaren emotionalen Notlagen und Verhaltensauffälligkeiten von Kindern in schwierigen familiären Lebenssituationen fundiert entgegenzusteuern. Es besteht daher ein Bedarf an Konzepten und Angeboten, denen das Prinzip »verlässliche Beziehung und emotionale Bindungsförderung« zugrunde liegt. Derartige Angebote haben jedoch – von wenigen Modellprojekten abgesehen – bei Weitem noch nicht die erforderliche Verbreitung gefunden, die wünschenswert und notwendig wäre. In Deutschland existierte bislang kein speziell für alleinerziehende Mütter und ihre Kinder entwickeltes Elterntraining.

Wegen ihrer besonderen, durch den elterlichen Trennungskonflikt bedingten Problem- und Bedarfslagen benötigen viele alleinerziehende Mütter jedoch ein speziell auf ihre Lebenssituation zugeschnittenes Hilfsangebot. Deshalb wurde mit PALME ein entsprechendes Elterntraining (Franz, 2009; www.palme-elterntraining.de) zur Unterstützung alleinerziehender Mütter mit Kindern im Vorschulalter entwickelt, erprobt und nach wissenschaftlicher Evaluation in zahlreichen Kitas bundesweit eingeführt. PALME zielt auf der Grundlage eines bindungstheoretisch fundierten Ansatzes in einem emotionszentrierten Programm nicht nur darauf ab, die häufig bestehende Depressivität vieler alleinerziehender Mütter zu mildern und Änderungen im Umgang mit Belastungen zu ermöglichen. Vielmehr geht es bei PALME auch darum, die emotionalen und elterlichen Kompetenzen alleinerziehender Mütter zu stärken und hierdurch die Eltern-Kind-Bindung abzusichern.

PALME steht für »Präventives Elterntraining für alleinerziehende Mütter geleitet von ErzieherInnen«. Es handelt sich um ein zielgruppenspezifisches Unterstützungsprogramm, das alleinerziehenden Müttern in Deutschland den niedrigschwelligen Zugang zu einem bindungsorientierten und emotionszentrierten präventiven Gruppenangebot ermöglicht.

In seiner theoretischen Fundierung ist das Konzept von PALME interaktionell-psychodynamisch orientiert. Bindungstheoretische Aspekte und die Entwicklung emotionaler Kompetenzen werden mit besonderer Gewichtung integriert. Das strukturierte und manualisierte Gruppenprogramm umfasst zwanzig jeweils wöchentlich stattfindende, thematisch-inhaltlich aufeinander aufbauende Gruppensitzungen, die sich in vier Module gliedern: (1) Biografie und emotionales Selbstbild der Mütter, (2) Einfühlung in die kindlichen Bindungs- und Entwicklungsbedürfnisse, Wahrnehmung der kindlichen Affektsignale, (3) familiäre Gesamtsituation, Trennung von Paarkonflikt und Elternverantwortung, Bedeutung des Vaters für die kindliche Entwicklung, (4) Identifikation individueller Stressoren, Finden neuer Lösungen, Entwicklung sozialer Kompetenzen auf Verhaltensebene.

In jeder Gruppensitzung werden thematisch passende Informationen gegeben, um den Müttern eine verbesserte Situationskontrolle zu ermöglichen. In den Gruppensitzungen selbst werden mit gruppendynamischen Rollenspielen, Kleingruppenarbeit und emotionszentrierten sowie affektmobilisierenden Übungseinheiten typische Konflikte alleinerziehender Mütter bearbeitet. Die emotionale Reaktualisierung eigener kindlich-biografischer Erfahrungen erleichtert den teilnehmenden Müttern den identifikatorischen Perspektivwechsel hin zum Erleben und zu den Bedürfnissen ihres Kindes. Über selbstwertstabilisierende Interventionen und eine gezielte Verringerung bestehender psychischer Beeinträchtigungen werden die emotionalen und intuitiven Elternkompetenzen der Mütter gestärkt. Hauptziele hierbei sind die Stärkung der intuitiven Elternfunktionen (Feinfühligkeit), die bindungsorientierte Stabilisierung der Mutter-Kind-Beziehung, die Bearbeitung unbewusster Delegationen (z. B. Parentifizierung des Kindes oder Entwertung seiner Beziehung zum Vater), die Trennung der gemeinsamen Elternverantwortung für das Kind von der Ebene des Paarkonflikts und der Perspektivenwechsel zugunsten des Kindes. Schließlich werden in kindgerechten Mutter-Kind-Übungen für zu Hause (z. B. körper- und emotionszentrierte Übungen, gemeinsame kreative Aktivitäten) die mütterliche Einfühlung und Beziehungsaufnahme zum Kind vertieft.

Geleitet werden die PALME-Gruppen von einem weiblich/männlichen Leiterpaar. Hierdurch werden den teilnehmenden Müttern korrektive Erfahrungen hinsichtlich ihres trennungsbedingt häufig negativen Männer- und auch (elterlichen) Beziehungsbildes ermöglicht. Im Sinne eines nichtnormativen sozialen Lernmodells wird den Müttern so eine emotional-funktionale Mann-Frau-Beziehung auf der Basis wechselseitiger Wertschätzung erfahrbar gemacht. Dies ist für viele teilnehmende alleinerziehende Mütter sehr eindrucksvoll und hilfreich, da nicht nur die eigene Partnerbeziehung, sondern häufig auch bereits die Beziehung der eigenen Eltern als belastend und konflikthaft erlebt worden war.

Für die Durchführung der PALME-Gruppen werden geeignete Erzieherinnen und Erzieher oder Angehörige anderer sozialer Berufe in mehrtägigen strukturierten Schulungen zu Gruppenleiterinnen und Gruppenleitern qualifiziert. Die Schulung umfasst neben theoretischen Kenntnissen beispielsweise zur Bindungstheorie, Entwicklungspsychologie oder Gruppendynamik auch die detaillierte Vermittlung des umfangreichen PALME-Manuals (Franz, 2009).

In einer kontrollierten, randomisierten Studie konnte die positive Wirksamkeit dieses Elterntrainings auf die seelische Belastung sowie für die emotionalen Kompetenzen der teilnehmenden Mütter nachgewiesen werden (Franz, Weihrauch, Buddenberg u. Schäfer, 2009; Franz, Weihrauch, Buddenberg, Haubold u. Schäfer, 2010). Im Vergleich zu ihrer psychischen Verfassung vorher und im Vergleich zur Kontrollgruppe waren die Mütter nach dem PALME-Programm deutlich weniger depressiv bzw. psychisch-psychosomatisch weniger belastet. Sie konnten darüber hinaus ihre emotionalen und interaktionellen Kompetenzen im Umgang mit ihren Kindern verbessern. Im Urteil der Erzieherinnen nahmen die Verhaltensauffälligkeiten ihrer Kinder tendenziell ab. Diese positiven Effekte waren auch sechs und zwölf Monate nach Ende der PALME-Gruppen noch nachweisbar. Die Mütter selbst waren mit dem Elterntraining sehr zufrieden. Sie gaben an, ihr Kind besser verstehen und sich auch besser in das emotionale Erleben ihrer Kinder einfühlen zu können.

Aufgrund der positiven Resultate werden PALME-Gruppen mittlerweile in zahlreichen Kommunen angeboten. Die starken Effekte, die geschulte Erzieherinnen und Erzieher mithilfe dieses Elterntrainings erzielen können, zeigen darüber hinaus auch, welches professionelle Potenzial hier nutzbar ist. Dabei ist PALME ein äußerst ökonomisches, niedrigschwelliges Verfahren, das von den Müttern sehr gut angenommen wird. Von daher erscheint es sinnvoll, PALME-Gruppen in der kommunalen Regelversorgung, in Kitas, in Beratungsstellen oder psychotherapeutischen Praxen anzubieten. Mittlerweile wird PALME auch in psychosomatischen Rehakliniken gemeinsam für Mutter und Kind angeboten. Auch im Bereich der von den gesetzlichen Krankenkassen finanzierten familienorientierten Präventionsprogramme könnte PALME sinnvoll eingesetzt werden.

Darüber hinaus wurde aufgrund der Wirksamkeit des PALME-Programms für die alleinerziehenden Mütter von unserer Arbeitsgruppe ein komplementäres Parallelprogramm für die mit betroffenen Kinder der alleinerziehenden Mütter mit entwickelt: PALMEplus. Dieses im Sinne eines kombinierten Mutter-Kind-Trainingsprogrammes entwickelte Zusatzmodul verfolgt die Zielsetzung, die positiven Effekte des PALME-Programms durch Einbeziehung auch der Kinder der Gruppenteilnehmerinnen weiter zu verstärken. Ebenso wie PALME wurden die zwanzig Sitzungen des PALMEplus-Programms für die vier- bis sechsjährigen Vorschulkinder auf einer bindungstheoretischen Grundlage konzipiert und darüber hinaus auf kindgerechte Weise, unter starker Betonung emotionaler Prozesse und explorativer Ermutigung didaktisch umgesetzt. Die Kinder nehmen an diesem Programm parallel zu den PALME-Sitzungen der Mütter teil und werden dabei, ebenfalls von einem gemischtgeschlechtlichen Paar geschulter Erzieherinnen und Erzieher, auf der Basis eines strukturierten Manuals angeleitet. Auf spielerische Weise werden für Trennungs- und Scheidungskinder relevante Themen bearbeitet und die emotionalen und Verhaltenskompetenzen der Kinder gestärkt. Die Umsetzbarkeit und die Wirksamkeit von PALMEplus wurden aktuell in einer ersten Machbarkeitsstudie unter naturalistischen Feldbedingungen untersucht und bestätigt.

Angesichts der geschilderten transgenerational wirksamen Risikoverkettungen – beispielhaft dargestellt für die wachsende Bevölkerungsgruppe der Alleinerziehenden und ihrer Kinder – besitzen neben einer Verbesserung der wirtschaftlichen Situation auch die Verankerung effektiver psychosozialer Präventionsprogramme innerhalb von – zum Beispiel kommunalen – Versorgungsstrukturen eine strategische Bedeutung. Der Praxistransfer von effektiven Präventionsprogrammen zur Unterstützung belasteter Familien hinein in die gesellschaftliche Wirklichkeit gelingt angesichts zahlreicher Systembarrieren allein mit den Mitteln der universitären Wissenschaftskultur derzeit jedoch nicht optimal. Wenngleich sich über individuelle Initiativen im Umgang mit Jugendämtern, politischen

Entscheiderinnen bzw. Entscheidern und Trägerorganisationen einzelne Modellprojekte ansatzweise etablieren können, würde die hochbelastete betroffene Zielgruppe von einem politisch getragenen und strukturwirksamen Präventionskonzept und einer Angebotsverdichtung sicher noch besser profitieren können. Hier sollte das vom Bundesgesundheitsministerium geplante neue Präventionsgesetz neue Perspektiven und Zuständigkeiten eröffnen.

Literatur

Amato, P. R. (1993). Children's adjustment to divorce: Theories, hypotheses, and empirical support. Journal of Marriage and the Family, 55 (1), 23–38.

Amato, P. R. (2001). Children of divorce in the 1990s: An update of the Amato and Keith (1991) meta-analysis. Journal of Family Psychology, 15 (3), 355–370.

Amato, P. R. (2005). The impact of family formation change on the cognitive, social, and emotional well-being of the next generation. The Future of Children, 15 (2), 75–96.

Amato, P. R., Gilbraith, J. G. (1999). Nonresident fathers and children's well-being: A meta-analysis. Journal of Marriage and the Family, 61 (3), 557–573.

Amato, P. R., Keith, B. (1991). Parental divorce and the well-being of children: A meta-analysis. Psychological Bulletin, 110 (1), 26–46.

Antecol, H., Bedard, K. (2007). Does single parenthood increase the probability of teenage promiscuity, substance use, and crime? Journal of Population Economics, 20 (1), 55–71.

Apel, R., Kaukinen, C. (2008). On the relationship between family structure and antisocial behavior: Parental cohabitation and blended households. Criminology, 46 (1), 35–70.

Atkins, R. (2010). Self-efficacy and the promotion of health for depressed single mothers. Mental Health in Family Medicine, 7 (3), 155–168.

Baxter, J., Weston, R., Qu, L. (2011). Family structure, co-parental relationship quality, post-separation paternal involvement and children's emotional well-being. Journal of Family Studies, 17 (2), 86–109.

Beyer, T., Postert, C., Müller, J. M., Furniss, T. (2012). Prognosis and continuity of child mental health problems from preschool to primary school: results of a four-year longitudinal study. Child Psychiatry & Human Development, 43 (4), 533–543.

Blazei, R. W., Iacono, W. G., McGue, M. (2008). Father-child transmission of antisocial behavior: The moderating role of father's presence in the home. Journal of the American Academy of Child & Adolescent Psychiatry, 47 (4), 406–415.

BMFSFJ (Bundesministerium für Familie, Senioren, Frauen und Jugend) (Hrsg.) (2010). Familienreport 2010. Leistungen, Wirkungen, Trends. Berlin: Druck Vogt GmbH.

Bramlett, M. D., Blumberg, S. J. (2007). Family structure and children's physical and mental health. Health Affairs (Millwood), 26 (2), 549–558.

Brand, D., Hammer, C. (Hrsg.) (2002). Balanceakt Alleinerziehend. Lebenslagen, Lebensformen, Erwerbsarbeit. Wiesbaden: Westdeutscher Verlag.

Burt, S. A., Barnes, A. R., McGue, M., Iacono, W. G. (2008). Parental divorce and adolescent delinquency: Ruling out the impact of common genes. Developmental Psychology, 44 (6), 1668–1677.

Cairney, J., Boyle, M., Offord, D. R., Racine, Y. (2003). Stress, social support and depression in single and married mothers. Social Psychiatry and Psychiatric Epidemiology, 38 (8), 442–429.

Carlsund, A., Eriksson, U., Löfstedt, P., Sellström, E. (2013). Risk behaviour in Swedish adolescents: Is shared physical custody after divorce a risk or a protective factor? European Journal of Public Health, 23 (1), 3–8.

Dammasch, F. (2012). Warum sind Jungen so veränderungsresistent? Ärztliche Psychotherapie, 7 (4), 203–208.

Demuth, S., Brown, S. L. (2004). Family structure, family processes, and adolescent delinquency: The significance of parental absence versus parental gender. Journal of Research in Crime and Delinquency, 41 (1), 58–81.

Ellis, B. J., Bates, J. E., Dodge, K. A., Fergusson, D. M., Horwood, L. J., Pettit, G. S., Woodward, L. (2003). Does father absence place daughters at special risk for early sexual activity and teenage pregnancy? Child Development, 74 (3), 801–821.

Fabricius, W. V., Luecken, L. J. (2007). Postdivorce living arrangements, parent conflict, and long-term physical health correlates for children of divorce. Journal of Family Psychology, 21 (2), 195–205.

Franz, M. (2005). Langzeitfolgen von Trennung und Scheidung. In U. T. Egle, S. O. Hoffmann, P. Joraschky (Hrsg.), Sexueller Missbrauch, Misshandlung, Vernachlässigung: Erkennung, Therapie und Prävention der Folgen früher Stresserfahrungen (3. Aufl., S. 116–128). Stuttgart: Schattauer.

Franz, M. (2009). PALME – Präventives Elterntraining für alleinerziehende Mütter, geleitet von Erzieherinnen und Erziehern. Unter Mitarbeit von Buddenberg, T., Güttgemanns, J., Rentsch, D. (2. Aufl.). Göttingen: Vandenhoeck & Ruprecht.

Franz, M. (2011). Der vaterlose Mann. In M. Franz, A. Karger (Hrsg.), Neue Männer – muss das sein? Risiken und Perspektiven der heutigen Männerrolle (S. 113–171). Göttingen: Vandenhoeck & Ruprecht.

Franz, M., Lensche, H. (2003). Alleinerziehend – alleingelassen? Die psychosoziale Beeinträchtigung alleinerziehender Mütter und ihrer Kinder in einer Bevölkerungsstichprobe. Zeitschrift für Psychosomatische Medizin, 49, 115–138.

Franz, M., Lensche, H., Schmitz, N. (2003). Psychological distress and socioeconomic status in single mothers and their children in a German city. Social Psychiatry and Psychiatric Epidemiology, 38 (2), 59–68.

Franz, M., Weihrauch, L., Buddenberg, T., Haubold, S., Schäfer, R. (2010). Wirksamkeit eines bindungstheoretisch fundierten Elterntrainings für alleinerziehende Mütter und ihre Kinder: PALME. Kindheit und Entwicklung, 19, 90–101.

Franz, M., Weihrauch, L., Buddenberg, T., Schäfer, R. (2009). PALME. Wirksamkeit eines bindungsorientierten Elterntrainings für alleinerziehende Mütter und ihre Kinder. Psychotherapeut, 54 (5), 357–369.

Gilman, S. E., Kawachi, I., Fitzmaurice, G. M., Buka, S. L. (2003). Family disruption in childhood and risk of adult depression. American Journal of Psychiatry, 160 (5), 939–946.

Hagen, C., Kurth, B. M. (2007). Gesundheit von Kindern alleinerziehender Mütter. Aus Politik und Zeitgeschichte, 42, 25–31.

Hawton, K., Saunders, K. E., O'Connor, R. C. (2012). Self-harm and suicide in adolescents. The Lancet, 379 (9834), 2373–2382.

Helfferich, C., Hendel-Kramer, A., Klindworth, H., (2003). Gesundheit alleinerziehender Mütter und Väter. Gesundheitsberichterstattung des Bundes 2003, Heft 14. Berlin: Robert-Koch-Institut.

Hilgers, H., Sandvoss, U., Jasper, C. M. (2012). Von der Verwaltung der Kinderarmut zur frühen umfassenden Hilfe. Das Dormagener Modell: Was es beinhaltet und was man von ihm lernen kann. Zugriff am 13.09.2012 unter http://www.dormagen.de/fileadmin/civserv/pdf-dateien/fachbereich_1/Sonstiges/Das_Dormagener_Modell_01.pdf

Hirsch, M. (2012). Formen sexualisierter Mutter-Sohn-Beziehung. Ärztliche Psychotherapie, 7 (4), 209–214.

Hjern, A., Weitoft, G. R., Lindblad, F. (2010). Social adversity predicts ADHD-medication in school children–a national cohort study. Acta Paediatrica, 99 (6), 920–924.

Kierkus, C. A., Hewitt J. D. (2009). The contextual nature of the family structure/delinquency relationship. Journal of Criminal Justice, 37 (2), 123–132.

Lansford, J. E. (2009). Parental divorce and children's adjustment. Perspectives on Psychological Science, 4 (2), 140–152.

Luoma, I., Tamminen, T., Kaukonen, P., Laippala, P., Puura, K., Salmelin, R., Almqvist, F. (2001). Longitudinal study of maternal depressive symptoms and child well-being. Journal of the American Academy of Child & Adolescent Psychiatry, 40 (12), 1367–1374.

Marmot, M. G. (2003). Understanding social inequalities in health. Perspectives in Biology and Medicine, 46 (3), 9–23.

Martinez, C. R. Jr., Forgatch, M. S. (2002). Adjusting to change: Linking family structure transitions with parenting and boys' adjustment. Journal of Family Psychology, 16 (2), 107–117.

MASFS (Ministerium für Arbeit und Sozialordnung, Familien und Senioren Baden-Württemberg) (Hrsg.) (2009). Familien in Baden-Württemberg (03/2009). Zugriff am 23.01.2012 unter http://www.fafo-bw.de/BevoelkGebiet/FaFo/Familien_in_BW/R20093.pdf

McLearn, K. T., Minkovitz, C. S., Strobino, D. M., Marks, E., Hou, W. (2006). The timing of maternal depressive symptoms and mothers' parenting practices with young children. Implications for pediatric practice. Pediatrics, 118 (1), 174–182.

Nederhof, E., Belsky, J., Ormel, J., Oldehinkel, A. J. (2012). Effects of divorce on Dutch boys' and girls' externalizing behavior in Gene × Environment perspective: Diathesis stress or differential susceptibility in the Dutch Tracking Adolescents' Individual Lives Survey study? Development and Psychopathology, 24 (3), 929–939.

Rahkonen, O., Laaksonen, M., Karvonen, S. (2005). The contribution of lone parenthood and economic difficulties to smoking. Social Science & Medicine, 61 (1), 211–216.

Ringbäck Weitoft, G., Haglund, B., Rosén, M. (2000). Mortality among lone mothers in Sweden: A population study. The Lancet, 355 (9211), 1215–1219.

Ringbäck Weitoft, G., Hjern, A., Haglund, B., Rosén, M. (2003). Mortality, severe morbidity, and injury in children living with single parents in Sweden: A population-based study. The Lancet, 361 (9354), 289–295.

Robbers, S. C. C., Bartels, M., van Beijsterveldt, C. E. M. T., Verhulst, F. C., Huizink, A. C., Boomsma, D. I. (2011). Pre-divorce problems in 3-year-olds: A prospective study in boys and girls. Social Psychiatry and Psychiatric Epidemiology, 46 (4), 311–319.

Sarkadi, A., Kristiansson, R., Oberklaid, F., Bremberg, S. (2008). Fathers' involvement and children's developmental outcomes: A systematic review of longitudinal studies. Acta Paediatrica, 97 (2), 153–158.

Scharte, M., Bolte, G. (2012). Kinder alleinerziehender Frauen in Deutschland. Gesundheitsrisiken und Umweltbelastungen. Das Gesundheitswesen, 74 (3), 123–131.

Schweinhart, L. J., Montie, J., Xiang, Z., Barnett, W. S., Belfield, C. R., Nores, M. (2005). Lifetime effects: The High/Scope Perry Preschool Study through age 40. Ypsilanti, MI: High/Scope Press.

Siahpush, M. (2004). Why is lone-motherhood so strongly associated with smoking? The Australian and New Zealand Journal of Public Health, 28 (1), 37–42.

Stadelmann, S., Perren, S., Groeben, M., von Klitzing, K. (2010). Parental separation and children's behavioral/emotional problems: The impact of parental representations and family conflict. Family Process, 49 (1), 92–108.

Statistisches Bundesamt (2010). Alleinerziehende in Deutschland. Ergebnisse des Mikrozensus 2009. Begleitmaterial zur Pressekonferenz am 29. Juli 2010 in Berlin. Wiesbaden: Statistisches Bundesamt.

Strohschein, L. A. (2007). Prevalence of methylphenidate use among Canadian children following parental divorce. Canadian Medical Association Journal, 176 (12), 1711–1714.

Troxel, W. M., Matthews, K. A. (2004). What are the costs of marital conflict and dissolution to children's physical health? Clinical Child and Family Psychology Review, 7 (1), 29–57.

Trzeszkowski, G. (2008). NeFF – ein Netzwerk für Familien. Das Dormagener Modell »Willkommen im Leben«. Evangelische Jugendhilfe, 2008 (4), 1–4.

Turner, H. A., Finkelhor, D., Ormrod, R. (2006). The effect of lifetime victimization on the mental health of children and adolescents. Social Science & Medicine, 62 (1), 13–27.

Wade, T. J., Veldhuizen, S., Cairney, J. (2011). Prevalence of psychiatric disorder in lone fathers and mothers: Examining the intersection of gender and family structure on mental health. Canadian Journal of Psychiatry, 56 (9), 567–573.

Waldfogel, J., Craigie, T. A., Brooks-Gunn, J. (2010). Fragile families and child wellbeing. The Future of Children, 20 (2), 87–112.

Walser, S., Killias, M. (2009). Jugenddelinquenz im Kanton St. Gallen. Bericht zuhanden des Bildungsdepartements und des Sicherheits- und Justizdepartements des Kantons St. Gallen. Zürich: Kriminologisches Institut.

Whitehead, M., Burstroem, B., Diderichsen, F. (2000). Social policies and the pathways to inequalities in health: A comparative analysis of lone mothers in Britain and Sweden. Social Science & Medicine, 50 (2), 255–270.

Zaslow, M. J. (1988). Sex differences in children's response to parental divorce: 1. Research methodology and postdivorce family forms. American Journal of Orthopsychiatry, 58 (3), 355–378.

Robert Schlack

Die Gesundheit von Kindern und Jugendlichen in Eineltern- und Stieffamilien unter besonderer Berücksichtigung von Jungen

Ergebnisse aus dem Kinder- und Jugendgesundheitssurvey (KiGGS)

Das Krankheitsgeschehen, auch im Kindes- und Jugendalter, wird zunehmend von einer »neuen Morbidität« bestimmt (Palfrey, Tonniges, Green u. Richmond, 2005). Die neue Morbidität bezeichnet das Phänomen der Verschiebung des Krankheitsspektrums von den akuten zu den chronischen Krankheiten sowie von den somatischen zu den psychischen Gesundheitsstörungen. Hintergrund dieser Entwicklung sind einerseits Fortschritte in der medizinischen Versorgung, die die Vermeidung oder Behandlung früher oft gefährlicher oder tödlicher Krankheiten ermöglicht haben, andererseits aber auch gesellschaftliche Veränderungen wie zum Beispiel die Abnahme der Bedeutung körperlicher Arbeit, die Abnahme körperlicher Aktivität und die Zunahme eines »sitzenden Lebensstils«, nicht zuletzt auch Veränderungen in den Gesellschafts- und Familienstrukturen. Eine wichtige gesellschaftliche Veränderung ist die Zunahme alternativer Lebensformen, worunter häufig das Zusammenleben unverheirateter Paare sowie die Zunahme von Eineltern- und sogenannter Patchwork- oder Stieffamilien verstanden wird.

Die seit vielen Jahren steigenden Scheidungszahlen zeigen, dass traditionelle Formen des familiären Zusammenlebens zunehmend als weniger verbindlich betrachtet werden. Das Risiko für in den 1990er Jahren geborene Kinder, die Scheidung ihrer Eltern zu erleben, wurde von Engstler und Menning (2003) auf etwa 20 % geschätzt. Nach aktuellen Zahlen aus dem Mikrozensus 2011 leben in Deutschland derzeit etwa 12 Millionen Kinder und Jugendliche unter 18 Jahren (Statistisches Bundesamt, 2012). Von diesen leben circa 2,7 Millionen in Einelternfamilien, das sind rund 23 % oder knapp jedes vierte Kind. Im Jahr 1996 waren dies noch circa 17 % der Minderjährigen oder etwa jedes sechste Kind, das in einer Einelternfamilie lebte.

Diese Zahlen belegen eindrucksvoll eine Tendenz zur Entkopplung von Partner- und Elternschaft.

Die Trennung der Eltern ist für alle Mitglieder einer Familie ein erheblicher Einschnitt, ein kritisches Lebensereignis, das sowohl Vätern als auch Müttern, insbesondere aber auch den Kindern vielfältige Anpassungsleistungen abverlangt. So können neben der erforderlichen Neuausrichtung der familiären Situation und der Entscheidung, bei welchem Elternteil die Kinder ihren regulären Aufenthalt haben sollen, häufig auch Wohnortwechsel und/oder Schulwechsel, der Wegfall bisheriger sozialer Bezüge und des gewohnten Umfelds, der Verlust elterlicher Zuwendung, Unterstützung und Kontrolle sowie finanzielle Einschränkungen mit einer Trennung verbunden sein (Amato, 2000). Weitere Risiken für Kinder, die von einer Trennung ihrer Eltern betroffen sind, bestehen nicht zuletzt in den Fragen, wie gut es den Eltern gelingt, ihre Konflikte im Zuge des Trennungsgeschehens konstruktiv und zukunftsorientiert zu bearbeiten, sowie ob es gelingt, den Kontakt zu dem Elternteil, der die Familie verlässt oder verlassen muss, aufrechtzuerhalten. Bei über 30 % der Trennungen, in die Kinder involviert sind, gelingt dies nicht (Schneider, Krüger, Lasch, Limmer u. Matthias-Bleck, 2001). Eine neue Partnerschaft eines Elternteils kann für Kinder eine Belastung, allerdings auch eine Ressource darstellen.

Die Datenlage zur Gesundheit von Kindern in Trennungsfamilien in Deutschland ist insgesamt dürftig. Es fehlen weitgehend große, bevölkerungsbezogene Studien, insbesondere für Deutschland. Bislang vorliegende Ergebnisse beziehen sich oft auf klinische Fallstudien, Aktenanalysen oder fokussieren auf bestimmte Teilaspekte des Trennungsprozesses und der Konfliktbearbeitung zwischen den Eltern. Der Kinder- und Jugendgesundheitssurvey (KiGGS) des Robert-Koch-Instituts ermöglicht es, eine Vielzahl körperlicher, psychischer und sozialer Daten zur Gesundheit mit unterschiedlichen familiären Lebensformen in Beziehung zu setzen. Ziel dieses Beitrags ist eine Beschreibung der gesundheitlichen Lage von Kindern und Jugendlichen in Trennungsfamilien vor dem Hintergrund der Erscheinungsformen einer neuen Morbidität in Deutschland. Dabei wird einerseits auf bereits veröffentlichte Ergebnisse Bezug genommen; dieser Beitrag enthält jedoch andererseits auch Ergebnisse bislang unveröffentlichter Analysen, insbesondere mit Blick auf Beziehungen zwischen verschiedenen familiären Konstellationen und gesundheitsbezogenem Risikoverhalten, psychosomatischen Problemen und – soweit möglich – hinsichtlich der Berücksichtigung des gesamten Altersspektrums von 0 bis 17 Jahren.

Datenbasis: Die KiGGS-Studie

Der Kinder- und Jugendgesundheitssurvey (KiGGS) ist ein bundesweit repräsentativer Untersuchungs- und Befragungssurvey für das Kindes- und Jugendalter, den das Robert-Koch-Institut (RKI), Berlin, von 2003 bis 2006 im Auftrag des Bundesministeriums für Gesundheit durchgeführt hat. Die Datenerhebung wurde in insgesamt 167 repräsentativ ausgewählten Städten und Gemeinden in ganz Deutschland von insgesamt vier Untersuchungsteams, jeweils bestehend aus einem Arzt, einer Untersucherin, einem Zentrumsinterviewer bzw. einer Interviewerin, einer Laborassistentin oder einem Laborassistenten und einem Umweltinterviewer durchgeführt. Insgesamt nahmen 17.641 Kinder und Jugendliche im Alter von 0 bis 17 Jahren, davon 8895 Jungen und 8656 Mädchen, und ihre Eltern an der Untersuchung und Befragung teil.

Das Untersuchungsprogramm bestand aus einer schriftlichen Befragung mit insgesamt fünf altersangepassten Elternfragebögen (Altersgruppen: 0–2 Jahre, 3–6 Jahre, 7–10 Jahre, 11–13 Jahre, 14–17 Jahre) sowie zwei altersangepassten Kinder-und Jugendfragebögen (Altersgruppen: 11–13 Jahre, 14–17 Jahre) und Ernährungsfragebögen. Darüber hinaus wurden ein computergestütztes ärztliches Interview (CAPI), umfangreiche körperliche Untersuchungen und Tests sowie auf freiwilliger Basis eine Blut- und Urinuntersuchung durchgeführt. Gegenstände der körperlichen Untersuchung waren unter anderem eine Anthropometrie, Motoriktests, eine Schilddrüsensonografie sowie die Bestimmung von Laborparametern aus Blut und Urin.

Gegenstände der schriftlichen und mündlichen Befragung waren die körperliche Gesundheit, Lebensbedingungen, das Gesundheitsverhalten, psychische Auffälligkeiten und Störungen sowie die Inanspruchnahme und Versorgung. Die KiGGS-Studie ist modular aufgebaut. An die Kernstudie schlossen sich inhaltliche Vertiefungsmodule zur psychischen Gesundheit, zur Motorik, Ernährung, Umweltgesundheit sowie ein regionales Modul für das Bundesland Schleswig-Holstein an. Weitere Einzelheiten zu den Zielen, zum Design und zur Durchführung der KiGGS-Baseline-Erhebung finden sich bei Kurth et al. (2008). Die KiGGS-Studie wird derzeit als Langzeitstudie im Rahmen des Gesundheitsmonitorings am RKI fortgesetzt (Hölling et al., 2012). Ergebnisse der ersten Folgeerhebung (2009–2012) sind Ende 2013 zu erwarten.

Im Folgenden werden Ergebnisse der KiGGS-Basiserhebung (2003–2006) zu Gemeinsamkeiten und Unterschieden des Gesundheitszustands von Kindern in unterschiedlichen familiären Lebenssituationen hinsichtlich ausgewählter Parameter der körperlichen und psychischen Gesundheit präsentiert. Sämtliche Analysen wurden mit einem Gewichtungsfaktor durchgeführt, der Abweichungen der Netto-Stichprobe von der Bevölkerungsstruktur (Stand: 31.12.2004) hinsichtlich Alter (in Jahren), Geschlecht, Region (Ost/West/Berlin) und Staatsangehörigkeit korrigiert. Gruppenunterschiede mit $p < .10$ werden als marginal signifikant, mit $p < .05$ als signifikant, solche mit $p < .01$ als sehr signifikant und solche mit $p < .001$ als hochsignifikant bezeichnet.

Stichprobe

Angaben zur familiären Lebenssituation lagen für insgesamt 17.386 von 17.641 Kindern und Jugendlichen im Alter von 0 bis 17 Jahren in der KiGGS-Stichprobe vor. Von diesen lebten zum Untersuchungszeitpunkt 81,2 % bei ihren leiblichen Eltern, 7 % in einer Stieffamilie, 10,2 % bei ihrer alleinerziehenden Mutter und nur 0,8 % bei ihrem alleinerziehenden Vater (Tabelle 1). Diese Angaben entsprechen sehr gut den Zahlen der amtlichen Statistik des Untersuchungszeitraums von 2003 bis 2006. Die geringe Anzahl von Kindern und Jugendlichen, die bei alleinerziehenden Vätern leben, erlauben keine statistisch sicheren Aussagen mehr. Im Folgenden beziehen sich daher Angaben zur gesundheitlichen Situation von Kindern in Einelternfamilien stets auf Kinder und Jugendliche, die bei ihren alleinerziehenden Müttern aufwachsen.

Tabelle 1: Häufigkeiten und Verteilungen familiärer Konstellationen nach Geschlecht und Alter in der KiGGS-Stichprobe (Basiserhebung 2003–2006)

	Kinder in Kernfamilien (beide leibliche Eltern)		Kinder in Stieffamilien		Kinder in Einelternfamilien (Mutter alleinerziehend)		Kinder in Einelternfamilien (Vater alleinerziehend)		andere*	
	n	%	n	%	n	%	n	%	n	%
Geschlecht										
Jungen	7151	81,3	654	7,2	919	9,9	67	0,8	75	0,8
Mädchen	6893	81,1	613	6,8	895	10,5	63	0,9	78	0,8
Alter										
0–2 Jahre	2525	92,0	53	1,6	202	6,2	1	0,0	5	0,2
3–6 Jahre	3305	87,6	168	3,8	338	8,0	5	0,2	17	0,4
7–10 Jahre	3276	81,4	308	6,5	468	10,9	29	0,7	36	0,5
11–13 Jahre	2298	76,8	331	9,9	339	11,0	37	1,3	36	1,0
14–17 Jahre	2640	73,2	407	11,0	467	12,9	58	1,5	59	1,4
gesamt	14121	81,2	1220	7,0	1767	10,2	144	0,8	133	0,8

Anmerkung: n ungewichtet; % gewichtet; * Großeltern oder andere Verwandte, Pflege/Adoptiveltern, Heim

a) Akute Infektionskrankheiten (Zwölf-Monats-Prävalenz)

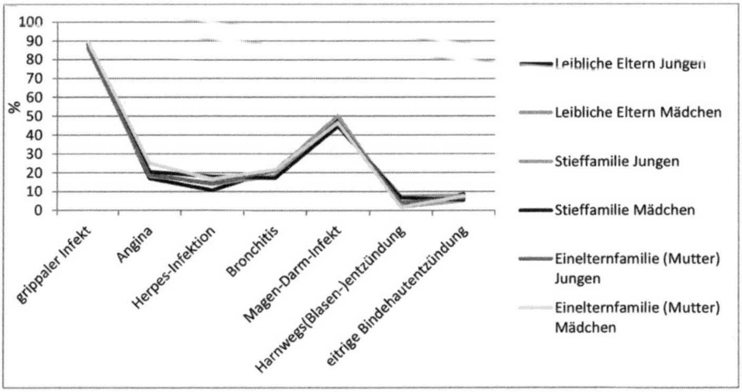

b) Ansteckende Kinderkrankheiten (Lebenszeitprävalenz)

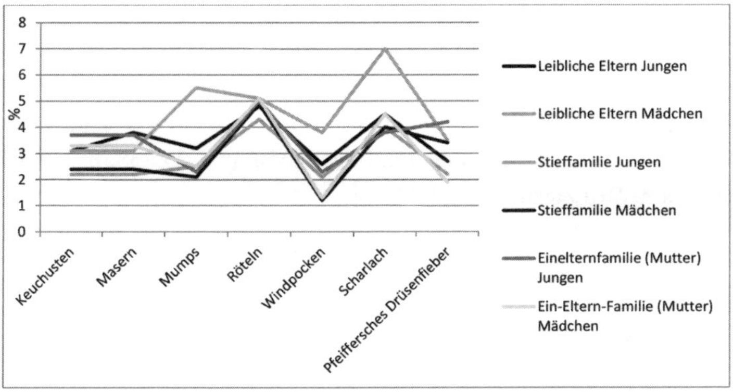

Abbildung 1: Häufigkeiten akuter Infektionskrankheiten und ansteckender Kinderkrankheiten nach familiärer Konstellation und Geschlecht

Die Gesundheit von Kindern in Trennungsfamilien

Körperliche Gesundheitsstörungen – Infektionskrankheiten: Im KiGGS wurden akute Krankheiten als Zwölf-Monats-Prävalenz und klassische Infektionskrankheiten (Kinderkrankheiten) als Lebenszeitprävalenzen im Elternfragebogen erhoben (Kamtsiuris, Atzpodien, Ellert, Schlack u. Schlaud, 2007). Abbildung 1 a) zeigt, dass bezüglich akuter Infektionskrankheiten wie grippaler Infekt, Angina, Bronchitis oder Magen-Darm-Infekten keine Unterschiede zwischen Kindern aus Kernfamilien mit leiblichen Eltern und Kindern aus Trennungsfamilien bestehen. Ähnlich sieht dies für die sogenannten »ansteckenden Kinderkrankheiten« aus, wie Abbildung 1 b) zeigt. Allerdings weisen Jungen aus Stieffamilien höhere Lebenszeitprävalenzen für Mumps, Windpocken und Scharlach auf.

Übergewicht: Ein chronisches körperliches Gesundheitsrisiko, das im besonderen Fokus des öffentlichen Interesses steht, ist das Übergewicht (vgl. Kurth u. Schaffrath Rosario, 2007). Kinder und Jugendliche wurden in der KiGGS-Studie als übergewichtig betrachtet, wenn sie einen BMI (Body-Mass-Index) oberhalb der 90. alters- und geschlechtsspezifischen Perzentile der aktuellen deutschen Referenzdaten von Kromeyer-Hauschild et al. (2001) aufwiesen. Während es bei Mädchen nur marginal signifikante Unterschiede zwischen den unterschiedlichen familiären Konstellationen gab (Kernfamilie mit leiblichen Eltern: 14,3 %; Stieffamilie: 15,5 %; Einelternfamilien: 17,3 %, $\chi^2 = 5{,}414$, $p = .067$), waren Jungen in Einelternfamilien weit überproportional betroffen (Kernfamilie mit leiblichen Eltern: 14,1 %; Stieffamilie: 13,7 %; Einelternfamilie: 22,5 %, $\chi^2 = 39{,}258$, $p < .000$). Bei der Stratifizierung nach Altersgruppen zeigt sich, dass Übergewicht bei Jungen, die bei einer alleinerziehenden Mutter aufwachsen, in der Kindheit und späten Adoleszenz besonders häufig ist, während in Stieffamilien Übergewicht bei Jungen in der Präadoleszenz häufiger ist. Auch bei Mädchen zeigt sich eine Tendenz zu häufigerem Übergewicht für das Aufwachsen in einer Einelternfamilie, jedoch weniger ausgeprägt als bei Jungen (Abbildung 2).

Gesundheitliches Risikoverhalten

Die hier präsentierten Daten zum gesundheitlichen Risikoverhalten beruhen auf den Selbstangaben der Kinder und Jugendlichen im Altersbereich von 11 bis 17 Jahren hinsichtlich riskanten Alkoholkonsums, häufigen Rauchens und des wiederholten Konsums illegaler Drogen. Riskanter Alkoholkonsum von potenziell pathologischem Ausmaß wird dann angenommen, wenn ein Kind bzw. ein Jugendlicher angegeben hatte, mindestens fünf oder mehr getränkeübliche Gläser folgender Alkoholika pro Woche zu sich genommen zu

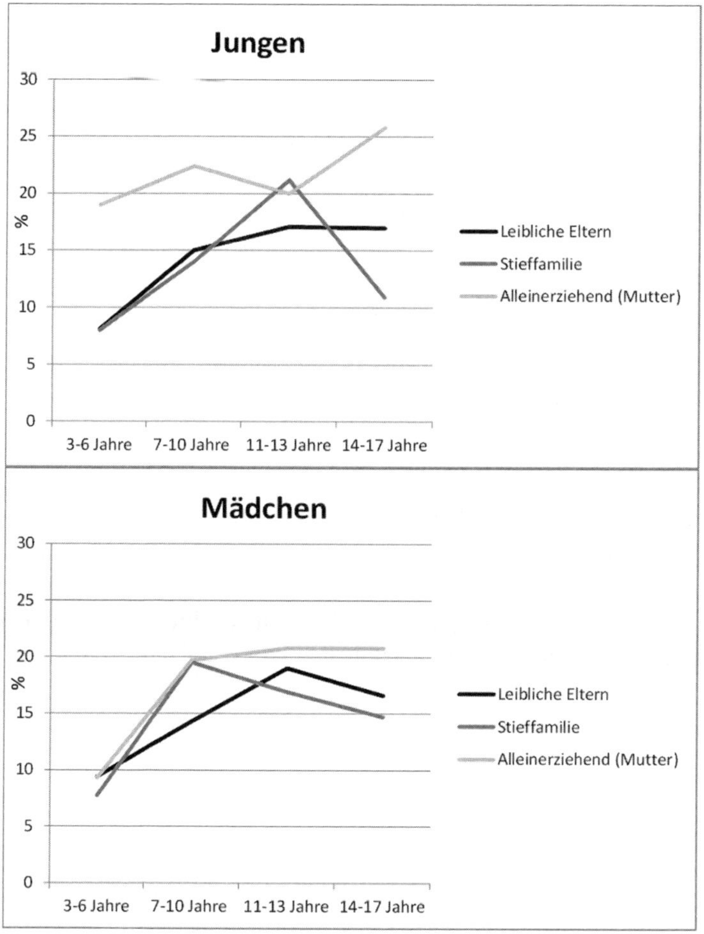

Abbildung 2: Übergewicht nach Alter, Geschlecht und familiärer Konstellation

haben: Bier, Wein/Sekt oder Schnaps. Getränkeübliche Gläser wurden dabei als dosisäquivalent betrachtet. Diejenigen Kinder und Jugendlichen, die angegeben hatten, mehrmals pro Woche oder täglich Zigaretten zu rauchen, wurden als häufige Raucher klassifiziert. Habitueller Konsum illegaler Drogen wurde dann angenommen, wenn Jugendliche wiederholten Konsum von Marihuana, Ecstasy,

Medikamenten, Speed, Amphetaminen oder Lösungsmitteln in den letzten zwölf Monaten angegeben hatten (Tabelle 2).

Riskanter Alkoholkonsum: Jungen aus Stief- und Einelternfamilien weisen tendenziell häufiger problematischen Alkoholkonsum auf als Jungen aus Kernfamilien mit leiblichen Eltern. Die Unterschiede sind marginal signifikant ($\chi^2 = 8{,}161$, $p = .086$). Die Rate von Mädchen mit riskantem Alkoholkonsum bleibt unverändert ($\chi^2 = 2{,}699$, $p = .609$).

Häufiges Rauchen: Kinder und Jugendliche aus Stief- und Einelternfamilien weisen ebenso höhere Raucherquoten auf als Kinder und Jugendliche aus Kernfamilien mit leiblichen Eltern. Dies gilt für Jungen ($\chi^2 = 65{,}359$, $p < .000$) wie für Mädchen ($\chi^2 = 133{,}704$, $p < .000$).

Konsum illegaler Drogen: Auch weisen Kinder und Jugendliche aus Trennungsfamilien stark erhöhte Raten für den habituellen Konsum illegaler Drogen auf. Während Jungen und Mädchen aus Stieffamilien um bis zu 50 % höhere Raten für habituellen Drogenkonsum aufweisen, zeigt sich deskriptiv vor allem eine Gefährdung für Jungen, die in Einelternfamilien bei ihrer alleinerziehenden Mutter aufwachsen: Sie weisen eine über dreifach erhöhte Rate gegenüber Jungen aus Kernfamilien mit leiblichen Eltern auf. Jedoch sind auch die Raten für Mädchen um mehr als das Doppelte erhöht. Die Unterschiede sind jeweils für Jungen ($\chi^2 = 42{,}700$, $p < .000$) und Mädchen ($\chi^2 = 16{,}847$, $p = .002$) hoch- bzw. sehr signifikant.

Psychosomatische Probleme

Hinsichtlich psychosomatischer Probleme stehen aus den KiGGS-Daten Informationen aus der Selbstbeurteilung der 11- bis 17-Jährigen zu Schlafproblemen und psychosomatischem Schmerz zur Verfügung. Bezüglich Schlafstörungen wurde eine Screening-Diagnose »Insomnie« dann vergeben, wenn die Jugendlichen Ein- und Durchschlafprobleme sowie Tagesmüdigkeit angegeben hatten. Für psychosomatischen Schmerz wurden für eine Screening-Diagnose »Somatoforme Schmerzstörung« Selbstangaben 11- bis 17-Jähriger zu ihrem Hauptschmerz in den letzten drei Monaten herangezogen. Kinder und Jugendliche, die einen andauernden Schmerz angegeben hatten, der nicht durch einen physiologischen Prozess oder eine

Tabelle 2: Häufigkeiten von gesundheitlichem Risikoverhalten, psychosomatischen Problemen, psychischen und Verhaltensauffälligkeiten und Defiziten bei Schutzfaktoren/Ressourcen bei Kindern und Jugendlichen in Kernfamilien mit beiden leiblichen Eltern, Stieffamilien und Einelternfamilien (mit alleinerziehender Mutter) in Deutschland nach Geschlecht (Kinder und Jugendgesundheitssurvey KiGGS, Basiserhebung 2003–2006)

	Kernfamilie (beide leibliche Eltern)		**Stieffamilie**		**Einelternfamilie (Mutter alleinerziehend)**	
	Jungen	Mädchen	Jungen	Mädchen	Jungen	Mädchen
gesundheitliches Risikoverhalten*						
riskanter Alkoholkonsum	10,1 %	3,0 %	11,1 %	3,0 %	12,9 %	3,2 %
häufiges Rauchen	12,4 %	11,1 %	23,4 %	26,6 %	21,9 %	22,3 %
wiederholter Konsum illegaler Drogen	8,2 %	6,6 %	13,3 %	10,2 %	28,3 %	14,8 %
psychosomatische Probleme*						
Schlafprobleme (Insomnie)	3,4 %	6,3 %	10,4 %	7,0 %	10,4 %	5,7 %
psychosomatischer Schmerz	2,3 %	6,0 %	3,3 %	3,8 %	4,2 %	5,9 %
psychische und Verhaltensauffälligkeiten**						
emotionale Probleme	7,3 %	8,3 %	14,8 %	10,8 %	13,1 %	17,4 %
Verhaltensprobleme	6,0 %	3,3 %	14,8 %	9,2 %	11,6 %	9,0 %
Unaufmerksamkeit/Hyperaktivität	9,1 %	3,8 %	18,7 %	9,3 %	17,8 %	8,6 %
Probleme mit Gleichaltrigen	5,5 %	3,7 %	10,0 %	5,4 %	10,3 %	9,3 %
prosoziales Verhalten	4,3 %	2,3 %	7,1 %	3,2 %	5,7 %	3,2 %
Schutzfaktoren/Ressourcen*						
personale Ressourcen (starke Defizite)	8,9 %	13,0 %	11,2 %	10,5 %	10,9 %	12,4 %
familiäre Ressourcen (starke Defizite)	5,5 %	8,7 %	14,1 %	13,8 %	8,1 %	10,3 %
soziale Unterstützung (starke Defizite)	11,5 %	7,4 %	14,3 %	7,1 %	13.4 %	4,7 %

* Selbstbeurteilung, Altersbereich 11 bis 17 Jahre; ** Elternbeurteilung, Altersbereich 3–17 Jahre

körperliche Krankheit/medizinische Behandlung (z. B. Operation, Menstruationsbeschwerden) erklärt werden konnte, wurden als Screening positiv klassifiziert.

Schlafstörungen: Jungen, die in Einelternfamilien bei der Mutter aufwachsen, haben nach den Daten von KiGGS doppelt so häufig Insomnie-Probleme wie Jungen in Familien mit beiden leiblichen Eltern (siehe Tabelle 2). Für Jungen in Stieffamilien ist die Quote gegenüber Jungen in Kernfamilien hingegen nur geringfügig erhöht; bei Mädchen treten erhöhte Raten an Insomnie-Problemen gleich häufig in Stief- wie in Einelternfamilien auf. Die Gruppenunterschiede sind für Jungen hochsignifikant ($\chi^2 = 29{,}735$, $p < .000$), für Mädchen sehr signifikant ($\chi^2 = 17{,}035$, $p = .002$).

Psychosomatischer Schmerz: Psychosomatischer Schmerz kommt bei Jungen in Einelternfamilien etwa doppelt so häufig, bei Jungen aus Stieffamilien um circa 50 % häufiger vor als bei Jungen in Kernfamilien ($\chi^2 = 28{,}320$, $p < .000$) (siehe Tabelle 2). Für Mädchen zeigt sich hier ein divergentes Muster: Psychosomatische Schmerzen treten etwa gleich häufig bei Mädchen aus Kernfamilien auf und bei denen, die ausschließlich bei ihrer Mutter aufwachsen. Bei Mädchen in Stieffamilien ist die Prävalenz hingegen tendenziell geringer. Die Gruppenunterschiede für Mädchen sind jedoch nicht signifikant ($\chi^2 = 4{,}578$, $p = .333$).

Psychische und Verhaltensauffälligkeiten

Psychische und Verhaltensauffälligkeiten wurden mit dem Strength and Difficulties Questionnaire (SDQ) von Goodman (1997) erhoben. Der SDQ ist ein in vielen epidemiologischen Studien eingesetztes und validiertes Screeninginstrument für kinderpsychiatrische Auffälligkeiten, das im KiGGS in der Elternversion und zusätzlich bei 11- bis 17-Jährigen als Selbstbeurteilungsbogen eingesetzt wurde. Er umfasst inhaltlich vier Problembereichsskalen: emotionale Probleme (Depressivität und Ängstlichkeit), Verhaltensprobleme (aggressiv-dissoziales und oppositionelles Verhalten), Unaufmerksamkeit/Hyperaktivität, soziale Probleme mit Gleichaltrigen sowie eine Skala zu prosozialem Verhalten als Stärkendimension. Aus den vier Problemskalen lässt sich ein Gesamtwert für psychische Auffälligkeiten bilden. Aus den

Summenscores der Subskalen und des Gesamtproblemwerts können anhand von Normwerten »unauffällige«, »grenzwertig auffällige« und »auffällige« Kinder und Jugendliche, bei denen eine klinisch relevante Symptomatik wahrscheinlich ist, identifiziert werden. Die hier berichteten Ergebnisse beruhen auf dem Elternurteil. Dargestellt ist der Anteil der Kinder und Jugendlichen, die aufgrund der Angaben ihrer Eltern als »auffällig« im jeweiligen Symptombereich klassifiziert wurden (siehe Tabelle 2). Zugrunde gelegt sind die aktuellen deutschen Normwerte (Woerner, Becker u. Rothenberger, 2004).

Emotionale Probleme: Hinsichtlich emotionaler Probleme sind die Belastungen für Kinder in Trennungsfamilien sowohl für Jungen (χ^2 = 32,940, p < .000) als auch für Mädchen (χ^2 = 32,633, p < .000) signifikant höher. Obwohl in der Gesamtstichprobe Mädchen häufiger von emotionalen Problemen betroffen sind (Hölling, Kurth, Rothenberger, Becker u. Schlack, 2008), kehrt sich bei Kindern in Stieffamilien das Geschlechterverhältnis um: Jungen sind hier um circa ein Drittel häufiger betroffen als Mädchen. In Einelternfamilien fällt allerdings die besonders hohe Belastung von Mädchen mit emotionalen Problemen auf (siehe Tabelle 2).

Verhaltensprobleme: Verhaltensprobleme (aggressives und oppositionelles Verhalten) treten generell häufiger bei Jungen als bei Mädchen auf (Hölling et al., 2008). Aggressiv-oppositionelles Verhalten wird für Jungen in Einelternfamilien etwa doppelt so häufig und für Jungen in Stieffamilien mehr als zweieinhalb Mal so häufig berichtet wie für Jungen, die bei ihren leiblichen Eltern aufwachsen, was auf eine besondere diesbezügliche Belastung bei Jungen, deren Mutter eine neue Partnerschaft eingegangen ist, verweist (siehe Tabelle 2). Für Mädchen scheint die Belastung durch Verhaltensauffälligkeiten in beiden Formen von Trennungsfamilien allerdings sogar noch höher zu sein, was sich in bis zu dreifach erhöhten Raten für Mädchen in Einelternfamilien niederschlägt. Die Unterschiede zwischen den verschiedenen Familienformen sind jeweils für Jungen (χ^2 = 58,588, p < .000) und Mädchen (χ^2 = 55,292, p < .000) hochsignifikant.

Unaufmerksamkeits-/Hyperaktivitätsprobleme: Unaufmerksamkeits-/Hyperaktivitätsprobleme sind ebenfalls bei Jungen häufiger als bei Mädchen (Hölling et al., 2008). Diese Häufigkeitsverteilung spiegelt sich auch bei Kindern und Jugendlichen aus Kernfamilien mit beiden leiblichen Eltern wider. Jedoch sind bei Jungen und bei Mädchen sowohl in Stief- als auch in Einelternfamilien die Raten von Unaufmerksamkeits-/Hyperaktivitätsproblemen mehr als doppelt so hoch (siehe Tabelle 2). Die Unterschiede sind jeweils hochsignifikant (Jungen: $\chi^2 = 49{,}578$, $p < .000$; Mädchen: (χ^2 t 32,956, $p < .000$).

Probleme mit Gleichaltrigen. Soziale Probleme im Umgang mit Gleichaltrigen (Peers) treten bei Jungen sowohl in Eineltern- als auch in Stieffamilien etwa doppelt so häufig auf wie bei Jungen in Familien mit beiden leiblichen Eltern ($\chi^2 = 22{,}719$, $p < .000$). Besonders bemerkenswert ist, dass für Mädchen das Leben in einer Einelternfamilie mit einer dreifach erhöhten Rate an Peer-Problemen einhergeht (siehe Tabelle 2).

Prosoziales Verhalten: Auch Defizite im prosozialen Verhalten treten bei Kindern in Trennungsfamilien, insbesondere bei Jungen in Stieffamilien, häufiger auf (siehe Tabelle 2). Allerdings sind Mädchen in Stieffamilien weniger betroffen als Mädchen, die bei einer alleinerziehenden Mutter aufwachsen. Die Unterschiede sind für Jungen sehr signifikant ($\chi^2 = 16{,}273$, $p = .003$), für Mädchen marginal signifikant ($\chi^2 = 9{,}427$, $p < .051$).

Gesamtproblemwert: Bei der Betrachtung über die verschiedenen Altersgruppen hinweg zeigt sich hinsichtlich des Gesamtproblemwerts psychischer Auffälligkeiten, dass die relative Steigerung der Beeinträchtigungsraten bei Jungen und bei Mädchen in Trennungsfamilien etwa gleich ist (Abbildung 3). Bei Jungen ist die Prävalenz psychischer Auffälligkeiten beim Aufwachsen in einer Trennungsfamilie zwar absolut gesehen höher als bei Mädchen, allerdings ist auch die Ausgangsprävalenz bei Jungen höher. Die unterschiedlichen Häufigkeiten im Altersgang für das Aufwachsen in einer Eineltern- bzw. Stieffamilie legen jedoch nahe, dass insbesondere in der Präadoleszenz (11–13 Jahre) die Belastung für Jungen beim Aufwachsen in Stieffamilien höher ist, während dies für Mädchen eher in Einelternfamilien der Fall zu sein scheint. Die Unterschiede hinsichtlich der Häufigkeit von psychischen Auffälligkeiten zwischen den verschiedenen Familienformen nehmen mit dem Alter bei beiden Geschlechtern ab, bleiben aber bis in die späte Adoleszenz (14–17 Jahre) erhalten.

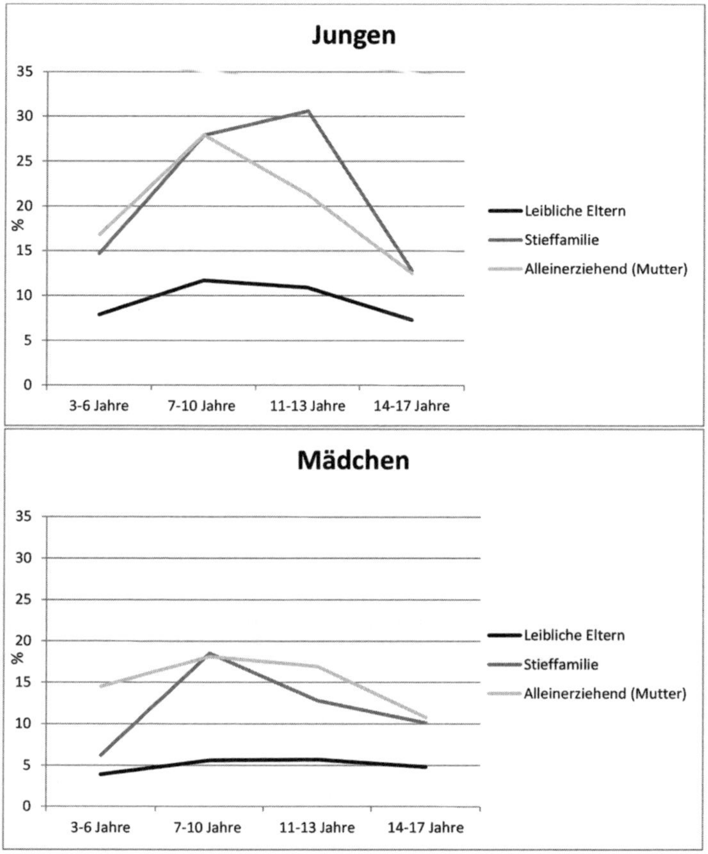

Abbildung 3: Psychische Auffälligkeiten (SDQ-Gesamtproblemwert) nach Alter, Geschlecht und familiärer Konstellation

Schutzfaktoren und Ressourcen

In der Salutogenese wird Gesundheit nicht als statisch, als vorhanden oder nicht vorhanden, betrachtet, sondern als ein Zustand des Gleichgewichts, der durch das Individuum ständig aktiv hergestellt werden muss (Bengel, 2002). Je nachdem, in welchem Ausmaß ein Individuum individuellen oder umfeldbezogenen Risiken ausgesetzt ist, und in dem Maß, in dem es über entsprechende Ressourcen verfügt, kann sich das Gleichgewicht auf einer gedachten Achse der Gesundheit in Richtung krank oder gesund verschieben. In der entwicklungspsychologischen Resilienzforschung wird ein verwandtes Konzept verfolgt. Resilienz kann dabei als Fähigkeit eines Kindes verstanden werden, trotz negativer Lebensumstände oder -ereignisse altersspezifische Entwicklungsaufgaben adäquat zu bewältigen (Petermann u. Schmidt, 2006). Aus der KiGGS-Studie stehen Informationen zum Vorliegen von Schutz- bzw. Kompensationsfaktoren aus dem Selbstbericht von 11- bis 17-jährigen Kindern und Jugendlichen in drei Kerndimensionen zur Verfügung: personale Ressourcen (Selbstwirksamkeitserwartung, Optimismus und Kohärenzsinn), familiärer Zusammenhalt und soziale Unterstützung. Anhand der Stichprobenverteilung wurden die Kinder und Jugendlichen hinsichtlich der Verfügbarkeit ihrer Ressourcen in »unauffällig«, »grenzwertig« und »defizitär« klassifiziert (Erhart, Hölling, Bettge, Ravens-Sieberer u. Schlack, 2007). Beschrieben wird im Folgenden der Anteil der Kinder und Jugendlichen mit defizitärer Ressourcenausstattung nach familiärer Konstellation.

Personale Ressourcen: Jungen in Eineltern- und Stieffamilien schätzen ihre personalen Ressourcen tendenziell schlechter ein als Jungen in Kernfamilien mit beiden leiblichen Eltern, während dieser Zusammenhang bei Mädchen umgekehrt ist. Die Unterschiede sind allerdings für Jungen nicht ($\chi^2 = 9{,}851$, $p = .276$) bzw. für Mädchen nur marginal signifikant ($\chi^2 = 14{,}800$, $p = .063$).

Familiärer Zusammenhalt: Defizite hinsichtlich des familiären Zusammenhalts werden sowohl von Jungen und von Mädchen in Stieffamilien als auch von Jungen und Mädchen in Einelternfamilien berichtet – von Kindern und Jugendlichen beiderlei Geschlechts aus Stieffamilien allerdings deutlich häufiger. Die Unterschiede sind für Jungen ($\chi^2 = 84{,}846$, $p < .000$) hochsignifikant, für Mädchen ($\chi^2 = 17{,}375$, $p = .026$) signifikant.

Soziale Unterstützung: Die Unterschiede zwischen Kindern und Jugendlichen in den verschiedenen familiären Lebensformen hinsichtlich verfügbarer externer sozialer Unterstützung sind weder für Jungen ($\chi^2 = 10{,}083$, $p = .259$) noch für Mädchen ($\chi^2 = 11{,}007$, $p = .201$) signifikant.

Ausgewählte multivariate Ergebnisse

Soziale Einflussfaktoren

Hölling und Schlack (2008) untersuchten die Prävalenz psychischer Auffälligkeiten von Kindern und Jugendlichen in Abhängigkeit vom Familienstatus (hier: Zweielternfamilie vs. Einelternfamilie mit Aufwachsen bei der Mutter) und dem Erwerbsstatus der Eltern. Sie fanden, dass Kinder nicht erwerbstätiger (entweder arbeitsloser oder anderweitig nichtberufstätiger) alleinerziehender Mütter deutlich häufiger psychische Auffälligkeiten aufwiesen als Kinder derjenigen alleinerziehenden Mütter, die entweder in Teilzeit oder in Vollzeit erwerbstätig waren. Sie schlussfolgern daraus, dass eine Erwerbstätigkeit der Mutter einen protektiven Effekt für die psychische Gesundheit des Kindes zu haben scheint, zumindest für Kinder, die bei alleinerziehenden Müttern aufwachsen.

In einem multivariaten Modell erwies sich in dieser Studie der Effekt des Risikofaktors »Alleinerziehung« auf die psychische Gesundheit als relativ invariant gegenüber weiteren soziodemografischen Moderatoren. Nach statistischer Kontrolle für das Alter und das Geschlecht des Kindes, eines Migrationshintergrunds der Familie sowie des Erwerbsstatus der Mutter zeigte sich jedoch, dass das Aufwachsen in einer Einelternfamilie (bei der Mutter) ein größerer Risikofaktor war als eine Nichterwerbstätigkeit. Das höchste Risiko ergab sich erwartungsgemäß bei einer kombinierten Risikolage aus Arbeitslosigkeit und Alleinerziehung (Schlack u. Hölling, 2008).

Auch in einer weiteren Analyse auf der Grundlage der KiGGS-Daten, die auf den Altersbereich 3–10 Jahre eingeschränkt war und keine Stieffamilien unterschied, erwies sich der Effekt von »Alleinerziehung durch die Mutter« auf die psychische Gesundheit der Kinder als invariant gegenüber soziodemografischen Moderatoren (Hagen, Lange u. Lampert, 2010); ein Ergebnis, das im Einklang mit den Befunden internationaler Studien steht (Ringbäck Weitoft, Hjern, Haglund u. Rosén, 2003). Nach wechselseitiger Kontrolle für das Haushaltseinkommen, Alter des Kindes und jeweils der anderen untersuchten Moderatoren zeigten sich in der Analyse von Hagen et al. (2010) eigenständige signifikante Risikoerhöhungen für psychische Auffälligkeiten für den Risikofaktor »Aufwachsen in der

Einelternfamilie« bei der Mutter sowohl bei niedrigem als auch bei mittlerem und hohem Bildungsstatus der Mutter, nach Erwerbstätigkeitsstatus der Eltern sowie nach Wohnregion. Interessanterweise war die psychische Belastung für die Kinder in den ostdeutschen Bundesländern nach einer Trennung deutlich niedriger als in den westdeutschen Bundesländern, was mit einem unterschiedlichen, historisch gewachsenen Familienverständnis in Ost- und Westdeutschland zusammenhängen könnte.

Aggression und Gewalt

Bei aggressiven und gewalttätigen Handlungen unter Kindern und Jugendlichen wird häufig zwischen Kindern, die entweder Opfer oder Täter von aggressiven Handlungen werden, oder aber solchen, die Täter *und* Opfer von Gewalthandlungen sind (nachfolgend als Täter/Opfer bezeichnet), unterschieden. Täter/Opfer sind diejenige Gruppe, für die in der Regel die größten psychosozialen Belastungen bis hin zu klinisch relevanten kinder- und jugendpsychiatrischen Auffälligkeiten gefunden werden (Scheithauer, Hayer u. Petermann, 2003).

In einer auf den KiGGS-Daten basierenden Studie untersuchten Schlack, Hölling und Petermann (2009) das Zusammenspiel psychosozialer Risiko- und Schutzfaktoren im Kontext von jugendlichem Gewaltverhalten. Bei ausschließlicher Betrachtung von Risikofaktoren und unter Berücksichtigung einer Vielzahl von Kontrollvariablen zeigte sich für das Aufwachsen in Eineltern- und Stieffamilien eine Risikoerhöhung dafür, Täter/Opfer zu sein. Wurden zusätzlich personale, familiäre und soziale Schutzfaktoren berücksichtigt, war nur noch das Aufwachsen in der Einelternfamilie ein signifikanter Risikofaktor.

Dies legt den Schluss nahe, dass die familiäre Situation von Kindern in Stieffamilien, die Täter/Opfer von Gewalthandlungen sind, durch Schutzfaktoren beeinflussbar ist, während der Risikofaktor »Aufwachsen in einer Einelternfamilie« für Täter/Opfer in Einelternfamilien durch Schutzfaktoren offenbar nur wenig moderiert wird. Auch für die Gruppe der ausschließlichen Täter und der ausschließlichen Opfer von Gewalthandlungen war der Risikofaktor »Aufwachsen in einer Einelternfamilie« jeweils etwa mit einer

Risikoverdopplung – auch bei simultaner Berücksichtigung von personalen, familiären und sozialen Schutzfaktoren – signifikant.

Fazit

Die KiGGS-Daten geben Hinweise auf vielfältige gesundheitliche Belastungen von Kindern und Jugendlichen in Trennungsfamilien. Akute körperliche Krankheiten sowie klassische Infektionskrankheiten des Kindesalters spielen dabei keine bzw. eine untergeordnete Rolle. Dafür manifestieren sich die Belastungen eher in den Erscheinungsformen einer neuen Morbidität, in psychischen und psychosomatischen Problemen sowie chronischen körperlichen Gesundheitsrisiken wie dem Übergewicht. Dabei zeigen sich die gesundheitlichen Belastungen für Jungen und Mädchen oft gleichermaßen. Jungen und Mädchen aus Trennungsfamilien weisen mehr Risikoverhalten, mehr psychosomatische Probleme, mehr psychische Auffälligkeiten und weniger verfügbare Schutzfaktoren auf als Kinder aus Kernfamilien mit beiden leiblichen Eltern.

Mit Blick auf die Jungengesundheit gibt es Gemeinsamkeiten, zum Teil aber auch charakteristische Unterschiede hinsichtlich möglicher Belastungen und gesundheitlicher Risiken zwischen Jungen, die in Einelternfamilien, und denen, die in Stieffamilien aufwachsen. Zu den Gemeinsamkeiten gehört, dass Jungen, die in Trennungsfamilien aufwachsen, jeweils nahezu doppelt so hohe Raucherquoten aufweisen, etwa dreimal so häufig Schlafstörungen (Insomnie-Probleme) und etwa doppelt so häufig emotionale Probleme, Hyperaktivitätsprobleme und soziale Probleme mit Gleichaltrigen aufweisen wie Jungen aus Familien mit beiden leiblichen Eltern. Dazu kommt jeweils eine gleichermaßen defizitäre Ressourcenausstattung, vor allem im Bereich des familiären Zusammenhalts.

Jungen aus Einelternfamilien sind überproportional häufig übergewichtig und sind in besonderem Maß gefährdet, psychosomatische Schmerzen zu haben sowie gewohnheitsmäßig illegale Drogen zu konsumieren (Risikoverdreifachung gegenüber Jungen aus Familien mit leiblichen Eltern). Das Aufwachsen in einer Stieffamilie ist dagegen, besonders für Jungen, mit erhöhten Raten an externalisierenden Verhaltensauffälligkeiten (aggressiv-oppositionellem Verhalten und Unaufmerksamkeit/Hyperaktivität) sowie mit Defiziten im prosozialen Verhalten verbunden.

Bei Mädchen fallen hingegen die höheren Raucherraten beim Aufwachsen in einer Stieffamilie und die vergleichsweise stark erhöhten Raten an emotionalen (Ängstlichkeit und Depressivität) und Peer-Problemen (Probleme mit Gleichaltrigen) in Einelternfamilien auf.

Es lässt sich zudem festhalten, dass nach den Ergebnissen der KiGGS-Studie die Effekte elterlicher Trennung in Bezug auf Gewaltverhalten bei Kindern aus Einelternfamilien nicht oder nur geringfügig durch Schutzfaktoren abgepuffert werden können und auch durch soziodemografische Faktoren nur wenig moderiert werden. Tabelle 3 (S. 141) gibt zusammenfassend eine vergleichende Übersicht über die in diesem Beitrag präsentierten Befunde, die – dem Thema dieses Bandes entsprechend – auf Jungen fokussiert ist.

Stärken und Grenzen

Die Größe der Stichprobe der KiGGS-Studie ermöglicht es, zwischen verschiedenen familiären Lebensformen – Einelternfamilien, Stieffamilien und Kernfamilien mit beiden leiblichen Eltern – zu unterscheiden und diese familiären Lebensformen mit einer Vielzahl körperlicher und psychischer Gesundheitsindikatoren in Beziehung zu setzen. Aufgrund der großen und bundesweit repräsentativen Stichprobe erlauben die Daten eine hohe Verallgemeinerbarkeit der Ergebnisse. Die großen Fallzahlen und die Vielzahl erhobener Variablen ermöglichen vielfältige Stratifizierungen und die statistische Kontrolle von potenziellen Störfaktoren. Da die Daten über das gesamte Kindes- und Jugendalter von 0 bis 17 Jahren erhoben wurden, können Entwicklungen im Altersgang querschnittlich nachgezeichnet werden.

Allerdings gibt es wichtige Einschränkungen. So gibt es aus den Daten keine Informationen über die Ursache einer Trennung (z. B. Scheidung, Trennung unverheirateter Eltern oder Tod eines Elternteils). Ebenso liegen keine Informationen über das Ausmaß der Konflikthaftigkeit und den Zeitpunkt der Trennung vor. Dazu handelt es sich um Querschnittdaten. Das bedeutet, dass aus den gefundenen

Tabelle 3: Indikatoren der Gesundheit von Jungen in Stief- und Einelternfamilien im Vergleich

Jungen	in Stieffamilien	in Einelternfamilien
haben häufiger Mumps, Scharlach und Windpocken.	X	-
haben häufiger Übergewicht.	X	XX
haben häufiger problematischen Alkoholkonsum.	X	X
rauchen mehr.	X	X
konsumieren häufiger gewohnheitsmäßig illegale Drogen.	X	X
haben mehr Schlafprobleme.	X	X
berichten häufiger über psychosomatischen Schmerz.	X	XX
haben mehr emotionale Probleme.	XX	X
haben mehr Verhaltensprobleme.	XX	X
sind häufiger unaufmerksam und hyperaktiv.	X	X
haben mehr Probleme mit Gleichaltrigen .	XX	X
zeigen weniger prosoziales Verhalten.		X
haben mehr Defizite in personalen, familiären und sozialen Ressourcen als Jungen in Kernfamilien mit leiblichen Eltern.	XX	X
Darüber hinaus		
bleiben die negativen Effekte elterlicher Trennung für die psychische Gesundheit bis in die späte Adoleszenz erhalten.	X	X
werden die negativen Effekte elterlicher Trennung in Bezug auf Gewaltverhalten nicht oder nur geringfügig durch Schutzfaktoren gepuffert.	X	X
werden die negativen Effekte elterlicher Trennung durch soziodemografische Faktoren nur wenig moderiert.	X	X

Anmerkung: Einfache Kreuze symbolisieren erhöhte Belastungen im Vergleich zu Jungen aus Kernfamilien mit beiden leiblichen Eltern, Doppelkreuze symbolisieren erhöhte Belastungen im Vergleich zur jeweils anderen Trennungsfamilienkonstellation.

Zusammenhängen nicht auf Ursache und Folge geschlossen werden darf. Es ist beispielsweise aus den Daten nicht ersichtlich, ob bestimmte Problemkonstellationen hinsichtlich der Gesundheit der teilnehmenden Kinder und Jugendlichen schon vor der Trennung der Eltern vorhanden waren. Allerdings konnte in verschiedenen Analysen mit den KiGGS-Daten gezeigt werden, dass die Effekte des Aufwachsens in einer Trennungsfamilie hinsichtlich einer psychischen Belastung der Kinder auch bei Kontrolle bekannter soziodemografischer und sozioökonomischer Risikofaktoren erhalten blieben.

Literatur

Amato, P. R. (2000). The consequences of divorce for adults and children. Journal of Marriage and the Family, 62, 1269–1287.

Bengel, J. (2002). Was erhält Menschen gesund? Antonovskys Modell der Salutogenese – Diskussionsstand und Stellenwert. Köln: Bundeszentrale für gesundheitliche Aufklärung.

Engstler, H., Menning, S. (2003). Die Familie im Spiegel der amtlichen Statistik. Lebensformen, Familienstrukturen, wirtschaftliche Situation der Familien und familiendemographische Entwicklung in Deutschland. Berlin: Bundesministerium für Familie, Senioren, Frauen und Jugend sowie Statistisches Bundesamt.

Erhart, M., Hölling, H., Bettge, S., Ravens-Sieberer, U., Schlack, R. (2007). Der Kinder-und Jugendgesundheitssurvey (KiGGS): Risiken und Ressourcen für die psychische Entwicklung von Kindern und Jugendlichen. Bundesgesundheitsblatt Gesundheitsforschung Gesundheitsschutz, 50 (5/6), 800–809.

Goodman, R. (1997). The strengths and difficulties questionnaire: A research note. Journal of Child Psychology and Psychiatry, 38 (5), 581–586.

Hagen, C., Lange, C., Lampert, T. (2010). Gesundheitliche Situation von Kindern alleinerziehender Mütter in Deutschland. In J. Collatz (Hrsg.), Familienmedizin in Deutschland. Notwendigkeit, Dilemma, Perspektiven. Für eine inhaltlich orientierte Gesundheitsreform (S. 176–200). Lengerich: Pabst Science Publishers.

Hölling, H., Kurth, B. M., Rothenberger, A., Becker, A., Schlack, R. (2008). Assessing psychopathological problems of children and adolescents from 3 to 17 years in a nationwide representative sample: Results of the German health interview and examination survey for children and adolescents (KiGGS). European Child & Adolescent Psychiatry, 17 (1), 34–41.

Hölling, H., Schlack, R. (2008). Psychosoziale Risiko-und Schutzfaktoren für die psychische Gesundheit im Kindes-und Jugendalter: Ergebnisse aus dem Kinder-und Jugendgesundheitssurvey (KiGGS). Gesundheitswesen, 70 (3), 154–163.

Hölling, H., Schlack, R., Kamtsiuris, P., Butschalowsky, H., Schlaud, M., Kurth, B. (2012). Die KiGGS-Studie. Bundesweit repräsentative Längs- und Querschnittstudie zur Gesundheit von Kindern und Jugendlichen im Rahmen des Gesundheitsmonitorings am Robert Koch-Institut. Bundesgesundheitsblatt Gesundheitsforschung Gesundheitsschutz, 55 (6/7), 836–842.

Kamtsiuris, P., Atzpodien, K., Ellert, U., Schlack, R., Schlaud, M. (2007). Prävalenz von somatischen Erkrankungen bei Kindern und Jugendlichen in Deutschland. Bundesgesundheitsblatt Gesundheitsforschung Gesundheitsschutz, 50 (5–6), 686–700.

Kromeyer-Hauschild, K., Wabitsch, M., Kunze, D., Geller, F., Geiß, H., Hesse, V., von Hippel, A. R., Jaeger, U., Johnsen, D., Korte, W. (2001). Perzentile für den Body-Mass-Index für das Kindes-und Jugendalter unter Heranziehung verschiedener deutscher Stichproben. Monatsschrift Kinderheilkunde, 149 (8), 807–818.

Kurth, B. M., Kamtsiuris, P., Hölling, H., Schlaud, M., Dölle, R., Ellert, U., Kahl, H., Knopf, H., Lange, M., Mensink, G. B. M. (2008). The challenge of comprehensively mapping children's health in a nation-wide health survey: Design of the German KiGGS-Study. BMC Public Health, 8, 196.

Kurth, B. M., Schaffrath Rosario, A. (2007). Die Verbreitung von Übergewicht und Adipositas bei Kindern und Jugendlichen in Deutschland. Ergebnisse des bundesweiten Kinder- und Jugendgesundheitssurveys (KiGGS). Bundesgesundheitsblatt Gesundheitsforschung Gesundheitsschutz, 50 (5/6), 736–743.

Palfrey, J. S., Tonniges, T. F., Green, M., Richmond, J. (2005). Introduction: Addressing the millennial morbidity – the context of community pediatrics. Pediatrics, 115 (3), 1121–1123.

Petermann, F., Schmidt, M. H. (2006). Ressourcen – ein Grundbegriff der Entwicklungspsychologie und Entwicklungspsychopathologie? Kindheit und Entwicklung, 15 (2), 118–127.

Ringbäck Weitoft, G., Hjern, A., Haglund, B., Rosén, M. (2003). Mortality, severe injury, and injury in children living with single parents in Sweden: A population-based study. Lancet, 361 (9354), 289–295.

Scheithauer, H., Hayer, T., Petermann, F. (2003). Bullying unter Schülern. Erscheinungsformen, Risikobedingungen und Interventionskonzepte. Göttingen: Hogrefe.

Schlack, R., Hölling, H. (2008). Effekte kombinierter Risikolagen auf die psychische Gesundheit von Kindern und Assoziationen mit personalen, familiären und sozialen Schutzfaktoren – Ergebnisse aus dem Kinder- und Jugendgesundheitssurvey (KiGGS). Gesundheitswesen, 70, 473.

Schlack, R., Hölling, H., Petermann, F. (2009). Psychosoziale Risiko-und Schutzfaktoren bei Kindern und Jugendlichen mit Gewalterfahrungen. Psychologische Rundschau, 60 (3), 137–151.

Schneider, N. F., Krüger, D., Lasch, V., Limmer, R., Matthias-Bleck, H. (2001). Alleinerziehen – Vielfalt und Dynamik einer Lebensform. Herausgegeben vom Bundesministerium für Familie, Senioren, Frauen und Jugend. Stuttgart: Kohlhammer.

Statistisches Bundesamt (2012). Mikrozensus 2011. Anzahl der Familien mit Kindern in 1.000. Gliederungsmerkmale: Jahre, Region, Familienformen, Anzahl der Kinder. Stand 29.08.2012. Zugriff am 01.03.2013 unter http://www.gbe-bund.de/oowa921-install/servlet/oowa/aw92/WS0100/_XWD_PROC?_XWD_2/4/XWD_CUBE.DRILL/_XWD_32/D.000/3727

Woerner, W., Becker, A., Rothenberger, A. (2004). Normative data and scale properties of the German parent SDQ. European Child & Adolescent Psychiatry, 13 (2), 3–10.

Frank Dammasch

Vaterlose Jungen zwischen Größenfantasien und Verfolgungsangst

»So nahm sie nach der Art aller unbefriedigten Mütter den kleinen Sohn an Stelle ihres Mannes an und raubte ihm durch die allzu frühe Reifung seiner Erotik ein Stück seiner Männlichkeit« (Freud, 1910, S. 187).

Dieses Zitat aus Freuds Studie über den jungen Leonardo da Vinci, der in seinen ersten fünf Lebensjahren zwischen abwesendem Vater und alleinerziehender Mutter aufwuchs, gibt einen Hinweis auf die Herkunft innerer Konflikte vaterloser Jungen, die auch aus der heutigen klinischen Praxis bekannt sind: Mütter ohne Lebenspartner suchen in ihrem Sohn unbewusst den männlichen Partnerersatz und tragen so frühzeitig zu einer erhöhten psychosexuellen Stimulation bei. Während Freud in anderen Schriften die ödipale Dynamik als eine vom Kind gegenüber seinem gegengeschlechtlichen Elternteil ausgehende Triebhaftigkeit konzeptualisiert, kehrt er in dem Zitat das Subjekt der Aktivität um. Der Trieb der Frau wird zum aktiven Gestalter der psychosexuellen Familiendramaturgie. Der aufgrund des fehlenden Partners nicht befriedigte weibliche Sexualtrieb führt zum Raub am Sohne. Den mütterlichen Raub der Männlichkeit sieht Freud als eine Ursache späterer homosexueller Objektwahl des Sohnes. Allerdings betont Freud auch, dass die frühe Sexualisierung in sublimierter Form im Zusammenwirken mit der Suche nach dem Vater die Neugier Leonardos aktivierte, was seinen Wissenstrieb förderte und unter anderem die psychodynamische Basis für sein überaus kulturschaffendes Lebenswerk gewesen sein könnte, das ihm unsterblichen Weltruhm verlieh.

Ein anderer weltberühmter Sohn einer alleinerziehenden Mutter war Jean Paul Sartre, dessen Vater im Säuglingsalter starb. In seiner Autobiografie »Die Wörter« setzt Sartre sich mit den Bildern seiner Kindheit auseinander. Allein gelassen von den »unsichtbaren Erzeugern, die ihren Söhnen das ganze Leben lang auf dem

Rücken hocken«, ist er voller »Missachtung« für das »faule Band der Vaterschaft«. Eine Missachtung, die sich vom Vater auch auf die autoritätslose Mutter ohne Mann ausbreitet: »Wem sollte ich auch gehorchen? Man zeigt mir ein junges Riesenweib und sagt, es sei meine Mutter. Von mir aus hätte ich es eher für eine ältere Schwester gehalten. Diese Jungfrau mit Zwangsaufenthalt, die sich allen unterordnen muss, ist offensichtlich da, um mich zu bedienen. Ich liebe sie, aber wie könnte ich sie respektieren, wenn niemand sie respektiert?« (Sartre, 1968, S. 14).

Sartre konstruiert seine Innenwelt als bevölkert von entwerteten elterlichen Objekten, denen er die Anerkennung verweigert, so wie er sich von ihnen in seinem Kindsein nicht anerkannt fühlt. Er konstruiert sich schließlich als ein völlig unabhängiges Individuum: »Unablässig erschaffe ich mich; ich bin der Geber und die Gabe« (Sartre, 1968, S. 20).

Dass diese allmächtige elternlose Selbsterschaffung nicht ohne Leid vonstattengeht, macht er literarisch deutlich:»Ich war ein Waisenkind ohne Vater. Da ich niemandes Sohn war, wurde ich meine eigene Ursache, ein äußerster Fall von Stolz und von Elend« (Sartre, 1968, S. 65).

Ein *Waisenkind ohne Vater, voll Stolz und Elend* und voll Grandiositätsvorstellung und Verfolgungsangst. Im Alter von sieben Jahren begegnet dem kleinen Jean Paul immer wieder der Tod, der *Sensenmann,* der *Totenschädel.* Er verfolgt ihn und will ihn zu sich holen: »Der wirkliche Tod. […] Was war er mir? Eine Person und eine Bedrohung. Die Person war verrückt, und mit der Bedrohung verhielt es sich folgendermaßen: Überall konnten sich am helllichten Tag schattige Mäuler öffnen, bei strahlendem Sonnenschein, und nach mir schnappen« (Sartre, 1968, S. 56).

Die allgegenwärtige Bedrohung durch den mächtigen Gevatter Tod findet sein Gegenstück im grandiosen Selbstbild eines von Gott Auserwählten. Häufig wurde ihm gesagt, er sei ein »Geschenk des Himmels«, und so stand der Junge in regelmäßigem Kontakt mit Gott bzw. dem Heiligen Geist: »Ich hatte Besprechungen mit dem Heiligen Geist. ›Du wirst Schriftsteller werden‹, sagte er mir. Und ich rang die Hände: ›Was ist denn an mir, oh Herr, dass du mich erwählt hast?‹, ›Nichts Besonderes, aber ich habe dich erwählt‹« (Sartre, 1968, S. 106).

Nur den wenigsten Söhnen alleinerziehender Mütter gelingt es, ihre Größenfantasien in so genialischer Form zum produktiven und erfolgreichen Motor kulturschaffender Werke zu machen, sich die Anerkennung der Gesellschaft zu sichern und insofern das Grandiositätsgefühl und den ödipalen Sieg über den abwesenden Vater retrospektiv zu rechtfertigen. Sartre fand in seinem Großvater und in seiner leidenschaftlichen Besetzung der Schriftsprache als vornehmster Trägerin der hohen Kultur einen symbolischen Vaterersatz, der ihm den Weg aus der tristen Dyade mit der entwerteten Mutter ermöglichte. Leonardo da Vinci fand die Anerkennung als Sohn eines mit Reputation ausgestatteten Vaters, fand eine zweite Mutter im ödipalen Alter von fünf Jahren und lebte von da in der neuen Familie, was seine inneren wie äußeren Möglichkeiten der Weltgestaltung erheblich erweiterte.

Ich habe Freuds Gedanken zu Leonardo da Vincis Frühentwicklung und die autobiografisch-literarischen Selbststilisierungen von Jean Paul Sartre an den Anfang gestellt, weil sie in kondensierter Form drei miteinander verbundene Phänomene aufzeigen, die mir immer wieder in der psychoanalytischen Arbeit mit Jungen begegnen, die ohne Vater aufwachsen:

- Die alleinerziehende Mutter nimmt ihren Sohn zum selbst erschaffenen ambivalent besetzten Partnerersatz.
- Die innere Erlebniswelt des Jungen schwankt zwischen zur Schau gestellter grenzenloser Größenvorstellung und verheimlichter panischer Verfolgungsangst.
- Die Vater- und die Elternrepräsentanz sind entwertet, was die männliche Identitätsbildung negativ beeinflusst.

In der psychotherapeutischen und psychiatrischen Arbeit mit Kindern zeigen sich diese psychodynamischen und familiensystemischen Zusammenhänge immer wieder von Neuem. Die psychoanalytischen und mehr noch die kinderpsychiatrischen Ambulanzen sind zwischen 40 und 70 % voll von Jungen im Alter zwischen sieben und zwölf Jahren, die keine altersangemessenen Affektregulationsmechanismen ausgebildet haben und deren psychische Struktur durch mangelnden väterlichen Über-Ich-Halt gekennzeichnet ist.

Ich möchte mich in meinem Beitrag mit der wachsenden Gruppe von durchaus intelligenten jungen männlichen Patienten aus meiner psychoanalytischen Praxis beschäftigen, die phasenweise oder konstant im Bett ihrer Mutter schlafen.[1] Vor allem in der weiterführenden Schule zeigen einige von ihnen eine selbstschädigende Passivität im Umgang mit realen Leistungsanforderungen bei gleichzeitiger exzessiver Fernseh-, Computer- und Internetnutzung. Begrenzungs- und Konkurrenzerfahrungen gehen sie systematisch aus dem Weg. Andere fallen durch phallische Großspurigkeit gemischt mit aggressiv-störendem Verhalten auf. Beide Verhaltensweisen sind im psychodynamischen Kern durch offene oder verdeckte Grandiositätsvorstellungen (ein Zwölfjähriger: »Ich bin der Herr der Welt«) bei gleichzeitigen bewussten oder unbewussten massiven Verfolgungsängsten gekennzeichnet.

Der *Stolz und das Elend* dieser Jungen basieren zentral auf einer partnerschaftlichen Enge zur *unbefriedigten* allein lebenden Mutter bei gleichzeitiger emotionaler oder konkreter Abwesenheit des Vaters. Die soziale Erfahrung eines sich liebenden elterlichen Mutter-Vater-Paares und die vitale Auseinandersetzung, Begrenzungserfahrung und Identifikationsmöglichkeit mit einer männlich-väterlichen Bezugsperson haben sie nicht erlebt. Daher konnten sie die intrapsychische Ebene einer konsolidierten ödipalen Triangulierung nicht erreichen. Der ödipale Konflikt bleibt offen und harrt weiterhin seiner Lösung. Die Diagnosen ADS oder ADHS sind für diese Gruppe von Jungen die am häufigsten verwendeten deskriptiv-psychiatrischen Etiketten, die manchmal hilfreich, häufiger jedoch kontraproduktiv den beunruhigten Jungen angehangen werden, ohne sozial oder psychodynamisch irgendetwas erklären zu können.

---

1 In meinem Artikel »Die alleinerziehende Mutter, das Schuldgefühl und die Lehrerin« (Dammasch, 2006) habe ich anhand einer Falldarstellung die mütterliche Seite der Medaille näher in den Blick genommen. Hier möchte ich mich mehr mit der Psychodynamik des Kindes beschäftigen.

Falldarstellung: Michael, 11 Jahre alt

Stellvertretend, quasi prototypisch für die Gruppe der beunruhigten vaterlosen Jungen, möchte ich den elfjährigen Michael vorstellen, der seinen Vater gar nicht kennt und schon immer im Bett seiner Mutter geschlafen hat.

Die Lehrerin schreibt: »Michael ist federführend bei massiven Störungen und Behinderungen des Unterrichts. Er hat die Klasse oft regelrecht zu Störungen verschiedenster Art angestiftet (lautes Grölen, Dinge herumwerfen, Schreien im Chor etc.). Er beachtet keinerlei Regeln in der Klasse, ist durch und durch unzuverlässig. Er steht auf und läuft herum, wann er will. Er schmeißt mit Kreide und mit Radiergummistücken gezielt nach mir. Er belästigte mich mit groben Wörtern am Telefon, als ich wegen Krankheit zu Hause war. Er hat meiner Meinung nach kein Gefühl dafür, ob er sich richtig oder falsch verhält, Fehlverhalten streitet er grundsätzlich ab, Lehreranweisungen ignoriert er. Sein Verhalten gegenüber Lehrern ist respektlos.«

Mit diesem Schulbericht in der Hand und der Vermutung, dass er das Aufmerksamkeitsdefizit-Syndrom mit Hyperaktivität habe, möchte die alleinerziehende Mutter ihren Sohn bei mir zur Therapie anmelden.

Im ersten Gespräch erfahre ich, dass ihr Sohn seinen Vater, der im Ausland lebe, nie kennengelernt habe und dass es auch keine Fotografie oder sonstigen Symbole des Vaters zu Hause gebe. Sie habe aber bereits von einem Erziehungsberater gehört, dass es wohl gut sei, wenn der Sohn seinen Vater kennen würde. Auch Michael würde in letzter Zeit immer häufiger nach seinem Vater fragen. Daraufhin habe sie ihn übers Internet ausfindig gemacht, ihn angerufen und gleich eine Besuchsreise organisiert. Der Vater habe sich erfreut gezeigt, aber dann zu ihrer Verwunderung nichts mehr von sich hören lassen.

Die Mutter von Michael ist offensichtlich eine »Frau der Tat«, hat gelernt, sich in einer kinderreichen Familie durchzusetzen. Nachdenklichkeit, Reflexivität und Einfühlungsvermögen, gedankliches Probehandeln und vorsichtige Kontaktanbahnungen sind weniger ihre Sache. Trotz ihrer scheinbaren Handlungsorientierung und ihrem zupackendem Wesen fühlt sie sich ihrem Sohn gegenüber in ihrer Grenzen setzenden Kompetenz behindert. Sie versteht die Probleme ihres Sohnes in der Schule so: »Ich kann meinem Sohn keine richtigen Grenzen setzen. Ich versuche es, aber es geht nicht. Ich glaube, wenn er auf eine Lehrerin trifft, die so ist wie ich, dann wird er fordernd und anmaßend.«

Schließlich erfahre ich von der Mutter, dass ihr Sohn von Geburt an mit in ihrem Bett schlafe. Erst in letzter Zeit auch im Zusammenhang mit einem männlichen Freund, den sie jetzt habe, gebe es Versuche von Michael, in seinem eigenen Bett zu schlafen, aber da habe er oft Angst und komme wieder zu ihr.

Das erste Interview mit Michael ist durch schweigsames Interesse gekennzeichnet. Er erzählt etwas von seinen sportlichen Aktivitäten, ist ein recht erfolgreicher Leichtathlet, aber eigenartig wenig von sich und seiner Leistungsfähigkeit überzeugt, erzählt mehr von anderen befreundeten Leichtathleten, die eigentlich viel besser als er seien. Er schreibt seinen Namen, seine Adresse, seinen Verein und den Trainernamen auf einen Zettel. Aber bevor ich sagen kann, dass er vielleicht mir etwas von sich, etwas Schriftliches »schwarz auf weiß« hinterlassen möchte, streicht er alles Geschriebene durch, zerknittert den Zettel, wirft ihn durch den Raum, bevor er im Mülleimer seinen endgültigen Ort findet.

Ich denke an den entfernten Vater, von dem er sich vielleicht weggeworfen fühlt, bin aber nicht fähig, meine flottierenden Gedanken in eine verständliche Deutung zu ordnen, und schweige daher lieber und werde so selbst zum sprachlosen, abwesenden Vater.

Im zweiten Interview ist Michael aktiver, möchte eigentlich Schach spielen, wie er es mit einem älteren Freund mache, aber da ich kein Schachspiel habe, findet er direkt kein Medium, mit dem er spielerisch Kontakt zu mir herstellen kann. Unruhig läuft er im Raum herum, schaut sich die Spielsachen an, kann aber nichts Richtiges finden, dann zeigt er mir sein Repertoire an Zaubertricks. Ich soll mir zum Beispiel eine Zahl merken, die mit mehreren Zahlen addiert wird, die ich ihm nennen soll, damit er sodann mir sagen kann, was für eine Zahl ich mir ausgesucht hatte. So richtig will ihm der Zahlentrick nicht gelingen. Ich spiele oberflächlich mit, spüre, dass er mir zeigen möchte, wie toll er ist und was er kann, aber gleichzeitig finde ich ihn armselig, weil es doch so wenig beeindruckend ist, was er zum Vorzeigen hat.

Nach entsprechender Deutung seines Wunsches, bei mir ein großer toller Junge zu sein, der am liebsten zaubern können möchte, erzählt er schließlich von seinem Schulproblem. Die Lehrerin sei von ihm mit Stiften beworfen worden und habe sich nicht gewehrt. Sie musste dann immer den Rektor holen. So jemanden könne man doch nicht akzeptieren.

Ich sage ihm, dass er ja trotz des Erscheinens des Rektors immer damit weitergemacht habe, die Lehrerin zu provozieren. Vielleicht habe er ja gerade gewollt, dass der starke Mann hinter der Lehrerin, der Rektor, komme und sich mit ihm beschäftige.

Er zuckt mit den Achseln und erzählt mir dann von der Stimme, die er höre und die ihm Dinge befehle. Vor allem abends befehle ihm die Stimme, rauszugehen und zu schauen, ob es seiner Mutter noch gut gehe. Manchmal befehle ihm die Stimme auch, sich zu streiten. Manchmal gelinge es ihm, seine Stimme leiser zu machen, wenn er sich an Gott wende.

Im dritten Interview erzählt er ausführlicher von seinen Ängsten und seiner Stimme, die ihm befehle, aufzustehen, nach der Mutter zu schauen, weil sie sonst sterben würde. Deswegen schlafe er auch immer bei der Mutter, da fühle er sich sicher. Früher habe er auch Albträume gehabt: Ein Mann komme in die Wohnung. Er stehe auf, um die Mutter zu retten. Der Mann packe ihn, werfe ihn zur Seite. Dann gehe er zum Kühlschrank, hole eine Orangensaftflasche und schlage auf den Mann ein, gerade als er der Mutter etwas antun wolle. Jede Nacht befürchte er, dass ein Mann komme. Ich sage, dass er jetzt fürchte, dass der Mann komme, um sich dafür zu rächen, dass er ihn ausgeschaltet habe.

Er habe aber nicht nur Angst vor einem Mann, er habe auch Angst vor Frauen. Eine Nachbarin von ihnen, die sei böse, die wolle immer Böses, die könne durch die Wände kommen. Schließlich vertraut er mir an, dass seine Stimme ihn immer dirigiere. Sie habe ihm auch schon befohlen, hier bei mir nichts zu erzählen. Nun wird er unruhig und läuft im Raum herum.

Ich sage, dass er ja jetzt seiner Stimme die Treue verweigert habe und mir das Geheimnis von sich und seiner Stimme anvertraut habe, das mache ihn bestimmt so unruhig, weil er ja nicht wisse, wie die Stimme reagiere. Ja, es wisse nur die Mutter und nun ich von seiner Stimme.

Ich biete ihm an, eine Zeit lang zu mir zu kommen, um zu verstehen, warum die Stimme Besitz von ihm ergriffen habe, warum er abends und nachts immer Angst habe und warum er seine Lehrerin mit Stiften bewerfen müsse.

Er willigt wohl auch deshalb ein, weil die nächtliche Angst ihn leiden lässt und seine Unfähigkeit, sein soziales Verhalten in der Schule zu verändern, selbstschädigende Dimensionen angenommen hat. Daneben hofft er bei mir einen Ort zu finden, an dem er sich mit seinem unbekannten Vater beschäftigen kann.

Nächtliche Angst und die Bedeutung des Vaters

In Michael begegnen uns typische Symptome der wachsenden Zahl von Söhnen alleinerziehender Mütter, die nie ganz den Weg aus dem mütterlichen Bett herausgefunden haben. Tagsüber anmaßend und großspurig, oft scheinbar nur an ihrer unmittelbaren Wunschbefriedigung interessiert, kaum Frustrationstoleranz, wenig Lernmotivation und soziale Kompetenz aufweisend. Befangen in zur Schau gestellten präödipalen und ödipalen Größenillusionen, lehnen sie es ab, ihre Abhängigkeit von Autoritäten, zumal wenn es Frauen sind, zu akzeptieren, erwarten, dass die Erwachsenen nach ihrer Pfeife tanzen.

Mit einem illusionär aufgeblasenen Riesenphallus ausgestattet, ist die Unbegrenztheit des Raumes ihr Ort, an dem sie sich scheinbar zu Hause fühlen. Der Gameboy, das Internet, konstruktive oder destruktiv-phallische Fantasie-Spiele, unbegrenzt zugängliche polymorph-perverse Pornofilme sind die von der vaterlos-kapitalistischen Gesellschaft zur Verfügung gestellten Medien, die virtuell die Illusion einer regressiven, unbegrenzten Welt der Grandiosität und stetiger Befriedigung schaffen. Es sind fast ausschließlich Jungen und männliche Jugendliche, die diesen Verführungen der Medienindustrie exzessiv erlegen sind und sie nutzen zur virtuellen Aufrechterhaltung eines allmächtigen Pseudo-Phallus.

Die französische Psychoanalytikerin Janine Chasseguet-Smirgel konzeptualisiert eine »archaische Matrix des Ödipuskonfliktes«, die durch den primären Wunsch gekennzeichnet ist, in eine homologe Welt der Gleichheit ohne zeitliche und räumliche Grenzen einzutauchen, »eine Welt ohne Hindernisse, ohne Unebenheiten und ohne Unterschiede wiederzuentdecken, eine völlig glatte Welt, die mit einem seines Inhalts entleerten Mutterleib identifiziert wird, einem Innenraum, zu dem man freien Zugang hat« (Chasseguet-Smirgel, 1988, S. 91).

Eine strukturierte Persönlichkeit bildet sich erst, wenn das werdende Subjekt auf die totale Befriedigung verzichten und den Mangel anerkennen kann:»Der Zugang zur Realität, die Existenz des Ich und des Sekundärprozesses sind nur möglich durch das Fehlen der totalen Wunschbefriedigung, einer Befriedigung, die uns die Vereinigung mit der Mutter gewährleisten würde« (Chasseguet-Smirgel, 1987, S. 40 f.).

Jede ernste Begrenzung der Illusion, dass alles jederzeit verfügbar sei, löst den aktiven oder passiven Widerstand aus. Die unbegrenzten Söhne ohne Vater im Bett der Mutter verharren in einer regressiven Versorgungshaltung und gehen selbstverständlich davon aus, dass Frauen wie die Mutter dafür da sind, sie zu bedienen.

Andererseits suchen diese Jungen zumindest im frühen Alter noch durch ihr großspuriges, tendenziell grenzenloses Verhalten die Auseinandersetzung mit der väterlichen Autorität. Sie suchen nach dem starken und emotional auf sie bezogenen Mann, der in der Lage ist, sie konsequent zu beschränken. Das aggressiv-störende Verhalten ist auch ein Ausdruck der unbewussten Suche nach dem Grenzen setzenden und schützenden Dritten. Denn die Jungen wissen oder spüren, dass ihr zur Schau gestelltes Großartigkeitsgefühl nur die sichtbare Tagesseite ihres Selbst ist, die vor allem dazu dient, ihre Kleinheitsgefühle und massiven inneren Ängste zu verdecken. Wie Kinder auf einer Nachtwanderung im Wald laut schreien, um die Geister zu vertreiben und die eigene Angst nicht wahrzunehmen, verbreiten Jungen kontraphobisch und manisch Angst und Schrecken, um die eigene maßlose Angst und das Gefühl des ohnmächtigen Ausgeliefertseins vor sich und den anderen zu verstecken. Auch depressive Gefühle, Minderwertigkeitsvorstellungen und Abhängigkeitswünsche werden typischerweise von Jungen so abgewehrt.

»Der Schlaf der Vernunft gebiert Ungeheuer« nennt Francisco Goya eine seiner berühmtesten Radierungen. Nachts, wenn es dunkel wird, wenn die tagsüber eingespielten narzisstischen Größenselbst-Inszenierungen nicht mehr helfen können, wenn das Ich seine Potenz ermäßigen muss, um sich dem Schlaf zu überlassen, dann kommen die großartigen Ungeheuer, die Monster, die Teufel, die Geister, die messertragenden Terroristen, die raubenden und mordenden Männer. Sie führen zu Schlafstörungen und bedrohen das kindliche Selbst mit Verletzungen, mit Raub oder Totschlag.

Nächtliche Ängste kommen bei Jungen und Mädchen vor und haben vielfältige Ursachen in unterschiedlichen Entwicklungsphasen. Gerade in der frühen Kindheit brauchen Säuglinge und Kleinkinder die beruhigende Mutter und den beruhigenden Vater, die ihnen durch ihre Sicherheit Halt geben und dazu beitragen, das Ich zu stärken, um im Laufe der Zeit die Regulation der Affekte und der Ängste selbst zu übernehmen. Die Psychoanalyse nennt diese interaktiven frühen Beziehungserfahrungen des Kindes je nach theoretischem Hintergrundkonzept »Containing« (Bion), »Holding« (Winnicott), »Affect Attunement« (Stern) oder »Affektregulierung« (Fonagy). Ohne die kontinuierliche Erfahrung der frühen Affekt- und Angstregulierung mithilfe eines emotional zugewandten und haltenden anderen, die schließlich verinnerlicht und zum haltenden Teil des eigenen Selbst wird, entwickelt das Kind kein basales Sicherheitsgefühl.

Traditionell ging die Entwicklungspsychologie davon aus, dass es vor allem die Beziehungserfahrungen in der Mutter-Kind-Dyade sind, die das Sicherheitsgefühl, die Symbolisierungs- und die Mentalisierungsfähigkeiten des Kindes prägen.

Erst seit Kurzem wird auch die Bedeutung des Vaters (vgl. Dammasch u. Metzger, 2006) für die frühe Entwicklung mit in den Blick genommen. In aktueller Erweiterung des lange nur auf die Mutter-Kind-Dyade fixierten Blicks der Entwicklungspsychologie wird nun im Begriff der Triangulierung konzeptuell gefasst, dass auch schon präödipal der Vater für den Aufbau der inneren Struktur wesentlich ist. Dieter Bürgin und Kai von Klitzing (2001, 2002) haben in ihren Forschungen zur Triangulierung beeindruckend dargelegt, dass die affektregulierende Kompetenz von Kleinkindern wesentlich geprägt wird durch die Fähigkeit der Eltern, sich schon vorgeburtlich als Teil eines lebendig aufeinander bezogenen familialen Dreiecks zu sehen. Im Gegensatz zu Mädchen sind Jungen bei der Entwicklung stärker auf die Triangulierungskompetenz ihrer Eltern und hier insbesondere des Vaters angewiesen. Ein Ergebnis der Studien war, dass triangulierte Kinder im Alter von vier Jahren bei szenischen Spielergänzungstests vorgegebene Konfliktsituationen positiver, das heißt weniger destruktiv, gestalten und lösen konnten als weniger gut triangulierte Kinder.

Von Chasseguet-Smirgel (1987) wissen wir, dass der Vater die Repräsentanz der Realität darstellt, die den Jungen mit der Notwendigkeit des Verzichts auf die Mutter konfrontiert und von daher gehasst wird. Andererseits wird er aber auch geliebt und dringend gebraucht als Schutz vor der auch bedrohlichen frühen Mutter-Imago, die im kindlichen Spiel in Form von Krokodilen, Dinosauriern oder anderen oralen Gierhälsen symbolische Gestalt bekommen.

Hans Loewald war einer der ersten Psychoanalytiker, die der Repräsentanz des Vaters schon in der frühen Zeit eine zentrale Rolle bei der Angstbewältigung zugestand: »Der Bedrohung durch den verschlingenden überwältigenden Leib der Mutter steht das Veto des Vaters gegen die libidinöse Beziehung zur Mutter gegenüber. Angesichts der Bedrohung, von der Mutter verschlungen zu werden, stellt die väterliche Position keine neue Bedrohung oder Gefahr dar, sondern eine große Stütze. […] Die ursprüngliche, undifferenzierte und unstrukturierte Einheit und Identität von psychischem Apparat und Umgebung stellt für das Ich ebenso sehr eine Gefahr dar wie die Forderung der väterlichen Kastrationsdrohung, die Einheit ganz aufzugeben. Der drohenden Möglichkeit, in der strukturlosen Einheit, aus der heraus sich das Ich entwickelte, zu verbleiben oder wieder in ihr zu versinken, steht die kraftvolle Stärke des Vaters entgegen. Mit dieser Kraft wird eine frühe Identifikation versucht, eine Identifikation, die dem Ödipuskonflikt vorausgeht und ihn vorbereitet« (Loewald, 1982, S. 780).

Die amerikanische Entwicklungspsychologin Margaret S. Mahler hebt die positive Bedeutung des Vaters als unkontaminierten Muttersatz in der Wiederannäherungsphase hervor: »Der Vater ist eine mächtige und notwendige Unterstützung gegen die Bedrohung der Wiederverschlingung des Ichs durch den Strudel des primären undifferenzierten Zustandes« (Mahler u. Gosliner, 1955, S. 209 f., eigene Übersetzung).

Für Sigmund Freud selbst war der Vater vornehmlich der Vertreter der Realität, der dem Drang des Jungen nach sexueller Vereinigung mit der Mutter ein machtvolles Nein entgegenhält. Der Junge erlebt den Vater als potenziellen Bestrafer, der ihn für seinen Inzestwunsch mit der Mutter mit Kastration bedroht. Die Erkenntnis der Ausweglosigkeit seines ödipal-inzestuösen Begehrens im Zusammenwirken mit der Anerkennung des Vaters als überlegenen Phallus führt zur Aufgabe seiner illusionären Größenfantasien, der Mann an der Seite der Mutter sein zu können. Die Großmannssucht des kleinen Jungen findet sein Ende in der schließlichen Identifikation mit dem großen Mann, dem Vater, den er vor und neben der Rivalität um die Mutter auch liebt. Die Verinnerlichung des väterlichen Neins, des väterlichen Gesetzes und deren Niederschlag im Über-Ich ist die Grundlage einer reifen Persönlichkeitsstruktur und bildet das Fundament des sozialen Lebens, ja der Gesellschaftsbildung schlechthin. Es basiert im Kern auf dem Inzesttabu und auf der Tötungshemmung. Für Freud ist die Erfahrung der Begrenzung, der symbolischen Kastration des Knaben unabdingbar, damit er seine Triebe kontrollieren lernt und in sublimierter Form zur gesellschaftlichen Weiterentwicklung beitragen kann. Obwohl Freud die Triebkräfte, die im ödipalen Rivalitätskonflikt um die Mutter wirken, als durchaus mächtig, gewaltvoll und zerstörerisch anhand von grausamen Mythen (König Ödipus, Darwins Urhorde) und Dichtungen (Macbeth) konzeptualisiert hat, sieht er die libidinöse Bindung zwischen Vater und Sohn als Grundlage für die Überwindung des ödipalen Konfliktes beim Jungen. »An der Vorgeschichte des Ödipus-Komplexes beim Knaben ist uns noch lange nicht alles klar. Wir kennen aus ihr eine Identifizierung mit dem Vater zärtlicher Natur, welcher der Sinn der Rivalität bei der Mutter noch abgeht« (Freud, 1925, S. 21).

An anderer Stelle betont er die besondere Beziehung des Sohnes zum Vater als Basis der Identifizierung: »Der kleine Knabe legt ein besonderes Interesse für den Vater an den Tag, er möchte so werden und so sein wie er, in allen Stücken an seine Stelle treten. Sagen wir ruhig: Er nimmt den Vater zu seinem Ideal« (Freud, 1921, S. 115).

Der amerikanische Vaterforscher James Herzog führte eine klinische Studie mit zwölf Jungen im Alter zwischen 18 und 28 Monaten durch, die in den ersten Monaten ihres Lebens eine Trennung vom Vater erlebt hatten. Die meisten Jungen schliefen nach der Trennung im Bett der Mutter und litten unter Schlafstörungen und Albträumen. Die Analyse der Fälle zeigt, dass die kleinen Jungen im regressiven Stadium des Einschlafens und Schlafens Opfer ihrer eigenen aggressiven und feindseligen Impulse wurden, die sie auf die nächtlichen Monster und Ungeheuer projizierten. Der Motor der unbewussten aggressiven Impulse wurde gespeist aus der Wahrnehmung des Hasses zwischen den Eltern vor deren Trennung, der fortbestehenden Wut der Mutter auf den Vater und der eigenen Feindseligkeit des kleinen Sohnes auf den ihn verlassenden Vater.

Herzog (1980) schildert seinen Dialog mit dem 28 Monate alten Ira, der mehrere Wochen lang nachts schreiend und weinend aufwachte und von der Mutter nicht beruhigt werden konnte. Ira fragt James Herzog, ob er ihm helfen könne, ob er ein »Daddy« sei. Sie beginnen zu spielen und Ira findet im Spiel mit Figuren einen Jungen, der einen schlechten Traum hat.

»Ira said, ›This little boy is having a bad dream. I have them too. He is dreaming big bird. He eats the boy's head. The boy is scared.‹ ›What can we do to help the boy?‹, I asked. ›Get the daddy‹, Ira cried. He was literally in tears. ›Why the daddy? How can he help?‹, I asked. ›He is like the boy. He can because he knows the boy. He is not a mommy‹, Ira cried« (Herzog, 1980, S. 226).

An diesem und anderen Beispielen veranschaulicht Herzog seine Überzeugung, dass es einen primären Vaterhunger beim Jungen gibt, und betont die entwicklungsfördernde Bedeutung eines Penis-zu-Penis-Dialogs. Er misst der konkreten Anwesenheit eines männlichen Dritten in der Familie hohe Priorität bei der gesunden Entwicklung des Jungen zu. »Die frühe triadische Erfahrung hängt also von der Anwesenheit des Vaters ab. Seine An- oder Abwesenheit beeinflusst die Fähigkeit zu differenzieren, sich zu individuieren, Affekte zu organisieren und zu modulieren, zu repräsentieren und sich der Realität anzupassen« (Herzog, 1998, S. 177).

Die psychoanalytischen Autoren sind sich darin einig, dass der Vater für die männliche Entwicklung von entscheidender Bedeutung ist. Seine Funktion ist für den Jungen eine mehrfache: Er erweitert die Dyade hin zu einer Triade und befreit den Sohn von den frühen Verschmelzungswünschen mit der Mutter und aus der archaischen Matrix des Ödipuskomplexes. Er wird schon früh gesucht als libidinöse Personifizierung des Nicht-Mütterlichen und als Repräsentant männlicher Geschlechtsgleichheit. Er wird auch zum Begrenzer ödipaler Größenillusionen des Sohnes, der Mann an der Seite der Mutter sein zu können. Durch seine Anwesenheit und seine exklusive sexuelle Beziehung zur Mutter kastriert er symbolisch den kindlichen Drang nach grenzenloser Wunschbefriedigung und sichert das Inzesttabu. Er wird idealisiertes Identifizierungsobjekt und Beschützer vor den archaischen und ödipalen Inzest-Ängsten. In den vielfältigen spielerischen libidinösen und aggressiven Auseinandersetzungen mit dem Vater bildet und sichert der Junge seine männliche Identität.

Michael und das Inzesttabu

Im Laufe der psychoanalytischen Behandlung verliert Michael nach schwierigen Phasen des Widerstands und des Durcharbeitens langsam seine heftigen Ängste und schafft es schließlich, in seinem eigenen Bett zu schlafen. Hilfreich ist neben den therapeutischen Sitzungen vor allem die an Kontinuität gewinnende Beziehung der Mutter zu ihrem Freund, den sie schließlich auch zum Lebenspartner mit gemeinsamer Wohnperspektive machen kann.

Die Quelle der nicht öffentlich bekannten Angst konnte im Verlaufe der Behandlung trotz altersentsprechenden starken Widerstandes im Wechselspiel von Gesprächen mit der Mutter und mit dem Sohn verstanden werden. Michael war es gewohnt, mit seiner Mutter alles zu teilen, nicht nur seine Probleme, Gedanken und Ängste, sondern auch das Bett und seinen Körper. Scham hatte sich zwischen beiden nicht wirklich entwickelt, und so ließ er seine Mutter auch problemlos seinen Penis untersuchen, wenn er sich wund anfühlte. In der schon früh beginnenden aufscheinenden Pubertät begann er zu onanieren, was in der körperlichen Enge mit einer Frau inzestuöse Sexualfantasien aktivierte. Drängten ihn die Onaniewünsche einerseits nun stärker in sein eigenes Bett mit dem Wunsch nach einem abgeschlossenen Raum, so führten ihn die Fantasien doch oft zurück zur Mutter. Er konnte seinen inneren Fantasieraum nicht schließen und abdichten gegen die sexuellen Fantasien mit der Mutter oder mutterähnlichen Frauen. Aufgrund des real abwesenden Vaters und der fehlenden schützenden und begrenzenden Vater-Imago wurde seine Innenwelt immer wieder durch inzestuöse Mutterintrojekte überschwemmt. Seine Ängste hatten so psychotische Intensität erreicht. In seinem Zimmer hatte er das Gefühl, dass einerseits eine verfolgende Mutter-Imago nach ihm greift, durch die Wand kommt und ihn zu sich holt. Andererseits projiziert er seine eigenen phallisch-sexuellen Überwältigungswünsche auf einen männlichen Einbrecher, gegen den er (sein Ich) allseits auf der Hut sein muss und im Bedarfsfall ihn mit der Kraft der Vitamine (Orangensaftflasche) von der Überwältigung seiner Mutter abhalten muss. Die forciert pubertäre Triebdynamik aktivierte aufgrund des väterlich nicht gestützten Über-Ichs die inzestuösen Fantasien und führten zu einer Mischung von präödipalen und ödipalen Ängsten, die das Ich zu überschwemmen drohten.

Bewusste, aber verheimlichte sexuelle Inzestfantasien tauchen regelmäßig bei Jungen auf, deren alleinerziehende Mütter den Sohn nicht mit dem väterlichen Gesetz vertraut gemacht haben, die symbolische Kastration der Illusion totaler Wunschbefriedigung nicht durchgeführt haben und die durch ihre andauernde Partnerlosigkeit signalisieren, dass die andere Seite ihres Ehebetts real oder symbolisch dem Sohn vorbehalten bleibt. Meist ist in der Pubertät das Andrängen von Inzestfantasien der Mutter gegenüber ins bewusste Ich auch die Quelle für eine massive Abgrenzungs- und Entwertungsdynamik allem Mütterlich-Weiblichem gegenüber.

Der Mutter von Michael gelingt es schließlich trotz zehnjähriger Partnerlosigkeit, auch mithilfe der Einsichten in die eigene konfliktuöse ödipale Thematik, ihr Doppelbett zunehmend konstant mit einem gleichaltrigen Lebenspartner zu besetzen. Die Erfahrung des Sohnes, aus der eheähnlichen Beziehung ausgeschlossen zu sein, aktiviert in ihm nun weniger Rivalität als Erleichterung. Seine Mutter ist vor seinem projektiv auf den männlichen Eindringling verschobenen, inzestuösen Zugriff gesichert, und dadurch muss er auch nicht mehr die Bestrafung von teuflischen weiblichen oder männlichen

Gestalten befürchten. Durch den neu gefundenen Vaterersatz kann Michael die Tür seines Raumes schließen und die Wände seines Zimmers nicht mehr als durchlässig erleben. Die Generationenschranke als strukturierendes und Angst minderndes Element findet erstmals Einzug in diese partnerschaftliche Mutter-Sohn-Beziehung. Michael muss nun weder weiterhin der fantasierte Beschützer seiner von projizierten männlichen Penetrationswünschen bedrohten Mutter sein, noch wird er mit Inzestfantasien von bösen omnipräsenten Mutter-Imagines (der Nachbarin, die durch Wände geht) oder männlich-potenten Rachemonstern verfolgt.

Parallel mit der Reduzierung seiner psychosenahen Ängste durch die Therapie und den realen Mann zu Hause steigert sich auch die Anpassungsfähigkeit von Michael in der Schule. In Absprache mit dem Therapeuten wird Michael in eine Parallelklasse mit einem männlichen Lehrer versetzt. Der sich entwickelnde Wunsch Michaels, von diesem Lehrer väterlich anerkannt zu werden, steigert seinen Lerneifer und seine Schulleistungen erstaunlich schnell.

Es war wohl vor allem die Aktivität der Mutter, die einen Therapeuten für ihren Sohn suchte und einen Liebespartner für sich finden konnte, die die positive Veränderung bewirkte. Im Herannahen der Pubertät dämmerte der Mutter allmählich selbst, dass das bisherige Schlafarrangement und die inzestuöse Nähe mit einem geschlechtsreif werdenden Sohn nun wirklich ein Ende finden mussten. Der eigene wachsende Inzestdruck und die Gefahr der genitalen Sexualisierung wurden auch der Mutter unheimlich und führten zur aktiven Suche nach dem Dritten.

Fazit

Im familialen Kern ist es die in der Multioptionsgesellschaft sich geräuschlos ausbreitende Aufweichung der Inzestschranke zwischen Mutter und Sohn, basierend auf der zunehmend gemeinsam geteilten Missachtung des väterlichen Gesetzes (»le nom/non du père« im Sinne Lacans), welche die Grandiositäts- und Verfolgungsfantasien des sich entwickelnden Jungen so selbstschädigend anheizt. Die ödipal-rivalisierende Auseinandersetzung mit dem geliebten und gehassten, weil begrenzend-kastrierenden Vater und die Überwindung der ödipalen Dynamik durch die schließliche Identifikation mit einem Vater, der die Mutter liebt, gehen verloren.

Darüber hinaus fehlt die sinnliche Erfahrung mit dem elterlichen Paar, das seinen eigenen Raum beansprucht, dem Jungen den Ausschluss aus der Urszene zumutet und dadurch die Generationenschranke konstituiert. Bildet sich bei vaterlosen Mädchen oft eine sprachlich fundierte schwesterliche Ähnlichkeitsbeziehung zwischen Mutter und Tochter, so scheint bei vaterlosen Jungen die partnerschaftliche Mutter-Sohn-Beziehung unweigerlich sexualisiert zu werden und in den beunruhigenden Strudel unbegrenzter ödipaler Größenfantasien und Verfolgungsängste zu geraten, die außerhalb der Familie sich als unruhiges und störendes Verhalten zeigen. Der Austragungsort ödipaler Begrenzungs- und Vaterkonflikte wird von der Familie auf Vater Staat verschoben. Die Schule wird dabei zum gesellschaftlichen Ort, der den von seiner Mutter wenig geformten, mit illusionär großartigen präödipalen und ödipalen Selbstvorstellungen ausgestatteten, vaterlos aufgewachsenen Jungen oft zum ersten Mal systematisch mit den begrenzenden Zumutungen des Kollektivs in Kontakt bringt. Der Lehrer und die Lehrerin werden zur Personifizierung der überindividuellen, gesellschaftlich notwendigen Begrenzung und so auch zu den Personen, die zum Fokus libidinös idealisierender, aber eben auch von aggressiven Vaterübertragungen werden können.

Die Erfahrung und die Anerkennung der Begrenzung präödipaler und ödipaler Grandiositätsvorstellungen sind die Voraussetzung für eine reife Persönlichkeitsentwicklung, die nach der Adoleszenz schließlich auch die begrenzte Möglichkeit eröffnet, eine konstante sexuelle Partnerschaft mit nur einem einzigen Partner einzugehen. Um *einen* Menschen lieben zu können, muss man Abschied nehmen von den vielen grandiosen Optionen und Ersatzbefriedigungen vor allem medialer Art, die die Moderne den Heranwachsenden zur Verfügung stellt. Jungen haben ganz offensichtlich größere Probleme als Mädchen damit, die Begrenztheit des eigenen Selbst und der Objekte anzuerkennen und libidinös besetzen zu können. Ihre präödipalen, pseudophallisch daherkommenden Größenvorstellungen, die nur in den neueren Medien ihre Scheinbefriedigung erhalten, erweisen sich zunehmend als ein Hindernis bei der produktiven Bewältigung entwicklungsbedingter und gesellschaftlicher Anforderungen. So wird die Größenfantasie, basierend auf der Unfähigkeit, den Mangel und die Abhängigkeit vom Objekt anzuerkennen und die zwangsläufige symbolische Kastrationserfahrung anders als regressiv zu bearbeiten, zum wahren Hindernis männlicher Entwicklung.

Literatur

Bürgin, D., von Klitzing, K. (2001). Triadische Kompetenz: Ressource für die psychische Entwicklung. Aus der Forschung über die Entwicklung der Eltern-Kind-Triade. In W. Bohleber, S. Drews (Hrsg.), Die Gegenwart der Psychoanalyse – die Psychoanalyse der Gegenwart (S. 519–533). Stuttgart: Klett-Cotta.

Chasseguet-Smirgel, J. (1987). Das Ich-Ideal. Frankfurt a. M.: Suhrkamp.

Chasseguet-Smirgel, J. (1988). Zwei Bäume im Garten – Zur psychischen Bedeutung von Mutter- und Vaterbildern. Weinheim: Beltz.

Dammasch, F., Metzger, H. G. (Hrsg.) (2006). Die Bedeutung des Vaters. Frankfurt a. M.: Brandes & Apsel.

Dammasch, F. (2006). Die alleinerziehende Mutter, das Schuldgefühl und die Lehrerin. In F. Dammasch, H. G. Metzger (Hrsg.), Die Bedeutung des Vaters (S. 179–198). Frankfurt a. M.: Brandes & Apsel.

Freud, S. (1910). Eine Kindheitserinnerung des Leonardo da Vinci. GW VIII. Frankfurt a. M.: Fischer.

Freud, S. (1921). Massenpsychologie und Ich-Analyse. GW XIII. Frankfurt a. M.: Fischer.

Freud, S. (1925). Einige psychische Folgen des anatomischen Geschlechtsunterschieds. GW XIV. Frankfurt a. M.: Fischer.

Herzog, J. (1980). Sleep disturbance and father hunger in 18- to 28-month-old boys. Psychoanalytic Study of the Child, 35, 219–233.

Herzog, J. (1998). Frühe Interaktionen und Repräsentanzen: Die Rolle des Vaters in frühen und späteren Triaden; der Vater als Förderer der Entwicklung von der Dyade zur Triade. In D. Bürgin (Hrsg.), Triangulierung. Der Übergang zur Elternschaft (S. 162–179). Stuttgart u. New York: Schattauer.

Klitzing, K. von (2002). Frühe Entwicklung im Längsschnitt: Von der Beziehungswelt der Eltern zur Vorstellungswelt des Kindes. Psyche, 56 (9–10), 863–887.

Loewald, H. (1982). Ich und Realität. Psyche, 36 (9), 769–787.

Mahler, M., Gosliner, B. J. (1955).On symbiotic child psychosis: Genetic dynamic and restitutive aspects. Psychoanalytic Study of the Child, 10, 195–221.

Sartre, J. P. (1968). Die Wörter. Reinbek: Rowohlt.

Rainer Böhm

Auswirkungen früher Trennungen

Die Trennung der Eltern hat vielfältige Auswirkungen auf hiervon betroffene Kinder. Im Fokus des Interesses steht dabei häufig der reduzierte Kontakt des Kindes oder im Extremfall sogar die dauerhafte Abwesenheit einer seiner primären Bindungspersonen, in der Regel des Vaters (Petri, 2007).

Elterntrennungen haben aber oft auch sehr deutliche Implikationen für die finanzielle Situation der Familie (Schramm, 2009). Durch die neuen Regelungen zum Unterhaltsrecht gerät das Elternteil, das den überwiegenden Teil der Kindesfürsorge im Alltag übernimmt, heute wesentlich früher unter Druck, wieder einer Erwerbstätigkeit nachzugehen. Da alleinerziehende Eltern in Deutschland einem besonders hohen Armutsrisiko ausgesetzt sind (Bertram u. Kohl, 2010), ist der Zwang in Richtung der frühen Aufnahme einer Vollzeiterwerbstätigkeit entsprechend hoch.

Dies hat zur Folge, dass häufig aus allein ökonomischen Gründen – und nicht aus der Überzeugung, dass dies dem Kind nützt oder zumindest nicht schadet – eine frühe und umfangreiche außerfamiliäre Betreuung in Anspruch genommen werden muss. Um diese Betreuung für Kinder förderlich und gesundheitsverträglich zu gestalten, müssen neue Erkenntnisse der Entwicklungsmedizin und der Neurowissenschaften, insbesondere zur Altersstufe der unter dreijährigen Kinder (U3), bei der Gestaltung der konkreten Betreuungsformen im Alltag berücksichtigt werden.

Außerfamiliäre U3-Betreuung wurde, im Gegensatz zur Kindergartenbetreuung, in den beteiligten Institutionen und Wissenschaften immer schon kontrovers diskutiert (Hellbrügge, 1993; Belsky, 2001; Scheerer, 2008; Böhm, 2012). Die dieser Diskussion zugrunde liegende Datenbasis hat sich seit den 1990er Jahren deutlich erweitert.

Aus den USA liegen Ergebnisse des Abecedarian Project (ABC) vor, einer kontrollierten, randomisierten Langzeitstudie für eine

Hochrisikogruppe, nämlich Kinder alleinstehender, farbiger, kognitiv schwach begabter Mütter, die ab dem Säuglingsalter ganztägige, qualitativ höchstwertige Betreuung erhielten. Sie zeigten in der Interventionsgruppe Verbesserungen der kognitiven Leistungsfähigkeit und einzelner Bereiche der Sozialprognose (Campbell, Ramey, Pungello, Sparling u. Miller-Johnson, 2002).

Im Vergleich zu dem Perry Preschool Project (PPP) (Schweinhart et al., 2005), einer ähnlich angelegten Studie, deren Intervention aber erst im Alter von drei Jahren begann, fällt auf, dass – bei vergleichbar guten Erfolgen der Interventionsgruppen in Schule, Ausbildung und Beruf – im ABC-Projekt keine Verbesserungen im Bereich der Häufigkeit von Straffälligkeit im Jugendlichen- und Erwachsenenalter erreicht werden konnten. Dieser Unterschied trägt wesentlich dazu bei, dass die Kosten-Nutzen-Analyse, bestimmt als Rate of Return to Investment (RRI), für das Kindergartenprogramm PPP (RRI 1 : 16) erheblich besser ausfällt als für das Krippenprogramm ABC (RRI 1 : 2,5) (Pianta, Barnett, Burchinal u. Thornburg, 2009).

Die aktuell vorliegenden Pläne der deutschen Bundesregierung fokussieren allerdings nicht auf derartige Risikopopulationen, sondern sind als allgemeines frühes Betreuungsangebot mit Rechtsanspruch ab dem ersten Geburtstag ausgelegt (KiFöG). Dabei wird immer wieder ausgeblendet, dass die U3-Betreuung aufgrund der internationalen Studienlage sowohl im Bereich der kognitiven Förderung als auch im Bereich der sozioemotionalen Entwicklung eindeutig schlechter abschneidet als die Kindergartenpädagogik für Drei- bis Sechsjährige (Rossbach, 2011).

Seit 15 Jahren ist aufgrund einer kontinuierlich zunehmenden Zahl wissenschaftlicher Studien ferner gut belegt, dass außerfamiliäre Betreuung speziell bei jüngeren Kleinkindern mit bedenklichen Stressbelastungen, gemessen über das Stresshormon Cortisol im Speichel, einhergeht (Dettling, Gunnar u. Donzella, 1999; Watamura, Sebanc u. Gunnar, 2002; Sims, Guilfoyle u. Parry, 2005; Gunnar, 2010). Gesteigerte Cortisolproduktion wird mit subjektiven Gefühlen von Verunsicherung, Unbehagen, Angst und Erschöpfung in Verbindung gebracht (Groeneveld, Vermeer, van Ijzendoorn u. Linting, 2010; Lisonbee, Mize, Payne u. Granger, 2008). Diese Stressbelastung ist mit einer Vielzahl negativer gesundheitlicher Effekte verbunden (Böhm, 2011).

Eine besonders hohe Stressempfindlichkeit gegenüber außerfamiliärer Betreuung besteht im Alter von ein und zwei Jahren (Watamura, Donzella, Alwin u. Gunnar, 2003). Innerhalb dieser beiden Lebensjahre scheinen die Einjährigen eine nochmals gesteigerte Vulnerabilität aufzuweisen. Sie reagieren aufgrund neuester Ergebnisse auf die Krippenbetreuung mit einer besonders starken Attenuierung, das heißt einem allmählichen Absinken der morgendlichen Cortisolwerte und Abflachung der Tagesprofile (Eckstein, Kappler, Datler u. Ahnert, 2010), was als Hinweis auf gravierende emotionale Deprivation anzusehen ist (Tarullo u. Gunnar, 2006). Bei Erwachsenen wird dieses Cortisol-Profilmuster mit existenzieller Bedrohung, Unkontrollierbarkeit, Traumatisierung und starker subjektiver Belastung in Verbindung gebracht (Miller, Chen u. Zhou, 2007). Auch wenn man einem Teil dieser Kinder die Stresseinwirkung nicht unmittelbar ansieht, ergeben sich erhebliche ethische Bedenken gegen derart massive Belastungen schon in frühester Kindheit (Böhm, 2013a).

Während derartige Abweichungen des Cortisol-Tagesprofils im Kindergartenalter durch Verbesserungen der Struktur- und Prozessqualität normalisiert werden können (Sims et al., 2005), kann im U3-Bereich selbst hohe und höchste Betreuungsqualität, wie sie auch in deutschen Krippen selten erreicht wird, diese pathologischen Abweichungen der Cortisolprofile bei einer großen Zahl von Kindern nicht verhindern (Tout, de Haan, Campbell u. Gunnar, 1998; Vermeer u. van Ijzendoorn, 2006). Paralleluntersuchungen in der Krippe und zu Hause zeigen, dass die meisten dieser Kinder im familiären Umfeld normale Cortisolprofile aufweisen (Vermeer u. van Ijzendoorn, 2006; Sumner, Bernard u. Dozier, 2010).

Es zeigt sich, dass hier ganz offenbar biologische Faktoren im Spiel sind, die auch als »biological embedding« früher Entwicklungsphasen bezeichnet werden (Hertzman, 1999; Sigman, 2011).

Umweltbedingungen, die das kindliche Stressverarbeitungssystem, im Wesentlichen in Form der HPA-Achse, chronisch aktivieren, werden zusammenfassend als »early life stress« bezeichnet. Aus zahlreichen Studien geht hervor, dass bei sehr jungen Kindern die regelmäßige Abwesenheit von Sicherheit gebenden Bindungspersonen (»protective relationships«) massive Stressbelastungen induzieren kann, auch als Toxic Stress bezeichnet (NSCDC, 2005). Je jünger die außerfamiliär betreuten Kinder sind, desto seltener gelingt in Betreuungsinstitutionen, selbst bei höchster Prozessqualität, der Aufbau und Erhalt einer tatsächlich effektiv stressregulierenden Bindungsbeziehung (Sumner et al., 2010; Eckstein et al., 2010).

»Neglect-Stress« durch einen regelmäßigen Mangel an protektiver Bindungssicherheit hat erhebliche Auswirkungen auf den Organismus. Im Gehirn besteht eine spezifische Stress-Empfindlichkeit des Limbischen Systems, das von besonderer Bedeutung für die sozioemotionale Regulation des Menschen ist (Meyer-Lindenberg, Domes, Kirsch u. Heinrichs, 2011; Böhm, 2013a). Starker Deprivationsstress geht mit erheblichen Schäden im Bereich des präfrontalen, orbitofrontalen und temporalen Kortex einher (Chugani et al., 2001; NSCDC, 2012). Umgekehrt ist intensive elterliche Zuwendung mit deutlich besser ausgeprägten Strukturen des emotionalen Gehirns verbunden, nachgewiesen zum Beispiel für den Hippocampus, ein Hirnareal mit großer Bedeutung für eine funktionale Stressregulation (Luby et al., 2012).

Frühe Lebenserfahrungen lassen sich nicht eins zu eins in Auswirkungen auf die spätere Entwicklung übersetzen. Es gibt einen gewissen Anteil von Kindern, die eine erstaunliche Resilienz gegenüber frühen Belastungen aufweisen. Darüber hinaus ist auch eine späte Heilung früher Verletzungen möglich (Kreppner et al., 2007).

Trotzdem besteht in der Forschung weitgehende Einigkeit, dass in den Frühphasen der menschlichen Entwicklung, vom Embryonalstadium bis zu den ersten zwei bis drei Lebensjahren, grundlegende Weichenstellungen für die lebenslange Gesundheit erfolgen. In dieser Zeit legen unter anderem von Stress abhängige Regulationsprozesse den späteren Aktivierungsgrad zahlreicher Gene fest (Murgatroyd u. Spengler, 2011; Zylka-Menhorn, 2012; Schmidt, Petermann u. Schipper, 2012). Diese Regulation erfolgt hauptsächlich durch die Anlagerung von Methylgruppen, die dauerhaft und zum Teil sogar transgenerational die Ablesung bestimmter DNA-Abschnitte blockieren (Murgatroyd et al., 2009).

In einer neuen Studie konnte gezeigt werden, dass fehlender Kontakt zu den leiblichen Eltern in den ersten Lebensjahren zu einer deutlich gesteigerten Methylierungsrate von rund 4 % des Genoms führt. Von dieser dauerhaft veränderten Genaktivität sind viele Gene betroffen, die wichtige Funktionen von Gehirnentwicklung, Stressregulation, Sozial- und Bindungsverhalten, seelischer Gesundheit und des Immunsystems steuern (Naumova et al., 2012).

In den USA werden diese Erkenntnisse in jüngster Zeit zunehmend handlungsleitend umgesetzt. In einem bahnbrechenden Grundsatzbeitrag, der kürzlich in »Science«, einem der beiden weltweit renommiertesten Wissenschaftsjournale, veröffentlicht wurde, fordert Jack Shonkoff, Kinderarzt, Professor an der Harvard Universität und Vorsitzender des Nationalen Wissenschaftsrats für Kindesentwicklung, dass die Curricula und Ausgestaltungen der Frühpädagogik dringend Erkenntnisse der Stressbiologie berücksichtigen müssen, und dass es hierbei um den Schutz des sich entwickelnden Gehirns geht (»Protecting Brains, Not Simply Stimulating Minds«) (Shonkoff, 2011).

Es darf dabei nicht außer Acht gelassen werden, dass Stress durch Deprivation auch in Familien vorkommt, insbesondere bei Kumulation von Belastungsfaktoren wie Armut, mangelnder sozialer Unterstützung oder psychischer Störung von Elternteilen (De Bellis, 2005). Diese Familien müssen durch Systeme früher Hilfen rechtzeitig identifiziert werden und Hilfestellungen erhalten (NZFH, 2012). In der weitaus überwiegenden Zahl von Familien gelingt aber die frühe Stressregulation, die entscheidenden Einfluss auf die langfristige körperliche und seelische Gesundheit hat, eindeutig besser als in einer Kinderkrippe (Vermeer u. van Ijzendoorn, 2006). Eltern sind somit als die natürlichen Beschützer der Gehirne ihrer jungen Kinder anzusehen.

Die Frühpädagogik für die Altersstufe U3 bedarf daher eines fundamentalen Paradigmenwechsels. Die tägliche, vielstündige Trennung sehr junger Kinder von ihren Eltern ist aufgrund der neuesten Ergebnisse der Stressforschung so nicht mehr hinnehmbar. Die pädagogische Zuwendung muss in dieser Altersstufe, falls sie zur Anwendung kommen soll, radikal familienorientiert erfolgen und als Pädagogik der Mutter-Kind- bzw. Vater-Kind-Dyade oder des familiären Systems erfolgen. Dies gilt insbesondere für die ersten beiden Lebensjahre. Im Alter von zwei Jahren wächst dann die Zahl der Kinder allmählich an, die eine Gruppenbetreuung für eine begrenzte Zahl von Stunden (maximal zwanzig Stunden pro Woche) tolerieren können (Böhm, 2013b). An dieser Maxime einer familienzentrierten frühen Förderung ausgerichtete Modelle können mit exzellenten Langzeitergebnissen aufwarten (Palfrey et al., 2005).

Für die Umsetzung einer derartigen Neuorientierung der Frühpädagogik ist es unerlässlich, dass sich Männer, das heißt Väter, stärker als dies lange Zeit der Fall war, zu familiärer Bindung und Verantwortung bekennen. Die deutlich veränderte Einstellung der jungen Generation zur Work-Life-Balance, die allmählich zunehmende Zahl von Vätern in Elternzeit, das allgemein erstarkende Engagement von Vätern, sowohl in intakten als auch in Trennungsfamilien, gibt hier zu Hoffnung Anlass. Für das dringend geforderte stärkere »Kinderbewusstsein« (KiPra, 2012) ist auch ein neues und intensiviertes Verständnis der Vater- und Mutterrolle vonnöten. Und nicht zuletzt bedarf es einer Familienpolitik, die sich nicht primär als Instrument der Wirtschaftsförderung versteht, sondern die eine tiefere Einsicht in die besondere Verletzlichkeit und die wahren Bedürfnisse von Kindern entwickelt und diese zu ihrem Handlungsmaßstab erhebt (Böhm, 2013c).

Die beschriebenen Ergebnisse legen den Schluss nahe, dass die konsequente Minderung von chronischen Stressbelastungen in frühkindlichen Entwicklungsphasen Persönlichkeitseigenschaften fördert, die prosoziales Verhalten und langfristige Bindungsfähigkeit begünstigen, und dass damit Gesundheit verbessert und die Wahrscheinlichkeit späteren Trennungsleids verringert wird.

Literatur

Belsky, J. (2001). Emanuel Miller Lecture – Developmental risks (still) associated with early child care. Journal of Child Psychology and Psychiatry, 42 (7), 845–859.

Bertram, H., Kohl, S. (2010). Zur Lage der Kinder in Deutschland 2010: Kinder stärken für eine ungewisse Zukunft. Köln: Deutsches Komitee für UNICEF.

Böhm, R. (2011). Auswirkungen frühkindlicher Gruppenbetreuung auf die Entwicklung und Gesundheit von Kindern. Kinderärztliche Praxis, 82 (5), 316–321.

Böhm, R. (2012). Die dunkle Seite der Kindheit. Frankfurter Allgemeine Zeitung vom 04.04.2012. Zugriff am 30.08.2012 unter http://www.fachportal-bildung-und-seelische-gesundheit.de/index.php?option=com_content&view=artic-

le&id=9&Itemid=176. Nachdruck u. a. in: Glanzlichter der Wissenschaft – Ein Almanach. Herausgegeben vom Deutschen Hochschulverband, Lucius 2012.

Böhm, R. (2013a). Neurobiologische Aspekte der Kleinkindbetreuung. In F. Dammasch, M. Teising (Hrsg.), Das modernisierte Kind (S. 115–128). Frankfurt a. M.: Brandes & Apsel.

Böhm, R. (2013b). Stress – das unterschätzte Problem frühkindlicher Betreuung. In C. Haderthauer, H. Zehetmair (Hrsg.), Was brauchen Kleinkinder, damit Bildung gelingt? Argumente und Materialien zum Zeitgeschehen 83 (S. 27–32). München: Hanns-Seidel-Stiftung.

Böhm, R. (2013c). Das Kleinstkind gehört zu seinen Eltern – die Sicht des Sozialmediziners. In K. Hurrelmann, T. Schultz (Hrsg.), Staatshilfe für Eltern – Brauchen wir das Betreuungsgeld? (S. 96–107). Weinheim u. Basel: Beltz-Juventa.

Campbell, F. A., Ramey, C. T., Pungello, E., Sparling, J., Miller-Johnson, S. (2002). Early childhood education: Young adult outcomes from the Abecedarian Project. Applied Developmental Science, 6 (1), 42–57.

Chugani, H. T., Behen, M. E., Muzik, O., Juhász, C., Nagy, F., Chugani, D. C. (2001). Local brain functional activity following early deprivation: A study of postinstitutionalized Romanian orphans. Neuroimage, 14 (6), 1290–1301.

De Bellis, M. D. (2005). The psychobiology of neglect. Child Maltreatment. 10 (2), 150–172.

Dettling, A. C., Gunnar, M. R., Donzella, B. (1999). Cortisol levels of young children in full-day childcare centers: Relations with age and temperament. Psychoneuroendocrinology, 24 (5), 519–36.

Eckstein, T., Kappler, G., Datler, W., Ahnert, L. (2010). Stressregulation bei Kleinkindern nach Krippeneintritt: Die Wiener Kinderkrippenstudie. Vortrag bei der Jahrestagung der Deutschen Gesellschaft für Psychologie, Bremen. Zugriff am 30.08.2012 unter http://www.fachportal-bildung-und-seelische-gesundheit.de/index.php?option=com_content&view=article&id=13&Itemid=177

Groeneveld, M. G., Vermeer, H. J., van Ijzendoorn, M. H., Linting, M. (2010). Children's wellbeing and cortisol levels in home-based and center-based childcare. Early Childhood Research Quarterly, 25 (4), 502–514.

Gunnar, M. R. (2010). The rise in cortisol in family daycare: Associations with aspects of care quality, child behavior and child sex. Child Development, 81, 851–869.

Hellbrügge T. (1993). Individualität und Kollektivismus. Sozialpädiatrie in der Pädiatrie für Praxis und Klinik, 15 (9), 515–516.

Hertzman, C. (1999). The biological embedding of early experience and its effects on health in adulthood. Annals of New York Academy of Sciences, 896, 85–95.

KiPra (Kinderärztliche Praxis) (2012). Sozialpädiater kritisieren scharf fehlendes Kinderbewusstsein. Zugriff am 12.03.2013 unter http://www.kinderaerztliche-praxis.de/startseite/news-details/article/sozialpaediater-kritisieren-scharf-fehlendes-kinderbewusstsein.html

Kreppner, J. M., Rutter, M., Beckett, C., Castle, J., Colvert, E., Groothues, C., Hawkins, A., O'Connor, T. G., Stevens, S., Sonuga-Barke, E. J. (2007). Normality and impairment following profound early institutional deprivation: A longitudinal follow-up into early adolescence. Developmental Psychology, 43, (4), 931–946.

Lisonbee, J. A., Mize, J., Payne, A. L., Granger, D. A. (2008). Children's cortisol and the quality of teacher-child relationships in child care. Child Development, 79, 1818–1832.

Luby, J. L., Barch, D. M., Belden, A., Gaffrey, M. S., Tillman, R., Babb, C., Nishino, T., Suzuki, H., Botteron, K. N. (2012). Maternal support in early childhood predicts larger hippocampal volumes at school age. Proceedings of the National Academy of Science of the United States of America, 109, 2854–2859.

Meyer-Lindenberg, A., Domes, G., Kirsch, P., Heinrichs, M. (2011). Oxytocin and vasopressin in the human brain: Social neuropeptides for translational medicine. Nature Reviews Neuroscience, 12, 524–538.

Miller, G. E., Chen, E., Zhou, E. S. (2007). If it goes up, must it come down? Chronic stress and the hypothalamic-pituitary-adrenocortical axis in humans. Psychological Bulletin, 133 (1), 25–45.

Murgatroyd, C., Patchev, A. V., Wu, Y., Micale, V., Bockmühl, Y., Fischer, D., Holsboer, F., Wotjak, C. T., Almeida, O. F., Spengler, D. (2009). Dynamic DNA methylation programs persistent adverse effects of early-life stress. Nature Neuroscience, 12, 1559–1566.

Murgatroyd, C., Spengler, D. (2011). Epigenetic programming of the HPA-axis: Early life decides. Stress, 14, 581–589.

Naumova, O. Y., Lee, M., Koposov, R., Szyf, M., Dozier, M., Grigorenko, E. L. (2012). Differential patterns of whole-genome DNA methylation in institutionalized children and children raised by their biological parents. Development and Psychopathology, 24 (1), 143–155.

NSCDC (National Scientific Council on the Developing Child) (2005). Excessive stress disrupts the architecture of the developing brain: Working Paper 3. Zugriff am 30.08.2012 unter http://www.developingchild.net

NSCDC (National Scientific Council on the Developing Child) (2012). The science of neglect: The persistent absence of responsive care disrupts the developing brain: Working Paper 12. Zugriff am 30.08.2012 unter http://www.developingchild.harvard.edu

NZFH (Nationales Zentrum Frühe Hilfen) (2012). Zugriff am 30.08.2012 unter http://www.fruehehilfen.de/

Palfrey, J. S., Hauser-Cram, P., Bronson, M. B., Warfield, M. E., Sirin, S., Chan, E. (2005). The Brookline Early Education Project: A 25-year follow-up study of a family-centered early health and development intervention. Pediatrics, 116 (1), 144–152.

Petri, H. (2007). Psychosoziale Folgen des Vaterverlusts – Vergleichbares Trauma wie beim Verlust der Mutter. Deutsches Ärzteblatt, 104 (22), 1572–1574.

Pianta, R. C., Barnett, W. S., Burchinal, M., Thornburg, K. R. (2009). The effects of preschool education: What we know, how public policy is or is not aligned with the evidence base, and what we need to know. Psychological Science in the Public Interest, 10 (2), 49–88.

Rossbach, H. G. (2011). Langfristige Auswirkungen außerfamilialer frühkindlicher Betreuung. In R. Kissgen, N. Heinen (Hrsg.), Familiäre Belastungen in früher Kindheit. Stuttgart: Klett-Cotta.

Scheerer, A. K. (2008). Krippenbetreuung sollte nicht schöngeredet werden. Frankfurter Allgemeine Zeitung vom 10.07.2008.

Schmidt, M. H., Petermann, F., Schipper, M. (2012). Epigenetik – Revolution der Entwicklungspsychopathologie? Kindheit und Entwicklung, 21 (4), 245–253.

Schramm, D. G. (2009). Counting the cost of divorce: What those who know better rarely acknowledge. The Family in America, 23 (3), 55–64.

Schweinhart, L. J., Montie, J., Xiang, Z., Barnett, W. S., Belfield, C. R., Nores, M. (2005). Lifetime effects: The High/Scope Perry Preschool Study through age 40. Ypsilanti, MI: High/Scope.

Shonkoff, J. P. (2011). Protecting brains, not simply stimulating minds. Science, 333 (6045), 982–983.

Sigman, A. (2011). Mother superior? The biological effects of day care. The Biologist, 58 (3), 28–32.

Sims, M., Guilfoyle, A., Parry, T. (2005). What children's cortisol levels tell us about quality in childcare centers. Australian Journal of Early Childhood, 30 (2), 29–39.

Sumner, M. M., Bernard, K., Dozier, M. (2010). Young children's full-day patterns of cortisol production on child care days. Archives of Pediatrics & Adolescent Medicine, 164 (6), 567–571.

Tarullo, A. R., Gunnar, M. R. (2006). Child maltreatment and the developing HPA axis. Hormones and Behavior, 50 (4), 632–699.

Tout, K., de Haan, M., Campbell, E. K., Gunnar, M. R. (1998). Social behavior correlates of cortisol activity in child care: Gender differences and time-of-day effects. Child Development, 69 (5), 1247–1262.

Vermeer, H. J., van Ijzendoorn, M. H. (2006). Children's elevated cortisol levels at daycare: A review and meta-analysis. Early Childhood Research Quarterly, 21, 390–401.

Watamura, S. E., Donzella, B., Alwin, J., Gunnar, M. R. (2003). Morning-to-afternoon increases in cortisol concentrations for infants and toddlers at child care: Age differences and behavioral correlates. Child Development, 74 (4), 1006–1020.

Watamura, S. E., Sebanc, A. M., Gunnar, M. R. (2002). Rising cortisol in child care: Relations with nap, rest, and temperament. Developmental Psychobiology, 40 (1), 33–42.

Zylka-Menhorn, V. (2012). Das Epigenom – Der Dompteur der Gene. Deutsches Ärzteblatt, 109 (20), 1027–1028.

Matthias Weber

Möglichkeiten und Grenzen der Beratung bei hochstrittigen Elternkonflikten

Ein Fallbeispiel:

> Die Mutter verwehrt dem Vater von zwei Mädchen, jetzt zwei und vier Jahre alt, nach der Trennung den Kontakt mit den Kindern. Nach Antrag des Vaters ordnet das Familiengericht begleiteten Umgang an. Die Maßnahme endet nach wenigen Umgangsterminen mit einer Anzeige der Mutter gegen den Umgangsbegleiter. Das Jugendamt bittet nun eine andere – unsere – Beratungsstelle um die Durchführung der Umgangsbegleitung und kommentiert, die Mutter ziehe alle Register, um Kontakte der Kinder mit dem Vater zu verhindern. Sie habe, als alles andere nichts nutzte, einen sexuellen Missbrauch des Vaters gegenüber dem jüngeren Mädchen behauptet. Eine Begutachtung habe die Aussage der Mutter nicht erhärtet. Nachdem so viel Zeit vergangen sei, müsse man sich jetzt beeilen, um die Kontakte der Kinder zum Vater wieder in Gang zu bringen.
>
> Wir vereinbaren, einen Übergabetermin mit Jugendamt und Beratungsstelle durchzuführen und alsbald mit der Maßnahme zu beginnen. Für die Mutter »passen« die angebotenen Termine nicht oder sie sagt vereinbarte Termine wieder ab, dann reicht sie einen Widerspruch beim OLG ein; nach dessen Abweisung gibt es wiederum Terminprobleme.
>
> Die Beratungsstelle protokolliert zwanzig Maßnahmen – außer Abstimmungen mit dem Jugendamt, Versuchen, mit der Mutter einen Termin zu koordinieren, auch Telefonate mit dem Vater. Dieser meldet sich immer wieder, drängt auf den Beginn des Umgangs. Angesichts der Verhinderungsstrategie der Mutter sieht er in Beratungsgesprächen für sich keinen Sinn.
>
> Sieben Monate nach der Klärung der Fallübernahme kommt es zu dem geplanten Übergabetermin. Der Berater und der zuständige Mitarbeiter des Jugendamtes eröffnen das Gespräch, in dem sie die zunächst ablehnende Haltung der Mutter thematisieren und

anerkennen, dass sie nun gekommen ist. Die Mutter erklärt, dass sie die Kinder zu den Terminen bringen werde – das Gericht verlange das ja so von ihr. Dann stellt sie Forderungen: Unter anderem dürfe der umgangsberechtigte »Erzeuger« der Kinder nicht als »Vater« angesprochen werden; ihr jetziger Partner sei der wirkliche Vater der Kinder. Sie und er müssten beim Umgang anwesend sein. Und: Wenn die Kinder größer seien, werde sie sie darüber aufklären, was der umgangsberechtigte Herr M. für ein Mensch sei und dass er sie missbraucht habe.

Die Mutter erklärt also ihre Bereitschaft, nun der Anordnung des Gerichtes formal nachzukommen, aber ihr Kampf gegen Kontakte des Vaters zu den Kindern geht auf einer anderen Ebene weiter.

Das Jugendamt berichtet dem Gericht die Schwierigkeiten. Dieses erwidert, unter juristischen Vorzeichen sei in diesem Fall alles gesagt und geklärt. Der Beschluss solle durchgesetzt werden – was letzten Endes nicht geschieht, weil die Mutter bei ihrer Haltung bleibt und die Beratungsstelle erklärt, sie halte die Durchführung des begleiteten Umganges zu diesem Zeitpunkt für nicht verantwortbar. Die Kinder würden einem unentrinnbaren Konflikt ausgesetzt. Es sei die erklärte Absicht der Mutter, einen Kontakt zum Vater auf Dauer zu verhindern. Der begleitete Umgang sei in dieser Situation nicht die angemessene Maßnahme.

Ein weiteres Fallbeispiel:

Das Jugendamt fragt wegen der Durchführung eines begleiteten Umgangs an. Die Situation sei schwierig; die Mutter habe erklärt, der Vater sei gewalttätig, der begleitete Umgang solle unter Polizeischutz stattfinden.

Wir, das Team der Beratungsstelle, können uns die Maßnahme unter diesen Begleitumständen nicht vorstellen, wollen die Eltern und das vierjährige Kind kennenlernen und dann eine Entscheidung treffen.

Wir erleben den als gewalttätig beschriebenen jungen Vater als umgänglich, zuverlässig, geduldig. Die Mutter ist gleichfalls kooperativ, aber skeptisch, will keine Kontakte mit dem Vater. Nach einer Vorbereitung des Kindes arrangieren wir begleitete Treffen mit dem Vater und erleben diesen seinem Kind gegenüber als einfühlsam und liebevoll. Nachdem die Umgangskontakte gut angelaufen sind, will die Mutter kurzfristig einen Urlaub mit dem Kind machen, der zur Unterbrechung des Umgangs führen würde. Als wir das Vorhaben der Mutter dem Vater mitteilen, rastet dieser völlig aus, erscheint in bedrohlicher Weise gewaltbereit gegenüber der Mutter und den beteiligten Helfern, die er des Komplotts bezichtigt. Die betroffenen Mitarbeiter der Beratungsstelle reagieren auf die explosiven Wutanfälle eingeschüchtert. Der Versuch, den Vater mit Hinweis auf die Beziehung zum Kind, dessen Interessen und die positiv begonnenen Kontakte zu beruhigen, schlägt völlig fehl: Was sein jetziges Verhalten für das Kind bedeute, sei ihm »ganz egal«. Er lässt nicht mehr mit sich reden.

Es ist, wie wenn durch das Verhalten der Mutter bei ihm ein hochexplosiver Modus eingeschaltet worden wäre, nach den bisher mit ihm gemachten Erfahrungen völlig überraschend. Es ist nun jedenfalls verständlich und nachvollziehbar, warum die ehemalige Partnerin ihn als gewalttätig bezeichnete und Angst vor ihm hat.

Die beiden Fallskizzen führen zu mehreren Überlegungen und Feststellungen, die das Thema »Möglichkeiten und Grenzen der Beratung bei hochstrittigen Elternkonflikten« betreffen:

1. Hochstrittige Eltern zeigen typische Einstellungen und Verhaltensmuster – darauf soll später eingegangen werden. Zugleich aber ist Hochstrittigkeit eine Wundertüte. Es tauchen unvermittelt unorthodoxe und unerwartete Phänomene und Wendungen auf – übrigens auch solche zum Positiven. Berater müssen für ein hohes Maß an Klarheit und Struktur sorgen, sonst besteht die Gefahr, dass Fälle entgleiten und entgleisen. Und: Wenn es schwierig wird, haben Beratungsstellen nicht die Macht, die Richtung weiter zu bestimmen. Dazu braucht es eine klare Rahmung durch das Familiengericht.
2. Entgleisungen, die auch in Beratungsprozessen immer wieder zu beobachten sind, treten bei Vätern häufiger auf in Form von »intimem Terror«, körperlicher Gewalt, Gewaltandrohungen, Furcht und Panik erzeugendem Verhalten (Kindler, 2011, S. 117 ff.), bei Müttern häufiger als eine Form aktiver und passiver Instrumen-

talisierung, wie es Behrend (2009, S. 142 ff.) beschrieben hat, letztlich eine Form der Ausübung oft subtiler psychischer Gewalt. Es geht dabei um offenes oder verdecktes Ausnutzen des Umstandes, dass die Kinder (meist) bei ihnen leben und sie somit die Möglichkeit haben, deren Verhalten zu kontrollieren und zu steuern.

3. Beide Fälle lassen die Frage aufkommen, um was es im familiengerichtlichen Verfahren geht bzw. gehen sollte: Macht es Sinn, den Erfolg von Maßnahmen daran zu messen, ob ein *Umgang* des Kindes mit dem getrennten Elternteil realisiert wird – so wie es in der Vergangenheit häufig der Fall war? Oder muss nicht die *Beziehung* von Vätern zu ihren Kindern ins Auge gefasst und Umgang als ein Weg begriffen werden, der den Aufbau von Beziehung möglich macht? Und es geht auch um die *Qualität der Beziehung zwischen Vater und Mutter.* Durch sie wird moderiert, wie das Kind die Kontakte mit dem Vater erlebt und welche Bedeutung diese für es bekommen. Doch ist Beziehung kaum justiziabel. Das wird auch in der Begründung zum FamFG formuliert: Es geht bei rechtlichen Auseinandersetzungen der Eltern um emotionale Konflikte (Deutscher Bundestag, 2007a, S. 164). Diese können in der Regel nicht durch gerichtliche Entscheidungen beigelegt oder vermindert werden, weshalb der Gesetzgeber der Beratung als einer anderen Form des Konfliktmanagements zunehmend Bedeutung beigemessen hat.

Doch:

4. Beide skizzierten Fälle machen Grenzen der Beratung allzu deutlich. Beratung ist eine dialogische Form des Umgangs mit Konflikten, traditionell geradezu als »machtfreier Raum« definiert. Auch reichen bei Hochstrittigkeit die traditionellen beraterischen Konzepte nicht aus.
   Zum einen bedarf es einer klarer Vorgabe durch eine mit Macht ausgestattete Institution, die die Einrichtungen der Jugendhilfe nicht im Stich lassen darf, wie im ersten Fallbeispiel geschehen, sondern sie mit Macht ausstatten muss. Zum anderen muss Beratung diese Rolle annehmen und ihre hergebrachten Konzepte im Kontext der Arbeit mit hochstrittigen Eltern modifizieren und ergänzen.

Neuartige Herausforderung für die Beratung: Hochstrittige Eltern

Der Begriff »Hochstrittigkeit« wurde in der deutschen Fachliteratur nach der Kindschaftsrechtsreform von 1998 gebräuchlich. Das Kindschaftsrechtsreformgesetz (KindRG) sicherte Kindern auch nach Trennung und Scheidung das Recht auf Umgang mit beiden Elternteilen zu und verpflichtete Väter und Mütter zum Umgang mit ihren Kindern. In vielen Fällen, in denen zuvor nach Trennung ein Abbruch der Beziehung zwischen Kind und weggeschiedenem Elternteil, meist dem Vater, gedroht hätte, kam es nun zu emotional stark besetzten und lang anhaltenden Auseinandersetzungen um Sorge- und Umgangsregelungen. Es war augenscheinlich und wurde durch Praxis und Forschung belegt, dass Hochstrittigkeit für betroffene Kinder mit großen Risiken verbunden ist. Im familienrechtlichen wie im Bereich der Jugendhilfe suchte man deshalb nach Wegen, vor allem die Situation der Kinder in hochkonflikthaften Familien zu verbessern.

Doch hat das Phänomen Hochstrittigkeit (nicht nur in der Beratungslandschaft) zunächst Irritation und Ratlosigkeit ausgelöst und nicht selten die Einschätzung, dass effektive Beratung hochkonflikthafter Familiensysteme nicht möglich sei. Das hergebrachte Selbstverständnis der Beratung mit einer betonten Forderung nach Freiwilligkeit der Ratsuchenden und eingespielten Formen der Handhabung von Schweigepflicht schien der notwendigen Kooperation mit dem Familiengericht und anderen Professionen im Wege zu stehen. Zudem musste man feststellen, dass die in der Trennungs- und Scheidungsberatung üblichen Vorgehensweisen bei hochstrittigen Eltern nicht griffen. Angesichts dieser Situation richtete die Bundeskonferenz für Erziehungsberatung (bke) 2002 eine Arbeitsgruppe ein, die sich mit Möglichkeiten der Beratungsarbeit bei Hochstrittigkeit nach Trennung und Scheidung befasste. Bereits vorliegende oder in der Erprobung befindliche Konzepte wurden diskutiert und in einer Publikation zusammengefasst, die 2006 der Fachöffentlichkeit vorgelegt wurde (Weber u. Schilling, 2006). In einer »Stellungnahme zur Beratung hochstrittiger Eltern« ordnete die Bundeskonferenz die Beratungsarbeit mit hochstrittigen Eltern im Kontext des Familienverfahrens als sinnvolles Aufgabenfeld der Erziehungsberatung zu und stellte die Notwendigkeit adäquater, neuer Konzepte heraus (Weber u. Schilling, 2006).

Die Erfassung von Hochstrittigkeit

Obwohl weiterhin viele offene Fragen bestehen, wurden seitdem zunehmend praxisrelevante Perspektiven und Konzepte für die Arbeit mit hochstrittigen Eltern entwickelt und publiziert.

Angeregt durch ein neunstufiges Modell von Glasl (1994) entwickelte Alberstötter (2006) ein dreistufiges Schema zur Einschätzung von Konflikten hochstrittiger Eltern, das bald nach der Veröffentlichung hohe Akzeptanz in der Beratungspraxis fand. Die drei Stufen beschreibt er wie folgt:

Stufe 1: Zeitweilig gegeneinander gerichtetes Reden und Tun
- schnell vorübergehende Verhärtung der Standpunkte;
- kurze Konfliktepisoden;
- zeitweise eingeschränkte Fähigkeit des Zuhörens;
- quasi rationales Argumentieren;
- Umschlag ins Handeln, wenn das Reden am Ende ist.

Ressourcen:
- Fähigkeit zu Empathie, Perspektivenwechsel und Selbstregulierung;
- Einsicht in eigene Konfliktanteile; Fähigkeit zur Entschuldigung;
- deeskalierende Konstruktionen: zum Beispiel Trennung von Paar- und Elternebene;
- Einbeziehung neutraler Dritter, ohne Bündnisgenossenschaft einzufordern.

Stufe 2: Häufig verletzendes Agieren, Ausweitung des Konfliktfelds
- Radikalisierung im Denken, Fühlen, Wollen, Handeln;
- verfestigte Wahrnehmungs- und Denkmuster (schwarz-weiß, Opfer-Täter);
- Immoralität des anderen versus gutes Ich;
- hohe Intensität der Ablehnung und des verletzenden Handelns;

- Formulierung von Drohungen und ultimativen Forderungen;
- Bloßstellen des Gegners in der Öffentlichkeit;
- Emotionalisierung, Instrumentalisierung von Dritten;
- Ausweitung des Konfliktsystems durch »Infizierung«;
- Tätigwerden professioneller Akteure;
- übergreifende Mechanismen: Beschleunigung, Verschärfung, Ausweitung.

Stufe 3: Chronischer »Beziehungskrieg« – Kampf um jeden Preis
- extreme Gefühle der Verzweiflung und des Hasses, tiefes Rachebedürfnis;
- körperlich empfundener Ekel;
- radikale Distanzierung;
- Entmenschlichung des anderen als Voraussetzung für den Übergang zur aktiven Zerstörung, Ziel: existenzielle Schädigung;
- Verleumdung (Rufmord: psychische Krankheit, Abnormität);
- Anschuldigungen (sexueller Missbrauch, Gewalt, Kindesentführung);
- Feldzug ohne Rücksicht auf Dritte, Instrumentalisierung Dritter;
- Programmierung der Kinder mit dem Ziel, ihre Liebe zum anderen zu zerstören und diesen aus dem Leben der Kinder zu eliminieren;
- Totschlag, Mord, erweiterter Suizid.

Alberstötter versteht sein Stufenmodell nicht als diagnostisches Instrument im engeren Sinn, vielmehr als Orientierungshilfe in der »Landschaft Hochstrittigkeit«, wobei die auf der ersten Stufe genannten Merkmale nicht für Hochstrittigkeit stehen. Diese beginnt bei akzentuierten Formen der zweiten Stufe.

Bemerkenswert erscheint, dass eine im Rahmen des Forschungsprojektes »Kinderschutz bei hochstrittiger Elternschaft« erfolgte Auswertung von Befragungen konflikthafter Eltern ebenfalls zur Unterscheidung von drei unterschiedlichen Konfliktniveaus führte (Fichtner, Dietrich, Halatcheva, Hermann u. Sandner, 2010, S. 20). Dabei unterschied sich die Gruppe mit dem höchsten Konfliktniveau von den beiden anderen Gruppen durch wesentliche, vor allem folgende Merkmale (Fichtner et al., 2010, S. 9 ff.):

- geringere Offenheit gegenüber neuen Erfahrungen; Fokus ist auf Argumentation gerichtet, nicht auf Veränderung der Situation;
- geringeres Selbstwirksamkeitserleben in Beziehungen;
- verstärkte gegenseitige Vorwürfe, die sich vor allem auf die Involvierung der Kinder in die Konflikte beziehen.

In Bezug auf die Kinder erscheinen die folgenden Merkmale hochkonflikthafter Eltern bedeutsam:
- eingeschränkte Fähigkeit, die Situation der Kinder angemessen wahrzunehmen, dabei deutlich divergierende Einschätzungen zwischen den Eltern;
- ungenügende Wahrnehmung der kindlichen Interessen;
- hohe Belastungen durch die Trennung/Scheidung;
- Kinder werden in den Elternkonflikt einbezogen und parentifiziert.

Bedeutsame Unterschiede zu den beiden anderen Elterngruppen zeigten sich bei der Gruppe mit dem höchsten Konfliktniveau insbesondere auch bezüglich der Bewertung von beraterischen und gerichtlichen Interventionen. Diese Unterschiede betrafen vor allem die folgenden Aspekte:
- Es besteht eine hohe Sensibilität gegenüber (vermeintlicher) Parteinahme für den anderen Elternteil. Die Bewertung von Interventionen erfolgt nach dem Kriterium, wie weit sie den eigenen Interessen entsprechen.
- Interventionen der »Profis« werden als wenig hilfreich, eher als konfliktverstärkend erlebt.
- Es werden am ehesten *die* Interventionen als hilfreich erlebt, die nicht von vornherein mit einer Konfrontation mit dem anderen Elternteil verbunden sind.
- Das Einzelsetting wird eher als persönliche Unterstützung wahrgenommen.
- Ein Beratungserfolg stellt sich eher ein, wenn Verständnis für die eigene Situation erlebt wurde.

Hochkonflikthafte Familien: Aufgaben und Ziele der Beratungsarbeit

Wenn Paare sich trennen, so versprechen sie sich davon eine Verbesserung ihrer Lebenssituation. Doch in den meisten Fällen sind mit der Trennung für Männer, Frauen und betroffene Kinder zunächst starke Belastungen verbunden. Zu den bei Trennung und Scheidung und bei der Reorganisation der Familien entstehenden Chancen und Risiken gibt es eine umfangreiche Literatur. Über die insbesondere für Kinder und Jugendliche entstehenden Risiken berichtet Robert Schlack in diesem Band ausführlich.

Besondere Belastungen entstehen für Kinder dann, wenn die bei Trennung und Scheidung entstehenden Konflikte eskalieren und es zu emotional hochbesetzter und lang andauernder Hochstrittigkeit kommt.

Die Aufgaben, die Beratung in diesem Kontext zu erfüllen hat, werden im SGB VIII (Kinder- und Jugendhilfegesetz) geregelt:

- Beratung soll helfen, im Falle der Trennung oder Scheidung die Bedingungen für eine dem Wohl des Kindes oder Jugendlichen förderliche Wahrnehmung der Elternverantwortung zu schaffen (§ 17 Abs. 1, 3.).
- Eltern sollen unter angemessener Beteiligung des Kindes oder der Jugendlichen bei der Entwicklung eines einvernehmlichen Konzepts für die Wahrnehmung der elterlichen Sorge unterstützt werden (§ 17 Abs. 2).
- Mütter und Väter haben Anspruch auf Beratung und Unterstützung bei der Ausübung der Personensorge; Kinder und Jugendliche haben Anspruch auf Beratung und Unterstützung bei der Ausübung des Umgangsrechtes (§ 18 Abs. 1, Abs. 3).
- Kinder, Jugendliche, Eltern und andere Erziehungsberechtigte sollen bei Trennung und Scheidung unterstützt werden, wobei Fachkräfte verschiedener Fachrichtungen auf der Basis unterschiedlicher methodischer Ansätze zusammenwirken sollen (§ 28).

Die Dynamik hochstrittiger Elternkonflikte macht es notwendig, dass, wie es auch die Gesetzestexte vorgeben, Beratung auf zwei Ebenen tätig wird.

Zum einen geht es darum, die belastenden Elternkonflikte zu reduzieren und mit Vätern und Müttern Konzepte zu erarbeiten, die dem Kind eine möglichst unbelastete Beziehung zu beiden Elternteilen sichern.

Zum anderen ist es notwendig, die Kinder zu beteiligen und zu unterstützen und mit ihnen Möglichkeiten zu entwickeln, wie sie die Trennungssituation und die mit den Elternkonflikten verbundenen Belastungen möglichst unbeschadet verarbeiten können. Ein wichtiger Aspekt dabei ist, dass die Eltern im Falle von Hochstrittigkeit für die Kinder kein Zufluchtsort sind, an dem das Kind emotionale Sicherheit findet, sondern im Gegenteil: Ausgerechnet sie sind der Ausgangspunkt von Konflikten und Stress. Kinder sind deshalb auf andere Personen angewiesen, die sie unterstützen. Das können (neutrale) Familienangehörige sein, Freunde, Kontaktpersonen wie Erzieher und Lehrer, in vielen Fällen werden es aber auch professionelle Helfer sein (müssen).

Beratung mit hochstrittigen Eltern: Haltung, Strategien und Interventionen

Beratung mit hochstrittigen Eltern macht eine Weiterentwicklung und Ergänzung der herkömmlichen Vorgehensweisen notwendig. Das Ziel, Einvernehmen der Eltern zu erarbeiten, lässt an Mediation denken, doch auch deren herkömmliche Konzepte sind bei einer ausgeprägten Hochkonflikthaftigkeit nicht geeignet (Normann u. Loebel, 2011, S. 185 f.).

Haltung

Hochstrittige Mütter und Väter brauchen (auch) die Erfahrung, dass ihr Engagement für das Kind wahrgenommen und gewürdigt wird. Doch verlangt ein hohes Konfliktniveau hinsichtlich der Gestaltung des Beratungsprozesses insgesamt wie hinsichtlich der konkreten Interventionen ein hohes Maß an Strukturierung, Direktivität und Regelsetzung.

Grenzsetzung und Konfrontation nehmen einen größeren Raum ein gegenüber einer empathischen Beraterhaltung. Ein je nach Situation flexibler Wechsel zwischen verstärkenden, von Empathie getragenen und konfrontierenden, richtungsweisenden Interventionen ist angemessen und notwendig.

Setting

In dem Zusammenhang erweist sich ein angemessenes Setting als wichtiger Faktor. Das notwendige empathische Eingehen auf Mutter oder Vater ist in der Regel nur in Einzelsitzungen möglich. Auch können Einzelsitzungen notwendig sein, um Fähigkeit und Bereitschaft zur Verhandlung strittiger Themen mit dem ehemaligen Partner zu erarbeiten. Eine bewusste und an diesen Kriterien orientierte Gestaltung des Settings scheint für eine erfolgreiche Beratungsarbeit unerlässlich.

Angesichts der hohen Anforderungen der Beratung mit hochstrittigen Eltern erscheint in vielen Fällen eine Co-Beratung angemessen. Beim Einbezug von Kindern kann es sinnvoll sein, eine auch kindertherapeutisch qualifizierte Fachkraft einzusetzen, die als Vertrauensperson des Kindes vertiefte Einsichten in dessen Konflikte und Belastungen gewinnen und wichtige Impulse für den Gesamt-Beratungsprozess geben kann.

Angemessenheit der Beratungsziele

»Trennung bedeutet das Ende des Lebens als Paar, doch: Eltern bleiben Eltern.« Diese Formel, die zu Beginn der Achtzigerjahre des vergangenen Jahrhunderts dafür stand, dass Familie bei einer Trennung nicht am Ende ist, sondern als Eltern-Kind-System weiter besteht, enthält für viele Berater und andere professionelle Helfer die Aufforderung, auch nach einer Trennung eine kooperative Elternschaft anzustreben.

Doch wollen Mann und Frau durch eine Trennung Distanz zueinander schaffen. Wenn dies nicht gelingt und eine während des gemeinsamen Lebens entwickelte Verstrickung nicht beendet wird, wird dies zum Fortbestehen von Konflikten führen. Dann ist es kontraproduktiv und eine Überforderung, auf der Elternebene (gut) kooperieren zu sollen. Professionelle Helfer haben in dem Fall vielmehr die Aufgabe, einen Abgrenzungsprozess zu unterstützen oder zu initiieren, jedoch zugleich deutlich zu machen, dass Kinder beide Eltern brauchen.

Dies führt im positiven Fall zu Mustern paralleler Elternschaft, bei der Vater und Mutter die Bedeutung und Rolle des/der anderen respektieren, ohne selbst in häufigen oder nahen Kontakt zueinander zu treten. Der Wechsel des Kindes vom einen zum anderen kann/sollte dann durch andere Personen, wie neutrale Verwandte, Freunde, professionelle Helfer (z. B. Umgangspfleger), begleitet werden, was allen Beteiligten, vor allem auch den Kindern, belastende Erfahrungen bei der Übergabe ersparen kann.

Wenn mit hochstrittigen Eltern in der Beratung (zunächst) auf das Ziel einer kooperativen Elternschaft verzichtet wird, die Perspektive einer parallelen Elternschaft erarbeitet und die Einschätzung der Eltern, was als nächster Schritt möglich ist, ernst genommen wird, stärkt dies die Akzeptanz der Beratung durch die Eltern und motiviert sie zur Mitarbeit, auch dann, wenn der Beratungsprozess durch eine gerichtliche Anordnung initiiert wurde.

Kinder in der Beratung hochkonflikthafter Familien

Die Situation von Kindern bei Hochstrittigkeit der Eltern

Hochstrittige Eltern schaffen für ihre Kinder eine Lebenssituation, die durch Hilflosigkeit und Dauerstress gekennzeichnet ist. Ergebnisse des Forschungsprojektes »Kinderschutz bei hochstrittiger Elternschaft« (Dietrich, Fichtner, Halatcheva, Sandner u. Weber, 2010, S. 18 f.) verdeutlichen, wie Kinder die destruktiv geführten Auseinandersetzungen erleben: »Die Eltern streiten nicht nur anhaltend und verletzend, sie bleiben auch nach einer Auseinandersetzung häufig ›böse‹ und wütend aufeinander. Das elterliche Spannungsfeld wird von den Kindern als permanent (›Streit ohne Ende‹) erlebt, es gibt für sie keine Entspannung. Das ständige Überwachen der elterlichen Konflikte beutet ihre emotionalen Ressourcen aus und zieht in der Regel einen Zustand andauernder hoher physiologischer Erregung nach sich.«

Daraus resultiert, dass sich die Kinder dem elterlichen Konfliktgeschehen oftmals hilflos ausgeliefert fühlen. Sie wissen nicht, was sie tun sollen, und entwickeln nicht selten Befürchtungen, dass alles noch schlimmer werden könnte.

Als Effekte anhaltender Elternkonflikte auf die kindliche Entwicklung werden unter anderem internalisierende (Depressivität, Ängstlichkeit, Rückzug) und externalisierende (Aggressivität, Delinquenz) Verhaltensprobleme berichtet, Probleme bei der Emotionsregulierung, inadäquates Copingverhalten sowie geringes Selbstwertgefühl/ Selbstwirksamkeitserleben (Dietrich et al., 2010, S. 18).

Tiefendimensionen der kindlichen Befindlichkeit werden oft erst erfassbar, wenn das Kind Gelegenheit hat, eine vertrauensvolle Beziehung zu einer Person aufzubauen, die in die Konflikte der Eltern nicht involviert ist. In Gesprächen oder im symbolischen Spiel können dann andere Aspekte als die vordergründig feststellbaren Verarbeitungsmechanismen sichtbar werden.

Einbezug der Kinder in die Beratung

Während in der Vergangenheit die Arbeit mit den Eltern im Fokus der Beratung hochstrittiger Väter und Mütter stand, wird angesichts der berichteten Befunde zunehmend darauf hingewiesen, dass auch die Kinder in die Beratung einbezogen werden sollten. Die Belastungen, die im konkreten Fall vom Elternverhalten ausgehen, die jeweiligen Resilienzen und Vulnerabilitäten des Kindes wie seine wesentlich auch altersabhängigen und geschlechtsspezifischen Verarbeitungsformen sollten im einzelnen Fall gesehen und bewertet werden. Nur so kann eine geeignete Basis für passgenaue Interventionen zum Schutz und zur Unterstützung des Kindes gewonnen werden. Auch wird darauf hingewiesen, dass die Tätigkeit anderer kindbezogener Professionen im Rahmen des familiengerichtlichen Verfahrens beendet ist, wenn das Verfahren abgeschlossen ist (z. B. Verfahrensbeistand, Umgangspfleger), dass aber die kindlichen Belastungen oft weiter anhalten. Beratung erweist sich dann als eine Institution, die die Möglichkeit hat, am Kind zu bleiben.

Angesichts dessen kommt die Bundeskonferenz für Erziehungsberatung zu der Folgerung, dass es in der Beratung hochstrittiger Familiensysteme zur Regel werden sollte, die Kinder einzubeziehen (Bundeskonferenz für Erziehungsberatung, 2013).

Die Notwendigkeit weiterer, auch geschlechtsspezifischer Modelle für den Einbezug von Kindern

Für Kinder getrennt lebender Eltern wurden Mitte der Neunzigerjahre Gruppeninterventionsprogramme entwickelt (Fthenakis, 1995; Jaede, Wolf u. Zeller-König, 1996). Diese werden – bei deutlichen regionalen Unterschieden – von vielen Beratungsstellen und anderen Diensten durchgeführt und als effektive Unterstützung von Kindern nach Trennung und Scheidung geschätzt. In der Zwischenzeit liegen auch Modelle für den Einbezug einzelner Kinder in die Beratung hochstrittiger Elternsysteme vor, auch solche, die spezifischer die Situation von Kindern bei Hochstrittigkeit der Eltern im Auge haben (Löcher, 2006; Müller, 2006). Doch sind diese Konzepte kaum systematisch erprobt.

Auch ist in dem Zusammenhang bedeutsam, dass es in der Beratungslandschaft eine stärkere Ausrichtung auf Mädchen und Frauen gibt (siehe z. B. Sprachorientierung, Einrichtung von Spielzimmern und Therapieräumen), dass es aber gerade in der Verarbeitung der Nachtrennungssituation geschlechtsspezifische Unterschiede gibt und gezielte Angebote für Jungen sinnvoll und notwendig wären.

Eine richtungsweisende Ausnahme gibt es beispielsweise in der Weiterentwicklung des Konzepts von Müller (mündlicher Bericht). Angesichts der stärker handlungsorientierten Ausrichtung von Jungen hat er für seine »Jungs in Trennungs- und Scheidungssituationen« ein Angebot zum »Zaubernlernen« etabliert, das sich als wichtige Unterstützung des Selbstwirksamkeitserlebens und als Hilfe zum Einstieg in andere Formen der Situationsverarbeitung erweist.

Es wäre wünschenswert, dass insgesamt mehr Konzepte für den Einbezug von Kindern entwickelt würden, sodass ein Pool möglicher Vorgehensweisen zur Verfügung stünde, der der Vielzahl der Konstellationen gerecht würde.

Die Regelungen des FamFG machen eine Kooperation der Professionen notwendig

Hochstrittige Väter und Mütter sind, vordergründig zumindest, davon überzeugt, dass sie selbst das Richtige und Beste für ihr Kind tun und dass bestehende Probleme vom anderen Elternteil ausgehen. Wenn sie Hilfe in einer Beratungseinrichtung suchen, dann in der

Regel nicht, um eigenes Verhalten zu überdenken und Kompromisse zu schließen, sondern, um sich über den/die »Ex« zu beklagen und darauf hinzuweisen, dass es bei ihm/ihr Änderungsbedarf gibt.

Da nun aber Kindschaftssachen *nicht* in einem streitigen Verfahren entschieden, sondern die bestehenden Elternkonflikte nach Möglichkeit gelöst werden sollen, wurden in das Verfahrensrecht zunehmend »Fenster zur einvernehmlichen Streitregelung« (Coester, 2003, S. 79) eingebaut. Konflikthafte Eltern wurden nach der Kindschaftsrechtsreform von den Gerichten verstärkt an Beratungsdienste verwiesen und schließlich wurde im »Gesetz über das Verfahren in Familiensachen und in den Angelegenheiten der freiwilligen Gerichtsbarkeit« (FamFG) 2009 geregelt, dass Beratung angeordnet werden kann.

Im FamFG wurden auch Aufgaben anderer Professionen im Kontext des familienrechtlichen Verfahrens (neu) geregelt (so z. B. Verfahrensbeistand [§ 158], Jugendamt [§ 162], Sachverständige [§ 163]). Um mit ihren spezifischen Möglichkeiten und Maßnahmen wirksam werden zu können, ist dabei jede beteiligte Profession auf eine koordinierte und verlässliche Arbeitsweise der anderen angewiesen. Die »Cochemer Praxis« hatte sich in diesem Sinne als interdisziplinäres, auf Einvernehmen der Eltern zielendes Konzept seit den Neunzigerjahren entwickelt und stand Modell für viele lokale Kooperationsformen und Arbeitskreise, die sich in der Folge bildeten.

Mit der Konfliktintensität der Eltern steigt in der Regel die Anzahl der involvierten Professionen. Wenn deren Tätigkeit nicht koordiniert wird, besteht die Gefahr, dass sich die Dynamik des Elternkonfliktes auf das Helfersystem überträgt. Dann wird dieses die bestehenden Probleme nicht lösen, sondern selbst Teil des Problems werden.

Aufgabe der Kooperation: Das Fortbestehen der kindlichen Beziehung zu beiden Eltern

In der Cochemer Praxis erfolgte insbesondere eine konsequente, mitunter als zu bedingungslos kritisierte Umsetzung der normativen Setzung des Gesetzgebers, dass zum Wohl des Kindes in der Regel der Umgang mit beiden Elternteilen gehört (§ 1626 Abs. 3 BGB).

Bundesweit gesehen gibt es jedoch eine sehr heterogene Landschaft in Bezug auf eine konsequente Haltung gegenüber der schon 1982 vom Bundesverfassungsgericht formulierten Feststellung, dass das Fortbestehen der familiären Sozialbeziehungen nach einer Trennung der Eltern eine entscheidende Grundlage für eine stabile und gesunde psychosoziale Entwicklung des heranwachsenden Menschen ist. Ebenso gibt es regional grundlegende Unterschiede bezüglich einer geordneten Koordination und Kooperation der Professionen.

Vor allem bei Hochstrittigkeit kapitulieren Gerichte nach wie vor, wenn Mütter den Kontakt des Kindes mit dem Vater nachdrücklich sabotieren. Zum anderen macht die rechtliche Stellung nichtehelicher Väter aber auch deutlich, dass die angesprochenen normativen Positionen des Gesetzgebers von diesem selbst nicht ernsthaft eingelöst werden.

Beratung kann ihre dialogischen Kompetenzen bei hochstrittigen Eltern jedoch nur dann konstruktiv einsetzen, wenn durch Gesetzgeber und Gerichte in diesem Punkt Eindeutigkeit vermittelt wird und nicht eine – wie zurzeit noch deutlich wahrnehmbare – Grauzone besteht.

Literatur

Alberstötter, U. (2006). Wenn Eltern Krieg gegeneinander führen. Zu einer neuen Praxis der Beratungsarbeit mit hoch strittigen Eltern. In M. Weber, H. Schilling (Hrsg.), Eskalierte Elternkonflikte. Beratungsarbeit im Interesse des Kindes bei hoch strittigen Trennungen (2. Aufl., S. 29–51). Weinheim u. Basel: Beltz.

Behrend, K. (2009). Kindliche Kontaktverweigerung nach Trennung der Eltern aus psychologischer Sicht. Entwurf einer Typologie. Dissertation Universität Bielefeld.

Bundeskonferenz für Erziehungsberatung (bke) (2013). Beratung von Hochkonflikt-Familien im Kontext des FamFG. Fachliche Standards. Informationen für Erziehungsberatungsstellen 1/13, 3–10.

Coester, M. (2003). Gütliche Einigung und Mediation in familienrechtlichen Konflikten. Kindschaftsrechtliche Praxis, 6 (3), 79–84.

Deutscher Bundestag (2007). Entwurf eines Gesetzes zur Reform des Verfahrens in Familiensachen und in den Angelegenheiten der freiwilligen Gerichtsbarkeit (FGG-Reformgesetz – FGG-RG), Drucksache 16/6308, 164.

Fichtner, J., Dietrich, P. S., Halatcheva, M., Hermann, U., Sandner, E. (2010). Kinderschutz bei hochstrittiger Elternschaft. Wissenschaftlicher Abschlussbericht. München.

Dietrich, P. S., Fichtner, J., Halatcheva, M., U., Sandner, E., Weber, M. (2010). Arbeit mit hochkonflikthaften Trennungs- und Scheidungsfamilien. Eine Handreichung für die Praxis. München: Deutsches Jugendinstitut.

Fthenakis, W. (Hrsg.) (1995). Initiative Junge Familie: Gruppeninterventionsprogramm für Kinder mit getrennt lebenden oder geschiedenen Eltern. Weinheim: Beltz.

Glasl, F. (1994). Konfliktmanagement – ein Handbuch für Führungskräfte und Berater. Stuttgart: Freies Geistesleben.

Jaede, W., Wolf, J., Zeller-König, B. (1996). Gruppentraining mit Kindern aus Trennungs- und Scheidungsfamilien. Weinheim: Beltz.

Kindler, H. (2011). Äpfel, Birnen oder Obst? Partnerschaftsgewalt, Hochstrittigkeit und die Frage nach sinnvollen Interventionen. In S. Walper, J. Fichtner, K. Normann (Hrsg.), Hochkonflikthafte Trennungsfamilien. Forschungsergebnisse, Praxiserfahrungen und Hilfen für Scheidungseltern und ihre Kinder (S. 111–130). Weinheim u. München: Juventa.

Löcher, S. (2006). Beteiligung und Unterstützung von Kindern in Orientierung an spieltherapeutischen Konzepten. In M. Weber, H. Schilling (Hrsg.), Eskalierte Elternkonflikte. Beratungsarbeit im Interesse des Kindes bei hoch strittigen Trennungen (2. Aufl., S. 131–144). Weinheim u. Basel: Beltz.

Müller, P.-G. (2006). Kindeswohl und Kindeswille als Maßstab und Wegweiser: Psychologische Diagnostik mit Kindern im Rahmen gerichtsnaher Trennungs- und Scheidungsberatung. In M. Weber, H. Schilling (Hrsg.), Eskalierte Elternkonflikte. Beratungsarbeit im Interesse des Kindes bei hoch strittigen Trennungen (2. Aufl., S. 119–129). Weinheim u. Basel: Beltz.

Normann, K., Loebel, A. (2011). Chancen und Grenzen der Mediation in der Arbeit mit Hochkonflikt-Familien. In K. Menne, M. Weber (Hrsg.), Professionelle Kooperation zum Wohl des Kindes. Hinwirken auf elterliches Einvernehmen im familiengerichtlichen Verfahren (FamFG) (S. 173–190). Weinheim u. München: Juventa.

Weber, M., Schilling, H. (Hrsg.) (2006). Eskalierte Elternkonflikte. Beratungsarbeit im Interesse des Kindes bei hoch strittigen Trennungen (2. Aufl.). Weinheim u. Basel: Beltz.

Uwe Jopt

Trennungsleid im Spannungsfeld zwischen Partnerschaft und Elternschaft

Plädoyer für einen systemisch orientierten Umgang mit der Trennungsfamilie

Das Zerbrechen einer Beziehung ist in der Regel ein hochdynamischer und turbulenter Prozess, der mit dem demografischen Etikett »Trennung« nur unzureichend beschrieben ist. Selten erfolgt dieser Schritt symmetrisch und einvernehmlich, sodass man besser vom Verlassenwerden eines Partners gegen seinen Willen sprechen sollte. Dann wird schnell bewusst, weshalb dabei in vielen Fällen die emotionalen Wogen so hoch schlagen. Davon können Männer wie Frauen gleichermaßen betroffen sein, sodass Trennungsschmerz auf Paarebene *geschlechtsneutral* auftritt. Sobald Kinder beteiligt sind, ist jedoch das Gegenteil der Fall. Da weit über 80 % aller Trennungskinder anschließend bei ihren Müttern leben, befinden sich auf Elternebene die meisten Frauen in der eindeutig stärkeren Position, wofür es eine ganze Reihe von Gründen gibt. Das muss nichts bedeuten, kann jedoch schnell einen erheblichen Machtvorteil mit sich bringen, wenn das Kind selbst den Kontakt zum Vater abbricht. Solche »Entfremdung« gilt aus fachlicher Sicht zwar als verbreitete kindliche Strategie, sich der psychischen Bedrohung durch Elternstreit zu entziehen, doch das ist weder Vater noch Mutter bewusst. Die Folge ist ein erbitterter Elternstreit um Umgangskontakte, der das gesamte familiengerichtliche Helfersystem, Gutachter eingeschlossen, hilflos machen kann. Oft gelingt es letztlich nicht, das Kind zu bewegen, sich wieder auf seinen Vater einzulassen. Trennungsleid auf Elternebene ist insofern *männlich.* Das kann in den meisten Fällen auch kein psychologischer Gutachter verhindern, jedenfalls keiner, der dieses Problem mit der im Familienrecht verbreiteten Methodik elterlicher Bewertung und Auswahl zu lösen versucht. Einziger Ausweg: ein ganzheitlich-systemischer psychologischer Umgang mit der Trennungsfamilie, der im Interesse der Kinder darauf abhebt, ihnen das ganze Netzwerk an emotionalen Familienbeziehungen trotz Trennung der Eltern als Paar bestmöglich zu erhalten. Das ist Aufgabe und Anliegen der *lösungsorientierten Begutachtung,* die aus hier vertretener Sicht die beste und einzige Alternative darstellt, Trennungskinder im Rechtsstreit ihrer Eltern nicht länger nur einem von beiden zuzuordnen, sondern ihnen dabei zu helfen, ein möglichst belastungsarmes Leben in ihrer Nachtrennungsfamilie zu führen.

Scheiden tut weh – Trennungsleid auf Paarebene

Trennung als Name für das Scheitern einer einstigen Liebes- und Lebensgemeinschaft ist ein Euphemismus. Die Vorstellung, zwei Erwachsene gingen nach dem Scheitern ihrer Liebesbeziehung einvernehmlich und in freundschaftlicher Verbundenheit auseinander, mag vereinzelt zutreffen, ein solches Ende ist jedoch eher selten. Meist verläuft die Trennungsentwicklung bei Erwachsenen eher asynchron. Was der eine als richtigen Schritt für sich erkannt hat, erlebt der andere als psychische Gewalt, der er aus eigener Kraft nichts entgegenzusetzen hat, von Ausnahmen abgesehen. Insofern wäre es eigentlich treffender, den Begriff Trennung durch den vom *Verlassenwerden* auszutauschen – zumindest dann, wenn damit nicht nur der demografische Fakt einer gescheiterten Paarbeziehung, sondern in erster Linie der oft hochdynamische Prozess des Kampfes um Schuld und Ursache, um »Nichts geht mehr« und »ein letzter Versuch« gemeint ist. Aber genau darum geht es aus Betroffenensicht. Wobei es nicht darauf ankommt, ob man selbst es ist, der den Partner verlässt, durch Auszug oder räumliche Trennung innerhalb der Wohnung, oder ob man von ihm verlassen wird. Die Aufteilung eines Trennungspaares nach solchen objektiv unterscheidbaren Handlungen – der eine geht, der andere bleibt zurück – genügt nicht, um daraus eine klare Dichotomie abzuleiten. Auch ein Partner, der den anderen verlässt, kann sich durchaus selbst als Verlassener fühlen.

Man denke nur an die Ehefrau, die ihrem Mann nach zahllosen vergeblichen Versprechungen, von seiner Alkoholabhängigkeit loskommen und in Therapie gehen zu wollen, schließlich irgendwann nicht mehr glaubt und geht. Damit ist sie von außen betrachtet zwar die Aktive, die den ersten Schritt macht. Innerlich kann die Enttäuschung über die vielen nie eingehaltenen Vertröstungen, die Ehe um keinen Preis aufs Spiel setzen zu wollen, jedoch so groß sein, dass sie selbst sich wie eine Verlassene fühlt.

Das zeigt: Die Charakterisierung von Trennung nach objektiven Außenkriterien entspricht lediglich einer statistischen Sicht. Im konkreten Fall können dieselben Gefühlslagen und Affekte gleichermaßen beim verlassenen wie beim verlassenden Partner auftreten, womit letztlich jeder Erwachsene für sich selbst entscheidet, in welcher psychologischen Lage er sich zum Trennungszeitpunkt befindet. Gefühlt ist Trennung somit in erster Linie ein *psychologisches Konzept.* Insofern muss es kein Widerspruch sein, wenn zwei Partner sich gleichzeitig als diejenigen sehen, von denen der Trennungsschritt ausging, oder gleichzeitig beteuern, selbst keine Beendigung der Beziehung gewollt zu haben.

Erst wenn man sich vor Augen führt, wie eng dieser Begriff für den Einzelnen mit schwerster Bedrohung seiner Identität und dramatischen Verlusten seines emotionalen Halts verbunden sein kann, wird nachvollziehbar, warum die Wogen bei Trennung häufig so hoch schlagen und auf beiden Seiten Amplituden entwickeln können, die der andere bis dahin niemals für möglich gehalten hätte. Es gibt kaum ein zweites kritisches Lebensereignis, das eine ähnliche Bandbreite an Gefühlen, Affekten, Überreaktionen und Kurzschlusshandlungen auszulösen vermag – von Freude und Erleichterung über Enttäuschung und Trauer bis hin zu Wut, Hass und Rachefantasien. Trotzdem soll Trennung als Begriff für diesen Prozess voller Dynamik, Turbulenzen und Unberechenbarkeiten – nicht wenige glauben, jetzt habe der Partner erstmals sein »wahres Gesicht« gezeigt – aufgrund seiner großen alltagssprachlichen Verbreitung auch hier beibehalten bleiben. Die ganze Tragweite vermittelt sich jedoch nur dann, wenn dabei die Vorstellung vom unfreiwilligen Verlassenwerden nicht aus dem Blick gerät.

Dann erst offenbart sich der »emotionale Super-GAU«, der mehr oder weniger plötzlich über die Menschen hereinbricht und dem nur wenige mit Souveränität und Besonnenheit zu begegnen wissen, weil niemand sie vorher auf den passenden Umgang mit dieser

Ausnahmeerscheinung im Leben vorbereitet hat. Daran ändert sich auch beim nächsten Mal nichts Grundlegendes. Obwohl Trennung dank Medien und rasant zunehmender Quoten seinen Charakter von Außergewöhnlichkeit und persönlichem Schicksalsschlag im öffentlichen Bewusstsein längst verloren hat, daran gewöhnen können sich offensichtlich nur wenige. In dem Moment, wo es den Einzelnen selbst »erwischt«, sind sämtliche medialen und öffentlichen Pauschalierungen außer Kraft gesetzt und es startet jener einzigartige Film voller Emotionen und Affekte, der nur selbst erlebt werden kann und den jeder für seinen einzigartigen Sonderfall hält.

So auf sich selbst zurückgeworfen, agieren die meisten Betroffenen hochgradig »aus dem Bauch heraus«, das heißt, sie reduzieren einen meist hochkomplexen Geschehensverlauf – vielen Trennungen sind zunächst höchst turbulente Phasen des Ringens, Abwägens, Verwerfens, Probierens und Ähnliches mehr vorausgegangen – auf eine einfache Schwarz-Weiß-Struktur, indem sie selbst sich ausschließlich für Reagierende und Opfer und den anderen für den vorsätzlichen Akteur halten, der ihnen vorsätzlich und grundlos schaden will. Da der wiederum dasselbe Kausalmuster auch für sich beansprucht, »nur« mit umgekehrten Vorzeichen, ist im Trennungskonflikt meist ausreichend dafür gesorgt, dass es dem *Kampf um die wahre Wahrheit* auf lange Sicht an verbalem Brennstoff nicht fehlt.

Dabei hilft ein elementarer psychologischer Mechanismus, der als *Interpunktion* bezeichnet wird (Watzlawick u. Weakland, 1980). Er ist grundsätzlich überall dort anzutreffen, wo zwei Menschen miteinander streiten – insofern ist er universell und keineswegs nur ein Motor, der Trennungsstreit in Gang hält. Dank ihm ist es widerspruchsfrei möglich, sich selbst durchgängig immer nur in Verteidigungshaltung zu sehen und den andern als Angreifer zu erleben. Dazu muss jeder der beiden Streitenden den Weg zum Scheitern der Partnerschaft lediglich dort beginnen lassen, wo er selbst auf eine Vorgabe des andern *reagiert* hat. Weil diese Reaktion wiederum aus Sicht des Gegenübers ebenfalls eine Vorgabe ist, jetzt von der anderen Seite, entsteht letztlich eine interaktive Kette ohne Anfang und Ende, die vor allem dafür sorgt, dass der Dissens des einstigen Paares – ihr *Streit* darum, wer die eigentliche Verantwortung für sein Scheitern trägt – anhaltend aufrechterhalten bleibt (Jopt, 1992, 2002).

Insofern war es 1977 aus gesellschaftlicher Sicht zwar richtig, das Schuldprinzip als Scheidungsregulativ ersatzlos zu streichen; in den Köpfen der Menschen existiert es jedoch bis heute unverändert weiter und wird sich dort vermutlich auch nie verdrängen lassen (Willutzki, 1997).

Im vorliegenden Zusammenhang bleibt somit festzuhalten, dass dank *Interpunktion* jeder Trennungspartner unbemerkt dafür »sorgt«, dass er in seiner Opferrolle, damit auch in seiner Enttäuschung und in seinem Selbstmitleid als Verlassener bzw. am Fehlverhalten des anderen Gescheiterter, verharren und in ihm den Alleinverantwortlichen für das Scheitern der gemeinsam geplanten Zukunft sehen kann. Insofern trifft das Motto auf dem Trailer zu dieser Tagung den Nagel auf den Kopf: *Scheiden tut weh!* Dabei gibt es auf Paarebene *keine geschlechtsspezifischen Unterschiede.* Wie tief und anhaltend Trennungsleid in jedem Einzelnen verankert ist, wie schlecht es ihm damit geht, den Liebespartner verloren zu haben, das hängt weitgehend von seiner Persönlichkeit ab. Ansonsten ist es völlig gleich, welchen Geschlechts die Betroffenen sind – die Bandbreite denkbarer Gefühle ist bei Männern keine andere als bei Frauen. Moderierende Wirkung hat allein, in welcher Rolle man sich im Trennungsprozess erlebt.

Trennung auf Elternebene

Ganz anders dagegen, wenn aus der Beziehung *Kinder* hervorgegangen sind und somit mit der Trennung nicht nur eine Liebesbeziehung zwischen zwei Erwachsenen endet, sondern darüber hinaus auch noch eine Familie zerbricht, zumindest in ihrem bisherigen Gefüge nachhaltig erschüttert wird. Sobald Kinder mit ins Spiel kommen, treten schnell ganz neue Spannungen auf, die die psychischen Belastungen der Erwachsenen auf Paarebene leicht um ein Vielfaches überragen können. Oft genügt es schon, wenn ein Partner den Gedanken an Trennung nur laut ausspricht, um beim andern nicht nur sofort eine ganze Lawine von Zukunftsängsten auszulösen. Noch im gleichen Moment kann die Auseinandersetzung unverhofft eine Wendung nehmen, an die bis dahin keiner auch nur gedacht hat.

Drehte sich vorher alles ausschließlich um die bestehende Paarkrise, so wechselt der Streit jetzt nicht nur kategorial auf die Elternebene. Dort nimmt er zugleich von Anfang an eine Schärfe an, die jegliche versöhnlichen Töne zwischen zwei Eltern, die beide ihr Kind lieben, in weite Ferne rücken lässt. Streit um Kinder hat seine völlig eigene Magie. Wo er auftritt, scheinen sämtliche Probleme auf Paarebene praktisch vergessen zu sein und es geht nur noch um wechselseitige Forderungen zum zukünftigen Mutter-Kind- bzw. Vater-Kind-Verhältnis. Wobei Mütter sich umso stärker auf ihre Kinder fokussieren, je heftiger der Vater damit droht, die Wohnung nicht ohne seine Kinder verlassen zu werden. Erstmals wird unübersehbar, wie eng Konflikte zwischen Trennungspartnern und Konflikte zwischen Trennungseltern zusammenhängen.

Im Wesentlichen sind es zwei Fragen, die dabei für Eltern im Zentrum stehen. Zum einen geht es um den zukünftigen *Lebensmittelpunkt* des Kindes nach der Trennung, bis 1998 war damit in rechtlicher Sicht der Streit ums Sorgerecht verbunden. Die andere betrifft die *Umgangsregelung,* das heißt die zukünftige *Beziehungsgestaltung* zwischen dem Kind und seinem es dann nicht betreuenden Elternteil. Dabei handelt es sich aus juristischer Sicht um zwei voneinander unabhängige Sachverhalte, die unmittelbar nichts miteinander zu tun haben und in getrennten Gerichtsverfahren behandelt werden.

Aber das ist nur (rechts-)theoretisch der Fall. Aus Sicht von Trennungseltern handelt es sich hierbei jedoch nicht unmittelbar um juristische Fragen. Das sind sie zwar auch und im weiteren Verlauf familiengerichtlichen Streits wird dieser Aspekt in vielen Fällen auch immer mehr in den Vordergrund rücken. Doch zunächst handelt es sich hierbei um psychologische Fragen von fundamentaler persönlicher Wichtigkeit – für beide Eltern. Bei welchem Elternteil ein Kind zukünftig lebt, entscheidet nachhaltig darüber, wer von den Eltern sein bisheriges Beziehungsleben mit dem Kind weitestgehend fortsetzen und wer in dieser Hinsicht nur noch *Umgang* mit ihm haben darf.

Wen das trifft, der muss anschließend eine erhebliche Verschlechterung seines bisherigen Elternlebens hinnehmen, da das Zusammenleben mit Kind in erster Linie kein räumlich-technisches oder finanzielles Problem darstellt – das ist es auch, aber für die meisten Eltern keineswegs vorrangig –, sondern zuallererst ein sinnlich-emotionales. Umgang ist der juristische Name für ein einzigartiges Beziehungsverhältnis, für die Liebesbeziehung zwischen einem Elternteil und seinem nicht mit ihm zusammenlebenden Kind. Insofern geht es bei der Umgangsfrage letztlich um Liebe und Intimität (Schneewind, 1991), um Aufrechterhaltung und Ausgestaltung der seelischen Verbundenheit mit diesem Kind unter höchst restriktiven Bedingungen.

Damit ist an dieser Stelle ein zentraler, vielleicht der wichtigste Aspekt von Elternsein berührt: Für die meisten Menschen ist dies nicht nur der Name für eine Verwandtschaftsbeziehung, sondern weitaus mehr. Muttersein, Vatersein sind zentrale Elemente von *Identität* und *Lebenssinn,* die nur durch Nähe und Kontakt mit einem Kind sinnlich zu fühlen und zu genießen sind. Deshalb dürften nur wenige Elternteile und schon gar nicht diejenigen, um die es in diesem Beitrag geht, bereit sein, freiwillig auf Alltagsnähe zu ihrem Kind zu verzichten. Wenn einmal feststeht, dass sie es sind, die mit ihm nicht zusammenleben können bzw. dürfen, dann wollen die meisten möglichst nah bei ihm wohnen, damit der Kontakt nicht mehr als unvermeidlich erschwert wird.

So gesehen ist der Elternstreit um den zukünftigen *Lebensmittelpunkt* des Kindes auf den ersten Blick nicht ganz unverständlich. Keiner möchte den damit verknüpften Vorteil von emotionaler Nähe und Intimität leichtfertig verlieren. Doch wenn dieser Wettstreit einmal entschieden ist, dann müsste eigentlich, so sollte man glauben, Ruhe einkehren, nachdem der »beste Platz« vergeben ist. Demgegenüber handelt es sich beim Umgang – rational gedacht – um ein eher einfaches Problem, weil es jetzt nichts mehr zu verlieren gibt, sondern lediglich noch räumlich-zeitliche Absprachen zwischen den Eltern getroffen werden müssen. Oft bestätigt sich diese Erwartung auch, indem es ihnen gelingt, gemeinsam eine Umgangsregelung zu treffen, die den Interessen und Bedürfnissen ihres Kindes bestmöglich Rechnung trägt. Womit dann dem Eintritt in eine befriedete Nachtrennungsfamilie nichts mehr im Wege steht.

Doch das ist längst nicht durchgängig der Fall. Umgang ist keineswegs für alle Eltern in erster Linie ein planungstechnisches Problem der Abstimmung und Festlegung passender Zeitfenster. Häufig ist das Gegenteil der Fall. Umgangsstreitigkeiten über Häufigkeiten und Dauer von Elternteil-Kind-Kontakten mit oder ohne Übernachtung, die Gestaltung gemeinsamer Ferienzeiten, Geburtstage, Feiertage und Ähnliches mehr machen heute im Vergleich zu Sorgerechtsstreitigkeiten den deutlich größeren Anteil familiengerichtlicher Streitigkeiten aus – bis zur Kindschaftsrechtsreform von 1998 war das noch umgekehrt. Wie lässt sich das verstehen?

Elternstreit und Umgang

Alle Streitigkeiten von Trennungseltern, die um den zukünftigen Standort des Kindes kreisen, haben zumindest offiziell einen sachlichen Hintergrund – jeder möchte die Alltagsnähe zu ihm behalten. Das ist auch aus juristischer Sicht eine zentrale Aufgabe der Justiz: Sofern Eltern selbst sich darüber nicht einigen können, ist das Gericht gehalten, den zum Wohl des Kindes geeigneteren Elternteil zu bestimmen. Zwar kann der *Verlierer* gegen seine Entscheidung noch einmal in die Beschwerde gehen, doch wenn die übergeordnete Gerichtsinstanz das Urteil bestätigt, was mit Abstand am häufigsten der Fall ist, kehrt schließlich *Ruhe* ein, der gerichtliche Streit ums Kind ist vorerst beendet.

Dabei handelt es sich zwar *nur* um *Rechtsfrieden* und nicht um jenen *Beziehungsfrieden* zwischen seinen Eltern, den Kinder sich wünschen. Insofern ist eine nur verfahrensrechtliche Streitbeilegung meist trügerisch. Beendet ist damit lediglich die gerichtliche Auseinandersetzung, während der Streit *zwischen den Eltern* meist latent explosiv fortbesteht. Doch diesen – aus Kinder- wie aus Elternsicht beträchtlichen – Unterschied kennt die Justiz nicht. Wenn der Rechtsstreit letztinstanzlich *entschieden* ist, herrscht auch kein Streit mehr. Jedenfalls keiner von rechtlicher Relevanz, und nur auf den kommt es aus juristischer Sicht an. Daraus folgt: Wurde über den Lebensmittelpunkt eines Kindes einmal rechtsverbindlich entschieden, kann der unterlegene Elternteil den Lebensmittelpunkt seines Kindes beim Expartner nur noch hinnehmen.

Ganz anders dagegen liegen die Verhältnisse beim Umgangsstreit. Hier gibt es durch gerichtliche Entscheidungen zwar auch ein Ende. Diese Enden sind jedoch immer nur Zwischenstopps. Aus verfassungsrechtlicher Sicht ist Umgang ein hohes Rechtsgut, in das zulasten des berechtigten Elternteils nur unter der Voraussetzung eingegriffen werden darf, dass das *Kindeswohl* diese restriktive Maßnahme erfordert. Sobald diese Voraussetzung nicht länger besteht, muss Umgang wieder ermöglicht werden. Das hat zur Folge, dass Eltern heftig und anhaltend, manchmal über Jahre, darüber streiten können, ob dies der Fall ist. Selbst eine zwischenzeitliche Einigung über die Ausgestaltung von Umgangskontakten ist kein Garant für Ruhe, da der Streit jederzeit wieder entflammen und dem Familiengericht zur erneuten Entscheidung vorgelegt werden kann. Theoretisch können solche Auseinandersetzungen bis zur Volljährigkeit des Kindes geführt werden – was vereinzelt tatsächlich auch geschieht (!).

Nirgendwo sonst wird so gnadenlos um Trennungskinder gekämpft wie auf der Bühne »Umgang«, wobei immer häufiger auch *das Kind selbst* in die Auseinandersetzungen mit einbezogen wird. Das geschieht meist in der Form, dass es im hocheskalierten Streit gegen den nicht betreuenden Elternteil Position bezieht. Was den Konflikt dann nur noch weiter anheizt. Längst ist allen Professionellen am Familiengericht bewusst, dass es in diesem meist ungleichen »Kampf« – wer das Kind betreut, befindet sich eindeutig in der stärkeren Position – keineswegs immer nur um Ängste und Sorgen in Bezug auf das Kind geht. Mit der Trennung geht strukturell eine Machtumkehr einher, die es zumindest möglich macht, einen unerledigten Beziehungskrieg jetzt auf Elternebene fortzusetzen – was sich im Einzelfall zwar vermuten, aber kaum beweisen lässt.

Entfremdung

Doch das mag die einem Umgangsstreit zugrunde liegende Motivation erklären, offen bleibt dann immer noch die Frage, wie es möglich ist, dass ausgerechnet die rational betrachtet relativ einfache Regelung von Umgangskontakten ein derartiges Konfliktpotenzial entfalten kann. Dass es unbewältigte Paarkonflikte aus der Vergangenheit sein sollen, die sich im Umgangsstreit niederschlagen, ist auf Anhieb kaum nachzuvollziehen, solange Umgang nur als juristischer Name für ein eigenständiges Beziehungsverhältnis zwischen einem Elternteil und seinem Kind verstanden wird. Theoretisch ist diese Dyade ebenso wenig mit dem Expartner verbunden wie dessen eigenes Beziehungsleben mit dem Kind umgekehrt auch. Doch das ist eben nur der logische Blick. Tatsächlich kann die Verknüpfung zwischen gescheiterter Partnerschaft und gegenwärtiger Elternschaft so eng ausfallen, dass sich für Außenstehende überhaupt nicht mehr erkennen lässt, welcher Ebene ein konkreter Streitinhalt noch zuzuordnen ist. Der Weg in eine solche Fusion ist allerdings kein direkter, sondern ein psychologischer.

Die häufigste Antwort zur Ursachenfrage in Bezug auf Umgangsstreit, nicht nur von Müttern, verweist darauf, dass es das Kind selbst ist, das den Kontakt zum anderen Elternteil ablehnt (Entfremdung). Sie ist nicht einfach von der Hand zu weisen, weil der Wille eines Kindes als Ausdruck seiner Persönlichkeit bis hin zum Verfassungsgericht als Rechtsgut von hohem Rang betrachtet wird. Das Problem in diesem Zusammenhang ist jedoch die *Authentizität* der Willensäußerung. Da sich ein gegen den umgangsberechtigten Elternteil gerichteter Kindeswille, insbesondere bei jüngeren Kindern, relativ leicht induzieren, das heißt durch *Beeinflussung* herstellen, lässt, darf ihm keineswegs automatisch stattgegeben werden (Dettenborn, 2001).

Auf solche willkürliche Beeinflussung hat der amerikanische Kinder- und Jugendpsychiater Richard Gardner (1992) eine Theorie gegründet, die unter dem Kürzel PAS bis heute vor allem von betroffener Elternseite hochgehalten wird. Diese Auffassung wird hier jedoch in dieser Pauschalität – danach gilt jede Ablehnungshaltung eines Kindes, gleich welchen Alters, als PAS und damit als Ergebnis seiner willkürlichen Beeinflussung durch die Mutter – nicht geteilt (vgl. Jopt u. Behrend, 2000). Der Verdacht einer Beeinflussung relativiert das Problem Entfremdung zwar, löst es aber nicht, solange nicht geklärt ist, wie sich bei einem Kind zwischen induziertem und authentischem Willen unterscheiden und wie sich der seine Ablehnungshaltung prägende psychologische Mechanismus verstehen lässt.

Genauer: Wie schafft es ein Kind, plötzlich zu einem Elternteil auf Distanz zu gehen, der bis zur Trennung von herausragender emotionaler Bedeutung war und bis zur Trennung nicht weniger von ihm geliebt wurde als der betreuende? Und *warum* legen es Betreuende – das sind zwar überwiegend Mütter, Entfremdung ist jedoch mit umgekehrten Vorzeichen auch bei betreuenden Vätern anzutreffen – überhaupt darauf an bzw. lassen es auch nur zu, dass sich ihr Kind vom anderen Elternteil abwendet?

Darauf gibt es im Wesentlichen zwei Antworten. Trennungskinder können im Unterschied zu Kindern aus intakten Familien nicht einfach im Elternkonflikt verharren und abwarten, bis die Spannungen zwischen ihren Eltern wieder abgeklungen sind. Dass das so schnell nicht passieren wird, haben sie längst erkannt. Solange sie im Rahmen von Umgang zwischen Mutter und Vater hin- und herpendeln, erleben sie deshalb, wie immer wieder Phasen relativer Ruhe von Momenten hoher psychischer Anspannung unterbrochen werden. Erstere genießen sie, solange sie sich lediglich an der Seite eines Elternteils aufhalten. Zu Hause an der Seite der Mutter währen sie länger, beim Umgangswochenende mit dem Vater sind sie zwar kürzer, qualitativ jedoch ebenso entspannend. Wann immer der zweite Elternteil ausgeblendet ist, herrscht weitgehend Ruhe. Das gilt in Bezug auf Mutter wie Vater.

Kritisch sind insofern vor allem die *Übergänge* vom einen zum anderen Elternteil. Es sind diese Schnittstellen, an denen Trennungskinder regelmäßig unter hoher psychischer Anspannung stehen – ganz gleich, ob die Eltern sich in ihrer Gegenwart beschimpfen oder anschweigen. Die wichtigste Kommunikation an diesen Stellen erfolgt *körpersprachlich.* Körpersprache wiederum lässt sich nur schwer bewusst so steuern, dass beim Kind der Eindruck elterlicher Harmonie entsteht, wenn in Wirklichkeit das Gegenteil der Fall ist. Kongruenz vorzutäuschen gelingt zwar guten Schauspielern, in ihren Affekten und Emotionen verstrickte Eltern schaffen das jedoch so gut wie nie. Insofern können Kinder es gar nicht *nicht* bemerken, dass ihre Eltern sich abweisend und kalt gegenüberstehen.

Doch dafür müssen sich Kind und Erwachsene nicht einmal räumlich nahe sein. Längst hat es bereits im Vorfeld des Wechsels zum anderen Elternteil die Aura von Spannung, Kälte, Ablehnung und Angst aufseiten des abgebenden Elternteils gespürt und mit erheblicher Verstörung darauf reagiert. Damit sind die atmosphärischen Weichen bei der Übergabe bereits voreingestellt, das Kind bringt sie selbst dorthin mit. Mit der Folge, dass es selbst dann angespannt, zögerlich und verstört zum Umgang kommen wird, wenn der Betreuende selbst bei der Übergabe gar nicht dabei ist – beispielsweise bei Begleitung durch einen Umgangspfleger. Aus psychologischer Sicht genügt eben bereits die *Antizipation* des herannahenden *Minenfelds Elternwechsel,* um Verunsicherung und Ängste beim Kind auszulösen. Meist legen die sich anschließend zwar relativ schnell wieder, sobald im Kontakt mit dem wartenden Vater der psychische Stress des Wechsels wieder abgeklungen ist. Mit der Rückkehr nach Hause wiederholt sich dann jedoch dieselbe antizipatorische Stresseskalation erneut, diesmal in umgekehrter Richtung.

Durch diese Wechselbäder der Gefühle zwischen Entspannung und Stress lernt ein Kind hochstrittiger Eltern relativ schnell, dass die emotional positiven Phasen an der Seite des nicht betreuenden Elternteils einerseits immer nur zeitlich begrenzt sind, zum anderen jedes Mal erst damit »erkauft« werden müssen, dass es den wiederkehrenden Stress an den zeitlichen »Rändern« des Umgangs, das heißt die Momente starker innerer Aufwühlung beim Bringen und Holen, klaglos erträgt.

Vielen Kindern gelingt das eine Zeit lang, manchen sogar über die ganze Kindheit hinweg, anderen aber auch nicht. Sie entziehen sich den bedrohlichen emotionalen Wechselbädern irgendwann einfach dadurch, dass sie den Kontakt zum nicht betreuenden Elternteil abbrechen, wo immer möglich vermeiden oder in Angst und Panik davonlaufen, sobald er sich ihnen nähert. Wenn nur noch ein einziger Elternteil da ist, obendrein ihre Hauptbezugsperson, dann bekommen sie auch keinen Streit mit und geraten nicht unter Stress.

Natürlich zahlen die Kinder für diese Taktik einen hohen Preis, den freiwilligen Verzicht auf einen Elternteil. Der Entlastungseffekt durch dessen Fehlen und damit das Erleben von Streitlosigkeit, das heißt der psychische Gewinn, muss jedoch entschieden größer sein, andernfalls wäre diese selbst gewählte *Lösung* kaum zu verstehen. Insofern ist Entfremdung ein erneuter Beweis für die immense psychische Bedrohung, die unnachgiebig streitende Eltern in ihren Kindern auszulösen vermögen. Ähnliches ist aus der trennungsunspezifischen Familienkonfliktforschung seit Langem bekannt, was dort schon früh zur Entwicklung eines inzwischen hochelaborierten Konzepts zur psychischen Entlastung von Kindern im elterlichen Spannungsfeld geführt hat, der *Familientherapie* (vgl. von Schlippe, 1981; von Schlippe u. Schweitzer, 1996).

Wenngleich aufgrund zahlreicher Besonderheiten dieser Familienform eine direkte Übertragung auf die Trennungsfamilie auch nicht möglich ist (vgl. Alberstötter, 2004; Paul u. Dietrich, 2007), so hätten sich insofern durchaus damals schon Anleihen für ein systemisches Familienverständnis mit darauf aufbauenden systemverändernden Interventionen entwickeln lassen. Immerhin erschien auch die erste einschlägige Monografie speziell zur Scheidungsfamilie bereits in dieser Zeit, fand damals jedoch noch nicht die gebührende Beachtung innerhalb des Familienrechts, um daran angelehnt ein systemisches Familienverständnis zu installieren (Fthenakis, Niesel u. Kunze, 1982).

Aussichtsreicher erscheint heute ein Ansatz, der im Hinblick auf die ganz eigene Struktur des Familientyps Trennungsfamilie gezielt darauf abhebt, kindliche Schutzreflexe gegenüber ihrer Bedrohung durch Elternstreit, wie beispielsweise Entfremdung, durch Absenkung des Konfliktniveaus auf Elternseite abzubauen bzw. gar nicht erst entstehen zu lassen – die *lösungsorientierte Begutachtung* (siehe Bergmann, Jopt u. Rexilius, 2002; Lehmann, 2012; Jopt u. Behrend, 2000). Darauf soll hier jedoch nicht näher eingegangen werden.

Was die Folgen von Entfremdung betrifft: Der große Profiteur dieser kindlichen *Copingstrategie* ist die Mutter, weil sie glaubt, dass sich das Kind mit der Abwendung vom Vater »für sie« entschieden hat. Eine Präferenz, die mit ihrer eigenen Selbsteinschätzung als Opfer im Trennungsgeschehen durchaus im Einklang steht. Aus systemischer Familiensicht ist dies zwar nicht richtig. Hiernach handelt es sich bei Entfremdung um eine Entlastungsstrategie des Kindes und nicht um eine Präferenzentscheidung. Laienpsychologisch bleibt jedoch festzuhalten, dass sich die beiden zentralen Fragen des Familiengerichts nach Lebensmittelpunkt und Umgangsregelung unter Bedingungen von Hochstrittigkeit für einige Kinder praktisch von selbst zu beantworten scheinen, zumindest auf den ersten Blick: Mit dem Vater – umgekehrt: mit der Mutter – wollen sie nichts mehr zu tun haben.

In weit über 80 % aller Trennungen verbleibt dann als einzige und anscheinend wichtigste Bezugsperson die *Mutter* übrig, womit die Mütter dieser Kinder quasi über ein »natürliches Privileg« verfügen, zu dem sie selbst, so ihre Überzeugung, nichts beigetragen haben. Die Bevorzugung komme ganz allein vom Kind selbst. Entsprechend fühlt sich kaum eine Mutter für die Entfremdung ihres Kindes mitverantwortlich. Das kann zwar allein logisch schon nicht richtig sein, weil es sich dabei um eine kindliche Strategie handelt, sich dem Elternkonflikt zu entziehen – und zum Streiten gehören nun mal immer zwei Personen. Doch dieser Zusammenhang geht in der Dynamik kausalen Opfererlebens schnell unter.

Instrumentalisierung

Vergegenwärtigt man sich, dass das Getrenntsein vom eigenen Kind von vielen Vätern als eine der leidvollsten seelischen Katastrophen erlebt wird, denen sie ausgesetzt sein können, dann liegt auf der Hand: Im Unterschied zur psychischen Belastung *beider* Expartner auf Paarebene gilt, dass Trennungsleid auf Elternebene *männlich* ist.

Was kindliche Entlastungsstrategien in diesem Kontext angeht, haben Mütter offensichtlich einen »natürlichen Vorteil«, der zum einen als Folge ihres Fürsorge*vorrangs* im frühen Lebensalter des Kindes verstanden werden kann; möglicherweise ist er aber auch einfach *evolutionsbiologischen* Ursprungs. Was eher zutrifft, darauf gibt die wachsende Beteiligung von Vätern an der Frühbetreuung ihrer Kinder bisher keine klare Antwort. Nicht auszuschließen ist letztlich eine von der kindlichen Persönlichkeit abhängige Verquickung aus beidem.

Coping ist jedoch nicht die einzige Erklärung für Entfremdung. Hinzu kommt, dass der betreuende Elternteil aufgrund seiner größeren Alltagsnähe generell wesentlich stärkeren Einfluss auf das Kind nehmen kann als der andere. Das kann einerseits bewusst und *vorsätzlich* geschehen, indem er ihm mehr oder weniger ungeschminkt seine »subjektive Wahrheit« über den Expartner vermittelt und mit anschaulichen und beeindruckenden Beispielen beim Kind ein monströses und abschreckendes Negativbild vom anderen Elternteil zeichnet. Eine derartige *aktive Instrumentalisierung* hatte Gardner, auf Mütter bezogen, mit seinem PAS-Konzept im Blick.

Die ist jedoch wesentlich seltener ursächlich für kindliche Ablehnung, als die ausgegrenzten Väter dies vermuten. Insofern ist das PAS-Konzept bisher entschieden überschätzt worden. Es hat zwar nicht gar keine Bedeutung, aber die ist bestenfalls marginal. Das Problem besteht lediglich darin, dass sich dem Phänotyp Entfremdung nicht unmittelbar ansehen lässt, welches Motiv ihm zugrunde liegt. Da Mütter nicht selten zum *Beweis* für die Richtigkeit ihres negativen

Bildes vom einstigen Partner vermeintliche *Fakten* anführen, die im Grunde nur dazu gedacht sind, ihre Glaubhaftigkeit in den Augen des Kindes zu untermauern (z. B. Vorlesen gegnerischer Anwaltspost), tragen sie allerdings leicht dazu bei, dessen Distanz zum Vater zu verfestigen bzw. nur noch weiter zu vergrößern.

So ist es beispielsweise nichts Unwahres, wenn eine Mutter gegenüber ihrem Kind lediglich anmerkt, dass in das vom Vater weiter bewohnte ehemalige Haus der Familie jetzt dessen neue Partnerin eingezogen sei und deren Tochter sich darin sein früheres Kinderzimmer eingerichtet habe. Das mag objektiv alles richtig sein und über die Einstellung des Vaters zu seinem eigenen Kind letztlich überhaupt nichts aussagen – die psychologische Wirkung in Bezug auf sein Vaterbild, die von einer solchen *Information* ausgehen kann, kann verheerend sein, indem es sich jetzt, gekränkt und verletzt, erst recht zurückzieht. Man spricht hier von *passiver Instrumentalisierung* (Behrend, 2010).

Eine solche Reaktion mag von der Mutter wiederum gar nicht gewollt gewesen sein, aber es wurde eben auch nicht versucht, *keinen* negativen Eindruck beim Kind entstehen zu lassen. In dieser Grauzone fragwürdiger Eindeutigkeit, das können die Professionellen im Familiengericht bestätigen, sind nicht selten viele Gespräche des betreuenden Elternteils mit dem Kind angesiedelt. Es ließen sich unschwer etliche weitere Beispiele mit ähnlicher Wirkung anführen. Wobei immer wieder der Eindruck entsteht, die Wirkung aufs Kind sei zwar nicht ausdrücklich angestrebt, aber wenn es mit seinem Vater nichts mehr zu tun haben will, dann wird es ihn wohl ähnlich sehen wie man selbst. Unbemerkt *bestätigt* es mit seiner Ablehnung quasi die Richtigkeit der mütterlichen Überzeugung von den charakterlichen Defiziten seines Vaters – eine vermeintlich eigenständige Stellungnahme, die, so der Eindruck, nicht unwillkommen erscheint, auch wenn nicht ausdrücklich darauf hingewirkt wurde.

Das zeigt, wie viel Psychologie im Zusammenhang mit Umgang im Spiel ist. Einer der im Familienrecht wirksamsten Einflussfaktoren auf ein Kind in Richtung Entfremdung ist *nicht* seine gezielte Beeinflussung, sondern *der Verzicht* auf ihre – auch ungewollte – Verhinderung. Sie erfolgt nicht aktiv, sondern wird lediglich als Möglichkeit nicht ausgeschlossen. Dadurch können beim Kind Bilder freigesetzt werden, wie obiges Beispiel zeigt, deren negative Wirkung auf die

Vaterbeziehung sich von der einer PAS-Indoktrination nicht unterscheidet.

Kein Kind würde seine Mutter ablehnen, wenn sein Vater mit seiner ganzen erzieherischen Autorität zum Ausdruck brächte, eine derartige Missachtung der Mutter nicht zuzulassen. Allerdings soll nicht unerwähnt bleiben, dass eine ganze Reihe betreuender Väter sich im Prinzip nicht anders verhält, sofern der Standortvorteil bei ihnen liegt. Psychischer Kindesmissbrauch durch passive Instrumentalisierung scheint in gewissem Rahmen dem Betreuungsstatus geradezu inhärent zu sein. Ihre zahlreichen Zusammenhänge mit der kognitiven Reife des Kindes, Informationen richtig verstehen zu können, sowie mit verfahrensrechtlichen Rahmenbedingungen konnten durch eine groß angelegte empirische Studie an kontaktablehnenden Trennungskindern inzwischen eindrucksvoll aufgezeigt werden (vgl. Behrend, 2010, 2011).

Ähnliche Einflussmöglichkeiten hat ein ohne sein Kind lebender Vater nicht annähernd. Damit soll nicht behauptet werden, dass Mütter ihren Standortvorteil als Betreuende leichtfertig missbrauchen würden. Es macht aber in der Praxis eben keinen großen Unterschied, ob eine Mutter ihr Kind passiv oder aktiv instrumentalisiert – das müssen alle Mütter wissen. Sobald eine Mutter ihrem Kind ernsthaft Grenzen in der Behandlung seiner Eltern aufzeigt, ist deshalb die Chance für das Helfersystem – Verfahrensbeistand, Gutachter, Jugendamt –, Vaterkontakte wiederherzustellen bzw. Kind und Vater wieder einander anzunähern, ungleich größer.

Vom Opfer zum Täter

Trennungskinder reagieren jedoch nicht ausschließlich aufgrund von Elternstreit oder Instrumentalisierung mit Abkehr vom nicht betreuenden Elternteil. Letzteres glauben zwar die meisten Väter, weil sie sich das Verhalten ihres Kindes anders nicht erklären können. Was dabei jedoch leicht übersehen wird: Diese Kinder sind zwar immer in erster Linie passive Opfer der Unfähigkeit ihrer Eltern, ihre Bedürfnisse nach Befriedung und Beziehungserhalt wahrzunehmen und zu respektieren; zugleich sind sie aber auch *aktive Mitspieler* im Trennungskonflikt.

Ihre Verweigerungshaltung ist nicht nur *Reaktion*, gleichzeitig ist sie auch ein *aktiver Input*, der den ausgegrenzten Elternteil zum Handeln herausfordert. Da Väter ihr Kind überwiegend als Opfer mütterlicher Willkür sehen, geben sie seinem Wunsch, doch endlich in Ruhe gelassen zu werden (»Wenn er mich wirklich liebt, würde er es akzeptieren, dass ich ihn nicht sehen will!«), nur selten nach. Stattdessen schalten sie das Familiengericht ein. Quasi als vermeintliche Rettungsaktion fürs Kind und in der Hoffnung, dass es dadurch aus seiner missbräuchlichen Lage endlich befreit wird, sodass schnell ein *normaler Umgang* wieder möglich wird.

Dabei ergreifen einige voller Ungeduld zusätzlich auch gleich selbst die Initiative, indem sie *von sich aus* gezielten Kontakt zum Kind suchen. Dazu sprechen sie es beispielsweise auf dem Schulweg an, suchen es auf dem Schulhof oder sogar im Klassenzimmer auf, stellen auf dem Weg ins Schulgebäude Plakattafeln auf, auf denen sie das Kind mit Namen ansprechen und ihm seine Liebe bekunden, Gleiches erfolgt auch über Zeitungsanzeigen und Ähnliches mehr. Manche Mutter erfährt sogar erstmals aus den Medien, wie brutal und rücksichtslos sie ihr Kind vom Vater fernhält.

Alle solche Aktionen bewirken regelmäßig jedoch nur das genaue Gegenteil dessen, was damit beabsichtigt war. Das Kind lässt sich danach keineswegs mit Erleichterung auf seinen Vater wieder ein, stattdessen geht es ihm daraufhin – verstört, verängstigt und voller Scham wegen der öffentlichen Bloßstellung – nur umso entschlossener aus dem Weg. Insofern geschieht jetzt, woran der Vater mit seinem ganzen Aktionismus aus Verzweiflung nie gedacht hat: In den Augen seines Kindes wird *er selbst* jetzt zur massiven *Bedrohung*.

Fortan ist seine Meidung nicht länger nur Copingstrategie, die aufgegeben werden könnte, sobald der Elternstreit beendet ist. Aus *Taktik* ist *Panik* geworden. Das Kind hat jetzt die *Gefährlichkeit* seines Vaters nicht nur aus eigener Anschauung selbst kennengelernt; zugleich hat der ihm ungewollt sein charakterliches Negativbild auch voll bestätigt. Auf diese Weise mutiert es vom Konfliktvermeider zum Akteur, für den der Vater jetzt zur angstbesetzten Bedrohung geworden ist.

Das kann dramatische Konsequenzen nach sich ziehen, weil der Widerstand des Kindes jetzt auf anderen psychologischen Grundlagen beruht als zuvor. Seine nunmehr erfahrungsbegründete Angst vorm Vater lässt sich nicht dadurch beseitigen, dass man ihm lediglich erklärt, keine Angst vor ihm haben zu müssen. Kinderängste sind psychische Stressoren und keine kognitiven Produkte, die sich wie eine Ware in der Werbung vermarkten ließen. Entsprechend ist kindlicher Widerstand, der auf Eigenerfahrung beruht, auf einfache Weise kaum mehr aufzubrechen. Insofern kann ausgerechnet die Sehnsucht eines ausgegrenzten Vaters nach seinem Kind zur Folge haben, dass sie trotz gerichtlicher Unterstützung unerfüllt bleibt – eine paradoxe Situation.

Deshalb kann man aus fachlicher Sicht alle ausgegrenzten Elternteile – Väter wie Mütter – nur davor warnen, im Alleingang versuchen zu wollen, zur früheren Normalität ihrer Kindbeziehung zurückzukehren. Das wäre allenfalls dann angezeigt, wenn das Kind von seinem Betreuenden gefangen gehalten wird. Das mögen manche Betroffene zwar auch glauben, aber es ist nicht richtig. Trennungskinder sind immer *bezogene Kinder*, das heißt, sie stehen zum Zeitpunkt ihrer Ablehnung eines Elternteils gleichzeitig (!) in inniger und vertrauter Verbundenheit zum anderen, meist zur Mutter. An ihr führt in der Regel kein Weg vorbei, von wenigen Ausnahmen abgesehen.

Der verbreitete Wunsch vieler Väter, mit der eigenen »Ex« nichts mehr zu tun zu haben und *nur noch mit dem Kind* Kontakte zu pflegen, ist eine unrealistische und wirklichkeitsfremde Illusion! Solche »isolierten Kinder« mag es vielleicht nach einem plötzlichen Tod der Mutter geben; für Trennungskinder, die den Lebensmittelpunkt bei ihr haben, gilt das jedoch nicht.

Abschließende Gedanken zur psychologischen Intervention

Kontaktablehnende Kinder sind eine große Herausforderung für jedes Familiengericht. Einerseits verhalten sie sich so, dass der Eindruck entsteht, der Gesetzgeber habe zum Schutz ihrer Elternbeziehungen Vorschriften erlassen, die im krassen Widerspruch zu ihren tatsächlichen Interessen stehen. Denn weder scheint der gesetzlich verankerte »Umgang mit beiden Eltern« ihrem Wohl zu dienen

(§ 1626 [3] BGB), noch legen sie offensichtlich Wert auf das verbriefte Kindesrecht »auf Umgang mit jedem Elternteil« (§ 1684 [1] BGB).

Auf der anderen Seite steht außer Frage, dass selbst die unbeabsichtigte Instrumentalisierung eines Kindes seine Meinung und damit seinen Willen nachhaltig beeinflussen kann (siehe Behrend, 2011). Insofern scheinen alle kontaktverweigernden Kinder auf den ersten Blick Opfer einer missbräuchlichen Einwirkung auf ihren eigentlichen Willen, einer gezielten Deformation durch Gehirnwäsche, zu sein, derer sie selbst sich gar nicht bewusst sind. Diese dem PAS-Konzept zugrunde liegende Vorstellung ist griffig und prägnant. Sofern ein Kind bis zum Zeitpunkt der Ablehnung keine negative Erfahrung mit seinem Vater gemacht hat, muss es in der Tat andere Ursachen dafür geben.

Trennungskinder müssen aber nicht erst über eigene Negativerfahrungen verfügen, um zu einem Elternteil auf Distanz zu gehen. Sofern es ihren Eltern nicht gelungen ist, die Turbulenzen ihrer Trennung von ihnen fernzuhalten, können sie auch ohne eigene Erinnerungen in einen Konfliktstrudel geraten, der ihr bisheriges Verhalten ins Gegenteil verkehrt. Danach sind derartige Metamorphosen aktive Auslöser für Reaktionen aufseiten des Abgelehnten, sodass ein Trennungskind im Kontext von Entfremdung schnell vom Opfer zum Auslöser fremder Handlungen werden kann, die es dann selbst wieder als bedrohlich erlebt. Diese ganze Gemengelage aus Verquickung, Vernetzung und Interpretationsfehlern auf allen Seiten, Eltern wie Kind, soll dann ein Familiengericht sortieren, entwirren und schließlich so entscheiden, dass das Kind in seiner psychischen Bedürftigkeit keinen Schaden nimmt. Ein Unding.

Vor diesem Hintergrund ist verständlich, wenn es sich fachlicher Hilfe bedient, die in der Lage sein soll, dieses Knäuel aus lauter Opfern – so sehen sich alle selbst – zu entwirren und per Empfehlung an das Gericht die *eine* (!) richtige Entscheidung vorzubereiten, die das aus den Fugen geratene Familiengefüge mit all seinen wechselseitigen Kränkungen, Verletzungen, Anklagen und Enttäuschungen wieder so sortiert, dass es dem Kind zum Schluss am besten wieder so gut geht, wie es einst mal war. Und wenn nicht, dann soll es jetzt besser werden.

Diese Hoffnung ist grundsätzlich nicht falsch. Der ganze Komplex Trennung ist, wie hier aufgezeigt wird, tatsächlich eine hochgradig *psychologische Angelegenheit.* Das gilt insbesondere für das komplexe und rational überhaupt nicht zu verstehende Zusammenspiel von Paarkrise und Interpunktion auf der einen, Elternstreit und Instrumentalisierung auf der anderen Seite. Insofern steht der Begriff »Umgang« – bis 1998 aus juristischer Sicht eher ein familienrechtliches Randphänomen – im Zentrum staatlicher Trennungsregulation. Wie soll mit Blick aufs Kind seine *Nachtrennungsfamilie* aussehen und wie lässt sie sich herstellen? Dagegen ist die früher im Mittelpunkt stehende Frage nach dem zukünftigen Lebensmittelpunkt, damals gleichgesetzt mit dem alleinigen Sorgerecht, geradezu von rechtstechnischer Einfachheit, zumal sie sich in Anbetracht von Kontinuität und Kindeswillen als Auswahlkriterien häufig ohnehin fast von selbst beantwortete.

Was den Nutzen der Psychologie für die gerichtliche Beziehungsregelung betrifft, so *könnte* diese Disziplin für die Justiz zwar in der Tat von großem Wert sein, das steht in Anbetracht der vielen psychologischen Vernetzungen bei Trennung, wie sie hier aufgezeigt wurden, außer Frage. Zurzeit ist sie es jedoch nur bedingt. Das hat einen einfachen Grund: Bis heute steht dem Familiengericht im Kleid des Psychologischen Gutachters (SV) überwiegend ein Verständnis von Psychologie aus den Achtzigerjahren des letzten Jahrhunderts zur Verfügung, das damals auf einem weitgehend mechanistischen, behavioristischen Familienbild beruhte (vgl. Salzgeber, 2001; Balloff, 1994). Man wusste es einfach nicht besser, *Familie* war eine Teildisziplin der Soziologie.

Gleichzeitig war dieses Verständnis von Familie aber auch 1980, der Geburtsstunde psychologischer Begutachtung, schon ein Auslaufmodell, das mit dem neu aufkommenden kognitiven Verständnis von Psychologie nicht mehr in Einklang zu bringen war. Nur zehn Jahre später war es dann auch schon überholt, vom wissenschaftlichen Zeitgeist überrollt sozusagen, und durch eine moderne, systemische Sicht von Familie ersetzt worden (siehe Schneewind, 1991). Auf dieser Grundlage wäre es jetzt darauf angekommen, das trennungsbedingt aus den Fugen geratene Beziehungsnetz aus Eltern und Kind so *umzugestalten,* dass die Familie als psychologische Gestalt trotz Scheitern der Paarbeziehung bestmöglich erhalten bleibt. Das bedeutet im Gegensatz zum *Suchauftrag* nach dem bestgeeigneten

Elternteil für das Gericht, damit auch für den Gutachter, einen *Gestaltungsauftrag* (vgl. Jopt, 1987); doch dieser Paradigmenwechsel im Familienverständnis ist im Familiengericht, anderswo längst, heute immer noch nicht vollständig angekommen.

Ein wesentlicher Grund ist sicherlich darin zu sehen, dass die Justiz bis heute immer noch – auch – hoheitliche Entscheidungsaufgaben zu erfüllen hat und dafür eben, sofern der Elternstreit bereits zu stark eskaliert ist, psychologische »Entscheidungshelfer« benötigt. Die Seite des »entscheidungsorientierten Gutachters«, so der familiengerichtliche Name für dieses psychologische Rollenverständnis, wird es somit als Gerichtshelfer auch zukünftig weiterhin geben.

Nur – er könnte inzwischen längst die *Ausnahme* sein, und aus systemischer Familiensicht sollte er sich auch selbst so sehen. Doch darüber besteht unter den Psychologen alles andere als Einigkeit. Die Folge: Inzwischen stehen sich zwei unterschiedliche SV-Konzepte weitgehend isoliert gegenüber – *entscheidungsorientierte* Begutachtung hier, *lösungsorientierte* Begutachtung dort. Eine Annäherung zwischen beiden wäre mit Blick auf die Außenwirkung der Disziplin zwar wünschenswert, ist aber zurzeit nicht in Sicht.

Allerdings zeigt gerade die vorgestellte Problematik kindlicher Entfremdung im Trennungskontext, dass hier keine eigenschafts- bzw. merkmalsorientierte Diagnostik – ein zentrales methodisches Element des entscheidungsorientierten Vorgehens – weiterhilft, um den bereits vollzogenen Kontaktabbruch zu einem Elternteil wieder rückgängig zu machen. In Fällen wie diesen gibt es nichts zu messen oder zu bewerten, jedenfalls so lange nicht, wie das gutachterliche Bemühen um Auflösung der bestehenden Kontaktverweigerung nicht endgültig gescheitert ist – was man jedoch immer erst zum Schluss weiß. Bis dahin darf der lösungsorientierte Sachverständige nichts unversucht lassen, um den drohenden Misserfolg zu verhindern. Hauptverlierer wäre sonst in jedem Fall das Kind.

Da sich am Familiengericht die Streitpositionen von Eltern leicht dermaßen verhärten können, dass mit psychologischen Mitteln allein kein Weiterkommen möglich ist, ist manchmal eine *enge Kooperation* von Sachverständigen und Richter unverzichtbar. Dann ist nur noch das Gericht mit seiner (Rechts-)Macht in der Lage, den blockierenden Widerstand eines Elternteils aufzubrechen und damit dem Sachverständigen wieder die Tür zu öffnen, seine lösungsorientierte Arbeit zugunsten des Kindes fortzusetzen. Das entspricht zwar einer aus früherer Sicht eher ungewöhnlichen Umkehr der Zusammenarbeit, weil die entscheidungsorientierte Begutachtung, wie der Name schon sagt, traditionell darauf angelegt ist, fachliche Hilfe immer nur als Einbahnstraße vom Gutachter zum Richter zu verstehen. Gerade der gerichtliche Umgang mit Entfremdung zeigt jedoch, dass eine wirkliche Auflösung des kindlichen Widerstands, wenn überhaupt, nur gelingen kann, wenn Justiz und Psychologie *vor Ort,* das heißt im konkreten Fall, als wirkliches *Team* auftreten – demselben Ziel Elternbefriedung verpflichtet, ohne die juristische Rangordnung dabei aus den Augen zu verlieren.

Psychodiagnostische Verfahren, die lediglich bestätigen, was ohnehin schon bekannt ist, sind unsinnig. Wenn es um kindliche Entfremdung geht, kommt es darauf an, die Hintergründe für diese Haltung, die vordergründig allen kindschaftsrechtlichen Grundannahmen zur Bedeutung der Elternbeziehung diametral zu widersprechen scheint, in Erfahrung zu bringen. Dafür sind jegliche Momentaufnahmen, die lediglich den Status quo wiedergeben, praktisch unbrauchbar.

Das gilt nicht nur im Hinblick auf die von vielen Gutachtern eingesetzten projektiven Testverfahren, das gilt auch für alle anderen Verfahren, mit denen sie sich der kindlichen Persönlichkeit auf indirektem Weg zu nähern versuchen. Sie führen immer nur zu Zerrbildern, weil über die zahlreichen Einflüsse, die auf einen konkreten Testbefund Einfluss genommen haben können, immer nur gemutmaßt werden kann. Insofern werden Väter, wenn es um Entfremdung geht, durch den Einsatz psychometrischer Verfahren regelmäßig benachteiligt.

So zeigte sich beispielsweise in einem mir jüngst zugegangenen entscheidungsorientierten Gutachten, dass ein seinen Vater ablehnender neunjähriger Junge in einem Test über unterschiedliche Beziehungsqualitäten zu seinen Eltern (»Family Relation Test«) der Mutter ausschließlich *positive* Aussagen zuwies, während er seinem Vater ebenso ausschließlich *negative* Items zuordnete. Aber wen wollte das überraschen?

Demgegenüber erfordert die Neukalibrierung des Familiensystems als Voraussetzung für eine intakte, das Kind entlastende

Nachtrennungsfamilie mit Lebensmittelpunkt beim einen und enger paralleler Beziehung zum anderen Elternteil fachliche *Kompetenzen*, die weit über die spärlichen Grundlagen zum Umgang mit dysfunktionalen Familien, wie sie das Studium vermittelt – das sind obendrein keine Trennungsfamilien (!) – hinausreichen (Jopt u. Rexilius, 2002; Behrend, 2011). Insofern entspricht der lösungsorientierte Umgang mit Trennungsfamilien einem Neuverständnis gutachterlichen Handelns, das ohne Zusatzqualifizierung nur schwer zu erreichen ist (Jopt u. Behrend, 2006; Offe, 2009, Zugriff am 19.02.2012 unter www.loesungsorientierte-arbeit.de).

Ausblick

Entfremdung wäre wesentlich leichter aufzulösen, wenn die betreuenden Elternteile, dafür sollen abschließend erneut die Mütter genannt werden, nur überzeugt daran mitarbeiten würden, ihr Kind aus der bestehenden Fesselung seines Copings zu befreien. Aus kognitiver Sicht einer klaren Unterscheidung zwischen Partnerschaft und Elternschaft müsste das im Grunde selbstverständlich sein. Kein Kindesinteresse ist in Zeiten des Zusammenlebens *gegen* eine Beziehung zum Vater gerichtet, von ganz wenigen Ausnahmen abgesehen. Allein das müsste allen Eltern deutlich machen – beiden (!) –, wie viel das im Vergleich zu früher ungewöhnliche Verhalten ihres Kindes mit ihrer Trennung zu tun haben *muss* (!).

Aber Einsicht ist eine Kognition, Ergebnis von Denken und nicht von Fühlen. Insofern kann es nicht überraschen, das die vielen Appelle von Gerichten, Verfahrensbeiständen, Jugendämtern oder Gutachtern, zur Vernunft zurückzukehren und auf das Kind einzuwirken, seinen Widerstand aufzugeben, meist ins Leere laufen. Wenn es darum geht, gegen die eigenen Gefühle handeln zu sollen, stoßen nicht nur Mütter leicht an ihre Grenzen. Bei ihnen wiegt dieser vordergründige Mangel an Bereitschaft zur Mitarbeit im Falle von Entfremdung lediglich besonders schwer, weil die Struktur des ganzen Störungsbildes darauf hindeutet, dass die Wiederherstellung der Vaterbeziehung ohne ihre Unterstützung in vielen Fällen nicht gelingen könnte. Doch mütterliche Unterstützung ist leicht gefordert. Letztlich erfolgreich wird sie nur sein, wenn dabei die psychologischen Barrieren beachtet werden, die dabei überwunden werden müssen.

Streitende Mütter sind häufig verletzte Frauen, das heißt, die Wurzeln für ihre Betroffenheit liegen verstärkt in der Vergangenheit, auf Paarebene. Betroffenheit gilt gleichermaßen zwar auch für Männer, doch hier betrifft sie vor allem die aktuelle Elternebene. Nur logisch sind beide Ebenen voneinander unabhängig, *gefühlt* vermischen sie sich leicht bis zur Unkenntlichkeit. Das gilt allemal für den oft hoch emotionalisierten Rahmen des Familienrechts.

Diese Verquickung von Gefühl und Verstand hat zur Folge, dass die Bereitschaft einer Frau, die mit erheblichen Verletzungen aus ihrer Beziehung ausgestiegen ist – von sich aus oder vom Partner dazu gezwungen (was die Verletzung noch erhöht) –, generell nicht sonderlich groß sein kann, ausgerechnet in einer Phase hochbelastenden psychischen Konflikts, andernfalls stünde man nicht vor Gericht, konsequent zwischen *Expartner* und *Vater* zu unterscheiden. Das heißt, sie soll die verletzende und kränkende Vergangenheit auf Paarebene, die sie *aus ihrer Sicht* als *Opfer* hinter sich gelassen hat – dafür sorgt schon die *Interpunktion* –, schlicht vergessen, um mit ihrer mütterlichen Autorität dafür zu sorgen, dass ihr Kind die Achtung vor seinem Vater bewahrt und ihm, anders als seine Mutter, gerade *nicht* aus dem Weg geht.

Logisch gedacht ist das alles richtig. Psychologisch kommt es jedoch der Aufforderung gleich, den Kreis quadrieren zu sollen, allein den *elterlichen* Impuls zur Richtschnur eigenen Handelns zu machen und den der emotional betroffenen *Expartnerin* einfach nicht zuzulassen. Es gibt eine Reihe von Menschen, denen dies gelingt. Wer diese Spaltung aber nicht auf Anhieb schafft oder dies auch nicht will, der muss damit nicht bereits auch elterlich bedenklich sein.

Auf der anderen Seite: Einen anderen Weg gibt es nicht. Nur wer einmal erkannt hat, dass sein Kind unfreiwillig in die destruktive Trennungsdynamik seiner Eltern reingeraten ist und dann gar nicht anders konnte, als sich durch Parteinahme zugunsten eines Elternteils vor weiteren seelischen Blessuren zu schützen, wird anschließend in der Lage sein, an der Beendigung seiner psychischen Fesselung mitzuwirken. Das ist eine gemeinsame Aufgabe für beide Eltern.

Sie müssen lediglich aufhören, sich wechselseitig die Alleinschuld für die bedrückende Lage ihres Kindes zu geben, und anfangen, wieder miteinander zu reden. Einen tauglicheren ersten Schritt gibt es aus psychologischer Sicht nicht.

Literatur

Alberstötter, U. (2004). Hocheskalierte Elternkonflikte – professionelles Handeln zwischen Hilfe und Kontrolle. Kindschaftsrechtliche Praxis, 3, 90–99.

Balloff, R. (1994). Zur psychologischen Diagnostik und Intervention des psychologischen Sachverständigen in Familiensachen bei den Vormundschafts- und Familiengerichten – Bestandsaufnahme und Perspektiven. Zentralblatt für Jugendrecht, 81, 218–224.

Behrend, K. (2010). Kindliche Kontaktverweigerung (Umgangsverweigerung) aus psychologischer Sicht. Entwurf einer Typologie. Saarbrücken: Südwestdeutscher Verlag für Hochschulschriften. Zugriff am 22.02.13 unter http://bieson.ub.uni-bielefeld.de/volltexte/2010/1630/

Behrend, K. (2011). Das Gutachten als Lösungshilfe bei Sorge- und Umgangsrechtsstreitigkeiten nach Trennung. In K. Menne, M. Weber (Hrsg.), Professionelle Kooperation zum Wohle des Kindes. Hinwirken auf elterliches Einvernehmen im familiengerichtlichen Verfahren (FamFG) (S. 191–211). Weinheim: Juventa.

Bergmann, E., Jopt, U., Rexilius, G. (Hrsg.) (2002). Lösungsorientierte Arbeit im Familienrecht. Intervention bei Trennung und Scheidung. Köln: Bundesanzeiger Verlag.

Dettenborn, H. (2001). Kindeswohl und Kindeswille. München: Reinhardt.

Fthenakis, W.E., Niesel, R., Kunze, R. (1982). Ehescheidung. Konsequenzen für Eltern und Kinder. München u.a.: Urban & Schwarzenberg.

Gardner, A. (1992). The parental alienation syndrome – A guide for mental health and legal professionals. New Jersey: Creative Therapeutics.

Jopt, U. (1987). Nacheheliche Elternschaft und Kindeswohl – Plädoyer für das gemeinsame Sorgerecht als anzustrebenden Regelfall. Zeitschrift für das gesamte Familienrecht, 34 (9), 875–886.

Jopt, U. (1992). Im Namen des Kindes. Plädoyer für die Abschaffung des alleinigen Sorgerechts. Hamburg: Rasch und Röhring.

Jopt, U. (2002). Die Trennungsfamilie – Eine systemische Betrachtung. In E. Bergmann, U. Jopt, G. Rexilius (Hrsg.), Lösungsorientierte Arbeit im Familienrecht (S. 51–76). Köln: Bundesanzeiger Verlag.

Jopt, U., Behrend, K. (2000). Das Parental Alienation Syndrome (PAS) – Ein Zwei-Phasen-Modell. Zentralblatt für Jugendrecht, 87 (6), 223–231 und (7), 258–271.

Jopt, U., Behrend, K. (2006). Wem nützen entscheidungsorientierte Gutachten im Familienrecht? – Plädoyer für eine neue Rolle der Psychologie im Fami-

lienrecht. In T. Fabian, S. Nowara (Hrsg.), Neue Wege und Konzepte in der Rechtspsychologie (Bd. 3). Berlin: LIT Verlag.
Jopt, U., Rexilius, G. (2002). Systemorientierte Begutachtung am Familiengericht – Aufgaben des Psychologischen Sachverständigen nach der Kindschaftsrechtsreform. In E. Bergmann, U. Jopt, G. Rexilius (Hrsg.), Lösungsorientierte Arbeit im Familienrecht (S. 141–175). Köln: Bundesanzeiger Verlag.
Lehmann, M. (2012). Der systemische Gutachter? Die systemisch fundierte »lösungsorientierte Sachverständigentätigkeit« im Familienrecht. Kontext, 43 (1), 1–15.
Offe, H. (2009). Lösungsorientierte Sachverständigentätigkeit im Familienrecht. Praxis der Rechtspsychologie, 19 (2), 232–244.
Paul, S., Dietrich, P. S. (2007). Genese, Formen und Folgen »Hochstrittiger Elternschaft« – Nationaler und internationaler Forschungsstand. Institut für angewandte Familien-, Kindheits- und Jugendforschung (IFK). Expertise A. Universität Potsdam.
Salzgeber, J. (2001). Familienpsychologische Gutachten (3. Aufl.). München: Beck.
Schlippe, A. von (1981). Familientherapie im Überblick. Paderborn: Junfermann.
Schlippe, A. von, Schweitzer, J. (1996). Lehrbuch der systemischen Therapie und Beratung. Göttingen: Vandenhoeck & Ruprecht.
Schneewind, K. (1991). Familienpsychologie. Stuttgart: Kohlhammer.
Watzlawick, P., Weakland, J. H. (Hrsg.) (1980). Interaktion. Stuttgart: Huber.
Willutzki, S. (1997). Kommentar: 20 Jahre Eherechtsreform. Zeitschrift für das gesamte Familienrecht, 44, 777–779.

Hans-Christian Prestien

Paare vor Gericht: Juristische Möglichkeiten der Konfliktregulation

Vorbemerkung

Ich möchte mit meinem Beitrag den Fragen nachgehen, in welcher Form die Aufgabe für die Justiz, Kinder bei Trennungen ihrer Eltern vor unnötigem Schaden zu bewahren, konkretisiert ist und wie eine Konfliktmoderation in der Praxis erfolgreich geführt und mit der Folge abgeschlossen werden kann, dass Kinder und Eltern ihre Beziehungen verantwortlich ohne juristische Beschränkung fortführen können.

Alle veröffentlichten Entscheidungen der Familiengerichte rund um das Trennungsgeschehen berufen sich auf das sogenannte Kindeswohl. Schaut man sich die Entscheidungsbegründungen jedoch genauer an, kommt man zu starken Zweifeln daran, wenn nicht gar zu der Annahme, dass eben dieses Kindeswohl gerade durch die Entscheidungen zusätzlich beschädigt worden ist.

Die gesetzliche Aufgabenstellung für die Familiengerichte

Der Wandel der Auftragslage für den Familienrichter: Vom Entscheider zum Moderator und Friedensstifter – historisches Neuland

Die heute im deutschen Recht wie in international verbindlichen Übereinkommen festgelegte Aufgabe der Justiz, Konflikte zwischen Müttern und Vätern vorrangig durch zielgerichtete und qualifizierte Aktivität der Gerichte für eine inhaltliche Befriedung zu lösen, ist – historisch gesehen – Neuland, und offenbar, wie die veröffentlichten Fälle und dieser Kongress zeigen, bis heute nicht befriedigend erfüllt.

Nachvollziehbar ist dies bei einem Blick auf die Geschichte der Rechtsentwicklung. Bis 1982 war der Familienrichter in den alten

Bundesländern im Trennungsfall der verheirateten Eltern (bei den nicht verheirateten Eltern war die elterliche Gewalt/elterliche Sorge im Verhältnis zum Vater ausnahmslos der Mutter zugeordnet) lediglich der Machthaber, der durch endgültige Entscheidung einem Elternteil die Berechtigung zur elterlichen Sorge zu entziehen hatte.

Mit der Entscheidung des Bundesverfassungsgerichts vom 03.11.1982 zur gemeinsamen Sorge und den nachfolgenden Gesetzesänderungen, insbesondere der Kindschaftsrechtsreform von 1998 und der von 2009 bzw. der Reform des Jugendhilferechts mit dem Sozialgesetzbuch VIII, im Folgenden: SGB VIII, 1989/1990 sowie internationalen Konventionen (UN-Konvention zum Schutze der Kindesrechte und Europäische Menschenrechtskonvention – EMRK), hat sich die Aufgabenstellung für die Gerichte – auch für die Jugendhilfe – fundamental geändert.

Vom Elternrecht zur Elternverantwortung

Der Fortbestand gemeinsamer Elternverantwortung im Rechtssinne wurde in der Entscheidung vom 03.11.1982 nicht nur für möglich gehalten, vielmehr setzte das Bundesverfassungsgericht das im Falle der Scheidung der Eltern zu gewährleistende Kindeswohl mit möglichst ungeschmälerten Beziehungen des Kindes zu beiden Elternteilen und deshalb mit der rechtlich fortdauernden gemeinsamen Elternverantwortung schlechthin gleich, »weil für das Kind der Übergang zur unvollständigen Familie dann am wenigsten schädlich ist, wenn seine Bindungen möglichst wenig beeinträchtigt werden«. Die Pflicht von verheirateten Eltern, die sich trennen oder scheiden lassen, die Fortdauer der gemeinsamen rechtlichen Verantwortung durch entsprechendes eigenes Verhalten zu ermöglichen, wurde besonders betont: »Bei der Ausübung eines so verstandenen fortbestehenden Elternrechts müssen getrennt lebende oder geschiedene Eltern daher bemüht sein, die Kinder nicht mit ihren Konflikten zu belasten. Dazu gehört es insbesondere auch, dass ein Elternteil alles unterlässt, was das Verhältnis des Kindes zum anderen beeinträchtigen könnte« (BVerfG vom 03.11.1982–1 BvL 28/80, FamRZ – 1982, S. 1183).

Die Folgen einer Separierung eines Elternteils vom Kind bzw. statisch wirkender Einschränkungen seiner Beziehungen zum Kind sind mir aus eigener Erfahrung gut bekannt. Welche verheerenden Auswirkungen ein trennungsbedingt fortdauerndes kommunikationsloses und spannungsgeladenes Verhältnis der Eltern zueinander oder die Ausgrenzung eines Elternteils oft hat, habe ich als Jugendrichter in den Jahren 1981 bis 1983 und 1993 bis 1995 bei Jugendlichen und Heranwachsenden beobachten können, die mit dem Gesetz in Konflikt geraten waren. Meine Erfahrungen decken sich mit den heute vorliegenden Erkenntnissen der psychologischen, psychiatrischen, pädagogischen und medizinischen Wissenschaften, wie sie auf dem diesjährigen Männerkongress vorgetragen wurden und in diesem Buch zusammengefasst sind. Ergänzend dazu soll auf die Abhandlungen von Matthias Franz (2011), Otto R. Gaier (1988) sowie Helmuth Figdor (2006) hingewiesen werden. Das Fernbleiben oder die Entfernung eines Elternteils aus dem Erziehungsalltag des Kindes – in der Regel handelt es sich hier um den Vater des betroffenen Kindes – ist danach ein Umstand, der das Kind nicht nur eines Teils seines Anspruchs auf Erziehung durch beide Eltern beraubt, sondern eine konkrete und sogar medizinisch nachweisbare nachhaltige Gefährdung seiner gesunden Entwicklung darstellt. Trennungsbedingte Beziehungsabbrüche können aus meiner Sicht somit als eine der gefährlichsten Phasen in der Entwicklung eines Kindes angesehen werden.

Konsequenzen aus der Rechtsentwicklung seit dem 03.11.1982 für die Arbeit der Familienrichter

Für den Familienrichter darf es als Inhaber des staatlichen Wächteramts, Elternverhalten im Hinblick auf seine Verträglichkeit mit den Kindesbedürfnissen zu überwachen, verfassungsrechtlich seit dem 03.11.1982 nicht mehr darum gehen, den besseren Elternteil festzustellen und Kindeswohlsicherung durch endgültige Entfernung des anderen Elternteils aus der Elternverantwortung und/oder lediglich die fremdbestimmende Regulierung von Kontakten anzustreben. Vielmehr sind seit diesem Zeitpunkt auch im Trennungsfall der Eltern die verfassungsrechtlichen Grundsätze zur Verhältnismäßigkeit der Mittel zu beachten, wie sie das Bundesverfassungsgericht bereits 1968 im Hinblick auf den Schutz der Kindesinteressen durch die Gerichte allgemein formuliert hat: »Die Verpflichtung des

Staates [das Wächteramt nach Art. 6 Abs. 2 S. 1 GG wahrzunehmen] ergibt sich in erster Linie daraus, dass das Kind als Grundrechtsträger selbst Anspruch auf den Schutz des Staates hat. Das Kind ist ein Wesen mit eigener Menschenwürde und dem eigenen Recht auf freie Entfaltung seiner Persönlichkeit im Sinne der Art. 1 Abs. 1 und Art. 2 Abs. 1 GG. [...] In diesem Sinne bildet das Wohl des Kindes den Richtpunkt für den Auftrag des Staates gemäß Art. 6 Abs. 2 S. 2 GG. Das bedeutet nicht, dass jedes Versagen oder jede Nachlässigkeit den Staat berechtigt, die Eltern von der Pflege und Erziehung auszuschalten oder gar selbst diese Aufgabe zu übernehmen; vielmehr muss er stets dem grundsätzlichen Vorrang der Eltern Rechnung tragen. Zudem gilt auch hier der Grundsatz der Verhältnismäßigkeit. Art und Ausmaß des Eingriffs bestimmen sich nach dem Ausmaß des Versagens der Eltern und danach, was für das Interesse des Kindes geboten ist. Der Staat muss daher nach Möglichkeit zunächst versuchen, durch helfende, unterstützende, auf Herstellung oder Wiederherstellung eines verantwortungsbewussten Verhaltens der natürlichen Eltern gerichtete Maßnahmen sein Ziel zu erreichen« (BVerfG Bd. 24, S. 144). Hieraus ergibt sich eine klare *Hierarchie der Interventionsformen* in allen Konfliktlagen, die die elterliche Verantwortung betreffen:

- *Erste Stufe:* Konfliktlösung durch außergerichtliche Information und Beratung der Kindeseltern durch Mitarbeiter der freien Träger, insbesondere Beratungsstellen und öffentlichen Träger der Jugendhilfe – das Jugendamt – gemäß §§ 17 und 18 Abs. 3 SGB VIII.
- *Zweite Stufe:* Konfliktlösung durch Information und Beratung durch das Gericht.
- *Dritte Stufe:* Konfliktlösung durch Rückdelegation des Problems in die außergerichtliche Beratungsebene und Prüfung des Erlasses einstweiliger Anordnungen.
- *Vierte Stufe:* Ultima Ratio: Schadensbegrenzung – von Konfliktlösung kann dann nicht ausgegangen werden – durch einen, möglichst nur vorläufigen, Beschluss zur Beziehung zwischen Kind und Elternteilen sowie eine gleichzeitige Entscheidung über Maßnahmen zur Minimierung der für die Zukunft zu erwartenden Gefährdungslage für das Kind in einem Kinderschutzverfahren

nach §§ 1666, 1666a BGB. Dabei ist wiederum stets nur die Maßnahme zu wählen, die die geringstmögliche Beschränkung elterlicher Autonomie enthält.

Jegliche gerichtliche Konfliktregulation muss aus meiner Sicht diesen Stufen entsprechend verlaufen und würde, so sie es denn täte, vielfach der letzten Stufe nur noch in Ausnahmesituationen bedürfen. In der Praxis trifft man jedoch eher auf eine Umkehrung des stufigen Vorgehens. Warum das so ist, wird nachvollziehbar, wenn wir uns die derzeit gegebenen Möglichkeiten der inhaltlichen und formellen Verfahrensgestaltung einerseits und die personellen und organisatorischen Bedingungen für die ausführenden Fachleute in den Gerichten und Behörden andererseits genauer ansehen.

Gesetzliche Rahmenbedingungen der Konfliktregulation

Materielle Rahmenbedingungen der inhaltlichen Konfliktregulation im BGB

Zentrale Vorschriften zur inhaltlichen Konfliktregulation sind die §§ 1684, 1685 BGB zur Frage des Umgangs des Kindes mit einem Elternteil oder dritten Personen beziehungsweise § 1671 BGB zur Frage der teilweisen oder vollständigen Entlassung eines Elternteils aus der rechtlichen elterlichen Sorge auf Antrag eines Elternteils einerseits sowie §§ 1666, 1666a BGB, der Anweisung an das Familiengericht, bei Gefährdung des Kindeswohls zu intervenieren, andererseits. Alle diese Normen beziehen sich zwar nur auf verschiedene Segmente der elterlichen Handhabung ihrer Verantwortung dem Kind gegenüber, verfahrenstechnisch erscheinen die Regelungsbereiche jedoch scharf voneinander abgegrenzt. Die genannten Vorschriften bezeichnen nämlich formal jeweils den Gegenstand voneinander gesonderter förmlicher Verfahren, die vom Gericht in getrennten Akten geführt werden. Anträge oder Anregungen zum Beispiel auf ein Verfahren zum Umgang des Kindes begründen eine Entscheidungsermächtigung für das Gericht nur in diesem Bereich. Der Regelungsrahmen der §§ 1684, 1685 BGB hat in diesem Verfahren ausschließlichen Charakter. In diesem Vorgang, dieser Akte, also den

Umgang betreffend, kann somit inhaltlich nur die quantitative und – sehr eingeschränkt – auch die qualitative Gestaltung des Umgangs durch Anordnung von Umgangsbegleitung oder Umgangspflegschaft geregelt werden. Fragestellungen und Entscheidungen, die über diesen Rahmen hinausgehen und zum Beispiel Gefährdungen des Kindes aufgrund von Fehleinstellungen oder Fehlverhalten der Eltern im Verhältnis zueinander begegnen sollen, sind in dem Rahmen eines auf Umgangsregelung gerichteten Verfahrens nicht möglich.

Die Grundlage für eine bei Gefährdung des Kindes in jedem Fall von Amts wegen gebotene flexible Intervention unter gleichzeitiger Betonung abgestufter Hilfen liefern nur die zentralen Normen der §§ 1666, 1666a BGB. Bei diesen Vorschriften geht es um die Auflösung von Gefährdungen der Kindesentwicklung, die ihre Ursache im elterlichen Verhalten haben. Da Beziehungsstörungen und -abbrüche bei Vater-Kind-Beziehungen eine außerordentliche Gefährdung für die gesunde Kindesentwicklung darstellen, bedarf es somit entgegen der heute noch anzutreffenden Praxis neben einem Verfahren auf Regelung des Umgangs stets einer von Amts wegen spezifisch auf Aufhebung der Gefährdungslage gerichteten Intervention nach §§ 1666, 1666a BGB, auch um die dort vorgesehenen Hilfs- und Interventionsmöglichkeiten nutzen zu können.

Eine Auffassung, nach der vor Abschluss eines Umgangsverfahrens bis hin zur Vollstreckung kein Verfahren nach §§ 1666, 1666a BGB eröffnet werden könne, führt zu der Umkehrung des verfassungsrechtlichen Verhältnismäßigkeitsprinzips. Denn auch ein nach insoweit erfolglosen Einigungsbemühungen in einem Umgangsverfahren ergangener statisch wirkender Beschluss zu festen Umgangszeiten des Kindes ist ein schwerer Eingriff in die Autonomie der Eltern, was der vierten Stufe der Intervention entspricht und verfassungsrechtlich erst nach Scheitern aller möglichen milderen Maßnahmen erfolgen darf. Eine Endentscheidung nach § 1684 BGB ist damit keineswegs eine mildere Maßnahme im Vergleich zu einem bloßen Ermittlungsverfahren zur elterlichen Sorge und in dem Rahmen ergehender, in geringerem Maß in die elterliche Entscheidungsbefugnis eingreifender Anordnungen. Eine Entscheidung zum Umgang bindet die Eltern nämlich unter Androhung empfindlicher Sanktionen in diesem Bereich dauerhaft, die Beziehungen des Kindes zum nicht betreuenden Elternteil ohne Rücksicht auf die fortschreitende Entwicklung des Kindes und auf Veränderungen bei den Eltern entsprechend der gerichtlichen Vorgaben auszuführen. Sie ist, falls nicht beide Eltern doch noch zu einem Einvernehmen zurückfinden, im Vergleich zu Maßnahmen nach § 1666 BGB nur abänderbar, wenn, wie § 1696 BGB festlegt, »dies aus triftigen, das Kindeswohl nachhaltig berührenden Gründen angezeigt ist«. Durch eine bloße Umgangsentscheidung wird insbesondere die Situation des Kindes zwischen nach wie vor im Konflikt befindlichen Elternteilen in der Regel überdies verschlechtert statt verbessert, wenn damit nur das Symptom eines fehlenden elterlichen Einvernehmens behandelt wird, nicht jedoch die Ursachen des Elternkonfliktes zur Frage des Kontaktes über ein Verfahren nach §§ 1666, 1666a BGB aufgedeckt und erfolgreich geheilt werden. Im Rahmen eines Kinderschutzverfahrens nach §§ 1666, 1666a BGB kann auf Einstellungen und Erziehungsgestaltungen durch die Eltern mit Ermahnungen und flexiblen Hilfen eingewirkt werden, ohne dass es überhaupt zu einer dauerhaft die elterliche Verantwortung beschneidenden Maßnahme kommen muss.

Nach meinen Beobachtungen seit 1977 hat sich ein solches Vorgehen in der Praxis als ein äußerst flexibles Instrument erwiesen, Eltern ohne dauerhafte Reglementierungen erfolgreich an ihre Verantwortung im Sinne der §§ 1626 Abs. 1, 1684 Abs. 1 und 2, 1631 Abs. 2, 1618a BGB zu erinnern, wann immer sie aus Gründen des Partnerkonfliktes versucht waren, das Kind in ihre Abgrenzungsbemühungen einzubeziehen.

Die Verlagerung der gerichtlichen Aktivitäten auf ein Kinderschutzverfahren schont auch das Kind. In einem solchen Verfahren muss das Kind nämlich nicht unmittelbar mit entsprechenden Fragestellungen be- oder gar überlastet werden. In dem Rahmen der §§ 1666, 1666a BGB kommt es nach § 159 Abs. 2 FamFG auf Äußerungen des Kindes so gut wie nie an. Denn es geht ausschließlich um die Fähigkeit der Erwachsenen, das Kind angemessen und seinen entwicklungsbedingten Bedürfnissen entsprechend zu führen, dessen Beziehungen zum anderen Elternteil zu gewährleisten und diesen in der Wahrnehmung seiner Erziehungsverantwortung zu unterstützen. Dem Verfahren nach §§ 1666, 1666a BGB kommt somit als weniger belastendes Verfahren im Vergleich zu Regelungen nach § 1684 Abs. 3 und 4 BGB nach dem Prinzip der Verhältnismäßigkeit der Mittel eindeutig der Vorrang, mindestens jedoch eine gleichrangige Beachtung zu (siehe auch Anhang 2).

Rahmenbedingungen des Verfahrensrechts
Blick auf die zweite Stufe der Lösungsleiter: Konfliktlösung durch Information und Beratung durch das Gericht

§§ 156 und 157 Abs. 1 FamFG geben dem Gericht konkrete Handlungsanweisungen: »In Verfahren nach § 1666 und 1666a BGB soll das Gericht mit den Eltern und in geeigneten Fällen auch mit dem Kind erörtern, wie einer möglichen Gefährdung des Kindeswohls insbesondere durch öffentliche Hilfen begegnet werden kann und welche Folgen die Nichtannahme notwendiger Hilfen haben kann.« Es soll bei Beziehungsstörungen, wie § 157 FamFG hervorhebt, »auf ein Einvernehmen der Beteiligten hinwirken, wenn dies dem Kindeswohl nicht widerspricht«. Nach § 156 FamFG soll das Gericht in jeder Lage des Verfahrens auf Beratungs- und Mediationsmöglichkeiten konkret hinweisen und kann den Beteiligten eine Inanspruchnahme konkret auferlegen. Gleichzeitig kann es durch einstweilige Anordnung den Umgang vorläufig regeln oder ausschließen. Die Eltern werden persönlich geladen, ebenso das Jugendamt. Im Termin hört das Gericht das Jugendamt an. Nach § 50 Abs. 1 SGB VIII ist das Jugendamt grundsätzlich verpflichtet, am gesamten Verfahren mitzuwirken. Zum Inhalt der Mitwirkung schreibt Abs. 2 dieser Vorschrift vor: »Das Jugendamt unterrichtet insbesondere über angebotene und erbrachte Leistungen (nach z. B. §§ 17, 18, 27 ff. SGB VIII), bringt erzieherische und soziale Gesichtspunkte zur Entwicklung des Kindes oder des Jugendlichen ein und weist auf weitere Möglichkeiten der Hilfe hin.«

In Verfahren zur Aufklärung und Abwendung einer Gefährdungslage kommt nach § 157 FamFG auch die Hinzuziehung des Kindes bereits zum ersten Termin in Betracht. Allerdings muss dies – wie auch bei sonstigen Kindschaftsverfahren – aus meiner Sicht eine absolute Ausnahme und nur auf den akuten Fall einer konkreten Gefahrenlage beschränkt bleiben. Die Einbeziehung des Kindes nach § 159 FamFG ist überhaupt nur unter Berücksichtigung und Vermeidung der darin liegenden besonderen Risiken für das Kind zu verantworten. Ein Verfahren, das ausschließlich dem Schutz des Kindes dienen soll, darf nicht selbst zur Gefährdung eben dieses Kindes werden. Auf die Einzelheiten werde ich noch eingehen.

Besondere Bedeutung für eine friedliche Beilegung von Elternkriegen um das Kind kommt dem ausdrücklichen Vermittlungsauftrag an einen/eine dazu geeignete/n Sachverständigen nach § 163 FamFG zu.

Die praktische Umsetzung der zweiten Stufe der Lösungsleiter in meiner Arbeit als Familienrichter bis 2009

Wie das Handeln erfolgreich im Interesse der Familien gestaltet werden kann, möchte ich vor allem auf dem Hintergrund meiner eigenen Vorgehensweisen und Erfahrungen beschreiben.

Die Informationsebene: Bei Beginn der Verhandlung geht es zentral um eine genaue Aufklärung der Beteiligten über die einzelnen nach der Rechtsordnung bedeutsamen Vorgaben für die Erziehung und Beziehungsgestaltung der Kinder durch die Eltern. Von herausragender Bedeutung sind dabei eingehende Informationen zu den konkret formulierten Pflichten der Eltern ihrem Kind gegenüber:

- §§ 1626 Abs. 1, 1631 Abs. 1 BGB: Pflicht und Recht der Eltern;
- § 1684 Abs. 1 BGB mit dem Gewicht von § 1626 Abs. 3: Anspruch des Kindes auf gelebte Beziehungen zu jedem Elternteil; der Umgang mit beiden Elternteilen gehört in der Regel zum Wohl des Kindes;
- § 1684 Abs. 2: Gebot, das Beziehungsverhältnis zum anderen Elternteil nicht zu untergraben;
- § 1684 Abs. 1: Pflicht und Recht der Eltern zum Umgang mit ihrem Kind;
- § 1626 Abs. 2: bei der Gestaltung der Erziehung Gebot für die Eltern: Orientierung am Kindesbedürfnis und seines Entwicklungsstandes, Absage an autoritäre Erziehungsstile;
- § 1631 Abs. 2: Gewaltverbot in körperlicher und seelischer Hinsicht.

Zur Aufklärungsarbeit gehört sodann die konkrete Information über die Verpflichtung des Gerichts, unter Beachtung auch internationaler Vorgaben die Einhaltung dieser Vorschriften von den Eltern zu fordern und auf konkrete Konsequenzen einer Verweigerung der Eltern der auf Befriedung gerichteten Mitarbeit hinzuweisen.

Denn: »Die Verpflichtung des Staates, das Wächteramt nach Art. 6 Abs. 2 S. 1 GG wahrzunehmen, ergibt sich in erster Linie daraus, dass das Kind als Grundrechtsträger selbst Anspruch auf den Schutz des Staates hat« (BVerfG Bd. 24, S. 144).

Wesentliche Vorschriften der UN-Konvention zum Schutze der Kindesrechte vom 20.11.1989 (UN-Konv.) wie auch solche der Europäischen Menschenrechtskonvention vom 04.11.1950 in der Fassung vom 13.05.2004 (EMRK) sind zum Beispiel:

- Art. 3 UN-Konv.: »Bei allen Maßnahmen [...] ist das Wohl des Kindes ein Gesichtspunkt, der vorrangig zu berücksichtigen ist.«
- Art. 8 UN-Konv.: »Die Vertragsstaaten verpflichten sich, das Recht des Kindes zu achten, seine Identität einschließlich seiner Staatsangehörigkeit, seines Namens und seiner gesetzlich anerkannten Familienbeziehungen, ohne rechtswidrige Eingriffe zu behalten.«
- Art. 9 Abs. 3 UN-Konv.: »Die Vertragsstaaten achten das Recht des Kindes, das von einem oder beiden Elternteilen getrennt ist, regelmäßige und persönliche Beziehungen und unmittelbare Kontakte zu beiden Elternteilen zu pflegen, soweit dies nicht dem Wohl des Kindes widerspricht.«
- Art. 8 EMRK: »Jede Person hat das Recht auf Achtung ihres Privat- und Familienlebens, ihrer Wohnung und ihrer Korrespondenz. Eine Behörde darf in die Ausübung dieses Rechtes nur eingreifen, soweit der Eingriff gesetzlich vorgesehen und in einer demokratischen Gesellschaft notwendig ist für die nationale oder öffentliche Sicherheit, für das wirtschaftliche Wohl des Landes, zur Aufrechterhaltung der Ordnung, zur Verhütung von Straftaten, zum Schutz der Gesundheit oder der Moral oder zum Schutz der Rechte und Freiheiten anderer.«

Gegenstand der eingehenden Information der Eltern sind ebenso die zur Gewährleistung des Schutzes der Kinder vor Fehlentwicklungen bestehenden deutschen Rechtsvorschriften aus dem Strafgesetzbuch (StGB), insbesondere: §§ 171, 235, 225 StGB. Der Hinweis auf die Strafvorschriften neben §§ 1666, 1666a BGB hat sich als besonders hilfreich erwiesen, bei den betroffenen Eltern im Verfahren einen Umdenkprozess in Gang zu setzen und sie für eine konstruktive Mitarbeit zugunsten einer gesunden Kindesentwicklung aufzuschließen:

- § 171 STGB: Verbot der psychischen Gefährdung. Dazu gehören für mich unter anderem die nachhaltige Einbeziehung des Kindes in Partnerkonflikte, seine Instrumentalisierung für eigene Zwecke sowie der Abbruch der Beziehungen des Kindes zu Bezugspersonen.
- § 235 StGB: Strafbarer Kindesentzug durch nachhaltige Behinderung und Verhinderung von gelebten Beziehungen des Kindes zu einem Elternteil.
- § 225 StGB: Verbot körperlicher und/oder seelischer Gewalt.

Allen Informationen folgt der eindringliche Hinweis auf den Wortlaut des § 1618a BGB: »Eltern und Kinder sind einander Beistand und Rücksicht schuldig.«

Die Eltern werden nach diesen eingehenden Informationen zur Rechtslage konkret aufgefordert, sich in einer Verhandlungspause konkret zu überlegen, in welcher Form und mit welchen Mitteln sie sich wechselseitig unterstützen können, die Beziehungen zum Kind lebendig zu halten und sich jeweils auf die Bedürfnislage des Kindes einzustellen. Damit komme ich zur nächsten Stufe der Lösungsleiter.

Die dritte Stufe der Lösungsleiter: Konfliktlösung durch Rückdelegation des Problems in die außergerichtliche Beratungsebene und Prüfung des Erlasses einstweiliger Anordnungen

Die im Falle von Trennungs- und Scheidungskonflikten betroffenen Eltern wenden sich in der Regel aus einem einzigen Grund an das Gericht: Sie erwarten aus je unterschiedlicher Perspektive von den dort handelnden Juristen eine inhaltliche Lösung ihres Problems durch sichere Zuordnung des Kindes im Wege der Entscheidung über die elterliche Sorge oder durch sichere nach Ort, Tagen und Stunden bemessene Vorgaben zur Beziehungsgestaltung mithilfe eines vollstreckbaren Beschlusses oder einer ebenso vollstreckbaren gerichtlichen Vereinbarung. Sie delegieren damit gewissermaßen die Verantwortung für die dem Kind am ehesten entsprechende Lösung auf den Richter oder die Richterin, wobei jeder Elternteil davon ausgeht, dass diese Lösung selbstverständlich nur den eigenen Vorstellungen entsprechen kann.

Wird diese Delegation vom Gericht angenommen und eine möglichst rasche Konfliktlösung in konkreten Regelungsvorschlägen oder gar einer konkreten gerichtlichen Entscheidung zur Sache gesucht, sind damit in der Regel verhängnisvolle Konsequenzen verbunden und der Weg zu einer stabilen Befriedung erschwert, wenn nicht gar unmöglich gemacht:

Eltern wie Kinder werden auf vorgegebene Begegnungszeiten und -arten auf Dauer festgelegt. Sie erfahren die Veränderung ihrer Konfliktlage als eine von außen an sie herangetragene Macht und nicht als eigenes Wachstum. Notgedrungen erlebt sich einer der beiden als Verlierer, der andere als Gewinner – oder: Beide erleben sich als Verlierer. Die Kommunikationsstörung und die mangelnde Fähigkeit, flexible Absprachen zur Beziehungsgestaltung zu treffen, bleiben unverändert. Das betroffene Kind bleibt im Loyalitätskonflikt zwischen gleichermaßen wichtigen Elternteilen gefangen und kann sich dem nur dadurch entziehen, dass es schließlich den Kontakt zu dem nicht betreuenden Elternteil abbricht. Wie erzieherisch mit dem Kind umzugehen ist, wird schließlich an den Vorurteilen und Wertmaßstäben des Richters und nicht an den konkreten Möglichkeiten, Einstellungen und Fähigkeiten der Eltern orientiert.

Die auf diesem Weg erreichte schnelle Erledigung dient damit nur der formellen Aktenerledigung und nicht der Herstellung eines wirklichen Rechtsfriedens.

Eine Befriedung der Eltern und damit eine dauerhafte Beziehungssicherung für das Kind setzt also voraus, dass die von den Beteiligten erhoffte oder erwartete Delegation vom Gericht nicht angenommen wird – abgesehen von den Fällen, wo aus Gründen der Schadensbegrenzung Eingriffe durch fremdbestimmende Entscheidungen nötig sind. Dazu stellt das Gericht verbal und durch entsprechendes Verhalten durchgängig fest, dass die Verantwortung für die Erarbeitung eines Konzepts zur inhaltlichen Gestaltung einer weiterhin gemeinsamen rechtlichen Elternverantwortung bei den Eltern lag, liegt und dort auch belassen wird.

Werden von den Eltern nach der empfohlenen/angeordneten

Beratungsarbeit bei einem freien Träger der Jugendhilfe oder dem Jugendamt zur Frage, ob und auf welchem Weg der Konflikt/die Kommunikationsstörung aufgelöst werden kann, Vereinbarungen zur flexiblen, auf das Kind abgestellten Beziehungsgestaltung am Ende der vorgegebenen Zeit – in der Regel drei Monate – nicht vorgelegt oder konkrete Anhaltspunkte einer weiteren Erfolg versprechenden Beratungsarbeit nicht aufgezeigt, geht das Verfahren auf die nächste Stufe der Lösungsleiter.

Die vierte Stufe der Lösungsleiter: Ultima Ratio – Suche nach der am wenigsten schädlichen Alternative

Kommt es in einem Umgangsverfahren nach §§ 1684, 1685 BGB nicht zu konstruktiven Absprachen und einer abschließenden Rückdelegation der Problemlösung auf die Elternebene, wird zur Abwendung der mit dem Konflikt verbundenen Gefährdungslage für das Kind im – spätestens jetzt von Amts wegen eröffneten – gesonderten Kinderschutzverfahren nach §§ 1666, 1666a BGB konkret ermittelt und zur Sicherung der Beziehungen des Kindes der Erlass einer einstweiligen Anordnung geprüft. Bei einem Sorgeverfahren, das nicht zu einer erfolgreichen Konzeptentwicklung zur Beibehaltung oder Wiederherstellung der gemeinsamen Sorge führt, werden entweder die Ermittlungen ausdrücklich auf die Frage ausgedehnt, inwieweit die Situation die Entwicklung des Kindes im Sinne der §§ 1666, 1666a BGB gefährdet, oder/und es wird von Amts wegen zur Beziehungssicherung ein gesondertes Verfahren zur konkreten – möglichst nur vorläufigen – Beziehungsgestaltung nach §§ 1684, 1626 Abs. 3 BGB eröffnet und wie oben beschrieben parallel durchgeführt.

Als zielführende Ermittlungen zur Abwendung der Gefährdungslage kommen neben der mündlichen oder schriftlichen Einbeziehung von Betreuern, Erziehern, Lehrern und auch Ärzten der Einsatz von Sachverständigen und eine Augenscheinseinahme des betroffenen Kindes in Betracht.

Der Einsatz von Sachverständigen: Dazu wird eine konkrete Überprüfung der Möglichkeiten und Fähigkeiten der Eltern, die Interessen des Kindes in den Mittelpunkt zu stellen, durch externe geeignete Sachverständige angeordnet. Dieser Auftrag ist wiederum aus meiner Sicht stets mit der nach § 163 FamFG heute ausdrücklich möglichen

Weisung an den Sachverständigen zu verbinden, zunächst mit seinem besonderen Sachverstand beide Eltern über die Kindesbedürfnisse und -gefährdungen zu informieren, soweit möglich zwischen ihnen zu vermitteln und sie bei der Erarbeitung des für das Kind wichtigen einvernehmlichen Konzepts zur Erziehungs- und Beziehungsgestaltung zu unterstützen.

Der Sachverständige wird damit in erster Linie als fachkundiger Berater der Eltern zur Bewältigung ihrer Aufgabe eingesetzt, die Erziehungsgestaltung an den Bedürfnissen des Kindes dauerhaft, kooperativ und einander unterstützend erneut auszurichten. Er behält auch für den weiteren Verlauf des Verfahrens bis zu dessen Abschluss den Auftrag, die Bemühungen des Gerichts, die Verantwortung den Eltern uneingeschränkt zu belassen oder zurückzugeben, zu unterstützen. Dazu werden die Präsentation der Erkenntnisse des Sachverständigen und das Ergebnis seiner Bemühungen möglichst durchgängig als mündliches Verfahren ausgestaltet. Zu einer möglichen Auftragserteilung verweise ich auf Anhang 1.

Zur Frage einer persönlichen Einbeziehung von Kindern: Vor dem ersten Termin mit den Eltern sollten Kinder möglichst nicht richterlich »angehört« werden. Auch zum frühen ersten Termin im Sinne von § 155 Abs. 2 Satz 2 FamFG sollten Kinder weder in Sorge- noch in Umgangsverfahren zum Gericht einbestellt werden. Ob und wie die Kinder durch den Familienrichter/die Familienrichterin in das Verfahren persönlich einbezogen werden, muss sich für mich nach folgenden Erkenntnissen richten: Eine lediglich verbale Anhörung in einer für das Kind fremden Umgebung durch eine dem Kind fremde Person ist nach meinen Beobachtungen als beachtliche Willensäußerung des Kindes wertlos und stellt in sich die Gefahr einer weiteren Schädigung des Kindes dar.

Dazu Jopt: »Wer dem Willen eines kontaktverweigernden Kindes blind folgt, nimmt es gerade nicht als Rechtssubjekt ernst. Im Kontext von Umgang bekennt ein Kind nicht, was es will, sondern was es nicht will. Das ist ein gänzlich anderer Prozess, der mit Willensfreiheit und Selbstbestimmung nichts gemein hat. Es geht um psychische Kalibrierung. In dieser Notlage brauchen sie nicht noch Erwachsene, die ihnen dabei helfen, den Verlust einer Elternbeziehung zu erreichen. Das will aus entwicklungspsychologischer Sicht kein Kind. Stattdessen sind Helfer erforderlich, die im Blick haben, diese Beziehungszerstörung gerade zu verhindern« (Jopt, 2011).

Was es mit einem im Spannungsfeld der Eltern unter erheblichem Loyalitätsdruck geäußerten Kindeswillen, der in der Praxis eine aus meiner Sicht wohl noch meist unangemessene Bedeutung erhält, auf sich haben kann, mag auch die nachfolgende Geschichte, die ich als Familienrichter erlebt habe, beleuchten:

> Ich begegnete im Frühjahr 2009 in Frankfurt am Main einer jungen Frau im Zug. Sie berichtet im Gespräch von abgerissenen Kontakten zum Vater. Die Eltern seien geschieden worden, als sie etwa zwölf Jahre alt gewesen sei. Der Vater habe zwar zu ihrem Bruder Kontakt haben wollen, nicht jedoch zu ihr. Er habe sich um sie nicht mehr gekümmert. Bei der Schilderung wird ihre tiefe Trauer darüber deutlich. In Wahrheit war es, wie sich bei einem zweiten mit ihr verabredeten Treffen in meiner Dienststelle anhand der abgelegten alten Scheidungsakte herausstellt, genau umgekehrt: *Sie* war es gewesen, die die Kontakte zum Vater vehement abgelehnt hatte! Auch der eingeschalteten Sachverständigen war es nicht gelungen, trotz erkannter Bindungen an den Vater ihren damaligen Widerstand gegen Kontakte aufzulösen. Eine von mir beabsichtigte und in den Akten für das nächste Jahr vorgemerkte Kontrolle zur Frage der Kontakte war aufgrund eines gerichtsinternen Versehens unterblieben.

Kann die verbalisierte Kindesäußerung in der Regel nicht, jedenfalls nicht ohne nähere psychologische Untersuchungen, zur Grundlage einer Sachentscheidung zwischen widerstreitenden Elternteilen gemacht werden, so kommt der Einbeziehung des Kindes vor einer jeden Entscheidung gleichwohl erhebliche Bedeutung zu. Sie hat bei Beachtung des Rechts des Kindes auf körperliche und seelische Unversehrtheit und Achtung seiner Würde die besondere Funktion, dass das Kind als ein eigenes Wesen vom Richter gesehen wird und ihm einen Eindruck von seiner körperlichen, geistigen und seelischen Verfassung, insbesondere auch von dem Ausmaß seiner Belastung durch den Elternkonflikt, geben kann. Das Bundesverfassungsgericht hat dazu in einer grundlegenden Entscheidung vom

05.10.1980 ausgeführt: »§ 50b FGG entspricht dem verfassungsrechtlichen Gebot, bei Sorgerechtsentscheidungen den Willen des Kindes zu berücksichtigen, soweit dies mit seinem Wohl vereinbar ist. Eine Entscheidung, die den Belangen des Kindes gerecht wird, kann in der Regel nur ergehen, wenn das Kind in dem gerichtlichen Verfahren die Möglichkeit erhalten hat, seine persönlichen Beziehungen zu den übrigen Familienmitgliedern erkennbar werden zu lassen. Um dies zu gewährleisten, haben die Familiengerichte im Einzelfall ihre Verfahrensweise unter Berücksichtigung des Alters des einzelnen Kindes, seines Entwicklungsstandes und vor allem seiner häufig durch die Auseinandersetzung zwischen den Eltern besonders angespannten seelischen Verfassung so zu gestalten, dass sie möglichst zuverlässig die Grundlagen einer am Kindeswohl orientierten Entscheidung erkennen können. […] da[ss] jüngere Kinder oft nicht in der Lage sind, ihre persönlichen Bindungen zu den Eltern dem Gericht präzise mitzuteilen. Das Kind befindet sich in dem Konflikt, dass es sich mit seiner Entscheidung für den einen Elternteil notwendig gegen den anderen entscheiden muss, etwas, was es nicht leisten kann« (BVerfG vom 05.11.1980–1 BvR 349/80 – FamRZ 1981, 126).

Kinder als Lehrmeister: Bei Beginn meiner Tätigkeit als Familienrichter hat der damalige Leiter des Instituts für Heilpädagogik der FH Bochum, der Psychologe Prof. Dr. Wolfgang Klenner, Oerlinghausen, mir und den Bielefelder Familienrichtern – deren berufsbegleitender ehrenamtlicher Ausbilder er ab 1977 für vier Jahre war – dringend nahegelegt, die betroffenen Kinder in ihrer vertrauten Umgebung möglichst in Anwesenheit beider Eltern zu besuchen.

Ich habe das gewagt und in allen Fällen, bei denen die Kinder jünger als 14 Jahre waren, vor den – damals noch zwingend vorgeschriebenen – Entscheidungen zur elterlichen Sorge oder in Verfahren zum Umgang Hausbesuche in der Regel in Anwesenheit beider Eltern durchgeführt (vgl. Prestien, 1979; Ministerium für Arbeit, Gesundheit und Soziales, 1980; Prestien, 1994). Das für mich damals überraschende Ergebnis: Das Kind zeigte eine andere Realität als von Eltern oder Jugendamt dargelegt; das machte mich in dem Augenblick entscheidungsunfähig. Das gemeinsame Erleben des Kindes im Umgang mit beiden Elternteilen verunsicherte gleichzeitig beide Elternteile, die gewissermaßen zugleich die Unschuld des bisherigen

Streitens verloren. Sie erwiesen sich plötzlich als offen für Beratungsempfehlungen und nutzten von wenigen Ausnahmen abgesehen die dazu dann eingeräumte Zeit von regelmäßig drei Monaten zur Befriedungsarbeit und zunehmend kooperativen Gestaltung der Beziehungen des Kindes zu beiden Elternteilen. Dies betraf auch sogenannte hochstrittige Paare.

Die Kinder lehrten mich beim Anschauen ihrer konkreten Situation das beschriebene Verfahren, bei dem ich seit 1977 nie genötigt war, Zwangsgeldbeschlüsse zur Durchsetzung von Kontakten zu erlassen. Überhaupt habe ich in all den Jahren nur an einer Hand abzuzählende Umgangsbeschlüsse zur Schadensbegrenzung einsetzen müssen. Der persönlichen Begegnung mit den Kindern und ihren Eltern habe ich Erkenntnisse zu verdanken, die mich als Bielefelder Familienrichter zu meinem Vorlagebeschluss vom 06.02.1980 zur gemeinsamen Sorge an das Bundesverfassungsgericht veranlasst haben.

Fazit

Entgegen der noch weit verbreiteten Praxis (vgl. Karle, Gathmann u. Klosinski, 2010, S. 432; Jopt, 1992, S. 107) einer verbalen Befragung an Gerichtsstelle allein oder in Anwesenheit nur des betreuenden Elternteils bedarf es einer grundsätzlich anderen und kindgemäßen Kontaktaufnahme durch den Richter: Eine persönliche Einbeziehung von Kindern muss stets durch eine Augenscheinseinnahme, möglichst in vertrauter Umgebung des Kindes und in Anwesenheit beider Elternteile erfolgen. Sollte dies ausnahmsweise angesichts der augenblicklichen Konfliktsituation nicht möglich oder sinnvoll sein, ist das Kind in beiden Elternhäusern aufzusuchen. Dies gilt unabhängig vom Alter des Kindes von seinem ersten Lebenstag an. Wann immer eine entscheidungserhebliche und auf Dauer wirkende Verwertung kindlicher Aussagen in Betracht kommt, ist eine bedeutsame Einschätzung durch dafür ausgebildete (!) Personen für das Gericht zu treffen. In einem solchen Fall ist die Zuziehung eines/einer Sachverständigen zur Anhörung zum Schutz des Kindes vor schädigenden Fehlinterpretationen stets geboten. Das gilt selbstverständlich erst recht für die Anhörung von in ihrer Entwicklung behinderten oder rückständigen Kindern.

Neuer Wein in alten Schläuchen

Wie kann es dazu kommen, dass eine Untersuchung der deutschen Familienrechtspraxis zu der Überschrift kommt: »Sorgefall Familienrecht – Ursachen und Folgen grundgesetzwidriger Praxis auf der Basis regelmäßigen Missbrauchs des Kindeswohlbegriffs« (González, 2012)? Trotz des Paradigmenwechsels und der nach dem 03.11.1982 erfolgten Rechtsreformen im nationalen wie internationalen Bereich scheint die vorherrschende Praxis von Jugendhilfe und Familiengerichten unverändert nicht tatsächlich an diesen Vorgaben ausgerichtet zu sein. Bei der Suche nach den Ursachen scheint mir das Bibelwort vom neuen Wein in alten Schläuchen zutreffend: Eine inhaltlich neue und diametral der bis 1982 geltenden gesetzlichen Zielstellung entgegengesetzte Aufgabe ist einem alten überkommenen System gegeben worden, das in Organisationsstruktur und personeller Besetzung unverändert geblieben ist. Die personellen und organisatorischen Rahmenbedingungen für die gerichtliche Bearbeitung von Konfliktlagen um das Kind herum sind noch die gleichen wie vor dem Paradigmenwechsel und der danach grundsätzlich veränderten Auftragslage des Familiengerichts. Teilweise haben sich die Arbeitsbedingungen für die Familienrichter und Familienrichterinnen sowie für die Mitarbeiterinnen und Mitarbeiter der Jugendhilfe schleichend durch kaum bemerkte Gesetzesänderungen sogar noch zum Nachteil der betroffenen Menschen verschlechtert (vgl. Anhang 3). Wenn man dem Bibelwort folgt, muss dies auch weiterhin dazu führen, dass der neue Wein (Befriedungsauftrag) die alten Schläuche (Rahmenbedingungen) zerreißt und als Wein verdirbt beziehungsweise eine erfolgreiche Konfliktregulation vom Gericht in der Regel nicht geleistet werden kann. Wissenschaftliche Untersuchungen der Praxis bestätigen dieses Bild: Nach Untersuchungen von Prof. Dr. Heike Schulze sind die Einstellung und die Arbeitsweise des einzelnen Familienrichters auch heute allzu häufig nach wie vor nicht auf die konkrete Bedürftigkeit des einzelnen Kindes ausgerichtet, sondern auf eine rein formelle Erledigung des Verfahrens (Schulze, 2006, S. 539 ff.). Die von Prof. Dr. Roland Proksch 2002 im Auftrag der Bundesregierung abgeschlossene Untersuchung zur Kindschaftsrechtsreform 1998 untermauert die Feststellungen von Schulze zur mangelhaften Hilfe für Kinder und ihre im Konflikt befindlichen Eltern: Den Antworten der befragten Eltern ist nach den Erhebungen von Proksch zu entnehmen, dass das gerichtliche Verfahren von 67 % als sehr förmlich empfunden wird; Streitpunkte mit dem Ex-Ehepartner in dem Gerichtsverfahren nicht beigelegt werden konnten. Bei etwa einem Viertel der Befragten hat das Verfahren den Ärger noch erhöht. Die Betroffenen erlebten nach dieser Studie das Verfahren als belastend.

Die Annahme, dass sich hinter dem Etikett »Familienrichter« in zu vielen Fällen doch nicht die durch diesen Begriff suggerierte fachliche Kompetenz und Möglichkeit zum effektiven Kinderschutz verbirgt, verdichtet sich weiter, wenn man die Statistik der Sondererhebung zur Frage der Belassung der gemeinsamen elterlichen Sorge aus den Jahren 1994 und 1995 sieht. Die Brandenburger Zahlen differierten von 0 bis 66 % der Fälle, in denen der/die Familienrichter/Familienrichterin offenbar die die Scheidung überdauernde gemeinsame Verantwortung für das Kind als wichtig ansah und zugleich den Elternpaaren dies auch zutraute. Landesweit schwankten die Zahlen zwischen 6,5 % für Sachsen-Anhalt und 23,6 % für das Saarland.

Die Untersuchung von Rosenboom im Rahmen seiner Dissertation belegt die krasse und fachlich nicht begründbare Unterschiedlichkeit richterlicher Einstellungen und Vorgehensweisen bei Kinderschutzfällen (Rosenboom, 2007). Nach dieser Untersuchung unterliegt es absolut dem Zufallsprinzip, ob und wann Kinder angehört beziehungsweise Sachverständige eingeschaltet werden. Zufallsabhängig ist auch, ob und wann informelle Kontakte vor und während eines Verfahrens insbesondere mit Mitarbeitern des Jugendamtes unterhalten und konkrete Kooperationsformen mit diesen und weiteren mit Kindern befassten Institutionen unterhalten werden. Von der Beauftragung eines Interessenvertreters für das Kind ist überhaupt nicht die Rede, was zu der Vermutung Anlass gibt, dass es ihn bei der Erhebung auch nicht in nennenswerter Form gegeben hat. Rosenboom kommt zu der Aussage, dass gerichtlicher Schutz für das Wohl des Kindes oftmals so spät kommt, dass keine Möglichkeit (mehr) besteht, das Kind in der Familie zu belassen.

Zur fachlichen Kompetenz des Familienrichters/ der Familienrichterin

Der Jurist (Rechtsanwalt wie Richter) hat in seiner Ausbildung gelernt, dass Konflikte zwischen Parteien durch endgültige Entscheidung des Gerichts mit statischer Wirkung gelöst werden. Dabei ging es immer um in der Lebenswirklichkeit historisch abgeschlossene Sachverhalte, die auf bestimmte Vorschriften hin von den Parteien inhaltlich reduziert eingebracht wurden und mit den Mitteln des Beweisrechts festzustellen waren. Bei all dem ist Voraussetzung richterlicher Tätigkeit, dass inhaltlich konkrete Anträge gestellt werden und der Nachweis für ihre Begründung konkret geführt bzw. angetreten wird. Am Ende eines solchen Verfahrens steht eine endgültige Klärung der Rechtslage bzw. Zuordnung des Streitgegenstandes in der Regel durch ein abschließendes gerichtliches Urteil. Fragen der weiteren Beziehung der Beteiligten zueinander bleiben dabei in der Regel unberücksichtigt. In Zivil-, Straf- und Verwaltungsverfahren war und ist eine solche Vorgehensweise zur Herstellung des Rechtsfriedens auch aus meiner Sicht durchaus angemessen.

Diese Sicht- und Arbeitsweisen sind allerdings auf Kindschaftsverfahren zur Sorge und zum Umgang nicht nur nicht übertragbar, sondern geradezu kontraindiziert: In den Kindschaftsverfahren geht es um die Zukunft des Kindes. Aufgrund der fortschreitenden Entwicklung sowie der sich verändernden Lebensverhältnisse darf es bei Entscheidungen zur elterlichen Sorge und Beziehungsgestaltung gerade nicht zu einer endgültigen Zuordnung oder dauerhaften statisch nach Tagen und Stunden bemessenen Regelung der persönlichen Kontakte des Kindes zu einem Elternteil durch das Gericht kommen. Im Konflikt der Eltern sind dem Kind vielmehr durch die Arbeit des Gerichts die größtmöglichen Optionen für eine gesunde Weiterentwicklung in der fortdauernden flexibel an seine Bedürfnisse angepassten Beziehung zu beiden Elternteilen wieder zu eröffnen.

Daran orientiert ist sodann in erster Linie ein den so festgestellten Kindesbedürfnissen gerecht werdendes Verhalten der Eltern mit den gesetzlichen Mitteln einzufordern. Nur als Ultima Ratio dürfen schadensbegrenzende, in die Elternverantwortung eingreifende Maßnahmen zeitlich befristet und an der derzeitigen konkreten Situation des Kindes orientiert getroffen werden. Denn nur ein Verfahren, an dessen Ende beiden Eltern die volle Souveränität zur verantwortlichen gemeinsamen Wahrnehmung verbleibt, oder sie diese wiedererlangt haben, gewährleistet vollinhaltlich das sogenannte Kindeswohl, wie es deutsche und internationale Regeln verstehen. Bei einem solchen Vorgehen endet das Gerichtsverfahren mit einer Einstellung. Die gesamte Arbeit des Familienrichters muss folgerichtig darauf ausgerichtet sein, sich selbst als in die Elternverantwortung eingreifender Entscheider überflüssig zu machen.

Eine solche Vorgehensweise ist jedoch nur möglich, wenn der Familienrichter ein entsprechendes Kompetenzprofil aufweist: Will er zum Angstabbau bei den beteiligten großen und kleinen Familienmitgliedern beitragen, ihre für sie bedeutsamen Beziehungen zueinander sichern und für sie tatsächlich Chancen für eine gesunde Weiterentwicklung eröffnen, benötigt er fundierte Kenntnisse über Kindesentwicklung, Kommunikationsverläufe und Konfliktmuster. So muss er zum Beispiel um die Interpunktion der Parteien wissen, bei der jede Partei sich im Recht sieht, danach also selbst Opfer ist, dem der Partner als Täter gegenübersteht.

Er muss wissen, dass es dabei die objektive Wahrheit nicht gibt und die von den Parteien vorgenommene Bewertung tatsächlich eine willkürliche Interpunktion des Kommunikationskreises zwischen ihnen unter Ausblendung der eigenen Anteile ist. Er muss sich als Inhaber staatlicher Macht stets bewusst sein, dass er in einer solchen Situation – bewusst oder unbewusst – gewissermaßen Waffen in Spannungsgebiete liefert, wenn bei noch anhaltender Konfliktlage einem Elternteil zum Beispiel ein Machtvorsprung eingeräumt wird. Er muss über Gesprächsführungstechniken, die diese Grundlagen berücksichtigen, im Umgang mit erwachsenen Konfliktparteien und deren Anwälten verfügen. Der mit Kindschaftsverfahren betraute Richter muss darüber hinaus besonders mit den allgemeinen Entwicklungsverläufen von Kindern in den unterschiedlichen Altersstufen vertraut sein. Er muss die Sprache des Kindes verstehen und mit dem Kind in jeder Altersstufe dessen Würde entsprechend umgehen können. Er benötigt Kompetenzen, bestehende Behinderungen körperlicher wie psychischer Art bei den Kindern wie bei den erwachsenen Verantwortungsträgern zu erkennen. Um Fremdbeurteilungen nicht hilflos ausgeliefert zu sein, benötigt der Richter ferner als Inhaber des staatlichen Wächteramts über die Wahrnehmung elterlicher Verantwortung fundierte Kenntnisse über Möglichkeiten und Grenzen wissenschaftlich haltbarer Begutachtungen durch psychologische, psychiatrische Gutachten von Sachverständigen. Vor allem aber muss der amtierende Richter möglichst frei von jeglichen bewussten oder unbewussten (Vor-)Urteilen und daraus fließenden Projektionen sein.

Mit der bisherigen Ausbildung bringt der Jurist diese Fähigkeiten regelmäßig auch nicht annähernd mit. Auch wird er vor Übernahme des Amtes des Familienrichters auf die – verglichen mit der Arbeitsweise eines Richters in allen anderen Rechtsgebieten – völlig andersartige Aufgabenstellung und Vorgehensweise weder vorbereitet noch in den für Kind und Eltern bedeutsamen Bereichen der Entwicklungspsychologie, Pädagogik, Psychiatrie besonders unterwiesen. Hinzu kommt, dass heute noch jeder Richter ohne Rücksicht auf Neigungen und bisherige Verwendung vom Präsidium des jeweiligen Gerichts auch gegen seinen Willen zum Familienrichter berufen werden kann.

Die Situation der Jugendhilfe

Bei der Arbeit des Jugendamtes – im Folgenden: JA – ist eine erhebliche Fehleranfälligkeit schon in der nach dem Sozialgesetzbuch (SGB) VIII bestehenden Rollenvermischung begründet: JA als Berater, JA als Vermittler, JA als Eingreifer, JA als Ankläger, JA als Verfahrensbegleiter und -steuerer, JA als Vollstrecker. Das Jugendamt steht damit vor einer Gemengelage von Aufgabenstellungen, die es unmöglich erscheinen lässt, dass der Sachbearbeiter/die Sachbearbeiterin durchgängig das Kind im Zentrum behalten kann. Denn er/sie soll in einer Person und oft gleichzeitig qualifiziert Beratungshilfe den Erwachsenen gegenüber leisten, die im Einzelfall infrage kommenden und hilfreichen Jugendhilfeleistungen in einem Rahmen des Vertrauens anbieten und durchführen, Eltern-Kind-Trennungen eigenverantwortlich vornehmen, gerichtliche Verfahrensschritte anregen oder gar beantragen und schließlich den Kollegen/die Kollegin von der Amtsvormundschaft unterstützen und/oder überwachen, nachdem dieser/diese aufgrund eigenen Vorschlags zuständig geworden ist. Der Mitarbeiter beziehungsweise die Mitarbeiterin der Jugendhilfe ist im Übrigen in der Regel weder Jurist noch Pädagoge noch Psychologe noch Psychiater, soll aber in all diesen Wissenschaftsgebieten zu Hause sein und daran angepasst zutreffende Diagnosen stellen und die für eine Auflösung der Gefährdung geeigneten Maßnahmen stets den konkreten Bedürfnissen des einzelnen Kindes angepasst ergreifen.

Das Jugendamt führt darüber hinaus strukturell ein im Wesentlichen unkontrolliertes und unüberwachtes Eigenleben. So sind Mitarbeiter und Mitarbeiterinnen der Jugendhilfe nicht an Vorgaben der Gerichte nach §§ 1666, 1666a, 1684 BGB gebunden, worauf Sommer (2012) hinweist. Eine externe Fach- und Rechtsaufsicht, die vergleichbar mit den weiteren Instanzen der Rechtsprechung bei fehlerhaften oder unterbleibenden Jugendhilfeleistungen korrigierend eingreifen kann, ist entgegen der Vorschrift des Art. 3 Abs. 3 UN-Konvention zum Schutze der Kindesrechte auch sonst nicht vorhanden. Mit der besonderen Befugnis für die Verwaltungsbehörde, nach § 42 SGB VIII Eltern-Kind-Trennungen durch eine Inobhutnahme sogar ohne vorherige richterliche Anordnung vorzunehmen, kann in diesem Bereich jede familiengerichtliche Kontrollmöglichkeit faktisch unterlaufen oder gar ausgeschaltet werden, wenn die betroffenen Eltern, aus welchen Gründen auch immer, der Inobhutnahme nicht widersprechen. Trennungen von ihren Eltern sind die betroffenen Kinder in diesen Fällen ohne eigenen Rechtsschutz ausgeliefert: Die angeordnete Fremdunterbringung ist aus meiner Sicht insbesondere bei kleinen Kindern, die keine Möglichkeit der Entfernung aus eigener Kraft haben, als freiheitsentziehende Maßnahme im Sinne von Art. 37 der UN-Konvention zum Schutze der Kindesrechte anzusehen. Entgegen Abs. 3 dieser Vorschrift haben diese Kinder jedoch selbst keine Möglichkeit, aus eigenem Recht die Berechtigung der Trennung von den Bezugspersonen gerichtlich überprüfen zu lassen.

Die Situation der Kindesvertretung im Verfahren

Eine wirksame Kontrolle richterlichen Handelns ist dem heutigen Verfahrensbeistand praktisch verwehrt. Seine Bestellung ist nach § 158 Abs. 1, 4 Satz 3 FamFG nämlich von dem Richter abhängig, dessen Vorgehen und Entscheidungen er im Interesse des Kindes gegebenenfalls mit Rechtsmitteln überprüfen lassen soll. Was die Qualifikation des Vertreters der Kindesinteressen angeht, schweigt das Gesetz. Schlimmer noch, es geht davon aus, dass ein Verfahrensbeistand seine fachübergreifende Arbeit in der Regel ehrenamtlich ohne besondere Vorkenntnisse erbringen kann und soll. Selbst bei Anerkennung einer berufsmäßigen Tätigkeit ist die Vergütung nicht an dem konkreten Einsatz orientiert, führt je nach Standort im Hinblick auf die fehlende Aufwandsentschädigung zur Ungleichbehandlung und eröffnet damit oft kaum die erforderliche Möglichkeit der Inanspruchnahme von Supervisionen und/oder weiterführenden Qualifizierungen. Von Planungssicherheit kann bei einem berufsmäßigen Verfahrensbeistand nicht die Rede sein. Eine externe Fachaufsicht zum Beispiel durch eine unabhängige interdisziplinär besetzte Kinderanwaltskammer, die verhindern könnte, dass der Vertreter der Kindesinteressen unqualifiziert zur weiteren Streitpartei wird und mit seinen Beiträgen zu einer weiteren Gefährdung des Kindes beiträgt, ist (noch) nicht vorhanden.

Eine Aufwertung der Kindesvertretung zu einer fachlich kompetenten unabhängigen Anwaltschaft für das Kind ist heute umso dringender, als durch die Reformen von 1990, 1998, 2005 und 2009 bisher geltende gesetzliche Schutzmechanismen zum Nachteil des Kindes verändert oder außer Kraft gesetzt worden sind. Zu Einzelheiten verweise ich auf Anhang 3.

Unterstützung eines sachgerechten Vorgehens durch die Väter

Wie können Väter bei den gegebenen Rahmenbedingungen ein sachgerechtes Vorgehen des Familiengerichts gezielt anregen und/oder unterstützen?:

- bei eigener Antragstellung auf Einräumung der rechtlichen Mitverantwortung,
- bei eigener Antragstellung auf Herstellung intensiver Vater-Kind-Beziehungen,
- bei Antragstellung durch einen Rechtsanwalt,
- in der passiven Rolle als sogenannter Antragsgegner.

Allgemein

In allen Konstellationen und jeder Lage des Verfahrens muss die Vorschrift des § 1618a BGB, nach der Eltern und Kinder einander Beistand und Rücksicht schuldig sind, für das eigene Verhalten, die eigenen Beiträge oberste Richtschnur sein. Das umfasst die Übernahme der vollen Verantwortung für die eigenen Beiträge im Verfahren, also auch für die Beiträge, die von der Prozessvertretung eingebracht werden. Jeder Schriftsatz, ob an das Gericht oder Dritte, ist somit vor Absendung gründlich von dem verantwortlichen Elternteil zu prüfen.

Anregungen für eigene oder anwaltliche Anträge an das Gericht

Bei Umgangsverfahren sollte kein Sachantrag auf genau umrissene Kontakte, zum Beispiel freitags 14 Uhr bis montags 8 Uhr, gestellt werden. Sinnvoll erscheint stattdessen, die Bitte an das Gericht voranzustellen, die Eltern bei der Erarbeitung eines Konzeptes für eine an den Kindesbedürfnissen orientierte Handhabung der Beziehungsgestaltung zu unterstützen. Vorwürfe an die Adresse der Mutter sind ebenso zu vermeiden wie persönliche Abwertungen. Stattdessen ist eine strikte Beschränkung auf die Schilderung des chronologischen Ablaufs der Kontaktgestaltung seit Trennung und/oder der Ist-Situation im Hinblick auf Kommunikation und Entscheidungen über die Belange des Kindes sinnvoll. Beispielhaft aufgeführte Konkretisierungen können hilfreich sein, die Bereitschaft des anderen Elternteils zur Mitarbeit an konfliktlösenden Gesprächen zu fördern und zugleich die vom Gericht anzustrebende Befriedung zu unterstützen. Dazu gehören Ausführungen zur Wichtigkeit wechselseitiger Unterstützung im Hinblick auf die zukünftige Entwicklung des Kindes; zu der Bedeutung väterlicher Anwesenheit für die psychische Entwicklung des Kindes wie auch zur Entlastung der Mütter; zur Bedeutung des Vaters bei Ausfall der Mutter infolge von Krankheit, beruflicher Verhinderung oder Tod im Vergleich zu Fremd- oder Heimbetreuung des Kindes; zu Erkenntnissen aus den Wissenschaftsbereichen Psychologie, Pädagogik, Psychiatrie; Ausführungen zu eigener dauerhafter Unterstützungsbereitschaft der mütterlichen Erziehungsarbeit. Konkrete Angebote, divergierende Positionen in gemeinsamer Arbeit auflösen zu wollen, sollten nicht fehlen. Zielführend im Sinne eines auf Befriedung gerichteten Verlaufs ist auch ein eigener Vorschlag, zur Vermeidung oder Erledigung des Verfahrens außergerichtliche Hilfe in Anspruch nehmen zu wollen. Diese Angebote erhalten besondere Glaubhaftigkeit, wenn sie durch freundliche Schreiben an die Mutter im Vorfeld des Verfahrens und/oder eigene entsprechende Ersuchen an Beratungsstellen und/oder das Jugendamt untermauert werden können. Den Ausführungen sollte sich die an das Gericht gerichtete konkrete Bitte um Unterstützung in allen genannten Punkten anschließen. Zum Verfahren sollte die Anregung nicht fehlen, dem Kind einen im Hinblick auf Entwicklungsverläufe bei Kindern und Konfliktmoderation fachlich kompetenten Verfahrensbeistand beizuordnen und ergänzend zu beauftragen, mit uns, den Eltern, Gespräche zu führen und zu vermitteln. Zur Einbeziehung des Kindes scheint die höfliche wie dringende Bitte angebracht, von einer Einbeziehung des Kindes durch Vorladung zum Gericht Abstand zu nehmen. Sollte eine Anhörung sich auch nach dem ersten Termin noch als erforderlich erweisen, sollte angeregt werden, eine Einbeziehung des Kindes durch das Gericht in Form eines Besuchs des Kindes in seinem vertrauten Umfeld durchzuführen und dazu möglichst beide Elternteile ohne Anwälte hinzuzuziehen. Bei verbalen schriftlichen oder mündlichen Angriffen und Vorwürfen des anderen Elternteils oder seines Verfahrensbevollmächtigten gegen die eigene Person erscheint es zur Vermeidung vernebelnder Eskalationen dringend geboten, nicht auf gleicher Ebene zu kontern, sondern stattdessen um sachgerechte Aufklärung durch Beauftragung eines psychologischen/psychiatrischen Sachverständigen zu bitten. Stets sollte in diesem Zusammenhang die Anregung hinzugefügt werden, diesen Sachverständigen auch zu beauftragen, zunächst den Versuch einer am Kind orientierten Einigung über die weitere Handhabung der elterlichen Verantwortung und Beziehungsgestaltung zu unternehmen.

Die vom Grundgesetz verlangte flächendeckende Gewährleistung eines effektiven Kinder- und Familienschutzes durch Gerichtsbarkeit und Jugendhilfe ist allerdings nur dann zu erwarten, wenn es zu einer kritischen Bestandsaufnahme und Veränderung der bestehenden gesetzlichen Organisationsstrukturen durch den Gesetzgeber kommt.

Veränderung der gesetzlichen Rahmenbedingungen

Ziel muss es sein, Kinder formal in den sie betreffenden behördlichen und gerichtlichen Verfahren zu gleichwertigen Rechtssubjekten aufzuwerten. Ziel muss es auch sein, gesetzlich sicherzustellen, dass im Verhältnis öffentliche Jugendhilfe (Exekutive) und Gericht (Judikative) das Prinzip der Gewaltenteilung wieder deutlicher in Erscheinung tritt, indem die Exekutive (Jugendhilfe) auch inhaltlich an Vorgaben und Anordnungen des Gerichts gebunden wird. Gleichzeitig muss jedoch eine entsprechend fundierte Sachkenntnis des für Kinder zuständigen Richters sichergestellt werden. Das Verfahrensrecht muss die Kinder als den Erwachsenen ebenbürtige Rechtssubjekte behandeln und ihnen einen gleichwertigen Rechtsschutz einräumen. Dazu bedarf es konkreter gesetzlicher Antworten auf folgende Fragen:

- Wie kann eine qualifizierte Anwaltschaft für das Kind in behördlichen Verfahren der öffentlichen Jugendhilfe sowie familien- und jugendgerichtlichen (§ 69 JGG) Verfahren eingerichtet werden?
- Wie kann entsprechend der Forderung in § 34 Abs. 3 Jugendgerichtsgesetz eine Personalunion zwischen Familien- und Jugendrichter in Bezug auf alle Verfahren, die Kinder und Jugendliche betreffen, hergestellt werden (dazu Ostendorf, Minghaus u. Kasten, 2005, 1514 ff.; Wustrauer Forderungen unter www.v-a-k.de)?
- Wie kann gesichert, werden, dass die mit Kindern und Jugendlichen befassten Familien- und Jugendrichter (Erziehungsrichter?) über die für eine verfassungsgemäße Verfahrensgestaltung notwendigen entwicklungspsychologischen, pädagogischen, psychologischen und psychiatrischen Kenntnisse verfügen?
- Wie kann sichergestellt werden, dass der erkennende Richter in jedem Fall einer persönlichen Einbeziehung eines Kindes dieses möglichst in seiner gewohnten Umgebung bei gleichzeitiger Anwesenheit beider Elternteile aufsucht?
- Wodurch kann im Hinblick auf die Arbeit der öffentlichen Jugendhilfe einschließlich der Amtsvormünder eine auch nach Art. 3 Abs. 3 UN-Konvention zum Schutz der Kindesrechte gebotene konkrete unabhängige Fach- und Rechtsaufsicht hergestellt werden?

- Wie kann auf der Ebene der Gesetzgebung eine Einrichtung entstehen, die vergleichbar dem Wehrbeauftragten des Bundestages permanent in Unterstützung der Abgeordneten bereits bestehende wie beabsichtigte Gesetze und die Praxis des Kindschaftsrechts durch Behörden und Gerichte auf ihre Kinderverträglichkeit überprüft?

Anhang 1: Gerichtlicher Auftrag zur Einschaltung eines lösungsorientierten Sachverständigen gemäß §163 FamFG

In dem Verfahren … wird Frau/Herr Dipl.-Psych. … zur/zum Sachverständigen zu bestellt.

Er/sie wird beauftragt, die Eltern über die objektiven und subjektiven Bedürfnisse des Kindes im Hinblick auf seine Betreuung durch beide und die Beziehungsgestaltung zu beiden Elternteilen zu informieren und beide Elternteile gegebenenfalls bei der Erarbeitung eines daran orientierten einvernehmlichen Konzeptes zur Erziehungs- und Beziehungsgestaltung/gemeinsamen Wahrnehmung der elterlichen Verantwortung zu unterstützen. Falls dies nicht gelingt, wird der/die Sachverständige beauftragt, zunächst in einem nach Abschluss seiner/ihrer Ermittlungen anzuberaumenden Termin zur mündlichen Erörterung dem Gericht folgende Fragen zu beantworten:

Welches sind die objektiven und subjektiven Bedürfnisse des Kindes im Hinblick auf seine Betreuung durch beide Elternteile und die Beziehungsgestaltung zu beiden Elternteilen? Welche Bindungsqualitäten des Kindes bestehen zu beiden Eltern? Inwieweit sind zulasten der seelischen, geistigen oder leiblichen Situation schädliche Fehlentwicklungen zu erwarten, wenn die festgestellte Situation unverändert bleibt? Welcher Elternteil ist nicht bereit oder in der Lage, zugunsten der Bedürfnisse des Kindes eigene Interessen zurückzustellen? Erscheint eine psychiatrische Abklärung der Ursachen erforderlich? Lässt sich eine gegebenenfalls festgestellte Gefährdungslage zulasten des Kindes bei entsprechender Bereitschaft der Eltern durch konkrete Jugendhilfeleistungen – ggf. welche – aufheben? Erscheinen einstweilige Anordnungen zum Aufenthalt und/oder zur Beziehungsgestaltung erforderlich? Zu dieser Frage ist vorab durch eine vorläufige

Einschätzung Stellung zu nehmen. Ein dazu erforderlicher Kontakt mit dem Kind ist mit dem Gericht abzustimmen. Der Richter/Die Richterin wird daran teilnehmen.

Anhang 2: Änderungsvorschläge für die Fortführung der Reformen im Interesse der betroffenen Familien und der Gesellschaft

Gerichtsorganisation und Verfahrensrecht

Gerichtsverfassungsgesetz: Einrichtung eines Erziehungsgerichtes als besondere Abteilung bei den Amtsgerichten mit der Zuständigkeit für Kindschafts-, Jugend- und konkrete Vorgaben in diesem Gesetz auch zu Aus- und Fortbildungsvoraussetzungen für die Erziehungsrichter und -richterinnen; Schaffung eines einheitlichen Instanzenzuges für Kindschafts- und Jugendgerichtsverfahren.

Verfahrensrecht: Zusammenführung der kindschaftsrechtlichen und jugendgerichtlichen Verfahren und Wiederherstellung der Ortsnähe auch für die Beschwerdeinstanz für Kindschaftssachen; Koppelung von einstweiligen Anordnungen zum Umgangsrecht und zum Sorgerecht des Kindes an ein Ermittlungsfahren nach §§ 1666, 1666a BGB; Verpflichtung des Beschwerdegerichts, in Kindschaftssachen zur Personensorge und zum Umgang die Beteiligten entsprechend §§ 159 ff. FamFG stets persönlich anzuhören; Kostenfreiheit bei Kindschaftsverfahren und Verschärfung der Verfahrenskostenhilfe für Erwachsene; Erweiterung des Kreises der Beschwerdeberechtigten in Personensorgesachen durch Wiederherstellung der Popularbeschwerde zugunsten des Kindes entsprechend § 57 Nr. 8 und 9 FGG a. F.; Aufhebung der Beschwerdefrist bei Kindschaftsverfahren zur Personensorge.

Bürgerliches Gesetzbuch: Aufhebung der Vorschriften §§ 1626a ff., 1671 BGB, die die elterliche Verantwortung zur Disposition der Eltern stellen und die Verantwortungsträger zur gerichtlichen Streitverschärfung im Konfliktfall geradezu einladen. Insofern wird verwiesen auf den Gesetzesvorschlag des Verbandes »Anwalt des Kindes« vom 26.01.2011 (einzusehen unter http://www.v-a-k.de/index.php?id=14657); Erleichterung der Abänderbarkeit getroffener Entscheidungen in § 1696 BGB durch Wiederherstellung der bis 1998 geltenden Fassung; Klarstellung, dass bei Abbruch oder Störung von Beziehungen des Kindes im Sinne der §§ 1684, 1685 BGB stets Ermittlungen zur elterlichen Verantwortung nach §§ 1666, 1666a BGB zu führen sind; Klarstellung, dass auch bei Adoption nicht ohne Prüfung der Kindesverträglichkeit ein Bruch mit der Herkunftsfamilie erfolgen darf; Wiederherstellung des absoluten Vorrangs von Einzel- und Vereinsvormundschaft vor Amtsvormundschaft sowie vorrangige Berücksichtigung von Verwandten des Kindes.

Jugendhilferecht: Behördliche Inobhutnahmen in § 42 SGB VIII ohne vorherige richterliche Anordnung nur noch in konkretisierten Notfällen zulässig; Bindung der Jugendhilfe an Entscheidungen des Gerichts zu Maßnahmen nach §§ 1666, 1666a, 1684, 1685 BGB entsprechend Sommer (2012).

Aufgabentrennung bei dem öffentlichen Träger der Jugendhilfe zwischen Beratung, Gerichtsbegleitung, Vormundschaft und Inobhutnahme; Verschärfung der Pflicht der öffentlichen Jugendhilfe zur Rekrutierung, Fortbildung und Benennung von ehrenamtlichen und berufsmäßigen Vormündern und Pflegern verbunden mit einer entsprechenden Berichtspflicht an eine Aufsicht führende übergeordnete Behörde sowie an Kindesvertretungen in den Parlamenten; externe Qualifizierungsmaßnahmen der Mitarbeiter und Mitarbeiterinnen der Jugendhilfe auf Weisung der Aufsicht führenden Behörde.

Anhang 3: Historische Veränderungen der Rahmenbedingungen zur Gewährleistung eines kindgerechten Verfahrens

Der zivile Wächter im Sinne des Art. 6 Abs. 2 Satz 2 GG ist 1998 mit der Zusammenführung von Vormundschafts- und Familiengericht und der damit verbundenen Einführung der befristeten Beschwerde gegen Gerichtsbeschlüsse in Kindschaftsverfahren nach §§ 1632 Abs. 4 1666, 1666a, 1711 BGB zulasten des Kindes abgeschafft worden.

Bis 1998 konnte nach § 57 Nr. 8 und 9 FGG a. F. sich jede Person, die in irgendeiner Form persönliche Nähe zum Kind hatte, aktiv um gerichtliche Hilfe für das Kind in den genannten Bereichen bemühen und gegen Entscheidungen des Vormundschaftsrichters förmlich für das betroffene Kind Beschwerde einlegen. Seit 1998 gilt dies nicht mehr.

Die Situation des Gerichts als amtlicher Wächter im Sinne von Art. 6 Abs. 2 Satz 2 GG hat sich verschlechtert. Die Spezialisierung des Vormundschaftsrichters auf die Fragen des Kinderschutzes und die Erweiterung seines Horizonts durch möglichst gleichzeitige Zuständigkeit für Jugendstrafsachen entfiel mit dem 01.07.1998. Zeitgleich wurde statt des ortsnahen Landgerichts das oft weit entfernte Oberlandesgericht für Beschwerden in Kindschaftsverfahren zuständig. Die absolute Nachrangigkeit der Amtsvormundschaft vor Einzelvormundschaft wurde aufgegeben. Im Vergleich zum ehrenamtlichen Einzelvormund besteht bei der Berufsvormundschaft seit 2005 in § 1791b BGB kein Vorrang vor der Amtsvormundschaft mehr. Ab dem 01.09.2009 wurde mit § 68 Abs. 3 S. 2 FamFG auch in Personensorgesachen das Verfahren für die Beschwerdeinstanz weiter formalisiert und verschriftlicht: »Das Beschwerdegericht kann von der Durchführung eines Termins, einer mündlichen Verhandlung oder einzelner Verfahrenshandlungen absehen, wenn diese bereits im ersten Rechtszug vorgenommen wurden und von einer erneuten Vornahme keine zusätzlichen Erkenntnisse zu erwarten sind.« Zulasten des Beschwerdeführers, wozu auch das Jugendamt gehören kann, errichtete das durch das FamFG 2009 veränderte Kostenrisiko bei Erfolglosigkeit weitere Barrieren. Die seit 1977 wiederholt veränderte Fassung des § 1696 BGB führt in Personensorgesachen seit 1998 zu einer weiteren Verstärkung der statischen Wirkung einmal getroffener Entscheidungen entgegen den sich verändernden Lebenswirklichkeiten. Die fachliche Kompetenz des Familienrichters sowie der Mitarbeiterinnen und Mitarbeiter der öffentlichen Jugendhilfe auf psychologischem, psychiatrischem bzw. pädagogischem Feld ist unverändert zufallsabhängig. Bei der öffentlichen Jugendhilfe fehlt nach wie vor die externe Fachaufsicht. An Vorgaben des Familiengerichts ist sie nicht gebunden. Die richterliche Bestellung eines qualifizierten Verfahrensbeistandes ist zufallsabhängig. Der Verfahrensbeistand ist faktisch von dem Richter, dessen Entscheidung er im Interesse des Kindes sogar bei Bedarf mit der Beschwerde überprüfen lassen soll, abhängig. Mangels Planungssicherheit sind Verfahrensbeistände, die in weiteren Verfahren tätig sein wollen, darauf angewiesen, sich die Gunst des bestellenden Richters zu erhalten.

Literatur

Franz, M. (2011). Der vaterlose Mann. In M. Franz, A. Karger (Hrsg.), Neue Männer – muss das sein? (S. 113–171). Göttingen: Vandenhoeck & Ruprecht.

Figdor, H. (2006). Zwangsweise Durchsetzung von Umgangskontakten aus der Sicht des Kindes. In Verein für Kommunalwissenschaften e. V. (Hrsg.), Das verflixte siebente Jahr. Erfahrungen der Jugendhilfepraxis mit der Kindschaftsrechtsreform. Aktuelle Beiträge zur Kinder- und Jugendhilfe 54, (S. 123–138). Berlin: Verein für Kommunalwissenschaften e. V.

Gaier, O. R. (1988). Manchmal mein' ich, ich hätt' auf der Welt nix verloren. Scheidungskinder erzählen. Hamburg: Hoffmann und Campe.

González, J. G. (2012). Sorgefall Familienrecht – Ursachen und Folgen gesetzwidriger Praxis auf der Basis regelmäßigen Missbrauchs des Kindeswohlbegriffs. Berlin u. a.: LIT Verlag.

Jopt, U. (1992). Im Namen des Kindes. Hamburg: Rasch & Röhrig.

Jopt, U. (2011). Der Kindeswille im Familienrecht – Zur Kluft zwischen guter Absicht und psychologischer Wirklichkeit. Vortrag beim Verband Anwalt des Kindes e. V. Potsdam am 16.02.2011.

Karle, M., Gathmann, S., Klosinski, G. (2010). Zur Praxis der Kindesanhörung in Deutschland. Zeitschrift für Kindschaftsrecht und Jugendhilfe, 12, 432–434.

Ministerium für Arbeit, Gesundheit und Soziales (Hrsg.) (1980). Landes-Kinderbericht: Bericht der Landesregierung über die Situation des Kindes in Nordrhein-Westfalen. Zur Praxis der Bielefelder Gerichte ab 1977. Düsseldorf.

Ostendorf, H., Hinghaus, M., Kasten, A. (2005). Kriminalprävention durch das Familiengericht. Zeitschrift für das gesamte Familienrecht (FamRZ), 18, 1514 ff.

Prestien, H.-C. (1979). Das Bielefelder Modell. Der Amtsvormund, 39, 802 ff.

Prestien, H.-C. (1994). Zur Wiederherstellung der Selbstverantwortung der Familienmitglieder: Die RichterInnen als Drehscheibe interdisziplinärer Zusammenarbeit. In K. Simon, A. Mudersbach (Hrsg.), Zum Wohle des Kindes? Die Regelung der elterlichen Sorge auf dem Prüfstand. Publikationsreihe Wissenschaft im Deutschen Hygiene Museum Dresden (Bd. 4, S. 97 ff.). Dresden: Verlag des Deutschen Hygiene-Museums.

Prestien, H.-C. (2009). Von der (Un)Möglichkeit der Sicherung des Kindeswohls durch Gesetzgebung, Familiengericht, Jugendhilfe und Institutionen oder: vom Mechaniker zum Uhrmacher – Änderung eines Berufsbildes. In C. Müller-Magdeburg (Hrsg.), Festschrift für Jürgen Rudolph – Verändertes Denken zum Wohle der Kinder. Baden-Baden: Nomos.

Proksch, R. (2002). Rechtstatsächliche Untersuchung zur Reform des Kindschaftsrechts. Berlin: Bundesanzeiger Verlag.

Rosenboom, E. (2007). Kindeswohlgefährdung – eine Untersuchung der familiengerichtlichen Praxis in Hamburg. Zeitschrift für Kindschaftsrecht und Jugendhilfe, 2, 55–57.

Schulze, H. (2006). Familienrichter zwischen Entscheidungszentrierung und

Kindesperspektive. Die kindschaftsrechtlichen Ambivalenzen in der individualisierten Gesellschaft. Zeitschrift für Kindschaftsrecht und Jugendhilfe, 12, 538–541.

Sommer, A. (2012). Strukturdefizite im Kindschaftsrecht. Zeitschrift für Kindschaftsrecht und Jugendhilfe, 4, 135–141.

Bertram von der Stein

Pathologischer Narzissmus, Gewalt und dissoziale Tendenzen bei männlichen Scheidungskindern – mögliche Langzeitfolgen bei abwesenden oder insuffizienten Vätern

Vorbemerkung

Dissoziale, aggressive und sadistische Tendenzen bei Männern fördern nicht deren Beliebtheit als Patienten. Scheidungskonflikte polarisieren ohnehin die Geschlechter, so kann es leicht geschehen, dass in ihrer Kindheit von Scheidung betroffene Männer neben allgemeiner Ablehnung, auch durch Psychotherapeutinnen und Psychotherapeuten, auch traditionelle, ethische und therapeutische Tabus berühren und deshalb manchmal nicht adäquat behandelt werden. Das mag auch damit zusammenhängen, dass viele professionelle Helferinnen und Helfer selbst schmerzhafte Scheidungserfahrungen gemacht haben. Die Überlappung verschiedener Trennungen in der Biografie von Patienten ist oft verwirrend.

Die folgenden Fallgeschichten aus einer Praxis am Rand einer Großstadt sind eine Auswahl aus vielen. Die Gesellschaft verändert sich, Scheidungen nehmen zu, ebenso das Aufeinandertreffen von Menschen verschiedener Herkunftsregionen und Kulturen. Neben Menschen mit gelungenen Partnerschaften und guter Integration gibt es viele, die zusätzlich zu unüberbrückbaren kulturellen Gegensätzen ihrer Eltern Scheidungskinder wurden. Trennungen, Verluste, Traumatisierungen, wie Scheidungen oder der Verlust der Heimat und des kulturellen Umfelds (Grinberg u. Grinberg, 1990; Gampel, 1994; Bohleber, 1997; Volkan, 2000; Radebold, 2001; von der Stein, 2004; Figdor, 2011), haben generationsübergreifenden Einfluss und werden zum unbewussten, von Eltern vermittelten Strukturprinzip, das von den Kindern internalisiert wird.

Der Wiederholungszwang und die damit negativen Zukunftserwartungen können übermächtig und zerstörerisch wirken. Die Übermittlung von unbewältigten Trennungen ist meist das Ergebnis von unbewusst bleibenden psychischen Prozessen, bei denen verinnerlichte Objektbilder und dazugehörige Affekte der Eltern an die Kinder weitergegeben werden. Ein echter Trauerprozess, der auch aggressive Aspekte in Bezug auf dic Trennungen zulässt, wurde oft nicht durchlaufen, ambivalente Gefühle und Loyalitätskonflikte gegenüber den Eltern wurden meist nicht aufgelöst. Schuldgefühle werden an die Kinder delegiert, die eine schwere Depression entwickeln können. Viele Scheidungskinder entwickeln im jungen Erwachsenenalter – in einem Lebensabschnitt, in dem die Verfestigung der eigenen Identität ansteht – oft diffuse Symptome und werden krank bei Versuchen, sich auf stabile Beziehungen und Liebesverhältnisse einzulassen. Wenn bei Männern der Vater fehlt, ist die in der Adoleszenz gefundene Ich-Identität oft brüchig, der Umgang mit realen Möglichkeiten bei unklaren Idealvorstellungen unsicher (Hermann, 1986; Blos, 1990; Grieser, 1998; Franz, Liebherz, Schmitz u. Schepank, 1999).

Die Regeln für die Bindung der Genitalität an Liebesobjekte bei divergierenden Geschlechterrollen und Lebensentwürfen sind oft unklar. Dies führt zu Double-Bind-Situationen durch widersprüchliche Über-Ich-Forderungen und fördert diffuse Schuldgefühle und Desorientierung. Aber auch manche ältere Patienten erleben, wenn sie nicht mehr damit rechnen, ein Wiederaufleben alter Scheidungsbelastungen, denen sie als Kinder ausgesetzt waren: nach langer Zeit der stabilen Kompensation eine Wiederkehr des Verdrängten. Eine Psychoanalyse oder Psychotherapie kann helfen, diesen Circulus vitiosus zu durchbrechen.

Fallgeschichte 1: Lange Stabilität und späte Krise

Der freundliche und äußerst korrekt gekleidete 69-jährige Herr M. berichtet über eine deutliche depressive Verstimmung, bei der er die Umgebung mit einem Negativzeichen versehen wahrnimmt. Es sei auch zu einigen Auseinandersetzungen mit seiner Ehefrau gekommen, mit der er seit über vierzig Jahren verheiratet sei. Seitdem sich seine 38-jährige Tochter scheiden lassen wolle und er sich in den letzten Wochen um seine verzweifelte Enkeltochter, die vom Ehekonflikt der Eltern stark belastet würde, kümmere, sei wie ein Albtraum seine zerrüttete Kindheit in ihm wiederauferstanden. Er habe Albträume und Gewaltfantasien. Sowohl seinen Schwiegersohn als auch seine Tochter könne er wegen ihrer leichtfertigen Trennungsbereitschaft »windelweich schlagen«. Die Massivität seiner Aggressionen beunruhige ihn sehr, als junger Mann habe er deswegen viel Ärger bekommen. Wegen eines Uretersteins musste er einige Tage ins Krankenhaus. Er habe in seiner Verzweiflung seine Ehefrau während seiner Abwesenheit völlig zu Unrecht beschuldigt, eine Beziehung zu einem ehemaligen Mitschüler eingegangen zu sein. Ein Anruf stellte sich lediglich als Einladung zu einem Klassentreffen heraus. Wegen seiner grundlosen Eifersucht schäme er sich sehr. »Untreue und Trennung sind für mich tödlich«, sagte er im Vorgespräch.

Der Patient ist 1944 in Norddeutschland als dritter ehelicher Sohn seiner Mutter geboren. Diese hatte von drei Vätern Kinder. Kennzeichnend für seine Entwicklung war neben einer vernachlässigenden und haltlosen Mutter sein Stiefvater, der aggressiv, brutal schlagend und sexuell übergriffig war. Er habe seine jüngere Schwester und auch ihn sexuell missbraucht. Wegen des Missbrauchs an der Schwester des Patienten, den der Stiefvater im betrunkenen Zustand ungehemmt unter der Beobachtung der Nachbarn vollzogen hatte, kam dieser ins Gefängnis.

Schon vor dessen Entlassung ließ sich die Mutter scheiden und zog mit einem weiteren Partner zusammen, der sich wenig später als aggressiver Alkoholiker herausstellte. Der neue Stiefvater prügelte ebenfalls auf die Geschwister ein, lediglich im sexuellen Bereich zeigte er keine Grenzüberschreitungen. Durch ihn sei es zum Zerwürfnis mit der Mutter und einem Umzug des Patienten aus dem Elternhaus in ein Lehrlingsheim gekommen. Nachdem er selbst wegen Diebstahls eines Mopeds und Körperverletzung eine Jugendstrafe auferlegt bekommen hatte, orientierte er sich mit großer Strenge an geordneten Verhältnissen.

Hilfreich war hier vor allem der Meister in seiner Ausbildung zum Schlosser, der seine soziale Problematik sehr gut verstanden hatte und ihm dazu verhalf, die Lehre erfolgreich zu beenden. Nach Abschluss der Lehre verließ der Patient Norddeutschland, zog ins Rheinland und bekam dort eine Stelle in der chemischen Industrie. Dort brachte er es zum Meister und Vorgesetzten, heiratete seine Ehefrau und bekam mit ihr eine Tochter, die heute 38 Jahre alt und als Juristin beschäftigt ist. Die sozialen Verhältnisse des Patienten entwickelten sich sehr gut, vor allem da er seine eigenen Brüche mit äußerster Rigidität und Fleiß abgewehrt hatte.

Dieses Stadium der Kompensation war jahrzehntelang stabil, bis die Tochter in eine Scheidungskrise geriet. Es kamen andrängende Bilder von Missbrauch, Gewalt, Haltlosigkeit und der Angst immer wieder hoch, fast wie Flashbacks bei einer posttraumatischen Belastungsstörung. Dies steigerte sich bis zur panischen Angst, von der Ehefrau verlassen zu werden.

In einer dreijährigen Psychoanalyse konnte der zunächst wortkarg und alexithym wirkende Patient sein äußerst brüchiges männliches Selbstwertgefühl stabilisieren. Hilfreich in seiner Entwicklung wie auch in der Therapie erwies sich seine Fähigkeit, sich zuverlässige Ersatzväter zu suchen. Durch Fleiß und Zuverlässigkeit sicherte er sich deren Zuwendung. In der Psychoanalyse konnte er jedoch auch die destruktive, durch Gewalt gekennzeichnete Beziehung zu seinem Stiefvater und zu seiner Mutter durcharbeiten. Dies wurde besonders deutlich, als der Therapeut einmal zu einer Sitzung mehr als zehn Minuten zu spät kam. Angst und Aggression des Patienten waren äußerst heftig, ansonsten war er in seiner Affektmodulation sehr differenziert.

Schließlich war es ihm möglich, seine frühen Verletzungen durchzuarbeiten. Hierbei wurde auch deutlich, wie schmal für ihn die Gratwanderung zwischen extremer Rechtschaffenheit und Dissozialität war. Ein Traum, in welchem er mit einem kraftstrotzenden Motorrad unbekannter Marke von imaginären Verfolgern getrieben über einen vereisten Alpenpass raste mit der Angst, zu einer der beiden Seiten der Straße in eine Schlucht zu stürzen und den Beiwagen zu verlieren, mag etwas plakativ diese innere Not illustrieren. Vor einem möglichen Unfall wachte er schweißgebadet auf. Hilfreich in der Behandlung erwies sich, mit dem Patienten seine Gewaltfantasien durchzuarbeiten, hinter denen Verletzungen in der Kindheit lagen. Nach drei Jahren Behandlung legten sich die Symptome allmählich. Auch die spätere Scheidung der Tochter, deren wiederholten Versuche, einen Partner und einen Ersatzvater für ihr Kind zu suchen, was ihn an seine Mutter erinnerte, tolerierte er ohne Panik. Es kam zum Rückgang der depressiven Verstimmung und der Angstsymptomatik und zu einer anhaltenden Stabilisierung.

Fallgeschichte 2: Gewaltsamer Aufstand gegen das Matriarchat

Der 50-jährige Herr Ahmed O., genannt Achim, wuchs ohne Vater bei seiner Mutter, einer deutschen Lehrerin, im Haus der Großeltern auf. In seiner Kindheit hatten die Frauen den größten Einfluss: Die resolute Großmutter und seine Mutter dominierten den eher zurückhaltenden Großvater, der als ehemaliger Architekt sich häufig in seine Werkstatt im Keller zurückzog. Mit dem Vater des Patienten, einem türkischen Diplomaten, der sich seiner Mutter als westlich orientierter, liberaler Alevit dargestellt hatte, war seit dem dritten Lebensjahr der Kontakt abgebrochen. Er war nach der Eheschließung, die von den Eltern der Mutter anfangs abgelehnt wurde, in deren Elternhaus gezogen, habe sich jedoch in die kleinbürgerliche, von den Schwiegereltern dominierte Häuslichkeit nicht einfügen können.

Nachdem er gegen den Willen seiner deutschen Ehefrau einen Posten als Mitarbeiter der türkischen Botschaft in Paris angenommen hatte, zerbrach die Ehe; der Vater gründete später eine neue Familie mit einer Tunesierin. An den Vater konnte sich Herr O. nicht erinnern, er wurde jedoch als unzuverlässig und unterdrückend geschildert; ungute männliche Eigenschaften wurden von Mutter und Großmutter dem abschätzig als »Kümmeltürken« bezeichneten Vater zugeordnet.

Der Patient, ein gut aussehender dunkelhaariger Mann, ähnelte äußerlich sehr dem abwesenden Vater. Er war Lehrer geworden, lebte mit seiner Ehefrau im Elternhaus. Er selbst beschrieb sich als unauffälliges und fügsames Kind. Seine Berufs- und Partnerwahl entsprach den Wünschen der Mutter. Mittlerweile war er auch in die Werkstatt des lange verstorbenen Großvaters eingezogen. Der Vater von drei Kindern, der sich wegen einer depressiven Verstimmung einer Psychoanalyse unterzog, hatte im letzten halben Jahr verschiedene Belastungen erlebt.

Da war die uneheliche Schwangerschaft seiner Tochter, die mit einem Deutschtürken zusammenlebt und diesen entgegen dem Willen seiner Ehefrau und seiner Mutter heiraten möchte. Der potenzielle Schwiegersohn wird vom Patienten als zurückhaltend und gutmütig beschrieben, außerdem habe er als Polizeibeamter ein sicheres Einkommen für eine Familie. Trotzdem würde er von den dominierenden Frauen abgelehnt. Als eines Tages das Streitthema am Mittagstisch wieder aufkam, setzte sich der Patient für das junge Paar ein und verteidigte den Partner seiner Tochter. Die Mutter habe erbost abwertende Äußerungen über Türken gemacht und ihr eigenes Schicksal anklagend betrauert. Als sie ihrem Sohn das Wort verbieten wollte und seine Frau ähnlich reagierte, habe ihn große Wut ergriffen und er habe im Affekt das auf dem Tisch stehende Geschirr samt Inhalt wutentbrannt an die Wand geworfen.

Am gleichen Abend setzte sich der Streit mit seiner Frau fort und gipfelte in Handgreiflichkeiten. Sehr viel später, nämlich erst in der 265. Stunde, gab er unter heftigen Schamgefühlen zu, die Ehefrau gewürgt zu haben. Ihm sei der geballte Hass gegen das Matriarchat hochgekommen. Er sei selbst zutiefst erschreckt über seinen Gewaltexzess gewesen. Die Mutter habe ihm vorgeworfen, diese Aufwallung hänge mit seinen türkischen Genen zusammen.

Kurz nach dieser Auseinandersetzung erlitt der Patient, der sich seit Kurzem in seiner neuen Berufsrolle als Schulleiter überfordert fühlte, einen Herzinfarkt. Im Laufe der Therapie stellte sich folgende belastende Vorstellung ein, deren Bearbeitung in der Therapie einen Wendepunkt bedeutet: Er sei kein richtiger Mann, sein Genital sei zu klein, er habe Angst, nach dem Infarkt sexuell aktiv zu werden. Ich hatte den Eindruck, dass es bei dem Patienten zu einer Genitalisierung des Körperselbst gekommen war (Lewin, 1989).

Zu Beginn der Therapie verhielt sich Herr O. mir gegenüber unterwürfig, dabei manchmal passiv mürrisch, feindselig, selbstunsicher und sprach viel über Statusfragen und verpasste Karrierechancen. Anfangs kämpfte ich mit meiner aggressiven Gegenübertragung. Nachdem eine idealisierende Übertragung mit kontrollierenden Zügen einer beginnenden Entidealisierung meiner Person wich, konnte er sich mit seinem Vater auseinandersetzen. Eine Kontaktaufnahme mit diesem in Paris spitzte einen bisher verleugneten Loyalitätskonflikt mit seiner Mutter zu. Er konnte feststellen, dass sein Vater aus einer traditionsreichen westlich orientierten Akademikerfamilie stammte, in der schon seit zwei Generationen Frauen studieren konnten. Die zugespitzten Türkenklischees seiner Mutter wurden nicht bestätigt.

Als günstig erwies sich parallel zur Therapie, dass die Ehefrau des Patienten die schwierige Lage ihres Mannes erkannte und letztlich die Partnerwahl der Tochter akzeptierte. Im Gegensatz zur Mutter des Patienten ging sie weniger verurteilend mit dessen gewaltsamen Seiten um. Als die Tochter ihren türkischstämmigen Freund heiratete, boykottierte die Mutter des Patienten die Hochzeit.

Schließlich zog Herr O. zusammen mit seiner Frau mit 52 Jahren aus seinem Elternhaus aus. Das Durcharbeiten seiner Kastrationsängste leitete eine deutliche Besserung ein. Hierbei erwiesen sich Übertragungsdeutungen und auch rekonstruktive Deutungen als hilfreich. So konnte er sich sowohl mit einem von der Mutter total entwerteten Vater, den er heimlich immer idealisierte, als auch mit seinen eigenen Schamgefühlen als männlicher Versager vor dem Hintergrund eines extrem polarisierten und verzerrten Vaterbildes auseinandersetzen. Gespräche mit seiner Tochter und der Ehefrau halfen zu mehr gegenseitigem Verständnis. Die mittlerweile hochbetagte Mutter wirft ihm Illoyalität vor.

Fallgeschichte 3: Frauenverachtung, Betrug und Autodestruktivität

Herr P. leidet seit längerer Zeit unter einer extremen Selbstwertkrise. Wenn er allein ist, treten depressive Affekte und Vernichtungsgefühle sowie Depersonalisationserscheinungen auf. Alles sei unwirklich. Beruflich sei er gescheitert. Nach einer Anstellung als Projektmanager in einer größeren Firma habe sich sein Chef von ihm getrennt, nachdem seine Leistungsmängel deutlich wurden. Er habe wiederholt Arbeitszeitbetrug begangen und dies sei dem Chef aufgefallen. Sein Selbstbild schwanke zwischen Genie und Totalversager.

In der Kindheit und Jugend des 42-jährigen Patienten gab es zahlreiche Brüche. Der Patient wurde in einer Kleinstadt als Sohn eines Berufsschullehrers und einer Sekretärin, die überwiegend Hausfrau war, geboren. An seinen leiblichen Vater kann er sich nicht mehr erinnern, die Mutter ließ sich von diesem scheiden, als er ein Jahr alt war. Dann traten etliche Ersatzväter auf, an die ebenfalls keine klare Erinnerung mehr besteht. Der erste Stiefvater, ein Vertreter, mit dem die Mutter von seinem dritten bis zehnten Lebensjahr verheiratet war, habe ihm Halt gegeben. Dessen Inhaftierung wegen Betrugs und die schnelle zweite Scheidung der Mutter beendeten für ihn abrupt die Illusion einer heilen Familie. Er sei mit Schamgefühlen, Wut und vor allem mit den drängenden Schuldgefühlen allein gelassen worden.

Die Mutter sei sehr mit sich selbst beschäftigt gewesen und hätte rasch einen neuen Partner gesucht. Schon ein Jahr nach der zweiten Scheidung heiratete sie, wie immer traditionell mit Kutsche, einen 25 Jahre älteren Mann, einen Facharzt mit einem beträchtlichen Immobilienvermögen, der ihn verwöhnte. Trotz schulischer Minderleistungen wurde im Bekanntenkreis der Eindruck eines erfolgreichen Schülers erweckt. Als der Patient 16 Jahre alt war, verstarb der Stiefvater; erneut musste er aus einem Haus ausziehen. Die Immobilien stellten sich als mit Hypotheken belastet heraus; das erheblich geschmälerte Erbe ging zum größten Teil an die Kinder des Stiefvaters aus dessen erster Ehe.

Mit der Mutter lebte er dann in einer engen Wohnung. Frauen gegenüber war er zunächst sehr gehemmt und er machte Schulden, da er bei Verabredungen großspurig auftrat. Zu dieser Zeit hatte er Suizidgedanken: Er befürchtete, wie sein betrügerischer erster Stiefvater zu werden. Eine Lehre im Einzelhandel scheiterte, wie der Patient betonte, am fälschlichen Diebstahlsvorwurf seines Chefs. Eine Lehre als Werkzeugmacher hielt er durch.

Die vierte Ehe der Mutter, sie heiratete einen Hotelier, ermöglichte ihm, als er zwanzig Jahre alt wurde, wie ein gebildeter junger Mann aus besseren Kreisen aufzutreten. Annäherungsversuche an Frauen seien mit elegantem Verhalten, das er sich im Hotel seines dritten Stiefvaters angeeignet habe, erfolgreicher geworden, vor allem gegenüber Frauen im mittleren Lebensalter. Obwohl er Abweisungen schlecht habe tolerieren können, ging es mit den Frauen vordergründig besser.

Mit dreißig Jahren, nach kurzem Kennenlernen via Kontaktanzeige, ging er überstürzt eine konfliktreiche Ehe mit einer wohlhabenden 35-jährigen Schweizerin ein. Er berichtet, die Ehefrau habe ihn bald gedemütigt, da er hauptsächlich vom Geld des Stiefvaters lebe und nichts selbst zuwege bringe. Er warf ihr vor, die dreijährige Tochter und den Haushalt zu vernachlässigen, die Frau sei ein verwöhntes Kind aus reichem Hause. Einmal habe er sie geschlagen. Der Schwiegervater und Schwager seien Betrüger. Schließlich habe er sich getrennt; da die Frau ihm die Tochter vorenthalte, habe er das Jugendamt eingeschaltet. Später stellte sich jedoch heraus, dass der Trennungswunsch von der Frau ausging. Er sei ein benachteiligter Vater und Opfer weiblicher Schikanen. Dies alles habe seine Symptome ausgelöst und ihn zu einer ambulanten tiefenpsychologischen Behandlung bewogen.

Zu Beginn seiner Einzeltherapie wirkte Herr P. zunächst motiviert, offen und zuverlässig und klagte über seine widrigen Entwicklungsbedingungen. Trotz seiner plausibel erscheinenden Erklärungen fühlte ich mich manipuliert. Das Bedürfnis nach einem nur guten Objekt unter Abspaltung negativer Übertragungsaspekte kennzeichnete die therapeutische Beziehung: Negatives verleugnete Herr P. beharrlich und verschob es auf Außenstehende. Dem Therapeuten trat ein kleiner vernachlässigter Junge, allerdings auch ein verwöhnter und fordernder pubertierender Jugendlicher entgegen.

Nach dreißig Stunden schien er in der Lage zu sein, sein gespaltenes Erleben zu überwinden. Diese Illusion des Therapeuten zerbrach, als der Patient für mehrere Wochen rückwirkend Krankengeld einfordern wollte und ganz offensichtlich den Wunsch nach Frühberentung hatte. Er war nicht arbeiten gegangen und hatte mir dies verschwiegen. Als ich ihm die verlangten Bescheinigungen nicht ausstellte, blieb er vielen Terminen fern. Schließlich wies ich ihn mit zwiespältigen Gefühlen, eher aus Angst, wegen unterlassener Hilfeleistung vom Patienten beschuldigt zu werden, wegen Suizidalität, die demonstrativ wirkte, in eine psychiatrische Klinik ein.

Während der stationären Behandlung verließ seine Frau mit der Tochter fluchtartig die gemeinsame Wohnung. Dem Sozialdienst der Klinik gegenüber verschwieg er Konflikte mit Klinikärzten und Therapeuten und suchte Unterstützung um Krankengeld zu bekommen. Die Sozialarbeiterin verstand dies zunächst als ein Koordinationsproblem und setzte sich beim ärztlichen Dienst der Klinik, bei der Krankenkasse und bei mir für die Forderungen des Patienten ein. Offenbar übersahen etliche Beteiligte seine Tendenz zu Manipulationen. Erst die – von ihm durch Entbindung von der Schweigepflicht ermöglichte – Rücksprache mit vielen Beteiligten zeigte das Ausmaß der Problematik. Der Auszug der Ehefrau kam zeitgleich mit einem unvermeidbaren Therapeutenwechsel in der Klinik.

Dies führte zu einer erneuten, vom Klinikteam als ungünstig bewerteten Trennungserfahrung. Dort trat er, durchaus glaubhaft, als von Scheidungen und Beziehungsabbrüchen geschädigter Mann auf und bewirkte eine schuldbewusste Reaktion des Behandlungsteams, sodass in gewährender Haltung die Aufenthaltsdauer großzügig verlängert wurde. In der Klinik begann Herr P. mit einer jungen Patientin, die durch eine Missbrauchsproblematik belastet war, eine Beziehung. Nach der Entlassung beider Patienten wurde bei der jungen Frau eine Schwangerschaft festgestellt. Seinen Wunsch nach einem erneuten Klinikaufenthalt begründete Herr P. mit Angstzuständen und häufigem Erbrechen, die ihn an der Arbeitsaufnahme hinderten. Unerträgliche Machtkämpfe mit der Nochehefrau um die Tochter seien es, die ihn krank machten. Er wolle die ihn schikanierende Ehefrau auf Unterhalt verklagen, da er psychisch krank sei. Bei steigendem Alkoholkonsum entstand der Eindruck einer zunehmenden Verwahrlosung bei gleichzeitiger Fixierung auf den Trennungskonflikt und ausgeprägtem Kontrollbedürfnis bezüglich des Kontakts zur Tochter.

Von der neuen Vaterschaft berichtete er zunächst nichts. Bei der Wiederaufnahme in die Klinik wurde die Behandlungsdauer begrenzt und Tagesstrukturierung eingefordert. Dies unterlief der Patient, indem er in der Mitarbeit gerade genug leistete, um seine Weiterbehandlung nicht zu gefährden und den Eindruck zu erwecken, er versuche sein Bestes. Gleichzeitig wurde offenbar, dass er sich in einer neuen Partnerschaft befand, von der weitere Personen, die er um Hilfe gebeten hatte, nichts wussten. Therapieinterventionen in Bezug auf die konkrete Verantwortungsübernahme und reale Problembewältigungen erreichten ihn vermutlich nicht. Vielmehr forderte er von seiner Ehefrau, seinem dritten Stiefvater und seinem Schwiegervater finanzielle Unterstützung ein.

Bei seiner Entlassung gab Herr P. zwar an, er fühle sich stabilisiert, dennoch hinterließ er beim therapeutischen Team ein ungutes Gefühl mangelnder Authentizität und den Eindruck von Manipulation. Eine Rehabilitationsbehandlung in einer psychosomatischen Klinik, die der Patient ohne Mitteilung gegenüber anderen über den

Werksarzt angestoßen hatte, schloss nahtlos an, zeitigte jedoch keine Erfolge. Hier verhielt sich der Patient nach dem von Bückers, Kriebel und Paar (2001) beschriebenen Muster sozialmedizinischer Problempatienten, die eine Rehabilitation passiv scheitern lassen, wenn ihre Wünsche nach Rente und Krankengeld keine Berücksichtigung finden. Zweimal scheiterte eine stufenweise Wiedereingliederung in den Arbeitsprozess. Betriebsarzt und ein Vertrauensmann des Betriebsrats nahmen besorgt Kontakt mit dem ambulanten Therapeuten auf. Die Krankenkasse versuchte hartnäckig zu intervenieren, um Sozialbetrug zu verhindern.

Mittlerweile hatte der Patient die ambulante Therapie abgebrochen und warf dem Therapeuten Vertrauensbruch vor, obgleich er einer Vernetzung aller an der Therapie beteiligten Personen schriftlich zugestimmt hatte. Ein gewaltsamer Konflikt mit der neuen Partnerin nach der Entlassung glich dem mit der Ehefrau. Obwohl er sich wochenlang bei dieser nicht gemeldet hatte, beschuldigte er diese, ihm ebenfalls das mittlerweile geborene gemeinsame Kind vorzuenthalten. Der Konflikt eskalierte rasch so weit, dass auch diese Frau vor ihm flüchtete. Danach teilte der Patient der Akutklinik und dem ambulanten Therapeuten per Fax mit, er wolle sterben. Hier wird die Verbindung zwischen masochistischen und narzisstischen Impulsen deutlich.

Herrn P.s masochistisch-narzisstische Inszenierungen verstand ich nicht als Selbstschädigungen aus Schuldgefühlen, basierend auf ödipalen Konstellationen (Freud, 1915), sondern nach Stolorow (1975) als verfehlte Versuche, eine brüchige Selbstrepräsentanz zu stützen. Dieses »Ringen um Empathie« (Rohde-Dachser, 1986) wird leicht missverstanden. Als alle Möglichkeiten zu versagen schienen, blieb dem Patienten als letztes Mittel der masochistische Triumph im Suizidversuch. Die alarmierte Polizei brachte den Patienten, der sich die Pulsadern aufgeschnitten hatte, in die nächste psychiatrische Klinik. Nach der Akutbehandlung kam er dort auf die Psychotherapiestation, wo er sich zunächst therapeutisch erreichbar darstellte. Als er wiederum mit einer jungen Mitpatientin eine sexuelle Beziehung aufnahm, wurde er disziplinarisch entlassen. Danach verliert sich die Spur des Patienten.

Fallgeschichte 4: Identitätsstörung, Dissozialität und Gewalt gegen die Mutter

Herr Q., ein kräftiger, gut aussehender 24-jähriger Mann, kommt mit einer dicken Gerichtsakte zum Vorgespräch. Gleich zu Beginn lässt er keinen Zweifel daran, dass er im offenen Vollzug ist. Er stehe kurz vorm Durchdrehen, er fühle sich wie eine überdrehte Feder und könne jemanden schlagen. Das würde ihn jedoch angesichts seines offenen Vollzuges erneut hinter Gitter bringen. Er wisse nicht mehr, was er wolle und was gut sei. Manchmal leide er unter Entfremdungserlebnissen, in denen er das Gefühl habe, außerhalb seiner Haut zu stehen. Hinter einer bedrohlichen Fassade des durchtrainierten tätowierten muskelbepackten jungen Mannes spüre ich viel Not. Die rigorose Energie, die er aufbrachte, um mich für ihn zu interessieren, was ihm trotz seines Imponiergehabes gelang, ließ mich eine Therapie zusagen, zumal sie nachweislich nicht eine Haftauflage für seinen offenen Vollzug war.

Der Patient ist als einziges Kind einer promovierten Chemikerin und eines Informatikers in St. Petersburg geboren worden. Die Mutter stammte aus einer russischen Akademikerfamilie, der Vater ist Usbeke. Beide Eltern waren Elitestudenten in der ehemaligen Sowjetunion. Für den aus einer usbekischen Bauernfamilie stammenden Vater war das Studium in Moskau und Leningrad die erste Migration. Die Eheschließung wurde von beiden Herkunftsfamilien abgelehnt, weshalb der Kontakt mit ihnen weitgehend abgebrochen war. Nach 1989 bemühten sich beide Eltern, die wissenschaftliche Kontakte mit westlichen Hochschulen geknüpft hatten, erfolgreich um eine Ausreise in den Westen.

Die Mutter des Patienten bekam eine Stelle als wissenschaftliche Mitarbeiterin an einem chemischen Universitätsinstitut. Der Vater hatte mit schlechten Deutschkenntnissen keine Chance auf dem deutschen Arbeitsmarkt. Die Aussicht der Mutter, sich zu habilitieren, zerschlug sich, als ihr Vertrag nicht mehr verlängert wurde. Sie nahm daraufhin Aushilfsstellen an Privatschulen an, um die Familie über Wasser zu halten. Der 1989 geborene Sohn war in den ersten Lebensjahren einem zunehmend alkoholkranken Vater, der dauerarbeitslos und in Betrügereien verwickelt war, und einer ehrgeizigen, aber zunehmend verbitterten und überforderten Mutter ausgesetzt.

Während die Mutter als extrem ehrgeizig, ordentlich und unerbittlich rigide beschrieben wird, wird der Vater als gefühlsbetonter, zu Alkoholexzessen neigender gewalttätiger Mensch geschildert. Der Patient berichtet, dass der Vater mehrfach die Mutter blutig geprügelt habe, als sie ihm Vorwürfe machte, nicht arbeiten zu gehen, während dieser der Mutter vorgeworfen habe, aus blindem Ehrgeiz in den Westen gegangen zu sein. Extremer Ehrgeiz der Mutter, die den Patienten auch zu überdurchschnittlichen Schulleistungen antrieb und ihn in elitären Chören und Sportvereinen anmeldete, die Angst vor dem sozialen Abstieg und das Abgleiten des Vaters in die Sucht waren das Spannungsfeld von Kindheit und Jugend des Patienten.

Als dieser sieben Jahre alt war, reichte die Mutter, die zwischenzeitlich mit ihrem Sohn in ein Frauenhaus gezogen war, die Scheidung ein, nachdem ihr das Nasenbein vom Vater gebrochen worden war. Der Patient schildert, in Kindheit und Jugend ein stiller Einzelgänger gewesen zu sein, der sich dem Leistungsdruck der Mutter zunächst gebeugt habe. Zurückgezogen lebend, in Größenfantasien, ein genialer Erfinder zu werden, schwelgend habe er im Umgang mit Mitschülern große Probleme gehabt. So schildert er die Hackordnung auf dem Schulhof und an Bushaltestellen als in der Kindheit ängstigend, bis er eines Tages einen Gleichaltrigen zusammengeschlagen und sich Respekt verschafft habe. Mit Verachtung habe er auf die »primitiven Idioten« seiner Umgebung heruntergeblickt. Bis zur mittleren Reife sei er Klassenbester gewesen.

In dieser Zeit habe er für eine Mitschülerin geschwärmt. Schüchtern habe er erste Annäherungsversuche gemacht und sei abgewiesen worden. Das sei ein Negativwendepunkt in seiner Entwicklung gewesen. Um sich Respekt von Frauen zu sichern, sei er dem Rat seines Vaters gefolgt und habe in einem Fitnesscenter trainiert. Dort habe er Kontakte zur illegalen Anabolikaszene bekommen und sei allmählich in eine von Osteuropäern geprägte Kriminellenszene abgetaucht. Anabolika hatten ihm geholfen, seine Hemmungen zu überwinden, mehrfach sei er an Einbrüchen und Schlägereien beteiligt gewesen, sei erwischt worden und habe Jugendstrafen bekommen.

Nachdem er als 16-Jähriger im Gymnasium in der Pause einer Mitschülerin vor anderen die Hose heruntergezogen und ihr in den Schritt gegriffen habe, erfolgte ein Schulverweis, nach einem Vergewaltigungsversuch an einem anderen Mädchen eine Jugendhaftstrafe. Nach dem 18. Lebensjahr trat er mit Einbrüchen und Nötigungsdelikten in Erscheinung. Den letzten Höhepunkt erreichten seine Straftaten, als er seine Mutter krankenhausreif geschlagen hatte und Nachbarn die Polizei zu Hilfe riefen. Die Kälte, die er in der Beziehung zur Mutter spüre, erschrecke ihn. Vor allem erschrecke ihn seine Unfähigkeit, Liebe zu empfinden und weiterzugeben.

Bedürfnisse des Patienten nach verlässlicher Zuwendung und Geborgenheit blieben vermutlich unbefriedigt. Aus dieser unsicheren Beziehung zur Mutter versuchte sich der Patient, in die noch unsicherere Beziehung zum Vater zu retten. Diesem wollte er gefallen. Er verehrte den kräftigen muskulösen usbekischen Vater, der aber immer wieder viel versprach und wenig hielt. Fast traumatisch erlebte der Patient die wiederholten Versuche der Mutter, ihm erfolgreiche Akademiker als Ersatzväter zu präsentieren. Als parentifizierter Partnerersatz an die Mutter gebunden, mit gewaltsamen Tendenzen des alkoholkranken Vaters identifiziert, schlug er potenzielle neue Partner der Mutter in die Flucht. Er fühlte sich letztlich weder von der Mutter noch vom Vater verstanden.

Als Fluchtmittel aus dieser Situation diente eine ausgeprägte gewalttätige Ohnmachtsabwehr, mit der er sein brüchiges Identitätsgefühl als Mann zu überspielen versuchte. Hinter der gewalttätigen Fassade verbargen sich jedoch ein übergroßes Misstrauen und die Angst, verlassen zu werden. Er erlebte Abhängigkeit vor dem Hintergrund drohender Trennung: »Wenn man ein Versager ist wie mein Vater, wird man verlassen«, sagte er einmal. In diesem Zusammenhang sind auch die immensen Schwierigkeiten, sich vertrauensvoll auf eine Frau einzulassen, zu verstehen.

Objektbeziehungsprobleme der Kindheit wiederholte der Patient in der Beziehung zu Lehrern, Mitschülern, später auch in der Übertragungsebene in der Beziehung zu mir. Nach anfänglicher Prüfung meiner Zuverlässigkeit hatte ich den Eindruck, dass der Patient mich als die bessere Ausgabe seines Vaters empfand. Als der Vater dem Ideal des Patienten nicht entsprechen konnte, reagierte er mit heftiger

Enttäuschung, aber auch stärkerer Anpassung an dessen Wünsche, weil er den spärlichen, von der Mutter unerwünschten Kontakt mit ihm nicht gefährden wollte.

In der Beziehung zu mir wiederholte der Patient diese Tendenz im Ansatz, was sich vor allem in den zahlreichen Ängsten vor Abbruch der Therapie durch mich ausdrückte. Durch Leistungsverhalten, vor allem männliches Imponiergehabe, versuchte der Patient, dem Ideal eines attraktiven, omnipotenten Mannes nahezukommen. Er idealisierte mich phasenweise; gleichzeitig kam es aber auch zu Sprengstücken aus distanzloser Aggressivität und Abwertung meiner Person, worauf er wiederum mit heftigen Ängsten reagierte. Trotz der erheblichen Störungen im Bereich der Objektbeziehungen waren genügend Ich-Funktionen entwickelt, damit der Patient Realität bewältigen konnte. Das Niveau der Ich-Funktionen wurde deutlich in den Feldern Intelligenz, Verbalisierungsfähigkeit, zielgerichtetes Verhandeln und Durchsetzung eigener Ziele. Die Ich-Stärke des Patienten zeigte sich beispielsweise in schulischen Erfolgen und nicht zuletzt in der Entscheidung, schon im offenen Vollzug das Abitur nachzuholen. Auch die Fähigkeit zur Realitätsprüfung war bei Herrn Q. weitestgehend nicht beeinträchtigt.

Immer wieder war er in der Lage zu therapeutischer Ich-Spaltung. Das Niveau der Über-Ich-Entwicklung entsprach mit seinen rigiden Zügen der präödipalen Zeit und offenbarte sich in der Ausprägung einer strengen sadistischen Norm einerseits und masochistischer Unterwerfungstendenzen andererseits. Strenge Unerbittlichkeit zeigte sich in der unangemessen Reaktion auf Fehler von Autoritätspersonen. Fixierungen im analsadistischen Bereich wurden in den ersten Therapiestunden deutlich, als der Patient versuchte, die Behandlung zu kontrollieren und mir mit Schilderungen von kriminellen Akten Angst zu machen und mir zu imponieren.

Unter dem Schutz der Therapie entwickelten sich vorsichtig Ansätze eines libidinös besetzten Selbstbildes. Zumindest konnte der Patient ansatzweise Abschied nehmen von überhöhten Forderungen an sich selbst und andere.

In seinem Selbstbild schwankte Herr Q. zwischen Größenfantasien und Minderwertigkeitsgefühlen. Mir traten ein verlassenes hilfloses Kind, ein pubertierender Junge und ein dominanter, kontrollierender Gewalttäter entgegen, der verächtlich auf Schwächere reagierte. Das Selbstbild des Patienten schien bei Behandlungsbeginn inkohärent und stark fragmentiert zu sein. Nicht integrierte, teilweise idealisierte Identifikationen mit Partialobjekten – der allwissende Therapeut, der versagende Vater – prägten die Vorstellungen von Vaterfiguren. Parallel zur Übertragung entwickelte sich meine Gegenübertragung. Anfangs hatte ich mich von dem Patienten kontrolliert gefühlt und verspürte zwischenzeitlich den Wunsch, von mir aus die Behandlung zu beenden. Die endlos erscheinenden Machtdemonstrationen langweilten mich.

Nach Überwindung der ersten Therapiephase fühlte ich mich deutlich erleichtert und registrierte positiv überrascht, dass der Patient in vorsichtigen Ansätzen begonnen hatte, Triebe, Gefühle und Affekte zu spüren und sie auszudrücken. Ich erlebte mich in der Beziehung zum Patienten manchmal wie eine etwas überfürsorgliche Mutter, die den Patienten vor dem Vater schützen sollte, gegen deren »verschlingende Einschränkung« ich mich allerdings innerlich wehrte. Ich war stark betroffen, als der Patient über die Umstände seiner Überforderung durch die Mutter und die ausgeprägten Ohnmachtsgefühle sprach, denen er sich offenbar ausgesetzt fühlte.

Der Patient konnte nun libidinöse und aggressive Regungen bewusster wahrnehmen, differenzierter erleben und ihre Äußerung und Dosierung in der Beziehung zu mir erproben. In diesem Behandlungsabschnitt erlebte ich den Patienten als pubertierenden Jungen mit starker Identitätsunsicherheit auch in Bezug auf die sexuelle Orientierung, in der er vor allem von heftigen Kastrationsängsten gepeinigt ist. Als der Patient kurzfristig über eine heftige homosexuelle Verliebtheit zu einem Mithäftling sprach, hatte ich zwischenzeitlich das Gefühl, dass eine Übertragungsverliebtheit vorlag, was mir einerseits schmeichelte; andererseits befürchtete ich, der Patient könne mich mit seiner Ansprüchlichkeit verschlingen.

Im Laufe der Therapie stellte sich in der Realität des Patienten eine Neubewertung seines bisherigen Lebens und seines Modus, Beziehungen einzugehen, ein. In seinen realen Lebensumständen entwickelte er zunehmend die Fähigkeit zu einer angemesseneren Auseinandersetzung. Bei Konflikten mit Vorgesetzten im Gefängnis gelang es ihm offenbar besser, die Angst, dominiert zu werden, deutlich zu reduzieren. So verloren sich Tendenzen, bei erlittenen Enttäuschungen mit heftiger Aggression zu reagieren. In der positiven Entwicklung konnte ich feststellen, dass der Patient sich offensichtlich mehr und mehr von seinen Größenvorstellungen verabschieden konnte und sich hinsichtlich seiner beruflichen Entwicklung realistischeren und erreichbareren Zielen für die nächsten Jahre zuwandte. Vor allem versuchte er zu klären, ob ihm nach Verbüßung seiner Strafe der Weg zu einem Studium offenstand. Er verleugnete letztlich nicht mehr seine Defizite und konnte auf eigene Leistungseinbrüche milder reagieren. Zunehmende Realitätsanpassung und eine dosierte Entidealisierung meiner Person registrierte ich mit Erleichterung. Ob daraus ein bleibender Therapieerfolg wird, wird die Zukunft zeigen.

Diskussion

Erwachsene Männer, die als Kinder durch Scheidung den Vater verloren oder defizitär erlebt haben, kommen häufig erst in eine psychotherapeutische Behandlung, wenn ein manchmal auf Macht und Stärke oder auf extreme Anpassungsbereitschaft entwickeltes Abwehrmuster zusammenbricht. Hierbei wirken Ereignisse, die Ähnlichkeit mit den elterlichen Trennungskonflikten haben und Aspekte der Reinszenierung und Wiederholung aufweisen, auslösend. Nach Pope und Mueller (1976) ließen sich im amerikanischen Kulturraum solche Paare häufiger scheiden, die in ihrer Herkunftsfamilie eine Scheidung der Eltern oder den Tod eines Elternteils erleben mussten.

Biermann und Biermann (1978) sprechen in diesem Kontext von Symptomtradierung. So kann eine Partnerschaftskrise, eine kurzfristige Trennung vom Partner, eine neue Beziehung, eine geplante Hochzeit oder eine Schwangerschaft die Abwehr nachhaltig erschüttern und die Angst, erneut verlassen zu werden, Gefühle der Ohnmacht auslösen, die abgewandelt in Gestalt klinischer Symptome oder dissozialer und gewalttätiger Fantasien oder Handlungen Behandlungsbedürftigkeit bedingen. Auf den zweiten Blick scheinen diese Patienten eine psychotherapeutische Behandlung aufzusuchen, um ihr Identitätsgefühl zu stabilisieren. Dies gerade auch dann, wenn ein Scheidungstrauma von anderen Trennungen überlagert oder überdeckt war: Tief greifende Trauer, Schuldgefühle, Verzweiflung,

Angst vor Trennung, vor Verlust und vor Identitätsverlust und die Wut auf die Verlassenden oder die potenziell Verlassenden treten auf.

Traumatisierungen in der präödipalen Zeit durch Scheidung und Trennung der Eltern und Parentifizierung (Abraham, 1925; Aichhorn, 1925; Ferenczi, 1913; Khan, 1963; Kernberg, 1988; Bohleber, 2000) behinderten die Entwicklung eines stabilen männlichen Identitätsgefühls. So fehlten den beschriebenen Patienten früh tragfähige und begrenzende Beziehungen. Bei Erziehungsstilen, die zwischen parentifizierender Überforderung, brutaler Härte und permissiver Vernachlässigung hin und her schwanken, sind viele männliche Scheidungskinder hoch irritiert, vor allem dann, wenn die frühen Vatererfahrungen spärlich und unberechenbar waren. Häufig hört man solche Aussagen: »Meine Mutter ließ sich gern belügen; Hauptsache, die äußeren Verhältnisse sahen gut aus.« Schon in der Loslösungs- und Individuationsphase (Mahler, Pine u. Bergmann, 1975) waren die Patienten oft sich selbst überlassen. Wallerstein und Blakeslee (1989) fanden in einer Langzeitstudie als Spätfolgen von Scheidungen Ziellosigkeit, unklare Lebensverhältnisse und Alkoholismus heraus.

Eine Integration guter und böser Teilobjektrepräsentanzen gelang oft nicht. Die daraus resultierende unintegriert gebliebene Spaltung der elterlichen Objekte in gute und böse Teilobjekte schlug sich in widersprüchlichen Selbst- und Objektrepräsentanzen nieder. Kernberg (1988) sieht darin nicht nur einen Strukturdefekt, sondern auch einen Abwehrvorgang. Bei Aufgabe der Spaltung müssten sich Scheidungskinder mit schmerzlichen Gefühlen wie Ambivalenz, Trauer und Schuld auseinandersetzen. Stattdessen erleben manche, wie ein verlorenes väterliches Objekt rasch durch ein neues ersetzt wird. In der Art der mütterlichen Beziehungsmodi sind männliche Scheidungskinder oft mit der Mutter identifiziert, wobei sie sich dann häufig später an Müttern in der Übertragung rächen mit der Folge eigener Scheidungen und Trennungen.

So erscheinen Bezugspersonen oft ohne eigenständige Individualität und lediglich als Versorger und Spender narzisstischer Gratifikationen. Wenn Liebesobjekte dann Eigenständigkeit gewinnen, kommt es häufig zu Brüchen. In einem Scheidungskonflikt geht es oft darum, dass ein Kind vom jeweiligen Elternteil als sein ausschließlich eigenes Produkt im Sinne eines Selbstobjekts und als sein Eigentum mit absoluter Verfügungsgewalt reklamiert wird. Dies sind fatale Beziehungsmuster, die sich oft in der nächsten Generation fortsetzen. In unserer Gesellschaft sind meistens die Väter die Verlierer dieses destruktiven Kampfes, sodass ihr Einfluss auf die Persönlichkeitsentwicklung der männlichen Scheidungskinder doppelt geschwächt wird.

Daraus resultiert oft ein Überwiegen des weiblichen Einflusses auf die Erziehung der Jungen. Khan (1963) und Hirsch (1992) wiesen auf pathogen wirkende enge Mutterbeziehungen hin. Für alleinerziehende Mütter nach Scheidung oder Tod des Partners übernehmen oft die Söhne im parentifizierten Modus die Rolle als Ersatzpartner, sie sind quasi ödipale Pyrrhussieger. Für Frauen, die nur eine ungenügende Eigenentwicklung durchlaufen haben, können Söhne eine andersgeschlechtliche Erweiterung des defizitär empfundenen Selbst bedeuten. Selbstobjektbeziehungen durch Überschätzung, Idealisierung und parentifizierenden narzisstischen Missbrauch durch überforderte Mütter sind nach Olivier (1987) die Wurzeln der Frauenfeindlichkeit jener Männer, die von Müttern zu lange festgehalten wurden. Sie rächen sich durch Entpersönlichung, dissoziales Agieren im späteren Leben an Frauen (Fallgeschichten 2, 3 und 4). Dieser Modus der ödipal anmutenden, in Wirklichkeit aber den Vater als Dritten ausschließenden Mutterbeziehung passt auch gut zu Darstellungen der Mutterbeziehung Adolf Hitlers (Fest, 1973; Chamberlain, 2000; Läpple, 2001).

Viele Männer empfinden die weibliche Emanzipation als Bedrohung. Hinzu kommt nach Radebold (2001), dass die Frauenbewegung die Enttäuschung an der damaligen Männergeneration beschleunigt und die Emanzipation der Frauen teilweise sogar unter Verzicht auf den Mann als Vater vorangetrieben habe. Der Vater ist in Deutschland als Folge des Nationalsozialismus besonders kritisch hinterfragt. Leistungseinbrüche und nachlassende Potenz mancher Männer mobilisieren frühe archaische Ängste vor der übermächtigen Mutter. Nach Lewin (1989) sei der Neid der Männer auf den weiblichen Körper in den Untergrund gedrängt; es komme zu einer Genitalisierung des Körpers, bei der der Penis für den Gesamtkörper steht. Der beschädigte Phallus reichte nicht mehr aus, um archaische Ängste abzuwehren, sodass gewaltsame dissoziale Machtinszenierungen gegen Frauen und Schwächere und pseudodominantes Rivalisieren mit jüngeren Männern letzte Mittel der Wahl sind, insbesondere bei solchen mit einer narzisstischen Problematik.

Diese Mechanismen beziehen sich auch auf manche Männer, die aus patriarchalischen Gesellschaften nach Deutschland kamen. Sie waren als Väter Ernährer der Familie, oft ohne Teilhabe an deren Innenleben. Der Generationenkonflikt ist bei kohäsiv-patriarchalischen Familienstrukturen (Erim, 1999) oft verschärft. Mütter kommen zwischen der bedrohten Autorität des Vaters und Integrations- und Freiheitswünschen der Kinder in Loyalitätskonflikte. Als Reaktion gegen informelle Entmachtung sind viele Väter besessen von Autorität. Deshalb werden sie, verständlicherweise, Söhnen nach Scheidungen oft als brutale Tyrannen vermittelt (Fallgeschichten 2 und 4). Über das Verhältnis zwischen den Generationen entscheidet, wie Eltern auf ihre unübersehbaren Schwächen reagieren (Hochheimer, 1966).

Hinter Aggressionsaufwallungen scheinen nicht nur ödipale Kastrationsangst, sondern auch frühe Ängste vor narzisstischer Fragmentierung und Vernichtung durch. Nach Gerlach (2002) geht es um eine imaginäre Kastration, um Bedeutungen und Folgen meist unbewusster Fantasien. Konflikte mit der Sexualität spielen nicht nur in der Adoleszenz, sondern auch in späteren Lebensphasen von Männern eine Rolle. Generell besteht in allen postindustriellen Gesellschaften eine Tendenz zur Individualisierung und Aufweichung von Rollen und Riten, sodass Geschlechtsidentität und Geschlechterrollen nicht mehr starr vorgegeben werden, was einerseits mehr Freiheit, andererseits mehr Verunsicherung bedeutet.

Männliche Identitätsstörungen kommen voraussichtlich in einer Gesellschaft, in der es häufigere Trennungen und Neuformierungen von Familienzusammensetzungen gibt, häufiger vor. Zusätzlich stoßen aufgrund von Migration und Globalisierung viele kulturelle Traditionen aufeinander. Gerade in derartigen Konstellationen brauchen Jungen, um ein stabiles Identitätsgefühl zu etablieren, Identifizierungsmöglichkeiten mit dem Vater. Die Identität als Übergangsraum (Erikson, 1976; Grinberg u. Grinberg, 1990) zwischen innerer personaler und äußerer sozialer Entwicklung wurde bei vielen männlichen Scheidungsopfern (Fallgeschichten 2 und 4) häufig irritiert.

Oft sind schon die Eltern- und Großelterngenerationen von Trennungserfahrungen unterschiedlicher Art betroffen. Prägende Phasen in der Kindheitsentwicklung waren durch häufige Trennungen und Ortswechsel und wiederholte Versuche von verlassenen Müttern, ihren Kindern brauchbare Ersatzväter zu präsentieren, irritiert; so kam es häufig immer wieder zu traumatischen Trennungen von männlichen Bezugspersonen. Väter waren einerseits schwach, unzuverlässig, idealisiert und unerreichbar und andererseits übermächtig, übergriffig und egoistisch. Hierdurch wird für beide Geschlechter die Überwindung des Ödipuskonflikts erschwert. Die Krise traditioneller Institutionen nach Wirtschaftswunder und sexueller Revolution sowie das Verblassen des Vaterbildes (Mitscherlich, 1963) in Deutschland kommen hinzu.

Empfehlungen für die Praxis

Es wurden Fälle ausgewählt, bei denen aktuelle Aggressivität, Dissozialität oder andere Symptome mit der Reaktivierung lange kompensierter Konflikte und Trennungstraumatisierungen zusammenhängen. Der therapeutische Umgang rührt an manche Tabus: die Schwäche eines Vaters in der Übertragung auszuhalten, die Vorstellung, dass hinter männlicher Gewalt und Dissozialität elterliche Trennungskriege stehen können. Die Bewältigung der anstehenden Entwicklungsschritte kann für das erwachsene Kind erschwert werden, wenn konflikthaft erlebte Delegationen oder Aufträge der Eltern lebendig werden und der Verwirklichung persönlicher Ziele entgegenstehen (Kraul, Ratzke, Reich u. Cierpka, 2008). In »Das Ich und das Es« (1923) beschreibt Freud diesen Vorgang: »wenn dies *ubw* Schuldgefühl ein entlehntes ist, das heißt das Ergebnis der Identifizierung mit einer anderen Person, die einmal Objekt einer erotischen Besetzung war. Eine solche Übernahme des Schuldgefühls ist oft der einzige schwer erkenntliche Rest der aufgegebenen Liebesbeziehung.«

In Bezug auf die Bearbeitung von Schuld und Schuldgefühlen ist es notwendig, auch einseitige klischeeartige Täterzuschreibungen zu überwinden. Oft wird bei männlichen Scheidungskindern die manchmal subtilere Destruktivität der Mütter (Fallgeschichte 2) mit pathogenen Konsequenzen für die Familienentwicklung übersehen. Polarisierende, ideologisch geprägte, einseitig feministische Haltungen sind nicht hilfreich. Hiermit ist nicht beabsichtigt, männliche Gewalt und sadistische Handlungen zu bagatellisieren oder zu rechtfertigen, sondern sie auf dem biografischen Hintergrund zu verstehen und zu entgiften.

Als Analytiker oder Therapeut kann man niemals der Richter eines Patienten sein, was nicht bedeutet, dass man, wie bei anderen Patienten auch, die Behandlung eines Täters ablehnen kann. Die in Regressionszuständen der Patienten oder in der Gegenübertragung des Therapeuten auftretenden Gewaltfantasien sollten nicht dazu verleiten, in die Täter-Opfer-Falle zu tappen. Eine kritische Differenzierung der Geschichte der Trennungen verhindert ebenso wie detaillierte Kenntnisse über den soziohistorischen Hintergrund des Patienten ein pauschales, dem Individuum nicht gerecht werdendes therapeutisches Agieren.

Die Therapie von Männern mit Migrationshintergrund und einer Scheidungserfahrung in der Kindheit schafft für deutsche Therapeutinnen und Therapeuten, die an einem emanzipatorischen Leitbild der Geschlechterrollen orientiert sind, komplizierte Übertragungs- und Gegenübertragungssituationen. Güc (1991) weist aus familientherapeutischer Sicht auf die Notwendigkeit von Kenntnissen über fremde Sitten und Gebräuche hin. In der Behandlung können sexuelle Leitbilder und Tabus, die zur Zeit der infantilen Identitätskrisen bestanden, in Übertragungen und Widerständen zutage treten. Deshalb sollte man der identitätsfördernden Bedeutung magischer und moralischer Vorstellungen und religiöser Tabus (Kraft, 2004) mit Respekt begegnen. Der behutsame Umgang mit schambesetzten Themen im sexuellen Bereich gehört gerade bei aggressiven und dissozialen Männern in einen analytischen Prozess, der sowohl als Schutz wie auch als Grenze fungiert. Es gilt, bei aggressiv entwertenden Männern in der Übertragung nicht in rivalitätsgetöntes Gegenübertragungsagieren zu verfallen oder aus Angst vor Gewalt in eine defensive Position zu geraten, sondern den Abwehrcharakter aggressiven Verhaltens zu erfassen und Anknüpfungspunkte für eine tragfähige therapeutische Beziehung zu finden.

Eine Behandlung männlicher Scheidungskinder ausschließlich durch Männer wäre nach meiner Einschätzung eine ähnlich einseitige und wirklichkeitsfremde Zuspitzung wie die Behandlung weiblicher Missbrauchsopfer nur durch Frauen. Viel wichtiger, als in anfänglich vorhandenen Geschlechterklischees und Vorurteilen zu verharren, ist für weibliche wie männliche Therapeuten die Aufarbeitung der eigenen Familien- und eventuellen Scheidungsgeschichte. Selbst wer in seiner Biografie unmittelbar keine eigenen Scheidungserfahrungen hat, sollte sich selbstkritisch mit eigenen Trennungen auseinandergesetzt haben.

Vaterlosigkeit kann Kränkungen nach sich ziehen, die Patienten doppelt überfordern: Das hohe Ich-Ideal fordert, grandios oder besser zu sein als der abwesende Vater. Ebenso erwartet die Mutter soziale Kompetenzen, über die die Söhne nicht verfügen. Allmachtsgefühle können kurzfristig durch reale Erfahrungen bestätigt werden und das brüchige Selbst stabilisieren. Nach Kohut (1973) kommt es zur Verschmelzung mit einem allmächtigen Objekt. Demnach könnten Patient und Therapeut sich gegenseitig in Größenfantasien bestätigen und in einer nur guten Dyade leben, während die übrige Welt als böses Teilobjekt wahrgenommen wird. Oft gibt es Fantasien von einem grenzenlos liebenden und gebenden Therapeuten. Zeller-Steinbrich (2006) wies darauf hin, wie wichtig die wertschätzenden Schilderungen der Mütter über den abwesenden Vater sind.

Bei vielen männlichen Scheidungskindern ist meist das Gegenteil der Fall: Die Väter werden von den Müttern mehr oder weniger verachtet. Der Vater wird bewusst entwertet und gleichzeitig vom Sohn unbewusst idealisiert (Fallgeschichte 2). Der bewusst entwertete und unbewusst idealisierte Vater spielt in der therapeutischen Beziehung eine große Rolle. Wenn sich Therapeuten in der Realität als begrenzt erweisen, ist es vordringlich, diese Enttäuschung behutsam durchzuarbeiten. Die Behandlung kommt in eine kritische Phase und ist abbruchgefährdet. Allerdings besteht die Chance, ein verzerrtes Vaterbild in einer korrigierenden emotionalen Erfahrung zu überwinden. Die Gefahr besteht indes, dass überhöhte Erwartungen des Patienten schnell zu Enttäuschung und Objektwechsel führen, sodass mit mehrfachen Therapeutenwechseln ein Circulus vitiosus von Anklammerung und Enttäuschung als Neuauflage früherer Scheidungserfahrungen entstehen kann. Nicht wenige Patienten lassen sich vom ersten Therapeuten »scheiden«.

Zuverlässigkeit und Nachhaltigkeit der Therapeuten, das Einhalten von zeitlichen Grenzen, die klare Ablehnung von Gewalt und das Bewusstsein der eigenen Grenzen sind Grundvoraussetzungen. Aggressive und dissoziale Männer lassen heftige Gegenübertragungsgefühle entstehen und verleiten oft vorschnell zum polarisierten Handeln. So kann es zu sadomasochistischen Übertragungs- und Gegenübertragungskonstellationen kommen. Aggressive Durchbrüche stehen im Kontext mit Insuffizienzgefühlen, wobei nicht nur narzisstische Wut, sondern auch Aggressivität als Deckabwehr gegen Depressivität und Versagensängste zu verstehen ist. Hinter einer stark idealisierten Übertragung stehen oft abgewehrter Hass und Wut; deshalb ist die frühzeitige und konsequente Ansprache hilfreich. Eine zu weit zugelassene idealisierte Übertragung kann zum Aktionismus des Therapeuten führen, der damit in einen Strudel von Ansprüchen und Selbstinsuffizienzgefühlen gerät. Es ist daher ein therapeutischer Irrweg, sich als Therapeut als besserer Vater anzubieten.

Fehlt die Fähigkeit zur therapeutischen Ich-Spaltung, ist die Übernahme von väterlichen Hilfs-Ich-Funktionen durch Therapeuten (Heigl-Evers u. Nitzschke, 1995) besonders wichtig. Angebote der Patienten, mit anderen Helfern zu kooperieren, sollten nicht mit analytischem Dogmatismus abgeblockt werden.

Die Persönlichkeit stärkende Abwehrformationen lässt man besser unangetastet und bearbeitet zunächst nur die regressive Spaltung. Fällt es einem Patienten sichtlich schwer, seine aggressiven und dissozialen Impulse in Schach zu halten, sind zu frühe Deutungen der unbewussten Triebimpulse nicht hilfreich. Deshalb sollten Konsolidierungsphasen, in denen schmerzhafte Scheidungsthemen in den Hintergrund geraten, nicht als Widerstand oder Stagnation fehlinterpretiert werden. Man kann dem Patienten nahelegen, ein unangenehmes Thema vorerst zurückzustellen, um es zu einem späteren Zeitpunkt wieder aufzugreifen. Ferenczi (1913) sah in frühen Traumatisierungen Gründe für die Fixierung des Wirklichkeitssinns auf einer früheren Organisationsstufe oder einer Regression bei Belastung. Mit Konfrontation und Klarifikation ist der Realitätsbezug zu verbessern. Wahrnehmungen werden subjektiv, zum Beispiel wunsch- oder angstbetont eingefärbt. Pseudologische Schilderungen helfen, Hilflosigkeit zu überspielen und Kränkungen abzuwehren, sodass negative ambivalente Ereignisse entstellt werden. So können sie sowohl geleugnet als auch als lustvoll erlebt werden (Henseler, 1968). So kann es kommen, dass ein nachweislich defizitärer und destruktiver Vater als großer Held erlebt wird.

Innerhalb des desintegrierten männlichen Über-Ichs arbeiten extrem gewährende und extrem strafende Areale unverbunden gegeneinander. Sie spiegeln oft die fragmentarischen frühen Vatererfahrungen und deren Interpretation durch oft geschädigte Mütter. Ein rigides Ehrlichkeitsideal mit hoher Anpassungsbereitschaft und gleichzeitig aggressive Tendenzen sind nicht selten. Freud (1915), Aichhorn (1925), Parin (1961) und Rauchfleisch (1999) sehen ein rigides verfolgendes Über-Ich im Licht der Identifikation mit dem Aggressor. Eine Projektion verfolgender Über-Ich-Normen erfolgt auf äußere Autoritäten.

Mittels projektiver Identifikation werden dem Therapeuten Aggressionen zugewiesen und können ihn in sadistische Über-Ich-Positionen manövrieren. Auf diesem Weg entsteht dann ein äußerer Feind, manchmal der verlassene, übergriffige und unzuverlässige Vater, der bekämpft werden kann. Die Projektion strafender Über-Ich-Fragmente gewährleistet eine gewisse Selbstidentität. Je größer die Diskrepanz zwischen hypertrophiertem Ich-Ideal und realem Ich ist, desto fragiler das Selbstwertgefühl. Deshalb stellen Omnipotenz, Spaltung, Projektion und projektive Identifizierung charakteristische Abwehrformen dar. Hilfreich ist es, ein milderes und realistischeres Hilfs-Über-Ich anzubieten. Den Patienten fehlen oft flexible, an der Realität einer genügend guten Vatererfahrung orientierte Normvorstellungen und konstruktive hemmende Funktionen. In Anspielung auf Winnicotts Begriff der genügend guten Mutter heben verschiedene Autoren (Hinze, 1996; Radebold, 2001; Klußmann, 2003) die Bedeutung der Väter im Sinne eines »good enough fathering throughout the live circle« hervor. Gerade der »genügend gute Vater« bietet für Therapien eine hilfreiche und Erfolg versprechende Behandlungsperspektive in Übertragung und Gegenübertragung, die Patienten und Therapeuten davor bewahren kann, verzerrte Vaterbilder reinszenatorisch zu verfestigen.

Ausblick

Dissoziale und aggressive Männer, die Scheidungen als Kind erleben mussten, sind Täter und Opfer zugleich. Die Gratwanderung zwischen Normenlosigkeit und sadistischen Über-Ich-Forderungen, Verwöhnung und Härte, Empathie und Ablehnung setzt bei Therapeuten die Bereitschaft voraus, flexibel zu handeln und konzeptuell zu denken, um nicht via projektiver Identifikation vielen Spaltungsangeboten im Spannungsfeld missglückter Elternbeziehungen zu scheitern. Rauchfleisch (1999) rät psychoanalytisch arbeitenden Therapeuten, traditionelle Konzepte kritisch zu hinterfragen und Grenzsetzungen nicht zu vergessen. Dissoziales und aggressives Agieren ist nicht nur als Zerstörung des therapeutischen Raums zu beklagen (Trimborn, 1983), sondern auch im Sinne Winnicotts als Übergangsphänomen zu verstehen und therapeutisch zu nutzen. Würde dies im Kontext der Bedeutung notwendiger früher Vatererfahrungen und deren Fehlen auch bei der pädagogischen Begleitung von Jungen im Sinne von Prävention mehr berücksichtigt, wären sie weniger die Verlierer unseres Bildungssystems und seltener Straftäter.

Literatur

Abraham, K. (1925). Psychoanalytische Studien zur Charakterbildung. In Gesammelte Schriften (1982, S. 103–145). Frankfurt a. M.: Fischer.

Aichhorn, A. (1925). Verwahrloste Jugend. Die Psychoanalyse in der Fürsorgeerziehung. Zehn Vorträge zur ersten Einführung. Bern: Huber

Biermann, R., Biermann, G. (1978). Scheidungskinder. Praxis der Kinderpsychiatrie und Kinderpsychologie, 27, 221–234.

Blos, P. (1990). Sohn und Vater. Stuttgart: Klett-Cotta.

Bohleber, W. (1997): Trauma, Identifizierung und historischer Kontext. Über die Notwendigkeit, die NS-Vergangenheit in den psychoanalytischen Deutungsprozeß einzubeziehen. Psyche – Zeitschrift für Psychoanalyse und ihre Anwendungen, 51 (9/10), 958–995.

Bohleber, W. (2000). Die Entwicklung der Traumatheorie in der Psychoanalyse. Psyche – Zeitschrift für Psychoanalyse und ihre Anwendungen, 54 (9–10), 797–839.

Bückers, R., Kriebel, R., Paar, G. H. (2001). Der »geschickte« Patient in der psychosomatischen Rehabilitation Leitlinien für die sozialmedizinische Beurteilung und Behandlung von fremdmotivierten Patienten. Die Rehabilitation, 40 (2), 65–71.

Chamberlain, S. (2000). Adolf Hitler, die deutsche Mutter und ihr erstes Kind. Gießen: Psychosozial-Verlag.
Erikson, E. H. (1976). Identität und Lebenszyklus. Frankfurt a. M.: Suhrkamp.
Erim, Y. (1999). Psychotherapie mit Migranten. In W. Senf, W. Broda (Hrsg.), Praxis der Psychotherapie, ein integratives Lehrbuch der Psychotherapie (S. 634–639). Stuttgart: Thieme.
Ferenczi, S. (1913). Entwicklung des Wirklichkeitssinns. In S. Ferenczi, Schriften zur Psychoanalyse Bd. I (S. 148–163). Frankfurt a. M.: Fischer.
Fest, J. (1973). Hitler. Frankfurt a. M.: Ullstein.
Figdor, H. (2011). Scheidungskinder – Wege der Hilfe. Gießen: Psychosozial-Verlag.
Franz, M., Liebherz, K., Schmitz, N., Schepank, H. (1999). Wenn der Vater fehlt. Epidemiologische Befunde früher Abwesenheit des Vaters für die psychische Gesundheit im späteren Leben. Zeitschrift für Psychosomatische Medizin und Psychoanalyse, 45, 260–278.
Freud, S. (1915). Die Verbrecher aus Schuldbewusstsein. GW X. Frankfurt a. M.: Fischer.
Freud, S. (1923). Das Ich und das Es. GW XIII. Frankfurt a. M.: Fischer.
Gampel, Y. (1994). Identifizierung, Identität und generationsübergreifende Transmission. Zeitschrift für psychoanalytische Theorie und Praxis, IX 3, 301–319.
Gerlach, A. (2002). Kastration. In W. Mertens, B. Waldvogel (Hrsg.), Handbuch psychoanalytischer Grundbegriffe. Berlin u. Stuttgart: Kohlhammer.
Grieser, J. (1998). Der phantasierte Vater. Tübingen: Edition discord.
Grinberg, L., Grinberg, R. (1990). Psychoanalyse der Migration und des Exils. München u. Wien: Klett-Cotta.
Güc, F. (1991). Ein familientherapeutisches Konzept in der Arbeit mit Immigrantenfamilien. Familiendynamik, 16 (1), 3–23.
Heigl-Evers, A., Nitzschke, B. (1995). Das analytische Prinzip »Deutung« und das interaktionelle Prinzip »Antwort«. In A. Heigl-Evers, J. Ott (Hrsg.), Die psychoanalytisch interaktionelle Methode. Theorie und Praxis (2. Aufl., S. 53–108). Göttingen: Vandenhoeck & Ruprecht.
Henseler, H. (1968). Zur Psychodynamik der Pseudologie. Der Nervenarzt, 39, 106–114.
Hermann, A. P. (1986). Das Vaterbild psychosomatisch Kranker. Heidelberg: Springer.
Hinze, E. (1996). Männliche Identität und Altern. Psychosozial, 19, 5–74.
Hirsch, M. (1992). Mütter und Söhne – Formen von Männlichkeit im Licht der Mutter-Sohn-Beziehung. In P. M. Pflüger (Hrsg.), Der Mann im Umbruch (S. 145–173). Olten u. Freiburg i. Breisgau: Walter.
Hochheimer, W. (1966). Zur Rolle von Autorität. Psyche – Zeitschrift für Psychoanalyse und ihre Anwendungen, 20 (7), 495–520.
Kernberg, O. F. (1988). Schwere Persönlichkeitsstörungen. Theorie, Diagnose, Behandlungsstrategien. Stuttgart: Klett-Cotta.
Khan, M. (1963). Das kumulative Trauma. In M. Khan (Hrsg.), Selbsterfahrung in der Therapie (3. Aufl., S. 50–71). Eschborn bei Frankfurt a. M.: Klotz.

Klußmann, R. (2003). VäterSöhne. Charaktere und Konflikte. Lengerich: Pabst.

Kohut, H. (1973). Narzissmus. Eine Theorie der psychoanalytischen Behandlung narzisstischer Persönlichkeitsstörungen. Frankfurt a. M.: Suhrkamp.

Kraft, H. (2004). Tabu. Magie und soziale Wirklichkeit. Düsseldorf u. Zürich: Walter.

Kraul, A., Ratzke, K., Reich, G., Cierpka, M. (2008). Familiäre Lebenswelten. In M. Cierpka (Hrsg.), Handbuch der Familiendiagnostik (S. 205–220). Berlin u. a.: Springer.

Läpple, A. (2001). Adolf Hitler. Psychogramm einer katholischen Kindheit. Stein am Rhein: Christiana Verlag.

Lewin, B. D. (1989). Der Körper als Phallus. Psyche – Zeitschrift für Psychoanalyse und ihre Anwendungen, 43 (2), 150–170.

Mahler, M. S., Pine, F., Bergmann, A. (1975). Die psychische Geburt des Menschen. Symbiose und Individuation. Frankfurt a. M.: Fischer

Mitscherlich, A. (1963). Auf dem Weg zur vaterlosen Gesellschaft. München: Piper.

Olivier, C. (1987). Jokastes Kinder. Die Psyche der Frau im Schatten der Mutter. Berlin: Econ.

Parin, P. (1961). Die Abwehrmechanismen der Psychopathen. Psyche – Zeitschrift für Psychoanalyse und ihre Anwendungen, 15 (5), 322–329.

Pope, H., Mueller, C. W. (1976). The Intergeneration Transmission of Martial Instability; Comparisation by Race and Sex. Journal of Social Issues, 32 (1), 49–66.

Radebold, H. (2001). Abwesende Väter. Göttingen: Vandenhoeck & Ruprecht.

Rauchfleisch, U. (1999). Außenseiter der Gesellschaft. Psychodynamik und Möglichkeiten zur Psychotherapie Straffälliger. Göttingen: Vandenhoeck & Ruprecht.

Rohde-Dachser, C. (1986). Ringen um Empathie. Ein Interpretationsversuch masochistischer Inszenierungen. Forum Psychoanalyse, 2, 44–58.

Stolorow, R. J. (1975). Die narzisstische Funktion des Masochismus und (Sadismus). In H. Grünert (Hrsg.), Leiden am Selbst. Zum Phänomen des Masochismus. München: Kindle.

Trimborn, S. (1983). Die Zerstörung des therapeutischen Raumes. Psyche – Zeitschrift für Psychoanalyse und ihre Anwendungen, 37 (3), 204–236.

Volkan, V. (2000). Gruppenidentität und auserwähltes Trauma. Psyche – Zeitschrift für Psychoanalyse und ihre Anwendungen, 54 (9/10), 931–951.

Von der Stein, B. (2004). Charakteristische Abwehrformen bei Kindern von Flüchtlingen aus den ehemaligen deutschen Ostgebieten. In H. Radebold (Hrsg.), Kindheiten im II. Weltkrieg und ihre Folgen. Gießen: Psychosozial-Verlag.

Wallerstein, J., Blakeslee, S. (1989). Gewinner und Verlierer. Frauen, Männer und Kinder nach der Scheidung. München: Droemer Knaur.

Zeller-Steinbrich, G. (2006). Der tote Vater. In A. Springer, A. Gerlach, A. M. Schlösser (Hrsg.), Störungen der Persönlichkeit (S. 395–413). Gießen: Psychosozial-Verlag.

Heinz Hilgers

Prävention als Handlungsfeld der Politik

Vorbemerkung

Jedes fünfte Kind gilt in Deutschland als arm – jedes sechste Kind lebt von Leistungen der Grundsicherung – und nahezu jedes zwanzigste Kind muss sogar auf eine tägliche warme Mahlzeit verzichten.

Diese Zahlen zeigen, Kinderarmut in Deutschland hat mittlerweile ein erhebliches Ausmaß angenommen, nicht nur materiell. Armut spiegelt sich auch in kulturellen, sozialen und gesundheitlichen Benachteiligungen wider. Arm sein heißt vor allem oft nicht dabei sein zu können, wenn das Geld für die Klassenreise, für den Eintritt ins Museum oder für die neuen Sportschuhe nicht mehr reicht. Eine Verfestigung von Armut über Generationen hinweg mindert in Deutschland immer weiter die Chance für Kinder, einen Weg aus der Armut zu finden.

Gleichzeitig ist die Politik nicht in der Lage, Kinderarmut wirkungsvoll und nachhaltig zu reduzieren; der alte Instrumentenkasten wirkt angesichts tief greifender gesellschaftlicher Veränderungen nicht mehr. Daher bedarf es innovativer und umfassender Konzepte einer kindbezogenen Armutsprävention, um Kinderarmut in Deutschland wirksam zu bekämpfen.

Die Kommunen spüren Kinderarmut besonders deutlich. Jeden Tag sind sie mit den Folgen direkt vor ihrer Haustür konfrontiert und werden es auszubaden haben, wenn in 25 Jahren nicht ein Sechstel, sondern eher 40 % der Kinder in Deutschland von staatlichen Leistungen auf Sozialhilfeniveau leben, wie Untersuchungen zum demografischen Wandel und zur zunehmenden sozialen Segregation prognostizieren. Deshalb brauchen wir auch vor Ort die Kreativität und den Mut, die Probleme beherzt anzugehen.

Zu meiner Zeit als Bürgermeister von Dormagen haben wir das bundesweit bekannt gewordene Dormagener Modell umgesetzt, das auf Prävention und Vernetzung in den Bereichen Kinder, Familie, Gesundheit und Bildung setzt. Zu Beginn waren viele skeptisch, ob dies nicht zu teuer sei und was es bringen würde, schließlich war Dormagen damals in der Haushaltssicherung. Mein Grundsatz als Bürgermeister war: »Wir sind viel zu arm, um uns keine Prävention zu leisten.«

Der große Erfolg nach kurzer Zeit hat uns recht gegeben. Das Dormagener Modell hat sich nicht nur finanziell, sondern besonders für die Kinder und ihre Familien gelohnt. Der starke Rückgang der stationären Hilfen für Familien, der Inobhutnahme von Kindern und der Sorgerechtsentzüge sind nur einige wichtige Ergebnisse. Dazu kommen die verbesserten Bildungschancen für Kinder, die starke Steigerung der Teilnahme an Elternbildungsangeboten und die verbesserte Infrastruktur für Familien. Prävention und frühe Förderung sind nicht nur die sinnvollste und wirksamste Art der Unterstützung, sondern auch die günstigste.

Der Erfolg des Dormagener Modells beruht vor allem auf der Art und Weise, wie es durchgeführt wird. Den Kindern und Familien wird stets mit einer wertschätzenden Haltung und mit großer Achtung und Respekt begegnet. Die Eltern werden als Erziehungspartner betrachtet, mit denen die Fachkräfte gemeinsam an einem Ziel arbeiteten. Wichtig ist auch der Dialog zwischen allen Beteiligten und die Vernetzung aller Akteure.

Die Grundzüge des Dormagener Modells

Das Modell orientiert sich konsequent an der Verwirklichung der wichtigsten Kinderrechte nach der UN-Konvention über die Rechte des Kindes. Unabhängig von der sozialen Herkunft, dem Geschlecht, der Nationalität und der Religion sind deshalb folgende Faktoren zu verbessern:

- die bedarfsgerechte materielle Versorgung;
- die frühe Förderung im Bildungssystem;
- die kontinuierliche Gesundheitsförderung;
- der Ausbau aller präventiven Angebote der Kinder-, Jugend- und Familienhilfe;
- die Inanspruchnahme aller Angebote durch die Familien.

Diese Ziele können nur erreicht werden durch die *Vernetzung* aller Akteure der Jugendhilfe, des Gesundheitswesens, des Bildungssystems und der Arbeitsförderung.

Voraussetzung für eine erfolgreiche Zusammenarbeit in einem mehrsystemischen Netzwerk ist ein gemeinsames Verständnis von zentralen Begriffen wie Kindeswohl und dessen Gefährdung oder auch Kinderschutz. Das Netzwerk in Dormagen versteht diese Begriffe multidimensional. Das heißt: Das Wohl eines Kindes ist bereits gefährdet, wenn die körperlichen, emotionalen, intellektuellen und moralischen Bedürfnisse eines Kindes dauerhaft nicht befriedigt sind.

Moderner Kinderschutz soll dabei die Lebensbedingungen der Familien positiv verändern, indem die Eigenkräfte der Familien gestärkt, soziale Konflikte und Notlagen früh erkannt werden und rechtzeitig konkret Hilfe geleistet wird. Eltern sind bei der Erziehung ihrer Kinder so früh wie möglich zu unterstützen. Mögliche Hilfen sind den Eltern in einer demokratischen Kultur der Wertschätzung anzubieten.

Auf der Basis dieses gemeinsamen Verständnisses hat das Netzwerk »Frühe Förderung« im fachlichen Austausch und im Dialogverfahren eine Präventionskette entwickelt, die das Herzstück des Präventionsprogramms ist. Um die Akzeptanz zu stärken und eine für die Dormagener Verhältnisse bedarfsgerechte Präventionskette zu entwickeln, wurde der *Dialog als Methode* eingesetzt. Deshalb entstand das Herzstück im Dialog

- mit der Politik,
- in der Verwaltung,
- mit den freien Trägern,
- mit den Fachkräften,
- mit Eltern,
- mit Kindern.

Um diesen Dialog effizient zu organisieren, habe ich im Januar 2005 die Stelle eines Präventionsbeauftragten geschaffen. Neben diesem Vertreter der öffentlichen Jugendhilfe wurde in das für den Prozess verantwortliche Management eine von der Stadt mitfinanzierte Vertreterin der Freien Jugendhilfe berufen.

Dieses Management hat zunächst eine Sozialraumanalyse durchgeführt und den kommunalen Bedarf durch Vergleich der Bestandsaufnahme des kommunalen Hilfesystems mit den Ergebnissen von Befragungen von Bürgern und Fachkräften ermittelt. Dann gelang es, die Fachkräfte aller Institutionen im örtlichen Hilfesystem für eine verbindliche Kooperation zu gewinnen. Daraus ist dann die in Abbildung 1 zu sehende *Netzwerkorganisation* entstanden.

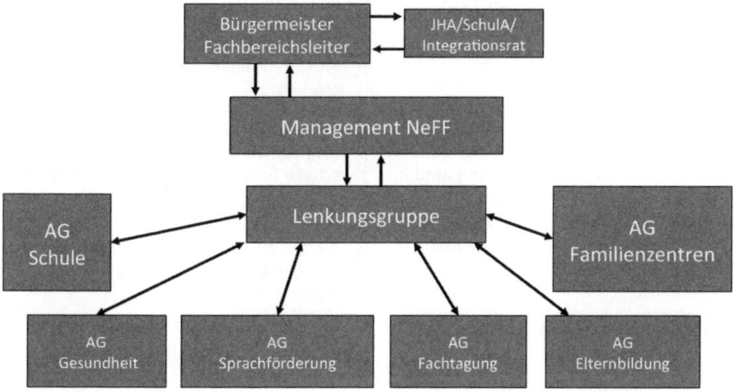

Abbildung 1: NeFF Dormagen: Netzwerk Frühe Förderung, Netzwerk für Familien

Im Netzwerk wurde von Anfang an Wert auf den fachlichen Austausch und die Qualifikation aller Fachkräfte gelegt. Deshalb wurde eine Vielzahl von Fortbildungen und Tagungen organisiert, die letztlich fast alle Fachkräfte in den Kitas, den Offenen Ganztagsschulen in der Öffentlichen und Freien Jugendhilfe erreicht hat und auch Fachkräfte aus dem Gesundheitssektor einbeziehen konnte. Themen wie Kinderarmut in Dormagen, Kinderschutz und der § 8a KJHG, schwierige Kinder, frühe Förderung, Schule vernetzt sich im Sozialraum, die pädagogische Arbeit mit Kleinkindern und Präventionsprogramme für alleinerziehende Mütter weckten das Interesse vieler Akteure.

Aus dieser Kultur der Netzwerkarbeit ist die in Abbildung 2 dargestellte *Präventionskette* entwickelt worden.

Hilfen für werdende Mütter	Hilfen von der Geburt bis zum 3.–6. Lebensjahr	Hilfen im Kindegartenalter 3.–6. Lebensjahr	Hilfen in der Grundschule ab 6. Lebensjahr
Prävention • Infos und Hilfen • Ausbau Elternbildung • Ausbau Familienzentren	**Prävention** • Hausbesuch mit Elternbegleitbesuch • Betreuungplatzgarantie ab 4. Monat • Ausbau der Elternschulen	**Prävention** • Betreuungsplatzgarantie • Ausbau der Elternbildung • Gesundheitsförderung/Gesundheitsvorsorge • Weiterbildung für Fachkräfte • Papilio – Kinder stärken	**Prävention** • Betreuungsgarantie • Hausbesuch der Erstklässler durch Lehrer • Weiterbildung der Pädagogen
Frühe Unterstützung für benachteiligte Familien • persönliche Beratung durch Gynäkologen/Geburtskliniken • Vermittlung an Beratungseinrichtung	**Frühe Unterstützung für benachteiligte Familien** • Babyklubs • Krabbelklubs • kostenlose Elternbildung • Ausbau von Familienzentren • Familienpass	**Frühe Unterstützung für benachteiligte Familien** • Elternbildung • Hausbesuch der Kinder, die keinen Kindergarten besuchen • Prokita/U7a • Palme • Familienpass	**Frühe Unterstützung für benachteiligte Familien** • Fahrkostenerstattung • Nachhilfe • Familienpass
Grundbedürfnisse sichern • Gesundheitsvorsorge/Krankenversicherung • Wohnraum	**Grundbedürfnisse sichern** • Gesundheitsvorsorge/Krankenversicherung	**Grundbedürfnisse sichern** • Mittagessen 1 € • Krankenversicherung	**Grundbedürfnisse sichern** • Mittagessen 1 € • Schulmittelfreiheit • Schülerfahrtkosten

Abbildung 2: Präventionskette

Vor der Geburt: Hilfe für werdende Eltern

Auf der Grundlage einer Kooperationsvereinbarung zwischen Jugendamt und Gesundheitswesen erkundigen sich die ortsansässigen Gynäkologen und Hebammen nach der Situation der werdenden Mutter. Bei Bedarf vermitteln sie die geeignete Unterstützung durch die entsprechenden Institutionen.

Auch für werdende Eltern werden spezielle Bildungsangebote gemacht, die auch auf die besondere Situation von Eltern mit Migrationshintergrund eingehen. Bei Eltern mit Familienpass wird die Kursgebühr durch die Stadt übernommen.

Hilfen von der Geburt bis zum dritten Lebensjahr

Um Familien mit Unterstützungsbedarf rechtzeitig kennenzulernen, werden alle Eltern neugeborener Kinder besucht. Sie erhalten ein Babybegrüßungspaket »Willkommen im Leben« mit wertvollen Informationen, zum Beispiel dem Elternbegleitbuch, und nützlichen Beigaben, die von Sponsoren finanziert wurden. Zusätzlich enthält das Paket Gutscheine Dormagener Einrichtungen (Elternschule, Babyschwimmen, Musikschule usw.) und wichtige Dokumente, die vom Antrag auf Elterngeld bis zum Familienpass der Stadt reichen. Dieser Besuch ist ein freiwilliges und diskriminierungsfreies Angebot, das allerdings von über 99 % der Eltern angenommen wird. 98,5 % der besuchten Eltern bewerten den Hausbesuch als »sehr gut«. Dieser vertrauensvolle Erstkontakt durch den Sozialen Dienst senkt tatsächlich die Hemmschwelle, da fast 30 % der Eltern ihn zu einem Beratungsgespräch nutzen. Immer öfter können auch andere familienergänzende Hilfen eingeleitet werden.

Dieser persönliche Kontakt begünstigt offensichtlich den Aufbau einer positiven Beziehung zwischen den Familien und den Helfern des kommunalen Systems und wirkt der weitverbreiteten Sichtweise entgegen, der gemäß das Jugendamt ein anonymer Machtapparat sei.

Eine Garantie auf einen Kitaplatz ab dem vierten Lebensmonat (in Einzelfällen durch eine Tagespflegestelle ersetzt oder ergänzt), der ärmeren Familien kostenlos angeboten wird und fachlich betreute Baby- und Krabbelklubs ergänzen das Angebot.

Hilfen im Kindergartenalter: Drittes bis sechstes Lebensjahr

Eltern, die ihre Kinder im Alter von drei Jahren noch nicht für den Kindergarten angemeldet haben, werden vom Sozialen Dienst besucht.

Im Rahmen des Besuches werden die Eltern über die Möglichkeit der Kostenübernahme bei finanzschwächeren Familien aufgeklärt und es werden die Vorzüge der Betreuung erörtert. Im Jahr 2008 war erstmals kein solcher Hausbesuch mehr nötig, da alle Eltern ihr Kind bereits angemeldet hatten. Das ist insbesondere wegen der vielen Eltern mit Migrationshintergrund ein großer Erfolg.

Um gesundheitlichen Fehlentwicklungen von Kindern zeitnah entgegenzuwirken, haben alle Kindergärten verabredet, sich bei der Aufnahme das Untersuchungsheft der Kinder zeigen zu lassen. Eltern, deren Kinder nicht lückenlos untersucht wurden, werden bei der Wahrnehmung dieser Untersuchungen unterstützt. Bei Befunden wird eine gemeinsame Strategie entwickelt, wie beispielsweise Sprachentwicklungsverzögerungen oder Koordinationsstörungen beseitigt werden können.

Fast alle Kitas sind mittlerweile Familienzentren. Sie organisieren Elternkurse oder auch Sprachförderung für Eltern mit Migrationshintergrund nach dem »Rucksackmodell«. Weil alle Kinder ab dem dritten Lebensjahr die Kita besuchen, können so auch alle Eltern erreicht werden.

Hilfen in der Grundschule: Ab dem sechsten Lebensjahr

Die Lehrkräfte der Dormagener Schulen werden dazu befähigt, ihre Aufgabe im Kinderschutz kompetent wahrzunehmen. Dies bedeutet Schulungen zu den Basiselementen »wahrnehmen«, »warnen« und im Rahmen der eigenen Möglichkeiten auch handeln. Mit der Durchführung von Hausbesuchen bei Familien zukünftiger Schüler durch Lehrer und Lehrerinnen Dormagener Grundschulen wird den Eltern der Aufbau positiver Beziehungen zu ihren Erziehungspartnern erleichtert. Zurzeit erleben die ersten Grundschulen, dass sich besonders in den sozialen Brennpunkten die Startkompetenzen der neuen Schüler immer weiter verbessern.

Die eigentlichen *Erfolgsfaktoren des Modells* liegen jedoch in der Einhaltung wesentlicher Prinzipien, als da wären:

- Stärken sehen und das vorhandene Potenzial bündeln – seitens der Helfer wie seitens der Familien;
- Kooperation und Kommunikation bewusst pflegen;
- Transparenz und Verlässlichkeit;
- Voneinander und miteinander lernen;
- Wertschätzung gegenüber den Familien – als Führungsprinzip und unter Kollegen;
- Eine Haltung und ein Menschenbild, die die Entwicklung von Eigenkräften im Menschen auch in schwierigen Situationen immer wieder für möglich halten;
- Hilfe zu Selbsthilfe als tragendes Prinzip;
- Ernstnehmen der Öffentlichkeitsarbeit als Aufgabe.

In der interkommunalen Debatte wird immer wieder die Frage aufgeworfen: Wer bezahlt das alles? Als das Projekt 2005 in die entscheidende Aufbauphase ging, befand sich die Stadt Dormagen im Haushaltssicherungskonzept und drohte, in den Nothaushalt abzustürzen. Auch deshalb konnte es sich die Stadt nicht leisten, so weiterzumachen wie bisher und die wachsende Kinderarmut nur zu verwalten. Es musste in Prävention investiert werden. Heute hat Dormagen interkommunal die besten Kennzahlen.

Die staatliche Gemeindeprüfungsanstalt des Landes Nordrhein-Westfalen hat erst kürzlich für 2008 folgende Kennzahlenvergleiche festgestellt (siehe Abbildungen 3, 4 und 5):

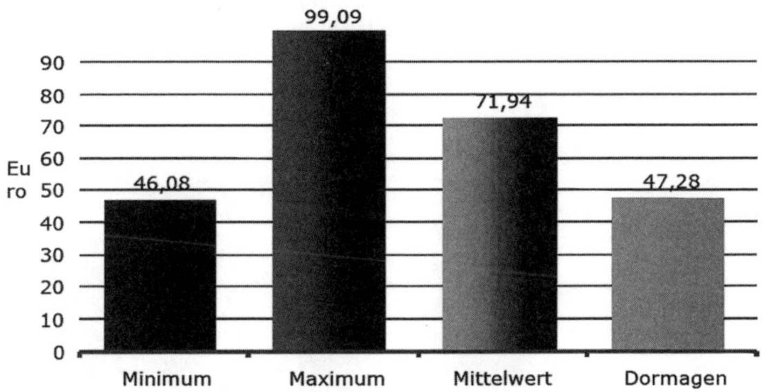

Abbildung 3: Zuschussbedarf der Hilfen in und außerhalb der Familie je Einwohner in Euro ohne § 35a SGB VIII – interkommunaler Vergleich 2007 (Prüfergebnis Gemeindeprüfungsanstalt NRW – GPA)

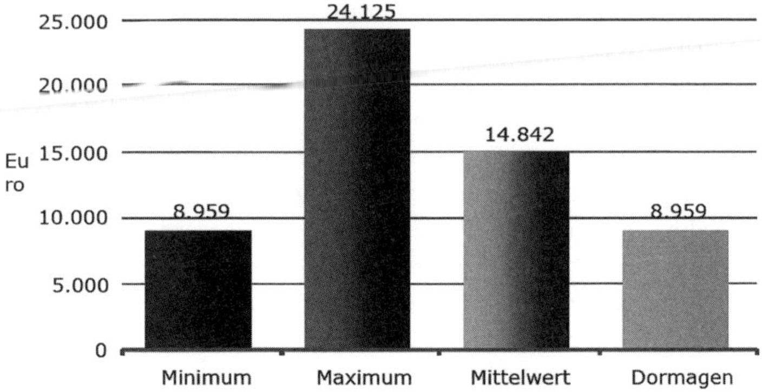

Abbildung 4: Ausgaben der Hilfe zur Erziehung je Hilfefall in Euro ohne § 35a SGB VIII – interkommunaler Vergleich 2007 (Prüfergebnis Gemeindeprüfungsanstalt NRW – GPA)

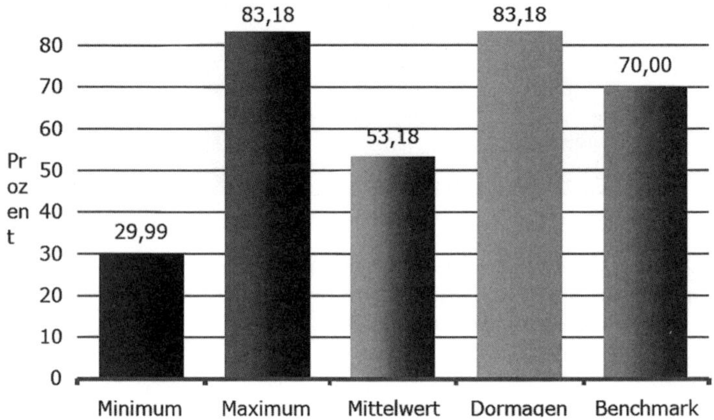

Abbildung 5: Anteil ambulanter Hilfen an den Hilfen insgesamt – interkommunaler Vergleich 2007 (Prüfergebnis Gemeindeprüfungsanstalt NRW – GPA)

Das beweist, dass sich das Modell schon nach wenigen Jahren rechnet. Der Anstieg der familienergänzenden Hilfen vermeidet teure familienersetzende Hilfen. Es verbessert jetzt schon die Situation besonders bei den von Armut betroffenen Familien und Kindern. In der Zukunft wird es reiche Früchte tragen!

Die Autoren

Gerhardt Amendt, Prof. Dr., ist Professor für Soziologie und Gründer des Instituts für Geschlechter- und Generationenforschung der Universität Bremen.

Rainer Böhm, Dr. med., Facharzt für Kinder- und Jugendmedizin, Schwerpunkt Neuropädiatrie, psychosomatische Grundversorgung, ist Leitender Arzt des Sozialpädiatrischen Zentrums Bielefeld-Bethel, Kongresspräsident der 63. Jahrestagung der DGSPJ 2011, Sachverständiger beim Familienausschuss des Deutschen Bundestags 2012, Dozent an der Ärztlichen Akademie für Psychotherapie von Kindern und Jugendlichen e. bV., München.

Frank Dammasch, Prof. Dr., ist Professur für psychosoziale Störungen von Kindern und Jugendlichen an der FH Frankfurt, Diplom-Soziologe, Diplom-Pädagoge und Psychoanalytiker für Kinder und Jugendliche.

Martin Dinges, Prof. Dr., Professor für Neuere Geschichte an der Universität Mannheim, ist stellvertretender Leiter des Instituts für Geschichte der Medizin der Robert Bosch Stiftung Stuttgart und Koordinator des Arbeitskreises für interdisziplinäre Männer- und Geschlechterforschung – Kultur-, Geschichts- und Sozialwissenschaften (AIM Gender).

Matthias Franz, Prof. Dr., Professor für Psychosomatische Medizin und Psychotherapie an der Heinrich-Heine-Universität Düsseldorf, Psychoanalytiker und Facharzt für Psychosomatische Medizin und Psychotherapie, Facharzt für Neurologie und Psychiatrie, ist stellvertretender Direktor des Klinischen Institutes für Psychosomatische Medizin am Universitätsklinikum Düsseldorf.

Heinz Hilgers, Diplom-Verwaltungswirt, ist seit 1993 Präsident des Deutschen Kinderschutzbundes und war bis 1985 Leiter des Jugendamtes der Stadt Frechen/Erftkreis,von 1985 bis 1994 Mitglied des Landtages von Nordrhein-Westfalen, von 1989 bis 1994 ehrenamtlicher Bürgermeister der Stadt Dormagen, von 1994 bis 1999 und von 2004 bis 2009 hauptamtlicher Bürgermeister der Stadt Dormagen.

Uwe Jopt, Prof. Dr., bis 2009 Professor für Psychologie an der Universität Bielefeld Abteilung Psychologie, ist Diplom-Psychologe, Familientherapeut und Lösungsorientierter Sachverständiger.

André Karger ist Psychoanalytiker und Oberarzt am Klinischen Institut für Psychosomatische Medizin und Psychotherapie des Universitätsklinikums Düsseldorf, Facharzt für Psychosomatische Medizin, Facharzt für Psychiatrie und Psychotherapie.

Hans-Christian Prestien, Rechtsanwalt und bis 2009 Familienrichter, ist Mitbegründer des Verbandes Anwalt des Kindes 1983 und Ehrenvorsitzender, Mitinitiator der gemeinsamen Sorge nach Scheidung durch Vorlagebeschluss an das Bundesverfassungsgericht und Vertreter des Deutschen Kinderschutzbundes in der Verhandlung des Bundesverfassungsgerichts darüber 1980/1982.

Robert Schlack, Soziologe mit Schwerpunkt Epidemiologie, ist Wissenschaftlicher Mitarbeiter am Robert Koch-Institut.

Bertram von der Stein, Dr., Facharzt für Psychotherapeutische Medizin, Psychoanalytiker, Facharzt für Psychiatrie und Psychotherapie, ist seit 2003 niedergelassener Psychoanalytiker in eigener Praxis.

Matthias Weber, Diplom-Psychologe, Psychologischer Psychotherapeut, Ehe-, Familien- und Lebensberater, Verhaltenstherapeut, war von 1969 bis 2008 Leiter einer integrierten Beratungsstelle.